INTUICIÓN

INTUICIÓN

Por qué no somos **TAN CONSCIENTES** como pensamos

y cómo el **VERNOS CLARAMENTE** nos

AYUDA a tener **ÉXITO** en el trabajo y en la vida

TASHA EURICH

HarperCollins *Español*

Editora en Jefe: *Graciela Lelli*
Traducción y adaptación del diseño al español: *www.produccioneditorial.com*
Diseño de cubierta: *Christopher Brand*
Ilustración de la cubierta: *Francesco Ciccolella*

ISBN: 978-1-41859-982-9

Impreso en Estados Unidos de América
18 19 20 21 22 23 LSC 7 6 5 4 3 2 1

A mamá, Noni y mi querido S. P.

Decir la verdad es peligrosísimo. A veces uno debe elegir quedarse en silencio o que lo silencien. Pero si una verdad no puede decirse, al menos debe saberse. Incluso aunque no te atrevas a decirles la verdad a los demás, nunca te mientas a ti mismo.

—FRANCES HARDINGE

CONTENIDO

1

LA METAHABILIDAD
DEL SIGLO VEINTIUNO

Los hombres irrumpieron para informar de noticias urgentes. Habían detectado a una partida de treinta y cinco exploradores enemigos a unos once kilómetros, acampados en un desfiladero rocoso. ¿Qué decisión iba a tomar el joven teniente coronel?

La situación se tornaba cada vez más peliaguda; era consciente de ello. Al fin y al cabo, estaban en guerra y él era el único responsable de los 159 reclutas a los que había dirigido al campo de batalla. A pesar de ser un novato de vientidós años con nula experiencia en combate, había acabado, sin saber cómo, segundo al mando de un ejército entero. No solo tenía que actuar con rapidez y decisión, sino que tenía que demostrar su valor ante cualquiera que pudiera estar observándolo. Era una prueba crucial de su destreza militar, pero no tenía ninguna duda de que iba a superarla con creces. El joven, extremadamente confiado en sus propias capacidades, estaba *deseando* mostrarles a sus superiores la madera de la que estaba hecho.

¿Que qué hacían en el desfiladero esos hombres? Pues, claramente, planeaban lanzar una ofensiva, concluyó con seguridad (y equivocadamente, como acabó demostrándose más adelante). Así que el coronel ordenó un ataque sorpresa. La madrugada del 28 de mayo sus tropas cayeron sobre el desprevenido grupo, que no tuvo la menor oportunidad de salir airoso. En menos de quince minutos, trece soldados enemigos estaban muertos y otros veintiún habían sido capturados.

Henchido de orgullo por su victoria, el coronel volvió a su campamento y empezó a redactar carta tras carta, la primera de las cuales estaba dirigida a su comandante. Antes de siquiera describir lo acontecido en la batalla, el envalentonado líder aprovechó la oportunidad (en forma de una diatriba de ocho párrafos) para quejarse de la paga que recibía. Su siguiente carta fue para su hermano menor, ante el cual se jactó desenfadadamente sobre su bravura ante el ataque enemigo: «De verdad que puedo asegurarte», escribió, «que he oído el silbido de las balas; créeme, había algo cautivador en el sonido».

Una vez terminada su correspondencia para presumir ante otros llegó la hora de planificar sus siguientes pasos. Convencido de que el enemigo estaba a punto de lanzar un ataque como represalia, advirtió que necesitaba encontrar una mejor ubicación para su campamento. Tras cruzar una cordillera cercana, el coronel y sus hombres descendieron hasta un enorme prado alpino. La pradera estaba rodeada por doquier de colinas ondulantes repletas de arbustos y un denso bosque de pinos. Al inspeccionar la zona, el coronel la declaró como el emplazamiento defensivo perfecto y ordenó a sus tropas que empezaran con los preparativos.

Unos días después contemplaba con orgullo cómo sus hombres daban los últimos retoques a la empalizada circular, formada por abundantes troncos de más de dos metros, perpendiculares al suelo y envueltos en pieles de animal. Como en su interior solo cabían setenta hombres, ordenó a sus tropas que cavaran una trinchera de noventa centímetros para que los restantes se agazaparan en ella. Al coronel le pareció un diseño maravilloso y le aseguró a su comandante que, con la ayuda de la naturaleza, habían conseguido un buen atrincheramiento y que el campo de batalla había quedado preparado tras eliminar los arbustos de los prados. Sabía que los superaban en número, pero «incluso con mis pocos efectivos», informó, «no temeré ante el ataque de un ejército de quinientos hombres».

Desgraciadamente, no todo el mundo estaba de acuerdo con el confiado muchacho. Una de las varias decisiones cuestionables que tomó fue el lugar del fuerte. Como lo había construido en un suelo tan blando, cualquier llovizna convertiría el prado en un pantano; una lluvia torrencial podría llegar a inundar las trincheras y mojar la munición por completo. Además, estaban tan cerca de los bosques (a poco más de cincuenta metros) que los tiradores enemigos podían acercarse sin que nadie los detectara y disparar sobre la fortaleza sin esfuerzo y a poca distancia. En cuanto al fuerte en sí, el comandante aliado del coronel, un veterano aguerrido, insistió en que «aquella cosilla del prado» no aguantaría de ningún modo.

Resuelto y convencido de que su decisión era la mejor, el coronel hizo caso omiso de estos argumentos y proclamó, enfurecido, que el comandante y su ejército eran unos «diablos traicioneros» y unos «espías». La situación provocó una pequeña rebelión en la que el comandante aliado y sus seguidores huyeron atemorizados (como se vio más tarde, con un miedo más que justificado). En la batalla que siguió, al coronel no le pareció tan cautivador el sonido de las balas silbando a su alrededor.

Y esa batalla resultó crucial. Tanto, que los errores del coronel acabaron cambiando el rumbo de la historia. En los años que han transcurrido desde entonces, los historiadores han intentado explicar por qué la operación resultó tan espectacularmente desastrosa. Muchos han criticado correctamente al coronel por «haber avanzado cuando debería haber retrocedido, por luchar sin esperar a contar con suficientes refuerzos, por elegir un emplazamiento imposible de defender, por la chapucera construcción del fuerte, por alejar [...] a sus aliados, y por su desmedido y chocante orgullo al creer que podría imponerse ante las fuerzas enemigas».

Pero la caída del coronel no puede achacarse simplemente a los errores tácticos, maniobras erróneas o la pérdida de la confianza que sus hombres habían depositado anteriormente en él. Limitarse a examinar únicamente estos factores supondría pasar por alto la raíz de todo esto: en esencia, el coronel carecía del factor determinante más importante y menos explorado del éxito o el fracaso, ya sea en el campo de batalla, en el lugar de trabajo o en cualquier otro lugar. Esa cualidad es la autoconciencia.

Aunque ofrecer una definición precisa es más complejo de lo que parece, la *autoconciencia*, esencialmente, es **la capacidad de vernos a nosotros mismos, de entender quiénes somos, cómo nos ven los demás y cómo encajamos en el mundo que nos rodea.*** Desde el consejo de «Conócete a ti mismo» de Platón, filósofos y científicos por igual han ensalzado las virtudes de la autoconciencia. Y, efectivamente, podría decirse que esta capacidad es uno de los aspectos del ser humano más remarcables. En su libro *Lo que el cerebro nos dice*, el neurocientífico V. S. Ramachandran explica poéticamente:

> Cualquier mono puede alargar el brazo y tomar un plátano, pero solo los humanos podemos llegar a las estrellas. Los monos viven, compiten, se reproducen y mueren en los bosques... Y no hay más. Los seres humanos escriben, investigan, crean y buscan. Empalmamos genes, dividimos átomos y lanzamos cohetes. Miramos hacia arriba [...] y ahondamos en los dígitos de pi. Quizá lo más extraordinario es que miramos hacia dentro, armando el puzle de nuestro excepcional y maravilloso cerebro. [...] Este es verdaderamente el mayor misterio de todos.

Hay quien llega a decir que la capacidad de entendernos a nosotros mismos es la esencia de la supervivencia y el avance humanos. Durante millones de años, los ancestros del *Homo sapiens* evolucionaron con una lentitud casi exasperante. Pero, como explica Ramachandran, unos ciento cincuenta mil años atrás hubo un desarrollo bastante explosivo en la mente humana cuando, entre otras cosas,

---

* A lo largo de este libro iré marcando los términos clave, las herramientas y las conclusiones clave en negrita para que sea más fácil encontrarlos.

adquirimos la capacidad de examinar nuestros propios pensamientos, sensaciones y comportamientos, además de poder ver las cosas desde el punto de vista de los demás (como veremos más adelante, ambos procesos son absolutamente esenciales para la autoconciencia). Esto no solo sentó las bases de formas más elevadas de expresión humana, como el arte, las prácticas espirituales y el lenguaje, sino que supuso una ventaja para la supervivencia de nuestros ancestros, que tenían que trabajar en coordinación para poder sobrevivir. Ser capaz de evaluar sus propios comportamientos y decisiones, y ver su efecto en los demás miembros, los ayudó a no acabar siendo expulsados de la isla, si usamos una referencia ligeramente más moderna.

Hagamos un *flash forward* al siglo veintiuno. Aunque puede que nuestra existencia no tenga que enfrentarse a las mismas amenazas diarias que tenían que sufrir nuestros ancestros, la autoconciencia no es menos necesaria para nuestra supervivencia y éxito tanto en el trabajo, en las relaciones y en la vida. Hay pruebas científicas de peso que demuestran que las personas que se conocen a sí mismas y que saben cómo las ven los demás son más felices. Toman decisiones más inteligentes. Sus relaciones personales y profesionales son mejores. Sus hijos son más maduros. Son estudiantes superiores y más inteligentes que eligen mejores carreras. Son más creativas, se comunican mejor y se sienten más seguras de sí mismas. Son menos agresivas y tienen menos tendencia a mentir, engañar y robar. Son trabajadores que rinden más y reciben más ascensos. Son dirigentes más eficaces y que consiguen entusiasmar más a sus empleados. Sus empresas son más rentables.

Por otro lado, una falta de autoconciencia es, cuanto menos, arriesgada, y puede llegar a ser desastrosa. En el mundo laboral, independientemente de nuestro trabajo o del punto en el que estemos de nuestras carreras, nuestro éxito dependerá de nuestra comprensión de quién somos y de cómo nos perciben nuestros jefes, clientes, empleados y compañeros. Esto se convierte en un factor cada vez más importante a medida que se va ascendiendo en el mundo corporativo: los ejecutivos sénior que carecen de autoconciencia *tienen un 600 % más de posibilidades* de echarse a perder (lo que puede llegar a costar a las empresas la espectacular cantidad de cincuenta millones de dólares por ejecutivo). De una forma más general, los profesionales que no se autoobservan no solo se sienten menos satisfechos con sus trayectorias profesionales, sino que, si se quedan atascados en algún momento, les suele costar más pensar en cuál debería ser la fase siguiente.

La lista de desventajas es interminable. Tras muchos años investigando este tema, me atrevería a afirmar que la **autoconciencia es la metahabilidad del siglo veintiuno.** Como iremos viendo en las páginas siguientes, las cualidades más esenciales para el éxito en el mundo que nos rodea, como la inteligencia emocional, la empatía, la influencia, la persuasión, la comunicación y la colaboración... *surgen todas de la autoconciencia*. En otras palabras, si no nos autoobservamos, es casi imposible dominar las habilidades que nos hacen trabajar mejor en equipo, ser mejores dirigentes y trabar mejores relaciones, tanto en el trabajo como en otras áreas.

Seguramente sería empresa difícil encontrar a personas que no sepan de forma instintiva que la autoconciencia es importante. Al fin y al cabo, es un concepto que solemos utilizar con bastante libertad, ya sea describiendo a nuestros jefes, compañeros, suegros o políticos, aunque normalmente de forma negativa. Por ejemplo, decimos cosas como «esta persona no es consciente de lo insoportable que es». Pero, a pesar de este papel esencial que desempeña en nuestro éxito y felicidad, la autoconciencia es una cualidad remarcablemente escasa.

A la mayoría de las personas les resulta más fácil elegir el *autoengaño,* **antítesis de la autoconciencia,** por encima de la dolorosa y cruel verdad. Esto es especialmente cierto cuando este autoengaño se disfraza como conocimiento de uno mismo, cosa que sucede a menudo. El coronel es un ejemplo de ello. Veamos una manifestación más moderna. Hace poco leí el libro superventas de Travis Bradberry, *Inteligencia emocional 2.0,* y me quedé boquiabierta cuando descubrí que, en la última década, nuestra inteligencia emocional colectiva (EQ, del inglés *emotional quotient,* o coeficiente emocional) había aumentado. (El EQ es la capacidad de detectar, entender y gestionar emociones en nosotros mismos y en los demás, e innumerables estudios han demostrado que, cuanto más tengamos, más éxito tendremos, más resiliencia mostraremos ante los obstáculos, toleraremos mejor el estrés, nuestras relaciones con los demás serán mejores, y mucho más). Aun así, los resultados de Bradberry no coincidían con mis propias observaciones como psicóloga organizacional: al menos de forma anecdótica, yo había advertido que contar con un EQ más bajo se había convertido en un problema cada vez mayor, no cada vez menor, en los últimos años.

Pero cuando hice la evaluación en línea que venía con el libro advertí el sorprendente origen de la discrepancia. Sí, la investigación de Bradberry se había hecho con una espectacular muestra de quinientos mil individuos, pero sus conclusiones *se basaban en las evaluaciones que estas personas hacían de sí mismas.* Detengámonos un momento a pensar en esto. Piensa en las personas menos emocionalmente inteligentes que conozcas. Si les pidiéramos que valoraran su propio EQ, ¿qué te apostarías a que dirían que, *como mínimo,* están por encima de la media? Así que una explicación alternativa y mucho más probable de los resultados de Bradberry es que hay **una diferencia cada vez mayor entre** *el modo en que nos vemos a nosotros mismos* **y la forma** *en que somos en realidad*. En otras palabras, lo que parecía un *aumento* de EQ es mucho más probablemente una *disminución* en autoconciencia.*

---

* A menudo me preguntan qué relación tiene la autoconciencia con la inteligencia emocional. La respuesta simple es que, mientras la inteligencia emocional es principalmente gestionar y ser consciente de las emociones que tenemos y que tienen los demás, la autoconciencia es un término mucho más amplio: cubre tanto las características internas que van más allá de las emociones (como nuestros valores, aspiraciones, patrones, reacciones, influencia en los demás y nuestra forma de encajar) hasta el modo en que nos perciben los demás.

Nuestra sociedad, cada vez más centrada en el «yo», hace que sea incluso más fácil caer en esta trampa. Las nuevas generaciones han crecido en un mundo obsesionado con la autoestima, donde constantemente se les recuerdan sus cualidades especiales y maravillosas. Es mucho más tentador vernos a nosotros mismos a través de un filtro donde todo es de color rosa que examinar de forma objetiva quiénes somos y cómo nos perciben los demás. Y esto no es solo un problema generacional o exclusivo de los americanos: afecta a personas de todas las edades, géneros, trasfondos, culturas y creencias.

Ahora mismo puede que estés pensando en todas las personas con delirios de grandeza que conoces y estés riéndote entre dientes: ese compañero que se cree un brillante orador pero que hace que todo el mundo se duerma en las reuniones, esa jefa que presume de ser muy cercana con su equipo pero que los tiene a todos aterrorizados, esa amiga que se piensa que tiene don de gentes pero que es siempre la invitada más incómoda en las fiestas. Aun así, hay algo más que todos tenemos que plantearnos. Como expone la Biblia: «¿Cómo puedes decir a tu hermano: "Déjame sacarte la mota del ojo", cuando la viga está en tu ojo?» (Mateo 7.4). Ya sea en el trabajo, en casa, en la escuela o en el tiempo de ocio, **acusamos rápidamente a los demás de no ser conscientes de cómo son, pero pocas veces (o nunca) nos preguntamos si acaso nosotros tenemos el mismo problema**. Para muestra, un botón: en una encuesta que hice entre los posibles lectores de este libro, ¡un 95 % de ellos indicó que se conocían muy bien o bastante bien a sí mismos!

La verdad es que, aunque muchos de nosotros creemos saber muy bien cómo somos, a menudo esta confianza no suele estar bien fundada. Los investigadores han llegado a la conclusión de que nuestras autoevaluaciones «a menudo son erróneas de un modo sistemático y sustantivo». Como veremos un poco más adelante, los estudios muestran que tendemos a ser muy malos jueces de nuestro propio rendimiento y nuestras propias capacidades, desde nuestras habilidades de liderazgo hasta el modo en que conducimos, pasando por nuestro rendimiento en la escuela y el trabajo. ¿Y sabes qué es lo que da más miedo? Que las personas *menos* competentes son, a menudo, las que se sienten *más seguras* de sus capacidades.

En la mayoría de los casos, la viga en nuestro ojo es evidente para todo el mundo excepto para nosotros. Un estudiante incapaz de afinar una sola nota que deja la universidad para convertirse en cantante. Una jefa presuntuosa que lee innumerables libros de negocios pero es una líder nefasta. Un padre que dedica muy poco tiempo a sus hijos pero que se cree «padre del año». Una mujer que se ha divorciado tres veces y que está convencida de que cada uno de sus matrimonios ha terminado por culpa de su ex. O un coronel que se cree un genio militar pero que, en realidad, está a punto de meterse en camisa de once varas.

Creernos que somos más capaces de lo que somos en realidad no es la única forma en la que una autoconciencia baja puede dar malos resultados. A veces carecemos de claridad sobre nuestros valores y objetivos, con lo que estaremos constantemente tomando decisiones que no van con lo que realmente nos interesa. En otras ocasiones no somos capaces de ver el impacto que tenemos en las personas que nos rodean y alejamos a nuestros compañeros, amigos y familiares sin siquiera advertirlo.

Entonces, si las personas que no son conscientes de sí mismas son así, la pregunta lógica que nos haremos a continuación será la siguiente: ¿qué implica ser una persona autoconsciente? Cuando empecé mi programa de investigación de tres años sobre el tema, responder a esta pregunta parecía un punto de partida bastante evidente. Aun así, me sorprendí mucho al ver la cantidad de definiciones contradictorias que había. Sin una definición clara de lo que es la autoconciencia, ¿cómo iba a poder desarrollar un método empírico para ayudar a las personas a mejorarla? Así que mi equipo de investigación y yo pasamos meses consultando más de 750 estudios para ver qué patrones emergían. Durante este proceso pudimos identificar dos categorías principales de la autoconciencia que, por raro que parezca, no siempre estaban relacionadas.

La *autoconciencia interna* se trata de verse claramente a uno mismo. Es la **comprensión introspectiva de tus valores, pasiones, aspiraciones, ambiente ideal, patrones, reacciones e influencia sobre los demás.** Las personas con una autoconciencia interna alta tienden a tomar decisiones coherentes con la persona que son en realidad, con lo que sus vidas son más felices y satisfactorias. Los que carecen de este tipo de autoconciencia actúan de formas incompatibles con el éxito y la felicidad que desean como, por ejemplo, quedándose en una relación o un trabajo que no los llena porque no saben qué quieren.

La *autoconciencia externa* es comprenderse desde el exterior, es decir, **saber cómo nos ven los demás.** Como las personas que se autoobservan de forma externa pueden verse con precisión desde la perspectiva de los demás, son capaces de crear relaciones más fuertes y de confianza. Por otro lado, las personas con poca autoconciencia externa tienen tan poco contacto con la realidad de cómo las perciben los demás que a menudo las pilla por sorpresa cualquier opinión externa sobre sí mismas (si es que los demás son lo suficientemente valientes como para decírselo). Y, muy a menudo, para cuando reciben esta valoración, la relación ya suele estar demasiado deteriorada como para salvarse.

Es fácil asumir que alguien con una buena autoconciencia interna también tendrá una buena autoconciencia externa, ya que estar en contacto con nuestros sentimientos y emociones nos ayuda a estar en sintonía con el modo en que nos ven los demás. Pero, por raro que parezca, los estudios (tanto el mío como otros) a menudo *no encuentran ninguna relación entre una y otra*; algunas investigaciones incluso han mostrado que la relación es inversa. Es posible que conozcas a alguien a quien le encanta mirarse al ombligo pero que no tiene la menor idea de cómo lo ven los demás. Por ejemplo, conozco a un hombre que cada año gasta miles de dólares en terapia y retiros de meditación para «trabajar en sí mismo», pero sus amigos lo ven como alguien insensible y que vive en su mundo. Y no tiene la menor idea de que los demás tienen esa opinión de él. La otra cara de la moneda también es peligrosa. Obsesionarse con el modo en que los demás nos perciben puede llevarnos a tomar decisiones que van en contra de nuestra propia felicidad y éxito.

La conclusión a todo esto es que, para ser plenamente conscientes de cómo somos, tenemos que entendernos a nosotros mismos y *también* saber cómo nos perciben los demás. Y, además, el camino para conseguir esto es muy distinto a lo que cree la mayoría de las personas. Pero si conseguirlo parece una empresa imposible o apabullante, traigo buenas noticias. Mi investigación ha mostrado que la **autoconciencia es una habilidad sorprendentemente desarrollable.**

◆

La épica batalla del coronel finalmente sucedió la mañana del 3 de julio. Una enorme fuerza de setecientos soldados enemigos, dirigida por el medio hermano de uno de los exploradores masacrados, se enfrentó al endeble fortín en tres enormes columnas. A pesar del tamaño de las fuerzas enemigas, el coronel estaba convencido de que saldría victorioso, igual que en la ocasión anterior.

A cubierto desde el bosque, el enemigo empezó a disparar una lluvia de balas en contra del bando del coronel. Y, como su posición carecía por completo de cualquier tipo de protección, los hombres del coronel solo pudieron devolver el fuego asomándose desde las trincheras y disparando a ciegas. La mayoría de las veces no acertaban en ningún blanco. Justo cuando la situación parecía no poder ser peor, una lluvia torrencial empezó a caer sobre el prado, con lo que el fuerte se convirtió en un barrizal y la munición quedó inservible.

La batalla solo duró un día, pero el coronel acabaría pagando un precio astronómico por ella. En comparación con solo treinta bajas enemigas, cien de sus hombres yacían muertos o heridos entre el barro y la sangre que empapaba el prado. El 4 de julio el coronel se rindió, firmando un documento en un idioma que no hablaba. (Al hacerlo, admitió sin querer haber cometido crímenes de guerra, error que lo persiguió durante meses).

En un acto final de humillación, mientras el coronel y el resto de sus hombres marchaban de vuelta a su hogar, no pudieron impedir que el enemigo saqueara sus posesiones mientras se iban. Después de escapar por los pelos de este absoluto desastre, el regimiento del coronel se dividió en diez compañías más pequeñas. Y, antes de aceptar que lo rebajaran al rango de capitán, el joven decidió renunciar a su puesto.

Pero hay algo que no les he contado sobre esta batalla ridícula y su responsable, ese hombre completamente incapaz de ver sus propias limitaciones. La batalla fue en 1754. Tuvo lugar en Great Meadows, en la actual Pensilvania, en Estados Unidos. Y el coronel no era otro que George Washington. Lo que sucedió en ese fuerte, Fort Necessity, pronto acabó desembocando en la Guerra de los Siete Años, y en palabras del autor inglés Horace Walpole: «La salva disparada por un joven de Virginia en un recóndito lugar de América fue la chispa que empezó el incendio que se propagó por todo el mundo». También fue la primera (y última) vez que Washington se rindió ante el enemigo.

Dada la reputación de Washington como un general heroico, un hombre de estado brillante y el padre de la nación de Estados Unidos, su comportamiento como un inexperto joven de veintidós años resulta bastante impactante. Pero esa es precisamente la idea: aunque acabó convirtiéndose en un político sabio, comedido y consciente de sus limitaciones, al principio no era más que un novato arrogante, inconsciente e impulsivo. Como explicó el historiador W. W. Abbott: «Más que otra cosa, la biografía de Washington es la historia de un hombre construyéndose a sí mismo». Y si examinamos este proceso de construcción, desenterraremos muchas pistas sobre cómo es una trayectoria hacia la autoconciencia.

Mientras que Washington 1.0 no podía ver o reconocer sus carencias, Washington 2.0 disfrutaba buscándolas y descubriéndolas. «Puedo soportar que me hablen de mis errores, reales o que se me atribuyen», declaró; «las personas que desean que los demás tengan una buena opinión de ellas deben comportarse así». Aunque a Washington 1.0 no le importaba lo que otros pensaran de él, Washington 2.0 «estudiaba cada aspecto de las decisiones importantes, analizando cómo los demás podrían percibir sus acciones». Washington 1.0 prefería la fantasía por encima de la realidad, pero Washington 2.0 creía en «comprobar las cosas con nuestros medios reales, sin limitarnos a creer lo que nos gustaría que fuese». Aunque Washington 1.0 sufría delirios de grandeza, Washington 2.0 templaba su ambición con humildad y servicio hacia el bien mayor. Cuando, por ejemplo, el Congreso lo eligió como presidente, él respondió con modestia: «Aunque soy consciente de la ardua naturaleza de la tarea que se me encomienda y percibo mi incapacidad para realizarla... lo único que puedo prometer es todo aquello que pueda conseguirse con un fervor genuino».

Y este es el punto clave: aunque solo ha habido un solo George Washington, hay muchas más personas (profesionales, padres, maestros, estudiantes, artistas) que han sufrido transformaciones similares hacia la autoconciencia. He pasado los últimos tres años investigando estos casos aparte: personas que han hecho mejoras remarcables, en contra de todas las predicciones, hacia su conocimiento de sí mismas y que han cosechado la recompensa resultante. A lo largo de este libro iré relatando sus historias, inspiradoras e instructivas.

Aun así, estudiar a estas personas que se salen de la norma no fue mi plan original. Cuando empecé mi investigación, tras repasar todos los estudios sobre la autoconciencia que mi equipo y yo conseguimos encontrar, decidí entrevistar a unas cuantas docenas de personas que cumplían nuestros criterios de alta autoconciencia. Mi razonamiento fue que, si podía descubrir qué hacían, conseguiría descifrar la fórmula secreta para todos los demás. Pero acabé encontrando una barrera infranqueable que ahora, en retrospectiva, veo que debería haber previsto. Entrevistar a las personas para las que el autoconocimiento es algo inherente (y que, al menos como adultos, siempre habían sido autoconscientes) resultó ser un sinsentido sorprendente. Cuando les preguntaba qué hacían para ser conscientes de sí mismos, decían cosas como: «Pues no lo sé... Me imagino que simplemente intento reflexionar sobre mí mismo», «Nunca me lo he planteado. Lo hago y ya está» o «Pues será que ya he nacido así».

De repente tuve una epifanía: si quería desentrañar el código de la autoconciencia, no iba a encontrar la respuesta en aquellos para los que esta formaba parte de su naturaleza desde siempre. En vez de eso tuve que buscar a personas que, en algún punto de su vida como adultos, hubieran realizado mejoras drásticas; individuos que hubieran dado un giro completo a su percepción sobre sí mismos. En otras palabras, tenía que buscar a personas autoconscientes *pero que no hubieran empezado siendo así*.

Cuando nos pusimos a buscar a estos prodigios de la autoconciencia, mi equipo de investigación y yo adoptamos dos criterios estrictos e inamovibles. El primero era que los candidatos tenían que mostrar un alto nivel en ambos tipos de autoconciencia, tanto interna como externa, según una puntuación que se dieran ellos mismos y otra persona que los conociera bien. En segundo lugar, tenían que haber empezado sus vidas adultas con unos niveles bajos o moderados de autoconciencia que, a lo largo del tiempo, hubieran aumentado drásticamente, otra vez a partir de una puntuación que se dieran ellos mismos y otra persona que los conociera bien.

Tras entrevistar a miles de personas de alrededor de todo el mundo, nuestro equipo identificó a cincuenta individuos que cumplían con estos criterios. Uno de mis asistentes de investigación, en broma pero atinadamente, empezó a denominarlos **unicornios de la autoconciencia** (al fin y al cabo, ambos son criaturas raras y especiales, de cuya existencia duda la mayoría de la gente), y finalmente todos acabamos adoptando este término. Nuestros unicornios de la autoconciencia provenían de todo tipo de trasfondo y, de forma remarcable, no encontramos ningún patrón por tipo de trabajo, sector laboral, edad, género, formación, nacionalidad o cualquier otra característica demográfica. Eran profesionales, emprendedores, artistas, estudiantes, maestros, padres dedicados a la crianza de sus hijos, ejecutivos (incluso un director ejecutivo de la lista Fortune 10) y muchos más. Pero este grupo diverso *sí* que tenía dos cosas en común: una creencia en la suprema importancia de la autoconciencia y un compromiso propio para desarrollarla y pulirla a lo largo de sus vidas.

Para que entiendas mejor cómo es un unicornio de la autoconciencia, déjame explicarte cuál fue la primera vez que advertí que me encontraba ante uno de ellos.

◆

Ya era casi época de exámenes en la escuela secundaria gubernamental de Chibok, Nigeria, y 276 chicas estaban sumidas en un sueño profundo. La madrugada del 14 de abril de 2014, la tranquilidad se vio bruscamente interrumpida por un grupo de hombres que irrumpió en la oscuridad de la residencia. Los hombres les aseguraron a las niñas, confusas y asustadas, que solo eran guardias de seguridad; que solo estaban ahí para protegerlas.

En cuanto las aterrorizadas estudiantes abandonaron la seguridad de sus dormitorios, las obligaron a punta de pistola a subir a unos camiones y a dirigirse a un campamento fortificado en la selva de Sambisa. En realidad, esos hombres eran miembros de la organización terrorista nigeriana Boko Haram. Aunque en el momento en que escribo esto 57 niñas han conseguido escapar y 23 han sido liberadas o rescatadas, es difícil decir si algún día se encontrará a las 196 restantes. Y aunque esta historia ha recibido atención mediática de todo el mundo, lo que no es tan ampliamente sabido es que el ejército nigeriano recibió un aviso del ataque cuatro horas antes de que este se produjera. También sabían exactamente dónde estaban las niñas. Aun así, no hicieron nada.

Lejos de la selva de Sambisa, en Nueva York, una encargada de una empresa petrolera nigeriana se enteró de la noticia. Al principio se negó a creer que algo así fuera posible. Pero Florence Ozor, de treinta y cuatro años, pronto advirtió que se trataba de una trágica e inadmisible realidad. Tenía que hacer algo, pero ¿qué?

El lugar donde Florence se sentía más cómoda era en su casa, leyendo sus libros. No era una persona extrovertida y nunca había querido destacar, ni en su trabajo ni en su comunidad. Florence siempre actuaba con discreción para evitar que los demás la consideraran arrogante o creída, así que no es exactamente el tipo de persona que podríamos esperar ver en la primera línea de la lucha contra el terrorismo. Pero gracias a una coincidencia providencial, hacía poco que había experimentado un autodescubrimiento sobre sí misma que iba a alterar el rumbo de toda su vida. **Si la autoconciencia es un recorrido, las** *revelaciones* **son esos momentos de comprensión que vamos experimentando en él**. Son el combustible de deportivos tuneados que corren a toda velocidad por la autopista hacia la autoconciencia: con ellos, podemos apretar el acelerador; sin ellos, nos quedamos tirados en cualquier cuneta.

Y Florence estaba a punto de pisar a fondo el acelerador. Pocos días antes del secuestro de las niñas de Chibok, Florence estaba en Washington D. C. en una sesión introductoria para un codiciado programa de mentoría de cuatro semanas de la revista *Fortune* y el Departamento de Estado de los Estados Unidos. Una mañana, Florence estaba en una sesión de grupos pequeños sobre cómo conectar con los medios de comunicación para conseguir el cambio social que la hizo sentir incómoda. A ella le parecía que lo que la sesión invitaba a hacer era colgarse un cartel de neón que dijera «¡Mírenme!» a los medios de comunicación. Siempre había luchado por la justicia, pero no de forma pública: Florence se sentía más inclinada a librar estas batallas en un ambiente más privado. Como introvertida, siempre había tenido miedo de que salir a escena ante todo el mundo acabara por hacer que demasiadas personas invadieran su espacio, con el inevitable resultado de una pérdida de privacidad y control.

Pero, poco después de terminar esa sesión, de vuelta a la habitación de su hotel, se abrieron las compuertas que tanto tiempo la habían contenido. Su deseo de privacidad, advirtió, no era nada en comparación con los cambios que quería hacer en el mundo. Y el día del secuestro de las niñas de Chibok, su determinación se afianzó profundamente. Al momento tomó una decisión instintiva: independientemente del riesgo que implicara o de lo que tuviera que dar a cambio, era moralmente imperativo dar un paso al frente para que las niñas volvieran a su casa. «Nunca jamás voy a huir de algo solo porque me aterre ser el centro de atención», se prometió. «Siempre he sido una luchadora. ¿Por qué no voy a hacérselo saber al mundo entero? Así es como soy en realidad».

Para cuando Florence volvió a su hogar desde Nueva York, el movimiento #BringBackOurGirls había empezado a correr como la pólvora por todo el mundo. Pero su gobierno seguía de brazos cruzados. Más o menos a la vez, una mujer remarcable llamada Hadiza Bala Usman organizó un grupo para exigir una respuesta tanto de la comunidad internacional como del gobierno de Nigeria. Armada con el descubrimiento de que era capaz de crear un amplio impacto social, Florence se unió a la primera protesta del grupo en la capital del país, Abuya. Se reunieron bajo la lluvia cerca de la Unity Fountain, un imponente monumento de cemento con un surtidor de agua que se eleva varios metros. Organizar la protesta en aquel lugar no solo era un símbolo de sus intenciones (es decir, de la unidad), sino que también necesitaban estar cerca de la asamblea nacional del país.

Los manifestantes decidieron seguir reuniéndose en ese lugar cada día hasta que se escuchara su mensaje. En el proceso, se enfrentaron a la intimidación y el acoso de matones a sueldo que los persiguieron para apalearlos, les robaron los móviles y las cámaras e incluso les partieron sillas en la espalda, todo ante la mirada indiferente de la policía y los funcionarios públicos. Pero la voluntad de los manifestantes no ha retrocedido ni un ápice. Florence y sus compatriotas seguirán exigiendo acciones hasta que las chicas vuelvan a sus hogares sanas y salvas.

La gente le dice a Florence constantemente lo sorprendidos que están de que haya decidido salir de su reducido círculo y haya irrumpido en la escena pública. Al principio, explica, ella misma estaba sorprendida, pero acabó advirtiendo que su decisión no era algo completamente nuevo; simplemente, nunca había surgido con tanta fuerza.

Desde entonces, su creciente fama (tanto en Internet como en la vida real) le ha permitido dejar una marca más profunda y patente en su país, su continente y su mundo. Por ejemplo, a través de su recién fundada fundación, la Florence Ozor Foundation, Florence y su equipo se centran en crear oportunidades, inspirar y promover la prosperidad del continente africano. En 2014 encabezaron una iniciativa cívica y políticamente independiente para formar a los ciudadanos nigerianos sobre el proceso electoral y animar a su participación. Empezaron una campaña de amplio alcance que acabó por ser una voz predominante en el debate y que aseguró que los nigerianos supieran dónde votar y por qué hacerlo. Cuando se pospuso la elección, colaboraron con organizaciones para organizar marchas de protesta, afirmando enfáticamente que el pueblo nigeriano no aceptaría ningún retraso más. Y en gran parte fue gracias a sus esfuerzos que, a pesar de la amenaza sin precedentes de terrorismo y violencia, casi treinta millones de nigerianos acudieron a las urnas para la elección presidencial del 28 de marzo de 2015.

El remarcable compromiso de Florence con la autoconciencia la ha ayudado a tomar decisiones en pro de su felicidad y éxito a largo plazo. La ha ayudado a ser consciente del impacto que puede tener en el mundo. La ha ayudado a encontrar su misión en la vida. Y cada día que pasa desde ese punto de inflexión donde su autodescubrimiento hizo que cambiara de rumbo, Florence ha descubierto que a cuanta más gente alcanza, mayor es la diferencia que puede marcar. (Por cierto, conozco bien a Florence y no tengo la menor duda de que conseguirá materializar su gran visión y quizá lo hará, como a menudo le digo, como la primera mujer presidenta de Nigeria).

Pero lo que es más interesante sobre ella es que esa revelación en concreto solo fue una de otras tantas. Eso es lo que pasa con los unicornios: son conscientes de que **la autoconciencia no es un ejercicio que solo hay que hacer una vez.** Es un proceso continuo de búsqueda interior, hacerse preguntas y descubrir las cosas que siempre han estado en uno mismo. Al igual que George Washington, Florence Ozor es un ejemplo perfecto del poder transformativo de la autoconciencia.

◆

Mientras investigaba para este libro, tuve la suerte de poder entrevistar a Alan Mulally, antiguo presidente ejecutivo de Ford que dirigió a su empresa en uno de los cambios más radicales de la historia y que, además, es uno de mis héroes personales. Al principio de esta entrevista, sentados al sol ante sendas tazas de café en un patio de Scottsdale, le hice una pregunta bastante directa: si asumimos que tenía tantas peticiones para entrevistarlo (y así era, docenas a la semana), ¿por qué accedió a hablar conmigo? Sonrió. Y, con un centelleo en los ojos, replicó: «Porque nadie ha escrito todavía este libro, y *tiene que escribirse.* A lo largo de mi carrera y de mi vida ha habido una verdad esencial: la mayor oportunidad de mejora, ya sea en mi trabajo, en mi hogar y en mi vida personal, es ser consciente».

Yo misma no podría haberlo dicho mejor. Aunque muchos líderes empresariales y filósofos de los negocios se deshacen en alabanzas sobre la autoconciencia, los intentos sistemáticos de examinar científicamente su procedencia y cómo aumentarla han sido casi o completamente inexistentes. Por ese motivo, el propósito central de mi investigación ha sido ayudar a los demás a aumentar su autoconciencia en pos de su éxito profesional y plenitud personal. En el proceso he descubierto realidades sorprendentes que desafiaban a la sabiduría convencional y he aprendido que parte o gran parte de lo que la gente piensa que aumenta la autoconciencia puede tener, en realidad, el efecto contrario. En las siguientes páginas descubriremos estos sorprendentes mitos y veremos qué es lo que realmente hace falta para ser autoconsciente.

He escrito este libro para todas las personas que quieran pasar del autoengaño a la autoconciencia, cosa que, a su vez, los llevará a tomar decisiones más sabias, a tener relaciones más fuertes y a vivir una vida mejor. Mi objetivo es ayudarte a evitar los obstáculos y los desvíos erróneos, proporcionarte herramientas para alcanzar un nivel completamente nuevo de autoconocimiento y mostrarte cómo sobrevivir y triunfar en un mundo que cada vez es menos consciente.

En la primera parte del libro veremos las bases y los obstáculos de la autoconciencia. En el capítulo 2 empezaremos con los siete pilares del autodescubrimiento que separan a las personas que son conscientes de sí mismas de las que no. En cuanto comprendamos lo que significa ser consciente de uno mismo, pasaremos a los obstáculos y cómo superarlos. En el capítulo 3 examinaremos las barreras internas que no solo estorban la autoconciencia, sino que nos hacen creer firmemente que *ya somos* autoconscientes. En el capítulo 4 pasaremos al mayor obstáculo de nuestra sociedad para llegar al autodescubrimiento: el culto al yo. Lo sepas o no, esta tentadora secta ha estado intentado reclutarte, a ti y a todas las personas que conoces, para que te ensimismes más y seas menos consciente de ti mismo.

La segunda parte se centrará en la autoconciencia interna. En el capítulo 5 desmentiré los distintos mitos y sinsentidos sobre qué hace falta realmente para mejorarla. Descubriremos por qué la introspección no siempre lleva al autodescubrimiento, cómo aquellos que buscan la verdad absoluta sobre sí mismos son los que tienen menos posibilidades de encontrarla y por qué muchos enfoques comunes sobre la autoconciencia, como la terapia o llevar un diario, cuentan con trampas ocultas. Una vez establecido qué es lo que *no* aumenta la autoconciencia interna, en el capítulo 6 veremos qué es lo que sí la aumenta, con varios enfoques prácticos que podrás aplicar al momento.

La tercera parte se enfrenta a los sorprendentes mitos y verdades de la autoconciencia externa y nos muestra por qué no podemos descubrirla por nosotros mismos. Veremos que, aunque *pensemos* que sabemos cómo nos ven los demás, a menudo estamos equivocadísimos. En el capítulo 7 se revelan los mayores conceptos erróneos que hay sobre la autoconciencia externa. A pesar de lo bonito que nos pintan hoy en día el *feedback* en el mundo empresarial y más allá de él, pocas veces obtendremos datos objetivos y genuinos sobre lo que estamos haciendo bien y lo que podríamos mejorar. Te daré algunas formas de hacer saltar estas barreras por los aires y pedirles a los demás su *feedback*, tanto en casa como en el trabajo, bajo tus condiciones. Finalmente, en el capítulo 8, te contaré cómo escuchar este *feedback* sin enfrentarte ni huir de él, y cómo actuar a partir de lo que te digan sin dejar de ser quien eres.

En la cuarta parte volveremos a centrarnos en los conceptos generales. El capítulo 9 examina el modo en el que los buenos líderes promueven la autoconciencia en sus equipos y organizaciones. Verás por qué intentar forzar la franqueza en un equipo puede ser un error sorprendentemente caro: si no tienes antes las bases bien sentadas, tus intentos te acabarán saliendo por la culata, lo que creará menos autodescubrimiento y más silencio. Terminaré con un proceso paso a paso (que llevo usando más de una década) para que tu equipo dé y reciba *feedback* de una forma segura, directa y productiva.

El capítulo 10 tiene el elevado e importante objetivo de ayudarte a sobrevivir y prosperar en un mundo que cada vez se engaña más a sí mismo. Cuando hablo con otras personas sobre mi investigación, a menudo me preguntan: «¿Puedes ayudarme a tratar con [nombre de alguien incapaz de ver la realidad]?». Es imposible forzar a otros a ser autoconscientes, pero hay una gran cantidad de estrategias con las que se puede reducir el impacto negativo que tienen estas personas e incluso, en algunos casos, ayudarles a no creerse cosas que no son. Terminaré el libro con mi desafío de siete días para ganar autodescubrimiento, una herramienta práctica y probada en batalla para ayudarte a apuntarte algunos tantos rápidos en tu camino hacia la autoconciencia. Y si te interesa más pasar a la ofensiva de forma más completa, te animo a descargarte el cuaderno de ejercicios que encontrarás en www.insight-book.com.

Básicamente, hay dos tipos de personas: aquellas que creen ser autoconscientes y las que realmente lo son. Mi atrevida visión es crear un mundo lleno de estas últimas. Las barreras hacia la autoconciencia son numerosas, pero con la ayuda de las observaciones de otros y unas cuantas herramientas de peso, es posible franquearlas. Cuando lo logramos, sentamos las bases para un nivel completamente nuevo de éxito y confianza en uno mismo. Al fin y al cabo, sin saber cómo somos, ¿cómo vamos a marcar un rumbo que nos lleve a la alegría y la felicidad? ¿Cómo vamos a crear relaciones duraderas y profundas? ¿Cómo vamos a cumplir nuestro propósito en esta vida? Espero que este libro sea un potente toque de atención hacia tres hechos: que la autoconciencia es la magnífica base de una buena vida, que *es posible* recorrer este camino y que vale completamente la pena invertir todo el valor y el esfuerzo necesarios para conseguirlo.

Primera parte

◆

Obstáculos y bases

2

LA ANATOMÍA DE LA AUTOCONCIENCIA

Los siete pilares del autodescubrimiento

El principio del conocimiento es el descubrimiento
de algo que no entendemos.
—FRANK HERBERT

Durante miles de años los mayas fueron la sociedad dominante en Mesoamérica.[*] Aun así, hasta que los arqueólogos empezaron a estudiar esta extraordinaria civilización al principio del siglo XIX, sus ruinas permanecieron ocultas durante casi un milenio. Desde entonces hemos ido desvelando información remarcablemente específica sobre el estilo de vida maya. Mucho antes de la llegada de lo que nosotros conocemos como el calendario moderno, por ejemplo, los mayas ya dividían el tiempo en días y meses. Tenían un profundo conocimiento de la astronomía. Plantaban sus cultivos en los lugares más inverosímiles. Crearon uno de los primeros lenguajes escritos. Construyeron enormes palacios y pabellones sin metal ni máquinas, y se cree que incluso habían descubierto cómo hacer caucho.

---

[*] Zona centrada alrededor de la península de Yucatán, Guatemala, Belice, México y la parte occidental de Honduras y El Salvador.

Pero en medio de todos estos descubrimientos revolucionarios, hubo un misterio mucho mayor que persiguió a los arqueólogos durante más de un siglo. Los mayas, una de las civilizaciones más pobladas de la historia humana, llegaron a un punto álgido en el 800 d. C., pero para el 950 d. C. un 95 % de ellos había desaparecido misteriosamente de la faz de la tierra. Los científicos desarrollaron varias teorías de por qué había sucedido esto como, por ejemplo, por un evento catastrófico como un terremoto o un volcán, un virus traído por los colonos españoles, una sangrienta guerra civil... Aun así, no hubo respuestas concretas durante muchos años y la pregunta siguió irritando a los científicos década tras década.

Pero, durante todo este tiempo, la evidencia ya estaba ante sus ojos; simplemente no habían sido capaces de unir los puntos hasta que, finalmente, alguien entendió el rompecabezas. En su libro *Colapso*, publicado en 2005, Jared Diamond propuso la idea de que la desaparición de los mayas fue una combinación de una deforestación brutal y una larga sequía, lo que llevó a la pérdida de cosechas, fluctuación del comercio y, finalmente, a que los bosques tropicales engulleran poco a poco las ciudades a medida que los supervivientes se marchaban a otros lugares. Aunque no hay un consenso total, la mayoría de los científicos cree que Diamond finalmente logró resolver el misterio central de los mayas de una vez por todas.

La ciencia de la autoconciencia ha seguido un patrón remarcablemente similar. Del mismo modo que las ruinas mayas permanecieron entre las sombras antes de ser descubiertas por los arqueólogos, el tema de la autoconciencia se remonta hasta el 600 a. C., pero solo ha sido sometido al escrutinio científico en los últimos cuarenta años. Durante milenios, la disciplina de conocerse a uno mismo quedaba confinada a la filosofía y la religión. El filósofo romano Plotino creía que la felicidad podía alcanzarse conociendo nuestro yo verdadero. Quizá lo más famoso fue la frase «Conócete a ti mismo», inscrita por los siete sabios de Grecia en la entrada del templo de Apolo en Delfos, un mantra que Platón volvió a reforzar más tarde en las enseñanzas de Sócrates.

Y aunque la mayoría de las personas asocian la autoconciencia con el budismo, casi todas las tradiciones religiosas reconocen su importancia. En el capítulo 1 hemos visto la parábola cristiana sobre la viga en nuestro ojo (y en el de los demás). Confucio aconsejó que, para gobernar a otros, antes hay que gobernarse a uno mismo. Los upanishad hindúes decían que «indagar en la verdad del Yo es conocimiento». En la fe judía, el autoconocimiento se ha considerado como «el requisito previo para cualquier mejora de uno mismo». Avicena, un filósofo musulmán del siglo x, escribió que «la conciencia de uno mismo es esencial para el alma y [nuestro] conocimiento de nosotros mismos es nuestra propia existencia».

Pero, tristemente, cuando finalmente se presentó la ocasión de que los investigadores de la autoconciencia se pusieran al día, cometieron muchos de los mismos errores en los que habían caído los arqueólogos de los mayas, centrándose durante años en detalles sorprendentemente insignificantes a costa de otras preguntas más relevantes e importantes. ¿Y cuál fue el resultado? Un montón de estudios inconexos y a menudo periféricos que nadie intentó relacionar entre sí. Así que cuando finalmente me embarqué en la misión de resumir el estado del conocimiento científico sobre la autoconciencia, comencé con más preguntas que respuestas, empezando por la más esencial: exactamente, ¿qué *era* la autoconciencia?

Como ya has leído en el capítulo anterior, cuando empecé mi programa de investigación me sorprendió descubrir que uno de los mayores obstáculos para el estudio de la autoconciencia era la chocante falta de acuerdo sobre cómo definirla. A principios de los 70, los psicólogos Shelley Duval y Robert Wickland fueron de los primeros que examinaron científicamente un constructo al que llamaron «autoconciencia». Pero Duval y Wickland decidieron definirlo como un *estado temporal de percepción de uno mismo* (algo así como cuando estamos en una fiesta donde no conocemos a nadie; esa sensación de «todo el mundo me está mirando y quiero irme a mi casa»). La definición que propusieron el profesor Allan Fenigstein de Kenyon

College y su equipo tampoco era mucho mejor, ya que la autoconciencia tenía más que ver con sentirse acomplejado. Las definiciones que acabaron creando distintos investigadores fueron dispares y confusas, comparándola a la introspección o al modo en que los demás nos perciben, pasando por ser la diferencia entre cómo nos vemos a nosotros mismos y cómo nos ven los otros. Pero, a mi parecer, la mayoría de estas definiciones no daba en el clavo ni de lejos.[*] ¿Por qué? Porque *centrarnos* en nosotros mismos no implica que *nos conozcamos* a nosotros mismos.

En mi trabajo como psicóloga organizacional, una verdad obvia siempre ha sido que las personas que tienen un conocimiento claro de sí mismas disfrutan de mejores vidas y de carreras profesionales de más éxito. Han desarrollado una comprensión intuitiva de lo que les importa, de lo que quieren conseguir, de cómo comportarse y de cómo los ven los demás. Aun así, por desgracia, no pude encontrar *esta* versión de la autoconciencia en la literatura científica. De hecho, la descripción de las personas autoconscientes que hacían los estudios se acercaba más a algún personaje salido de una película de Woody Allen que a un dalái lama iluminado (señor Allen, no se ofenda usted. ¡Me encantan sus películas!). Claramente había un abismo enorme entre el modo en que los investigadores definían la autoconciencia y la forma en que realmente se manifestaba en el mundo real, al menos a mi parecer.

Así que mi equipo de investigación y yo pasamos más de un año identificando en qué consistía esta autoconciencia de la vida real. Y llegamos a la siguiente definición: **la autoconciencia es la voluntad y la habilidad de comprenderte a ti mismo y de comprender cómo te ven los demás.** De forma más específica, descubrimos que nuestros unicornios, esas personas de nuestro estudio que mejoraron drásticamente su autoconciencia en su etapa adulta, poseían siete tipos

---

[*] Ha habido algunas excepciones notables, como el investigador Anthony Grant, cuya obra conoceremos en el capítulo 5.

distintos de autoconciencia de la que carecían las personas no conscientes. Son personas que conocen sus *valores* (los principios que los guían), sus *pasiones* (las cosas que les encanta hacer), sus *aspiraciones* (lo que quieren experimentar y alcanzar), su *entorno* (el ambiente que les hace falta para sentirse felices e implicados en él), sus *patrones* (formas habituales de comportarse, sentirse y pensar), sus *reacciones* (los pensamientos, sentimientos y comportamientos que revelan sus capacidades) y su *impacto* (el efecto que tienen sobre los demás).

En este capítulo descubriremos la esencia de estos **siete pilares del autodescubrimiento** y empezaremos a trazar la imagen del entendimiento complejo y multifacético del que se compone la autoconciencia. Después comentaremos una dimensión igualmente importante del autodescubrimiento, a saber: que, para ser realmente conscientes, no podemos limitarnos a conocernos a nosotros mismos; también tenemos que comprender cómo nos ven los demás.

LOS SIETE PILARES DEL AUTODESCUBRIMIENTO

Benjamin Franklin fue un célebre político e inventor y, además, uno de los personajes ilustres más queridos de Estados Unidos. Pero uno de los logros menos conocidos de este erudito fue cuánto aprendió a conocerse a sí mismo a lo largo de su vida adulta: de hecho, como nació casi treinta años antes que George Washington, Franklin puede que fuera el primer unicornio estadounidense.

Nacido en 1706 en Boston, décimo hijo de un fabricante de jabón, Franklin tuvo que abandonar la escuela a los diez años debido a los apuros económicos por los que pasaba su familia. Con doce años trabajaba como aprendiz para su hermano James en una empresa de impresión. Pero en 1723, tras años de maltrato (o, como diríamos hoy en día, *bullying*) por parte de su hermano, Franklin se escapó de su casa para empezar una nueva vida en Filadelfia. Tan solo tres años después ya tenía a sus espaldas dos empresas fallidas y un hijo ilegítimo. (Igual que pasa con Washington, la mayoría de los libros de historia pasan de puntillas por estos hechos tan poco favorecedores).

Aunque Franklin creció en una familia presbiteriana, pocas veces asistía a la iglesia, declarando su frustración y decepción por el hecho de que «no se inculcara ni reforzara ni un solo principio moral». Esa deprimente conclusión, unida a las dificultades de su infancia y las desacertadas decisiones que tomó al principio de su vida adulta, llevaron a Franklin a proponerse «alcanzar la perfección moral». Así que, al cumplir la avanzada edad de veinte años, creó un conjunto de principios a partir de los que quería vivir su vida:

1. **Sobriedad.** No comas hasta hartarte ni bebas hasta la exaltación.
2. **Silencio.** No hables más de lo que sea útil para los demás y para ti; evita las conversaciones insustanciales.
3. **Orden.** Cada cosa debe tener su lugar y cada tarea, su momento.
4. **Decisión.** Decide hacer lo que debes; haz sin falta lo que decidas.
5. **Frugalidad.** No hagas gastos que no beneficien a tu prójimo y a ti; no desperdicies nada.
6. **Diligencia.** No pierdas el tiempo; trabaja siempre en algo útil; deshazte de las actividades innecesarias.
7. **Sinceridad.** No engañes a nadie para causarle daño; piensa de forma inocente y justa y, si hablas, hazlo de forma acorde a esto.
8. **Justicia.** No hagas daño a alguien con injurias ni omitiendo los beneficios que le debas.
9. **Moderación.** Evita los extremos; abstente de resentimientos por mucho que los creas justificados.
10. **Limpieza.** No toleres la suciedad en el cuerpo, en la ropa o en la casa.
11. **Tranquilidad.** No dejes que las nimiedades o los accidentes comunes e inevitables te preocupen.

12. **Castidad.** Practica la actividad sexual con escasez, por motivos de salud o para engendrar hijos, nunca por hastío, debilidad o para perturbar tu paz o reputación, o la de otros.
13. **Humildad.** Imita a Jesús y a Sócrates.

Franklin llamaba a estos preceptos «virtudes», pero también puede llamárseles *valores*, nuestro primer pilar del autodescubrimiento. De hecho, desarrollar **un conjunto esencial de principios que nos guían para vivir nuestras vidas como queremos** es el primer paso necesario para la autoconciencia. En particular, los valores definen la persona que queremos ser y ofrecen un estándar respecto al cual podemos evaluar nuestras acciones. Benjamin Franklin decidió, en un gesto que dejaría en ridículo al más exigente unicornio de la autoconciencia, evaluar sus acciones mediante un «librito» que creó para llevar la cuenta de su progreso, llenando los márgenes con

Sobriedad.						
No comas hasta hartarte ni bebas hasta la exaltación.						
	L	M	X	J	V	S	D
Sob.							
Sil.	**	*	*	*			
Or.	*	*	*		*	*	*
De.			*		*		
Fru.		*			*		
Dil.			*				
Sin.							
Jus.							
Mod.							
Lim.							
Tra.							
Cas.							
Hu.							

frases inspiradoras de Cicerón, de los *Proverbios* de Salomón y de James Thomson (además de inventar las aletas de natación y las lentes bifocales, parece que Franklin también es el creador del diario de autoayuda). En cada página tenía una tabla roja, con una virtud en cada fila y una columna para cada día de la semana. Y aunque prestaba atención especial a una virtud cada semana, al final del día repasaba la lista entera y marcaba con un puntito negro la casilla correspondiente si su comportamiento no había reflejado esa virtud.

Aunque no todos los unicornios de la autoconciencia son tan diligentes como Franklin, muchos emplean técnicas similares. Un joven profesional, por ejemplo, tiene una lista de sus valores en la puerta de la nevera y cada noche, mientras hace la cena, evalúa hasta qué punto estos han quedado reflejados en sus acciones. Además de un compromiso estudiado de poner en práctica sus valores, muchos también describen dedicar tiempo y esfuerzo a inculcarlos a sus hijos. (Para ver unas cuantas preguntas con las que ayudarte a explorar tus propios valores, échale un vistazo al apéndice A).

◆

Henry David Thoreau dijo en una ocasión: «Haz lo que te gusta hacer. Conoce bien tu hueso; róelo, entiérralo, desentiérralo y vuélvelo a roer». Thoreau tenía razón: cuando comprendemos nuestras **pasiones, lo que nos encanta hacer**, encontramos un hueso que podemos roer para siempre. Mi amigo Jeff, un orgulloso unicornio, ha sabido encontrar el origen de sus pasiones en sus antecesores. Heredó de su abuelo materno su mente de ingeniero y su curiosidad por cómo funcionan las cosas, y de su abuelo paterno, la capacidad artesanal y la aversión al aburrimiento. Durante la primera parte de su carrera profesional pasó de un trabajo como informático a otro, desde administrador de sistemas hasta diseñador de *software* para educación superior. Después, de manera casi inadvertida al principio, empezó a notar que cada vez le interesaba más el diseño de los edificios. Fue pasando el tiempo y su nueva pasión se volvió tan insistente que ya no pudo ignorarla más. Así que decidió decirle adiós al trabajo como informático y consiguió una codiciada plaza en un máster de arquitectura.

Cuando finalmente se graduó y obtuvo un trabajo, Jeff no cabía en sí de la alegría. Lo había conseguido. Ya era un *arquitecto*. Era cierto que el día a día no lo llenaba tanto como había imaginado. Por supuesto también tenía que tratar con malos clientes. Y, a veces, con malos jefes. A Jeff, como introvertido, trabajar en una oficina sin despachos individuales le parecía agotador. Además, tenía que admitir que algunos de los proyectos eran un poco aburridos. Bueno, más que algunos, bastantes. Quizá por eso, día tras día, la jornada de trabajo se le hacía más cuesta arriba y llegaba a casa cada vez más cansado y vacío. Hasta que llegó a un punto en el que finalmente se preguntó: «¿Soy capaz de hacer esto durante los siguientes treinta años?». La respuesta fue un «no» rotundo.

Jeff se pasó meses intentando decidir cuál iba a ser su siguiente paso. Se hizo unas tarjetitas donde apuntó todas las cosas que le gustaba hacer, ordenándolas y reordenándolas para encontrar los patrones. Y fue entonces cuando Jeff finalmente escuchó la insistente voz que llevaba años ignorando. «Nunca seré realmente feliz», descubrió, «hasta que no esté trabajando para mí mismo».

Decidió explorar cómo sería realmente trabajar así a diario. Tras pensárselo mucho, Jeff finalmente decidió qué haría a continuación. Había diseñado *software*, había diseñado sitios web y había diseñado edificios: ahora iba a crear una consultoría para ayudar a los artistas y emprendedores a diseñar sus propias empresas. Haciendo lo que más le gustaba, Jeff iba a ayudar a los demás a hacer lo que les gustaba a ellos (en un bucle de autoconciencia que se retroalimentaba). La guinda del pastel fue darse cuenta de que podría trabajar desde su casa. El proceso de explorar sus pasiones también ayudó a Jeff a entender que no está programado para buscar la estabilidad de una carrera profesional de treinta años, sino para seguir su curiosidad por el diseño allá donde lo lleve. (Si quieres ver unas cuantas preguntas para reflexionar sobre *tus* pasiones, échale un vistazo al apéndice B).

El emprendedor Ben Huh experimentó una crisis similar en mitad de su carrera profesional, aunque la suya se dio algo antes. A la avanzadísima edad de veintitrés años, Ben tenía la sensación de que su vida ya había terminado. Había invertido dieciocho meses y cientos de miles de dólares de otras personas en una *start-up* que había acabado por evaporarse. La sensación de humillación y derrota era demasiado para este joven sobresaliente. Se pasó días y días en la cama, solo, arruinado e incluso contemplando el suicidio. Cuando finalmente logró salir de esa mala época, Ben se dio cuenta de que necesitaba un plan. Así que se sentó con una hoja en blanco e hizo una lista de las cosas que quería conseguir en la vida, esa vida que había estado tan cerca de terminar por su propia mano. Su idea resultó no ser tan fácil como había pensado. La dificultad, según explicó él, era poder mirar al futuro y ser capaz de encontrar los «brotes perennes» que iban a acabar por definirlo.

Para cualquiera que conozca a Ben, no es sorprendente el hecho de que decidiera dar el pistoletazo de salida de su siguiente etapa con una lista de objetivos. Desde que tenía uso de la razón, Ben había sido una persona ambiciosa y que perseguía sus objetivos con pasión. Ben era de orígenes humildes y había nacido en Seúl, Corea del Sur; su familia se mudó a Estados Unidos cuando él tenía catorce años. Sus padres limpiaban edificios para subsistir y Ben los ayudaba tanto como podía, incluso buscando latas de refresco en la basura para reciclarlas a cambio de algunos peniques. El apartamento donde vivían tenía una sola habitación que ocupaba Ben; su padre y su madre dormían en un colchón en la sala de estar. Decidió labrarse un futuro mejor y acabó por convertirse en la primera persona de su familia que se graduó en la universidad.

Seis años más tarde, solo en su nueva casa en Seattle, Ben creó su lista. En ella había cosas como conocer a la mujer perfecta, vender una empresa sacando beneficios y aprender a ir en moto. Ya sé qué debes de estar pensando: ahora viene cuando te digo que dejes este libro y que ahora mismo te pongas a hacer una lista de objetivos para tu vida. Pero espera un momento; no vayas tan rápido: esta historia tiene una vuelta de tuerca sorprendente. Años más tarde, Ben era el exitoso director ejecutivo del sitio web de humor I Can Has Cheezburger (es decir, el lugar donde nacieron los memes de gatos) tras comprarlo en 2007. Aun así, sentía que le faltaba algo y no era capaz de decir exactamente qué era.

Un día estaba en una comida aparentemente normal con uno de sus inversores, hablando de algunas de las dificultades que estaba experimentando. Charlando, le dijo:

—¿Sabes? Tengo una lista de objetivos. Allí están todas las cosas que quiero hacer.

Fue entonces cuando su acompañante soltó la bomba que acabó por darle a su vida un giro de 180 grados.

—Los objetivos no son lo importante —le dijo su inversor—. Lo importante es el proceso hasta conseguirlos.

Esa sabiduría postcomida se convirtió en el catalizador de un proceso que acabó durando un año para, como describe Ben, «descubrir por qué estoy en este planeta». En vez de añadir más elementos a su lista, empezó a hacerse una pregunta mucho más esencial: ¿qué es lo que *realmente* quería de su vida? Acabó por advertir que la respuesta era simple: quería ver tanto mundo como pudiera con las personas a las que más quería. En ese momento contaba con los medios para hacer algo realmente especial con Emily, la mujer perfecta a la que había conocido (sí, había podido tachar ese punto de la lista) en 2001. Y eso fue exactamente lo que hicieron.

En 2015, Ben tomó la decisión de abandonar Cheezburger y él y Emily se embarcaron rápidamente en un viaje alrededor del mundo de esos que solo se hacen una vez en la vida. Ben todavía no sabe a dónde lo llevará el resto de su viaje, pero hay una cosa que sí tiene muy clara: será algo mucho más significativo que ir tachando un montón de objetivos de una lista.

La historia de Ben es un potente ejemplo de lo que *realmente* significa comprender cuáles son nuestras *aspiraciones*. Y lo que es más, demuestra que, aunque marcarse objetivos es relativamente fácil, eso casi nunca lleva a un autodescubrimiento real o a una felicidad perfecta. En vez de preguntarnos «¿Qué quiero conseguir», es mejor plantearnos «**¿Qué quiero realmente en esta vida?**». Los objetivos nos pueden dejar deshinchados y decepcionados una vez los conseguimos, y tampoco somos capaces de alcanzar del todo nuestras aspiraciones: podemos levantarnos cada mañana motivados por ellas una y otra vez. E incluso aunque no estemos en la envidiable posición de poder dejar nuestro trabajo y viajar alrededor del mundo, sí que podemos vivir vidas mejores comprendiendo qué queremos experimentar y consiguiéndolo mientras estamos en este planeta. (Por cierto, encontrarás unas cuantas preguntas para ayudarte a conocer mejor tus aspiraciones en el apéndice C).

◆

Una vez trabajé con un unicornio y banquero comercial, llamémosle Sam, en sus primeras etapas en una prometedora carrera profesional. Sam contaba con una calmada confianza en sí mismo y con una inusual capacidad para conectar con cualquier persona, lo que lo habría llevado al éxito en casi cualquier ámbito. Pero estas habilidades eran especialmente útiles en el sector bancario, donde los clientes apreciaban la transparencia y la confianza que Sam transmitía. Como era de esperar, nada más salir de la universidad, Sam consiguió un puesto muy bien remunerado en un banco emergente.

Por supuesto, ningún trabajo es perfecto, y Sam rápidamente advirtió que su encargado le causaba una enorme incomodidad y frustración. Parecía que tenían una forma de trabajar completamente opuesta: Sam escuchaba a los clientes y conectaba con ellos, mientras que su encargado los prejuzgaba y atosigaba. Cuando se reunían con posibles clientes, Sam intentaba averiguar qué necesitaban, pero su encargado los ponía entre la espada y la pared y los forzaba a tomar una decisión allí mismo. Esto no solo hacía que no lograran nuevos clientes, sino que los que ya tenían tampoco les duraban mucho.

Un aspecto positivo era que el banco ofrecía generosos incentivos individuales por el trabajo bien hecho, con premios espléndidos para aquellos empleados que consiguieran sus objetivos. Pero Sam veía claramente que eso no incentivaba en lo más mínimo a los empleados para que trabajaran en equipo, que era exactamente la forma en que él conseguía los mejores resultados. Además, no había casi ningún tipo de respaldo para los trabajadores que, como Sam, decidían dedicar tiempo a crear relaciones de confianza con posibles clientes: solo se presionaba a los empleados para que hicieran ventas rápidas.

Perturbado por ese ambiente competitivo y abrasivo, Sam se sentía completamente fuera de lugar. Con el paso de los días se sentía cada vez más desesperado. Pronto advirtió que se llevaba el estrés a su vida personal: en vez de disfrutar del poco tiempo que podía dedicarle a su novia y a su familia, estaba constantemente preocupado por todo lo que le iba mal en el trabajo.

Pero, aunque las cosas fueran tan difíciles, las dificultades a las que se enfrentó Sam acabaron por tener un lado positivo, ya que lo llevaron a un valioso descubrimiento sobre su propia naturaleza. Cuando empezó a examinar de cerca las causas de su estrés, descubrió una fuerte necesidad de trabar relaciones profundas y duraderas con sus compañeros y clientes. Y, al advertir que eso probablemente no pasaría nunca en el entorno laboral en el que se hallaba, supo que tenía que dejar su puesto.

Sam era una persona de muchísimo talento y no tardó en encontrar un trabajo con una empresa famosa por su buen trato con los clientes; pronto se convirtió en uno de los mejores trabajadores de su departamento. Finalmente había hecho lo que tenía que hacer: su ánimo mejoró, tenía más energía para atender a sus clientes y su vida personal lo empezó a llenar de una forma más significativa. Entre otras cosas positivas, Sam le pidió a su novia que se casara con él y esta aceptó. (Creo que no hará falta decir que seguramente a ella le gustará más planificar la boda con el «nuevo Sam» que con el «Sam de antes»).

Cuando determinamos dónde *encajamos,* **el tipo de entorno que nos hace falta para sentirnos felices y activos, implicándonos,** hacemos más cosas con menos esfuerzo y al final de cada día tenemos la sensación de haber aprovechado bien el tiempo. Esto implica comprender verdades sencillas sobre ti mismo (como, por ejemplo, que eres más feliz cuando estás viajando o que necesitas salir a correr durante tu descanso para comer) además de observaciones más profundas para ayudarte a tener una vida más feliz (como, por ejemplo, el tipo de pareja que te hará sentir lleno o el tipo de compañía que te hará prosperar). (Para ayudarte a aclarar dónde encajas mejor en lo referente a tu trabajo, a tus relaciones con otros y demás, encontrarás unas cuantas preguntas en el apéndice D.)

En muchos aspectos, el pilar de tu ambiente adecuado se basa en los anteriores: solo si sabes qué valoras, qué te apasiona y qué quieres experimentar en tu vida podrás empezar a crearte una imagen de cuál es tu entorno ideal. Solo hay que ver a Sam. Aunque le costó mucho dejar el primer trabajo que encontró tras graduarse, tuvo la suerte de hacer un descubrimiento tan valioso sobre el lugar donde encajaba nada más empezar su carrera profesional. Al encontrar una empresa que compartía sus valores y que le permitía hacer lo que le gustaba, también encontró un entorno que le cargaba las pilas en lugar de dejarlo agotado. Ya sea que estés pensando en tu vida personal, en tu trabajo o en las personas con las que eliges rodearte, posiblemente la energía es la mejor forma de medir si encajas en el ambiente. Lo que importa es si, a fin de cuentas, tu entorno te da o te quita energía.

◆

Si te pidieran que describieras tu personalidad, ¿qué dirías? Puede que dijeras que eres una persona decidida o amable. O, si hace poco que has hecho un test de personalidad, quizá eres un INTJ/Amarillo/ Facilitador/Analítico-conceptual.

Los psicólogos a menudo usan la palabra «personalidad» para describir nuestros patrones de comportamiento. Nuestros **patrones** son nuestras **formas habituales de comportarnos, sentirnos y pensar en distintas situaciones**. Por ejemplo, si le respondo ásperamente a mi compañera de trabajo una mañana, puede que solo esté cansada. Pero si le respondo de malas formas la mayoría de las mañanas, no solo no me invitará a ir con ella a tomar algo después del trabajo, sino que seguramente yo estaré mostrando un patrón de irritabilidad. Los psicólogos han estado intentando analizar y medir la personalidad humana desde la Segunda Guerra Mundial, cuando se empezaron a desarrollar los test de personalidad como ayuda para la selección militar. La mayoría de las personas del mundo empresarial han tenido algún tipo de experiencia con este tipo de pruebas, ya sean las de Myers Briggs, Hogan, DISC, Insights, Emergenetics, Social Styles, NEO, Birkman, el clasificador de temperamento Keirsey, True Colors... Podría seguir enumerándolos un buen rato pero, por suerte, no lo haré. Solo en Estados Unidos hay más de dos mil quinientas evaluaciones de personalidad en el mercado, algunas mejores que otras. Pero aunque nuestros unicornios vieron estas evaluaciones como información importante para su autoconciencia, también indicaron que no fueron suficientes como para cultivar un conocimiento real sobre sí mismos.

Y lo que es más, no basta con arrojar luz sobre nuestros patrones de comportamiento en *la mayoría* de las situaciones; también debemos examinar nuestros patrones en *situaciones específicas*. Voy a compartir un ejemplo personal inofensivo, aunque ligeramente bochornoso para mí. Hace unos años estuve trabajando con un grupo de dirigentes de Uganda. El centro de retiro donde tenía lugar nuestra reunión estaba en un sitio precioso pero apartado, solo accesible por agua. Cuando nuestro grupo llegó al muelle, nos esperaban dos embarcaciones: una para nosotros y otra para nuestro equipaje.

Aunque yo todavía no era consciente de ello en aquel momento, al instante empecé a sentirme angustiada y me pasé todo el trayecto, que no era corto, dándole vueltas en mi cabeza a la ridícula duda de si algún día volvería a reunirme con mi equipaje. Cosa que pasó, por supuesto, pocos minutos después.

Pasemos a otro viaje por trabajo, esta vez a Honduras, para dar un taller de liderazgo. Mi cliente había contratado tres furgonetas para que nos recogieran a todos en el aeropuerto: dos para los pasajeros y una para el equipaje. Cuando llegamos al hotel descargaron todas maletas, pero esta vez la mía no aparecía por ningún lado. Buscamos por todas partes y finalmente descubrimos que se había quedado en la salida del aeropuerto. Me derrumbé por completo. No había nada en mi maleta que no pudiera sustituirse y, a un nivel racional, era consciente de que seguramente acabaría encontrándola (y así fue). Pero allí estaba yo, llorando en el vestíbulo del hotel como un niño al que un abusón le ha quitado el bocadillo. Fue ahí donde empecé a sospechar que había un patrón: cuando me separo de mi equipaje, me siento muy incómoda. No, *irracionalmente* incómoda. Dado que viajo más de ciento cincuenta mil quilómetros al año, fue una epifanía significativa.

Unos meses más tarde, mi marido y yo fuimos a Costa Rica a visitar a su hermano y cuñada. Pensamos que podría ser una buena idea meternos en una avioneta hasta Bocas del Toro, una pequeña isla en Panamá, para pasar ahí un fin de semana largo. Tras llegar al minúsculo aeropuerto, que consistía en un destartalado edificio donde una mujer arisca se encargaba del Departamento de «Inmigración» con un desgastado archivador de anillas, el propietario de la casa que habíamos alquilado fue tan amable de acercarnos con el coche. Lanzó nuestro equipaje en la parte trasera descubierta de su camioneta y nos apretujamos en el asiento de atrás. Entonces, sin ningún tipo de aviso, el cielo se abrió y una lluvia torrencial empezó a caer sobre nuestras maletas. Presioné la cara contra la luna trasera, mirando impotente cómo mi bolsa se iba empapando.

Pero esa vez advertí al instante lo que estaba pasándome. Miré a mi marido y anuncié:

—Estoy irracionalmente disgustada porque se me está mojando la maleta.

—Ya veo, ya —repuso él.

—Creo que probaré a ver si puedo respirar profundamente unas cuantas veces; quizá consiga calmarme un poco —dije, tentativa.

Y así lo hice. Comprender ese patrón me ayudó a ser más consciente de lo que me pasaba y mi día mejoró claramente gracias a ello.

Se dice que el conocimiento es poder y ese es claramente el caso de este pilar. Ya sea una ansiedad irracional ante la idea de separarte de tu equipaje o cualquier otra cosa, reconocer nuestros patrones (especialmente aquellos que resultan contraproducentes) nos ayuda a tomar el timón. Por ejemplo, si eres un introvertido que tiende a quedar agotado tras varias reuniones seguidas, busca algunos minutos de tiempo a solas para recuperarte al final del día. Si mandas correos electrónicos furibundos cuando llevas demasiadas horas trabajando, guárdate las respuestas que escribas a altas horas de la noche en una carpeta de borradores antes de enviarlas; ya las repasarás por la mañana. Si después de algunas copas de vino sientes la necesidad imperiosa de llamar a tu ex, dale tu móvil a tu amigo o amiga (quien con suerte será quien esté conduciendo para llevarte a casa) antes de empezar a beber. La idea aquí es detectar primero el patrón y, luego, ser capaz de identificar cuándo se da para ir probando cómo tomar decisiones distintas y mejores.

◆

Susan lo hacía lo mejor que podía. Su jefe de la inmobiliaria donde trabajaba, muy exigente, a menudo la obligaba a trabajar setenta horas a la semana. Aunque estaba sometida a un estrés constante, ella lo daba todo en su puesto de trabajo y conseguía acabar sobreviviendo, aunque a duras penas. O, al menos, eso creía ella. Un día, de forma completamente inesperada, la despidieron.

Conmocionada, desolada y enfadada, les echó la culpa a sus superiores por este sorprendente giro de los acontecimientos. Ella no los había abandonado a pesar de las circunstancias, así que, ¿cómo la habían podido abandonar a ella? Pero en cuanto su enfado se disipó, Susan decidió buscar el lado positivo a esta situación tan negra. Empezó a sospechar que su comportamiento había influido en la decisión de su jefe, pero no sabía exactamente cómo. Tras repasar meticulosamente distintos incidentes en el trabajo de los que, en retrospectiva, no se sentía demasiado orgullosa, Susan advirtió que su falta de conciencia sobre sus *reacciones* automáticas (es decir, los **pensamientos, sentimientos y comportamientos que revelan nuestras capacidades**) había acabado por pasarle factura. Sus reacciones ante sus compañeros de trabajo, especialmente cuando estaba agobiada, revelaban una debilidad importante: su incapacidad para controlar sus emociones, especialmente con su jefe; la verdad es que no había tenido demasiado tacto. «Tiene que tener presente que estoy trabajando setenta horas a la semana», se decía Susan; «tendría que poder pasar por alto algunos comentarios salidos de tono». Pero no fue así y ella acabó pagando un alto precio por eso.

Desde que llegó a este sorprendente descubrimiento, Susan ha estado trabajando para intentar gestionar su debilidad e ir controlando mejor sus reacciones. Cuando está estresada presta atención a su forma de actuar. ¿Interrumpe a los demás? ¿Habla con sequedad? ¿Parece alterada? Cuando empieza a notar que comienza a responder de malos modos, se esfuerza en parar un momento, reflexionar y suavizar su tono. En las contadas ocasiones en las que el estrés se vuelve demasiado intenso como para controlarlo, Susan pide un minuto a solas, se toma un momento para respirar y vuelve a la conversación.

Otro punto positivo de la dura experiencia de Susan fue que encontró un nuevo puesto de trabajo mucho más satisfactorio y no tan estresante. En su nuevo puesto, no solo se esfuerza mucho en gestionar su estrés, sino también en adaptar su estilo de comunicación al de otros (en vez de esperar que sean ellos quienes se adapten al suyo). Esto supuso una completa revolución en su vida y no es ninguna sorpresa que la ayudara a convertirse en un unicornio de tomo y lomo.

Aun así, es importante remarcar que, cuando examinamos nuestras reacciones, no solo descubrimos nuestras debilidades; a veces también encontraremos puntos fuertes que nunca habríamos sospechado poseer. Paul, un experimentado ejecutivo de operaciones, creció en un pueblecito desfavorecido de Colorado. Su naturaleza tímida, unida a una familia crítica, lo llevaron a creer desde pequeño que todo el mundo era mejor que él. La situación acabó por empeorar tanto que, con veintitrés años, tomó la difícil decisión de marcharse a una ciudad grande e intentar valerse por sí mismo. Así que se fue a Denver.

Lo único que podía permitirse era una minúscula casita en un vecindario algo conflictivo que se llamaba, irónicamente, Uptown [parte rica de la ciudad]. «En aquellos tiempos», me explicó, «el lugar no tenía demasiada buena pinta. El banco había embargado la casa y estaba hecha un desastre. Todas las ventanas estaban rotas. Ni siquiera me dieron una llave». Pero a pesar del precario estado de su nueva casa, el barrio tenía algo que le hacía sentirse parte de una comunidad; era prometedor, una oportunidad.

Poco después de mudarse, Paul se encontró charlando con un vecino que quería formar una asociación de vecinos registrada. No sabía exactamente de qué se trataba, pero decidió alegremente colaborar con él, haciendo folletos y repartiéndolos para ganar simpatizantes. Y, cuando se formó la organización, Paul echaba una mano siempre que podía. Los primeros años todo parecía ir bien. Y entonces tuvo una conversación inesperada con un amigo que trabajaba en el Departamento de Urbanismo de la ciudad.

Paul descubrió que el presidente que había entonces en la asociación, un abogado local, había estado tomando algunas decisiones en muchos asuntos importantes que el resto del grupo desconocía y que, por supuesto, no había tenido la oportunidad de debatir. «Las cosas que estaba autorizando y aprobando en nombre del vecindario eran proyectos que habrían supuesto un beneficio para algunos hombres de negocio influyentes en vez de para el barrio», me explicó Paul.

La gota que colmó el vaso fue descubrir que se estaban haciendo planes para construir un rascacielos de veinte pisos a pocas manzanas de su casa. Y, si esos planes se materializaban, el barrio cambiaría para siempre. Cuando Paul se enteró de todo esto, una parte de él que desconocía hasta entonces decidió tomar las riendas. De ninguna manera iba a dejar que el presidente se saliera con la suya. Paul convocó una reunión urgente y el abogado aceptó abandonar su puesto.

Aunque Paul se quedó sorprendido por su rápida y contundente reacción, se quedó todavía más asombrado cuando se enteró del nuevo candidato para la presidencia de la asociación que proponían sus vecinos. Ese candidato era... él. No quería decepcionarlos, así que, a pesar de tener sus reservas, decidió probar. Su nuevo puesto no podría haber llegado en un momento más complicado. En diez días, exactamente, la asociación iba a tener su única oportunidad de detener la construcción del rascacielos en una reunión con el Departamento de Urbanismo. Paul nunca había dado una presentación de ningún tipo; mucho menos ante una habitación repleta de gente mirándolo como si fuera su líder. «Y ahí estaba yo», me contó, «con veinticinco años, tímido, sin querer ser presidente y hecho un manojo de nervios». Pero se levantó y expuso su presentación lo mejor que pudo.

Cuando finalmente terminó, no estaba demasiado seguro de cómo le había salido hasta que uno de sus vecinos, que trabajaba para la empresa aeroespacial Hughes Aircraft, se le acercó muy emocionado y prácticamente le ofreció un trabajo allí mismo. *Quizá todo esto no se me da tan mal como pensaba»*, advirtió.

La reacción instintiva de Paul ante la actuación de un abogado escurridizo puso en marcha una reacción en cadena que le abrió los ojos a las cualidades que nunca había pensado que tenía: buena mano para hablar en público, talento para solucionar conflictos e iniciativa para dar un paso al frente ante los desafíos. Y, así de fácil, ante él empezó a abrirse un mundo completamente nuevo. Paul acabó teniendo una carrera profesional como presidente ejecutivo y ha dirigido empresas de todo el mundo. ¿Y qué pasó con el rascacielos de veinte plantas? Pues que, naturalmente, acabó por no construirse. Años más tarde, la asociación de vecinos consiguió inscribir el barrio de Uptown en el registro nacional de lugares históricos y se ha convertido desde entonces en uno de los mejores lugares para vivir de Denver. (Si la historia de Paul te ha resultado inspiradora, en el apéndice E encontrarás más preguntas para ayudarte con el aspecto más básico de este pilar: tus puntos fuertes y débiles).

◆

Hasta ahora, cada pilar de autodescubrimiento ha sido sobre nosotros: a qué aspiramos *nosotros*, qué *nos* apasiona, cómo *nos* comportamos y qué ambiente necesitamos, qué valoramos y cómo respondemos al mundo *nosotros*. Pero, para ser realmente autoconscientes, también debemos basarnos en esto para entender cuál es nuestro **impacto**: es decir, **cómo afecta nuestro comportamiento a los demás**. A lo largo de nuestras vidas diarias encontraremos a menudo a personas que parecen ser completamente ajenas a esto: ese jefe que asigna un proyecto de emergencia sin ton ni son un viernes por la tarde, sin prestar atención a los suspiros y gemidos de sus empleados. Ese hombre que está en medio del pasillo comprando en el supermercado mientras una madre con un carrito para mellizos se desespera para que la deje pasar. Esa mujer que se queda inexplicablemente detenida en el semáforo hasta que vuelve a ponerse en rojo, al parecer sin oír la multitud de ensordecedoras bocinas de los coches atrapados detrás de ella. En teoría estas personas podrían tener un conocimiento estelar de su yo interior, pero cuando se trata del efecto que tienen sobre las personas que las rodean, parecen estar completamente ciegas.

No es sorprendente que este último pilar sea especialmente importante para los líderes, como Eleanor Allen acabó descubriendo por las malas. Nunca olvidará las dos palabras que resultaron ser el *feedback* más sorprendente y transformador que ha recibido jamás: «Déjalo ya».

Tan solo un mes antes, Eleanor se había embarcado en uno de los mayores desafíos de su carrera. Ella y su familia se habían trasladado a Puerto Rico, donde ella había pasado a ser la encargada de un programa complejo y de mucha envergadura de mejora del capital de infraestructura de aguas. Durante los primeros días en su nueva oficina, diminuta pero bien equipada, empezó a ser consciente de que su nuevo trabajo iba a ser considerablemente más difícil de lo que había creído. Con el corazón en un puño, descubrió un montón de notificaciones legales de sus clientes donde se exponía que su equipo no había estado proporcionando lo que se le había solicitado y que lo poco que *sí* habían ofrecido era de una calidad inaceptable. El equipo de Eleanor estaba claramente a punto de ser despedido.

Pero aunque tuviera la sensación de haberse metido de cabeza en un edificio en llamas, Eleanor también se sentía confiada de contar con el traje ignífugo de su experiencia en otros trabajos. Al fin y al cabo, esta ingeniera había dirigido programas y proyectos muy complicados alrededor del mundo, con lo que había ganado el tipo de habilidades de resolución de problemas que solo pueden desarrollarse en trabajos donde te juegas mucho. Evaluó la situación con cuidado y empezó a enviar correos electrónicos repletos de instrucciones a su equipo de cien personas. Aunque le hubiera encantado tener más tiempo para trabar relaciones en persona, simplemente no disponía de él. «Ya me pondré con eso cuando resuelva esta situación», se prometió.

Pasaron unas cuantas semanas. Y, por el motivo que fuera, las cosas seguían sin hacerse. Una y otra vez, Eleanor asignaba una tarea para entregar al cliente antes de una fecha concreta e, irremediablemente, el día llegaba y el encargo estaba sin hacer. Se sentía frustrada y sola, y no era capaz de entender por qué no conseguía que se hicieran los cambios necesarios. Una tarde Eleanor estaba que echaba chispas, sentada ante su escritorio a rebosar de documentos, y acabó por perder la paciencia. Explotó. «Pero ¿cómo puede ser que estas personas tan inteligentes y capaces sean tan torpes? ¡No me extraña que estén a punto de despedirnos a todos!». Como si alguien le hubiera leído el pensamiento, Evelio, su segundo al mando, abrió la puerta e irrumpió en su oficina. Evelio era un barbudo ingeniero local extremadamente inteligente y enérgico.

—¿Qué pasa? —preguntó Eleanor—. ¿Pasa algo?

Evelio cerró la puerta de un portazo.

—¡Tú! —le espetó, casi gritándole—. Para *ya*.

—¿Qué? —tartamudeó ella, pillada completamente por sorpresa—. ¿De qué me hablas?

Evelio dio un paso hacia ella.

—¡Nos estás volviendo locos a todos! ¡Nadie se lee tus correos electrónicos! ¡Nadie sabe cuáles son nuestras prioridades!

—Pero si yo...

—Eleanor —la cortó—. *¡Tú* eres quien va a hacer que nos echen a todos!

Eleanor veía claramente que su subalterno venía preparado para pelearse con ella. Pero, en un arrebato de pura y espectacular autoconciencia, inspiró profundamente, clavó su mirada en los ojos de Evelio y le dijo:

—Muy bien. Pues dime. ¿Qué tendría que hacer de otro modo?

—Aléjate del ordenador —le dijo él—. Ahora mismo. Ni se te pase por la cabeza escribir otro correo electrónico.

Ella hizo lo que le pedía, levantando las manos del teclado.

—Ahora, levántate. Vamos a hablar con nuestro equipo. Tendrás que ganarte un poco su confianza antes de ponerte a mandarles más cosas.

Eleanor dudó; parecía que la hubieran pegado a su silla.

—Venga, ven conmigo —insistió él—. Voy a reprogramarte.

Fue entonces cuando Eleanor se dio cuenta de su error. Se había estado comunicando con su equipo de la manera equivocada, sin advertir el impacto que eso tenía en los ánimos y la productividad generales. Con cada correo electrónico, se sentían cada vez más resentidos, con lo que todavía se enroscaban más en su posición, ya de por sí delicada. Al parecer, esas interacciones en persona para las que Eleanor sentía que no tenía tiempo eran precisamente lo que más necesitaba el equipo.

A partir de ese momento, Eleanor decidió abandonar por completo los correos electrónicos. Con la ayuda de Evelio, empezó a centrarse en conocer realmente al equipo, organizando eventos informales en la oficina los viernes, creando un comité de diversión en el trabajo y, con mi ayuda, organizando un encuentro fuera de las oficinas con el equipo de encargados. También empezó a buscar cualquier excusa para estar con el cliente, pasándose por sus oficinas justo a tiempo para tomarse un café o comer en la cafetería. En pocas semanas tuvo la sensación palpable de que los demás confiaban en ella. A medida que pasaba el tiempo, estos lazos no hicieron más que estrecharse: cuando había cualquier incidente, el cliente la llamaba para que ella se encargara en vez de enviarle una carta impersonal.

En menos de seis meses, Eleanor y su equipo pasaron literalmente del peor puesto al número uno y se convirtieron en el programa con el mejor rendimiento de la isla, entregando el trabajo a tiempo y sin salirse del presupuesto. (¡Y pasándoselo bien!). Dos años más tarde, cuando ascendieron a Eleanor a otro puesto, Evelio asumió el mando sin esfuerzo. Eleanor pasó a convertirse en la directora ejecutiva de la organización sin ánimo de lucro Water for People, pero dice que hasta el momento nunca ha disfrutado tanto de las interacciones con sus compañeros de trabajo como cuando estuvo con Evelio y su equipo en Puerto Rico (cosa que puedo confirmar personalmente, y no solo a partir de los recuerdos borrosos por los mojitos que guardo de mi visita).

Por suerte, aunque ser más consciente de nuestro impacto sobre los demás implique compromiso y práctica, *sí que es* posible (para ver unas cuantas preguntas que te ayudarán con esto, échale un vistazo al apéndice A). La habilidad clave que debemos desarrollar para detectar nuestro efecto es la **perspectiva**, la capacidad de imaginar lo que otros piensan y sienten (no se trata de empatía, que implica experimentar *de verdad* las emociones del otro).

Puede parecer ilógico que mirar el mundo a través de los ojos de los demás pueda ayudarnos a entendernos mejor a nosotros mismos. Vamos a examinar un estudio que demuestra, de forma impactante, el resultado de ver las cosas en perspectiva gracias al pilar del efecto que causamos en los demás. Los investigadores encuestaron a más de cien parejas de Chicago cada cuatro meses durante un año sobre sus sentimientos, intimidad, confianza, pasión y amor en su matrimonio. De forma desconcertante, durante el periodo del estudio, las parejas (que llevaban casadas, de media, once años), mostraron «fuertes desmejoras en la calidad del matrimonio».

Los investigadores quisieron ver si había alguna solución que pudiera cambiar esta tendencia. Así que les pidieron a los participantes que escribieran durante veintiún minutos sobre algún conflicto en el matrimonio. Contrariamente a las parejas que se limitaron a escribir sobre el conflicto, las que recibieron la instrucción de describir cómo «una persona externa y neutral que quiere lo mejor para la pareja» podría ver ese conflicto empezaron a ver cómo se revertía ese descenso en su satisfacción matrimonial, hasta desaparecer por completo durante el año siguiente. Al salir de su propia perspectiva y ver sus problemas a través de los ojos de sus parejas, pudieron ser capaces de ser más equilibrados y estar menos a la defensiva. Esta mentalidad los ayudó a entender mejor cómo afectaban sus acciones al otro y, a su vez, a empezar a tratarle mejor.

Pero la gran ironía de la perspectiva es que cuando más la necesitamos es cuando menos tendemos a adoptarla. Hace poco yo tenía que tomar un vuelo hacia Hong Kong que, después de horas y horas de embarcar y desembarcar del avión, acabó por cancelarse. Por supuesto, los quinientos pasajeros querían llegar a su destino; en el ambiente flotaba una sensación de pánico general entremezclado con las lágrimas y el enfado de la gente. Un valiente agente de la puerta de embarque dirigió a la muchedumbre airada hacia una zona de atención al cliente, donde cuatro empleados de la aerolínea se encargaban de cada caso. Cuando llegó mi turno, me acerqué poco convencida hacia un agente (en su placa de identificación ponía «Bob»), temiendo que no me iba a gustar lo que me iba a decir.

—Lo siento muchísimo, doctora Eurich —balbuceó—, pero hoy no podré conseguir meterla en ningún vuelo a Hong Kong.

Estuve a punto de lanzarme a su yugular, pero entonces advertí el miedo en los ojos de Bob. Por suerte, hacía poco que había descubierto una herramienta desarrollada por el psicólogo Richard Weissbourd llamada «Haz *zoom* y aléjate». Para poder adoptar correctamente la perspectiva de los demás en situaciones muy tensas, Weissbourd recomienda empezar por «hacer *zoom*» en nuestra perspectiva para poder entenderla mejor. Así que hice *zoom*: «Tengo hambre, estoy cansada y estoy enfadadísima con la aerolínea por su ineptitud mecánica». A continuación, hay que «alejarse» y tener presente la perspectiva del otro. Cuando me puse en los zapatos de Bob, pensé: «Pobre Bob. A saber el día que habrá tenido hoy».

—¿Te tocaba trabajar esta tarde? —le pregunté.

—No, señora —respondió al instante, y señaló a sus compañeros—. Nosotros cuatro nos íbamos ya para casa, pero nos han llamado para que volviéramos. Hoy tenía que recoger a mis hijos en la escuela porque mi mujer está fuera. Seguramente me tocará quedarme hasta las diez de la noche.

Yo había estado sintiendo lástima por mí, pero ahora me sentía peor por Bob. Le pregunté si los otros pasajeros del vuelo le habían estado gritando. Asintió.

—La gente a menudo está tan enfadada que se olvidan de que nosotros también somos personas —dijo.

Ese día aprendí dos lecciones inesperadas: primero, que hacer *zoom* me hizo calmarme y recordar que yo no era el centro del universo (cosa que siempre va bien tener presente). En segundo lugar, que adoptar la perspectiva de Bob me ayudó a entender el efecto de mi comportamiento, cosa que, a su vez, me ayudó a controlarlo.

DE DENTRO AFUERA Y DE FUERA ADENTRO: LA IMPORTANCIA DE LA AUTOCONCIENCIA EXTERNA

Cuando Ben Franklin creó su plan con trece virtudes para llegar a la perfección moral, su lista inicial solo contenía doce. Pero, tras compartirla con un amigo íntimo, descubrió que había pasado por alto su mayor oportunidad de mejora. Como escribió en una carta más adelante:

> [Mi amigo] me explicó amablemente que generalmente se me consideraba alguien orgulloso y que mi orgullo solía salir a relucir a menudo en las conversaciones: yo no solo no me quedaba contento con llevar la razón al debatir sobre cualquier cosa, sino que también resultaba muy dominante y bastante insolente, cosa de la que me convenció tras mencionar varios ejemplos.

Como hemos aprendido anteriormente, uno de los mayores mitos de la autoconciencia es que lo más importante es centrarnos en nuestro interior: el autodescubrimiento desde dentro hacia afuera. **Pero, armados solo con las propias observaciones, incluso los más dedicados estudiantes de la autoconciencia se arriesgan a no ver algunas piezas esenciales del rompecabezas.** Por ejemplo, después de hacerle ese comentario en broma a tu compañera de trabajo, ¿se ha reído de verdad o simplemente la has dejado atónita y ha reído nerviosamente? Al contarle la historia de tu vida a ese chico que acabas de conocer en una fiesta, ¿estaba interesado de verdad o solo quería salir huyendo hacia la barra? Cuando le has dado a tu jefa tus comentarios constructivos sobre la última presentación que ha hecho para todo el departamento, ¿su «Gracias, lo tendré en cuenta» ha sido agradecido o despectivo?

Para ser verdaderamente autoconscientes tenemos que entendernos a nosotros mismos, sí, pero también tenemos que saber cómo nos perciben los demás. Y, para ello, mirar hacia adentro no es suficiente. Como pronto veremos, los demás son la única fuente de información realmente fiable de la impresión que damos. La conclusión es que la autoconciencia no es una única verdad. Es un complejo entramado de información de dos puntos de vista distintos e incluso a menudo en desacuerdo. Por un lado está la perspectiva hacia adentro, tu autoconciencia interna, y por el otro tienes la perspectiva hacia afuera, la autoconciencia externa, la forma en que te ven los demás. Y recuerda, *la relación entre la autoconciencia interna y externa no solo es poca o nula*, sino que tener una sin la otra a menudo puede hacer más mal que bien. Probablemente has presenciado lo absurdas que son las personas que creen conocerse a la perfección pero que, en realidad, no tienen la menor idea de cómo las perciben los demás. En el otro extremo están aquellos que se centran tanto en la impresión que causan que no son conscientes de cuáles son sus propios intereses o no actúan en consecuencia a ellos.

Vamos a imaginar que la autoconciencia interna y externa son como el hidrógeno y el oxígeno, dos de los elementos de la tabla periódica más conocidos. Por sí solo, el hidrógeno es peligroso porque puede entrar en combustión espontánea (como pasó, por ejemplo, en el caso del Hindenburg, un dirigible que se incendió en Nueva Jersey). Y aunque el oxígeno no es inflamable por sí mismo, sí que hace que muchas cosas se quemen más fácilmente. Pero cuando se combinan en la proporción adecuada, los dos elementos se unen para crear el agua, que permite la existencia de la vida. La autoconciencia es parecida: cuando unimos una perspectiva clara sobre nosotros mismos con la capacidad de abandonarla y vernos como nos ven los demás, esta combinación mágica es una poderosa fuerza positiva.

Sin embargo, dado este delicado equilibrio entre la autoconciencia interna y la externa, ¿no podría ser mejor adquirir algunos pilares a través de la reflexión privada en vez de a partir de las opiniones de los demás, y viceversa? Aunque volveremos a estas preguntas un poco más adelante, la respuesta es sí, con algunas condiciones. Lo normal es que nuestros propios puntos de vista puedan ser especialmente útiles para los pilares que no son tan visibles para los demás: nuestros valores, pasiones y aspiraciones, y dónde encajamos mejor. Por ejemplo, si un contable muy competente por fuera parece sentirse muy realizado con su trabajo pero en secreto sueña con ser bailarín en Broadway, él es el único que tiene esa información. Lo contrario también se puede aplicar a los pilares que son más visibles para los demás, como nuestros patrones, reacciones y efecto sobre los demás. Aquí, los obstáculos de la autoconciencia que pronto conoceremos pueden evitar que hagamos una valoración objetiva, así que quizá necesitemos la opinión de los demás para vernos a nosotros mismos con más claridad. Pero la verdad es que **para los siete pilares es esencial lograr *ambas* perspectivas, tanto la interna como la externa.** Solo entonces podremos desarrollar una comprensión real de quiénes somos y cómo nos ven los demás.

Por ejemplo, yo tengo una amiga (llamémosla Joan) que hace poco les pidió *feedback* a sus compañeros de trabajo para conocer mejor sus puntos débiles y fuertes. Por desgracia, le respondieron con poca delicadeza que lo que ella necesitaba era un trasplante de personalidad (aunque ella a todas luces estuviera teniendo un rendimiento fenomenal y recibiendo numerosos elogios de sus superiores y de su equipo). Por suerte, Joan tenía la autoconciencia interna suficiente como para ver que estos comentarios no eran más que un sabotaje laboral. Cuando evaluó lo que le dijeron con lo que ella ya sabía que era verdad sobre sí misma, esas respuestas la ayudaron a entender que *ella* no era el problema, sino que el ambiente ferozmente competitivo de su trabajo no era lo más adecuado para ella. Decidió irse a una empresa más pequeña y nunca la he visto tan feliz como desde entonces. Esta es una ilustración perfecta de la magia que sucede cuando equilibramos la conciencia interna y externa de nosotros mismos.

Y aunque esto no siempre sea fácil, nuestra vida está plagada de oportunidades para hacerlo. Hay un proverbio chino maravilloso que dice: «Cuando el viento cambia de dirección, hay quien construye refugios y hay quien construye molinos de viento». En situaciones donde la mayoría de la gente decide salir huyendo o ponerse a cubierto, los unicornios de la autoconciencia aprovechan sus experiencias para impulsar y alimentar su autoconocimiento interno y externo. En concreto, nuestros estudios muestran que cuentan con una capacidad única de reconocer y aprovechar las *situaciones despertador*: circunstancias que nos abren los ojos a verdades importantes sobre nosotros mismos. A veces, las situaciones despertador le dan un empujón a nuestra autoconciencia interna, ayudándonos a vernos de una forma nueva o distinta; en otras ocasiones, nos proporcionan información nueva sobre cómo nos percibe el resto del mundo.

He descubierto tres categorías generales de situaciones despertador: la primera es cuando hay *nuevos papeles o normas*. Cuando se nos exige adoptar un nuevo papel en el trabajo o en la vida, o que nos sometamos a un nuevo conjunto de normas, eso ensancha nuestra zona de confort y nos demanda más responsabilidad, por lo que tenemos la oportunidad de alimentar enormemente nuestro conocimiento sobre nosotros mismos. En el trabajo, por ejemplo, pueden ser cosas como cambios de puesto, ascensos, reubicaciones, nuevas responsabilidades o entrar en un nuevo grupo u organización. En concreto, nuestras primeras experiencias de liderazgo son oportunidades especialmente idóneas para descubrir cosas nuevas sobre nosotros: de hecho, cuando la American Management Association entrevistó a más de setecientos jefes ejecutivos, todos consideraron que estas experiencias formativas tempranas fueron los momentos de sus carreras profesionales que más influyeron en su aprendizaje.

Pero no solo las situaciones laborales pueden suponer un desafío con nuevas normas y reglas. Lo mismo se aplica a otras áreas de la vida: dejar el hogar para ir a estudiar, adoptar un nuevo papel en alguna organización de la comunidad, empezar una nueva relación romántica o tener un hijo. Nuevamente, los descubrimientos más potentes pueden a menudo surgir de las experiencias tempranas. Por ejemplo, la investigadora de Stanford Seana Moran ha descubierto que, cuando una persona cuenta con mejoras drásticas en su autoconocimiento, a menudo eso es resultado de una situación que «desafía los valores o las normas que puede haber aceptado irreflexivamente de su familia y su cultura».

El segundo tipo de situación despertador es el *terremoto*. Antes he hablado de Susan, una unicornio que consiguió llegar a un nuevo nivel de conocimiento sobre sí misma después de que la despidieran de su trabajo. Este es un ejemplo del tipo de evento que, por su relevancia y severidad, nos sacude los cimientos. Otros ejemplos podrían ser la muerte o enfermedad de una persona querida, un divorcio o la ruptura de una relación importante, o cualquier otro fallo o contratiempo grave. Las situaciones terremoto son tan devastadoras que nos obligan a enfrentarnos a la verdad sobre nosotros mismos. Conozco a una mujer cuyo esposo la abandonó tras quejarse de que ella era distante emocionalmente. Quedó absolutamente destrozada, pero no tuvo otra opción que enfrentarse a esta realidad devastadora emocionalmente. Esto la llevó a comprender mejor su comportamiento y cómo esta forma de actuar la estaba estorbando, lo que finalmente acabó ayudándola en todas sus siguientes relaciones, románticas o no.

Pero, por definición, las situaciones terremoto también implican el riesgo de paralizarnos, de suprimir nuestra agilidad emocional y de hacer que nos sea mucho más difícil poder absorber lo que hemos aprendido sobre nosotros mismos, por no hablar de nuestra capacidad de canalizarlo de forma productiva. Como observa el profesor de administración Morgan McCall, la naturaleza emocionalmente cargada de estas situaciones nos tienta a distanciarnos de ellas: puede que nos pongamos a la defensiva, que echemos la culpa a los demás, que seamos más cínicos, que nos vayamos al otro extremo, que nos encerremos en nosotros mismos o que nos rindamos. Por suerte, podemos adoptar ciertas precauciones. Lo primero que debemos hacer, como aconsejan McCall y sus compañeros, es «absorber el sufrimiento en vez de reaccionar a él». Susan, por ejemplo, podría haber seguido echándole la culpa a su jefe y negándose a aceptar su papel en su despido. Pero justo cuando más le apetecía reaccionar a la situación decidió, en vez de eso, intentar comprenderla. Aun así, no basta con absorber la realidad; tenemos que pasar a la acción a partir de lo que hemos descubierto: no solo debemos asumir nuestros errores y limitaciones, sino también comprometernos a corregirlos. Eso fue exactamente lo que hizo Susan tras aceptar su situación; se prometió a sí misma que jamás permitiría que volviera a pasar algo así.

El tercer tipo de situación despertador es lo que yo denomino *el autodescubrimiento cotidiano*. Una de las ideas más comunes sobre la autoconciencia es que solo se obtiene a partir de circunstancias dramáticas y devastadoras. Nada más lejos de la realidad. De forma sorprendente, dos tercios de nuestros unicornios afirmaron que los momentos en los que habían experimentado un autodescubrimiento más profundo fue en situaciones cotidianas. Hablaron de casos en los que de repente vieron su comportamiento de una forma distinta, ya fuera a partir de una conversación que habían oído, un comentario de pasada o un elogio inesperado. Otros hablaron de experiencias de desarrollo en el trabajo como programas de liderazgo, evaluaciones de rendimiento y similares. Algunos unicornios incluso tuvieron un momento de iluminación en las actividades cotidianas más ordinarias y aburridas, como haciendo ejercicio o limpiando.

Por ejemplo, poco después de graduarse de la universidad, Susan se mudó a su primer piso con su mejor amiga. Mientras iban desempaquetando los enseres de cocina, Susan recuerda que se enfadó sobremanera al advertir que su amiga había puesto vasos de plástico delante de los de cristal en el armario.

—¡Nadie tendría que beber jamás en un vaso de plástico! —gruñó.

Al oírse a sí misma decir eso, Susan pensó: «Estoy reaccionando de una forma desproporcionada ante una cosa que no es importante. ¿Por qué soy tan controladora?». En ese momento fue capaz de verse desde una perspectiva ligeramente diferente, cosa que la llevó a un tremendo autodescubrimiento que iba mucho más allá de los vasos de plástico.

Considero que lo que hemos hallado sobre los autodescubrimientos cotidianos es una muy buena noticia: en resumen, es tan posible que ganemos autoconocimiento en nuestro día a día como en nuestras épocas más complicadas. Sea como sea, en ambos casos nuestros unicornios no se limitan a quedarse de brazos cruzados y esperar a que les dé un ataque de autoconciencia: se ponen manos a la obra y construyen molinos de viento; transforman la información nueva en energía que lleva a un cambio real y permanente.

Ahora que ya sabes los pilares sobre los que descansa la autoconciencia, podremos sumergirnos en las estrategias específicas para reforzarla y, en consecuencia, mejorar nuestras elecciones, relaciones y éxito. Pero, antes de eso, tenemos que lograr una comprensión mejor de los dos mayores obstáculos que se interponen entre nosotros y este objetivo.

3

PUNTOS CIEGOS

Los obstáculos internos e invisibles para el autodescubrimiento

Lo que te mete en problemas no es lo que no sabes. Es lo que crees saber con seguridad y que, en realidad, no es así.
—JOSH BILLINGS

La sesión de *coaching* más dura de mi carrera profesional empezó con mi mirada clavada, durante lo que me pareció una eternidad, en la calva de un ejecutivo sénior. La calva pertenecía a Steve, jefe de una constructora con unas pérdidas económicas importantes. Llevaba solo cuatro meses en su puesto cuando su director ejecutivo me pidió que fuera a ayudar a Steve.

Esa mañana subí hasta la octava planta en el ascensor y esperé en la recepción hasta que la asistente me llamó, con la voz temblando ligeramente, y me escoltó a la suntuosa oficina. Mientras la puerta se cerraba silenciosamente a mis espaldas, Steve no se dignó a levantar la mirada de su ordenador; su único reconocimiento a mi presencia fue un largo suspiro y una agresiva ráfaga de clics con el ratón. Así que ahí me quedé, de pie, mirando incómodamente su cabeza y admirando los contenidos de una vitrina. Había un premio enorme con forma de bola de demolición; creo que con esto queda bastante resumida la situación.

No suelo ponerme nerviosa con facilidad, pero a medida que pasaban los segundos, empezó a invadirme una sensación de ligera náusea mientras entendía el desafío al que me enfrentaba. Tampoco me ayudaba la carpeta roja que llevaba encima, repleta de notas de entrevistas con otros explicándome lo volátil que podía llegar a ser este hombre.

—¿Le importa si me siento? —aventuré, finalmente.

—Por supuesto, doctora Eurich —suspiró, impaciente, sin mirarme todavía—. Haga lo que le parezca mejor.

Me senté y abrí la carpeta, lista para comenzar. Steve echó su silla hacia atrás. Finalmente me miró.

—Permítame contarle un par de cosas sobre cómo va todo por aquí.

Después, con el desasosiego de un tigre enjaulado, empezó a caminar en círculos detrás de su escritorio, compartiendo su ambiciosa visión para la empresa y su agresiva filosofía de liderazgo. Me quedé impresionada por su energía, pero a la vez también vi que el trabajo que teníamos por delante iba a exigir hasta la última gota de sus fuerzas.

El departamento de Steve, como me contó, estaba metido en problemas, aunque yo ya sabía eso. Se había despedido a su predecesor debido a sus excesos en los costes, así que su equipo estaba en números rojos, por lo que debían conseguir crecer a la vez que buscaban formas de ser más eficientes. Era una situación clásica de alto riesgo, como intentar cambiar el motor de un avión en pleno vuelo. No había margen de error, pero Steve estaba convencido de que él era la persona adecuada para enfrentarse al desafío. Entre sus autoproclamadas habilidades de liderazgo presumía de establecer unas altísimas expectativas, enardecer a sus tropas y ser duro, pero justo.

—Ya sé que me enfrentaré a desafíos en este puesto —afirmó, con confianza—, pero también sé cómo sacar lo mejor de mi gente.

Por desgracia, Steve no podría estar más equivocado.

Lo que yo había descubierto cuando entrevisté a sus subalternos directos (y lo que su director ejecutivo empezaba a percibir) era que el reino de Steve ya estaba mostrando ser un completo desastre. En las dieciséis semanas desde que lo habían ascendido oficialmente ya habían dimitido tres empleados, y un cuarto trabajador, que había empezado a medicarse por la presión alta debido al «estrés de Steve», estaba a punto de hacer lo mismo. Aunque ni un solo miembro del equipo de Steve ponía en duda sus capacidades y experiencia, todos opinaban que era (para usar un término más educado del que usaron ellos) un tonto rematado. Les ladraba órdenes, ponía su competencia en entredicho y les gritaba de un modo que los asustaba y que no les parecía nada profesional. Y no es que fueran una panda de lloricas, no. Me parecieron personas experimentadas, que habían visto ya de todo y que no esperaban que nadie los tratara con guantes de seda. Simplemente, Steve los había llevado al límite.

Hay que decir que Steve se había formado en el agresivo sector de la construcción, donde había aprendido que un buen liderazgo a menudo equivale a ser «el que grita más alto». Y aunque este duro estilo de liderazgo pudiera haber sido pasable en el pasado, en su puesto actual suponía un caro error, especialmente si se tiene en cuenta el ambiente colaborativo general del resto de la empresa.

Mientras se paseaba arriba y abajo en su nueva oficina, enumerando orgullosamente todas las formas en que él era el dirigente visionario que la empresa necesitaba en estos tiempos difíciles, yo estaba pasmada de lo completamente desencaminado que estaba. Su comportamiento destrozaba los ánimos de sus empleados, el rendimiento de su equipo y su propia reputación. Ni siquiera el hecho de haber perdido a algunos de sus mejores trabajadores le había hecho replantearse su percepción de sí mismo como líder efectivo y respetado. Pero el equipo de Steve ya había aguantado demasiado. Y, de algún modo, yo tenía que encontrar la manera de transmitírselo.

LA EPIDEMIA DE LA «STEVITIS»

El joven Haley Joel Osment está envuelto en una manta rosa, con la cabeza descansando en un blando cojín. Mira intensamente a Bruce Willis.

—Quiero contarle mi secreto —empieza, y la cámara hace *zoom* hasta que su cara aterrorizada ocupa la pantalla—. En ocasiones veo muertos.

—¿En tus sueños? —pregunta Willis.

Osment le devuelve la mirada en silencio; sus ojos tristes indican que no es así.

—¿Estando despierto?

—Andando como personas normales —replica Osment—. Solo ven lo que quieren ver. No saben que están muertos.

—¿Los ves a menudo?

—Todos los días.

Esta escena pertenece, por supuesto, a la película *El sexto sentido*, y el joven Osment (cuidado, *spoiler*) sí que ve muertos. Pero si reemplazamos la palabra «muertos» por «personas incapaces de ver lo que pasa a su alrededor», la frase sería completamente cierta sobre el mundo que nos rodea. Esa escena nos recuerda que el autoengaño (o sea, ver solo lo que queremos ver) está por todas partes. Pero si prefieres la radio en vez de las películas, vamos a ver el pueblo imaginario de Lake Wobegon, ideado por el humorista Garrison Keillor, donde todos los niños están por encima de la media. Sí, nos reímos de esta broma estadísticamente imposible porque vemos este tipo de idea errónea en todas partes: en el trabajo, en clase, en las reuniones de las asociaciones de padres y madres de las escuelas, en el supermercado e incluso en nuestros hogares.

Y casi cualquier persona que haya pasado tiempo en el mundo empresarial se habrá topado con un jefe o un compañero como Steve. Ya sabes a lo que me refiero: esas personas que, a pesar de sus éxitos, de estar más que cualificadas y de ser claramente inteligentes, muestran una absoluta falta de conocimiento sobre cómo los perciben los demás. El jefe que cree que ser tan controlador es lo que le hace un buen dirigente, pero que en realidad no hace más que exasperar a sus empleados; la clienta que se cree que está colaborando en el proyecto pero con la que nadie quiere trabajar por lo pesada que es; el padre que no cree que les está enseñando a sus hijos a ser racistas pero que toma a sus niños de la mano para cruzar la calle cada vez que alguien de color se les acerca. ¿Cuál es el factor común de todas estas situaciones? Que todos están completamente convencidos de cómo los ven los demás, y todos están completamente equivocados.

Según el Nobel y economista conductual Daniel Kahneman, los seres humanos poseemos una «capacidad casi completamente ilimitada para ignorar nuestra ignorancia». Los estudios apuntan a que tendemos a pensar que somos más listos, divertidos, delgados, guapos, sociales, deportivamente capaces, mejores estudiantes y buenos conductores de lo que somos objetivamente. Los científicos denominan a esto «superioridad ilusoria». Pero, en honor a nuestro ejecutivo «superior», yo lo llamaré *stevitis*.

Por supuesto, matemáticamente, un 49 % de nosotros *sí* que está por encima de la media en cualquier tipo de porcentaje. Pero a menudo el puesto que ocupamos en la curva de la campana guarda poco parecido con el lugar en el que creemos estar. En un estudio de más de trece mil profesionales en servicios financieros, tecnología, enfermería y más, los investigadores no encontraron casi ningún tipo de relación entre el rendimiento autoevaluado de una persona y sus indicadores objetivos de rendimiento. En una segunda investigación con casi más de mil ingenieros de la zona de la bahía de San Francisco, más de un 33 % indicó que creía contarse entre el 5 % superior en comparación con sus compañeros; únicamente hubo un solo valiente que consideró estar por debajo de la media.

También hay pruebas empíricas de *stevitis* fuera de las paredes de la América corporativa. En otro famoso estudio, un 94 % de profesores universitarios afirmaron estar por encima de la media en sus trabajos. Y en otro estudio (quizá esto suponga un motivo de preocupación para cualquiera que esté planteándose someterse a una intervención médica en el futuro próximo), las habilidades que afirmaron tener los estudiantes de cirugía no guardaron ninguna relación con los resultados que obtuvieron en el examen para convertirse en residentes internos.

Probablemente no sea ninguna sorpresa que la *stevitis*, tan extendida, tenga consecuencias igual de graves. En el entorno laboral, por ejemplo, los empleados que carecen de autoconciencia hunden el rendimiento del equipo, reducen la calidad de las decisiones en hasta un 36 %, entorpecen la coordinación en un 46 % y aumentan el conflicto en un 30 %. En conjunto, las empresas con muchos empleados así tienen un rendimiento económico inferior: un estudio de cientos de empresas que cotizan en bolsa mostró que las que obtenían rendimientos económicos bajos tenían un 79 % más de probabilidades de contar con un número elevado de empleados con poca autoconciencia.

Como podrán atestiguar todas las personas que hayan trabajado para un jefe iluso, la *stevitis* es especialmente contagiosa (y desastrosa) entre los dirigentes. Como hemos visto anteriormente, cuando los dirigentes no están en contacto con la realidad, es seis veces más probable que se echen a perder. Tener demasiada confianza en uno mismo también puede cegar a los jefes, de modo que no perciben las altas capacidades de sus empleados y acaban por subestimar las aportaciones de los trabajadores con mejor rendimiento. Aunque las personas en puestos de poder no suelen empezar con menos autoconciencia de la que tienen al ser jefes (ya que, para empezar, hace falta una cierta medida de autoconciencia para ascender a un puesto de liderazgo), a menudo se van cegando a medida que van ascendiendo y que van ganando más antigüedad en la empresa. Los éxitos tempranos pueden llevar a un orgullo embriagador que les impide ver las verdades que sí podrían y deberían percibir.

Y a medida que aumenta su poder, también aumenta lo mucho que se sobreestiman. En comparación con los jefes y líderes de la base jerárquica, por ejemplo, los ejecutivos sobreestiman mucho más radicalmente su empatía, capacidad de adaptación, asesoría, colaboración e, irónicamente, sus habilidades de autoconciencia. Aun así, lo que resulta más sorprendente es que, en comparación con sus homólogos menos experimentados, los dirigentes más expertos tienden más a sobreestimar sus capacidades. De un modo similar, las autoevaluaciones del rendimiento de los jefes con más antigüedad divergen mucho más de la puntuación que les dan sus superiores que las autoevaluaciones de sus compañeros más jóvenes.*

Espera un momento. ¿No debería *aumentar* la autopercepción de un líder a partir de su experiencia, edad y antigüedad? Hay unos cuantos motivos por los que esto no es así. En primer lugar, los puestos sénior a menudo son complejos, con estándares de rendimiento desdibujados y definiciones subjetivas del éxito. En segundo lugar, al superar un cierto nivel, a menudo no hay mecanismos fiables para proporcionar un *feedback* honesto y suficiente como para evaluar el rendimiento en estos parámetros más subjetivos. Y, lo que todavía empeora más las cosas, los poderosos suelen rodearse de amigos y aduladores que jamás les llevan la contraria ni los desafían. Como bien dijo el profesor Manfred Kets de Vries, están rodeados de «muros, espejos y mentirosos». En último lugar, a menudo se recompensa el autoengaño de los ejecutivos. Por ejemplo, los directores ejecutivos con exceso de confianza en sí mismos tienden a cobrar más que sus compañeros y, a medida que sus bonificaciones adicionales aumentan, también lo hacen sus niveles de exceso de confianza. En realidad, el salario y las compensaciones de un director ejecutivo tienen menos relación con su talento o rendimiento que con la percepción y las relaciones públicas; ninguna junta quiere que su director ejecutivo sea inferior a la media, así que nadie permite que sus bonificaciones queden por detrás de las expectativas del mercado. ¡Estas empresas podrían estar perfectamente afincadas en Lake Wobegon!

Pero, independientemente de nuestro nivel de sobreestimación (y sin importar si estamos en un puesto de poder o no), nuestras

---

* Se ha demostrado que, en general, solemos ser más precisos en nuestras autoevaluaciones cuando tenemos entre 25 y 35 años, pero esta precisión tiende a descender cuando tenemos entre 35 y 45 años. Y, de forma sorprendente, los estudiantes de negocios, comparados con aquellos que se gradúan en ciencias físicas, ciencias sociales y humanidades, inflaron mucho más sus autoevaluaciones en comparación con su rendimiento objetivo.

creencias erróneas nos acompañan a casa y, a menudo, también pasan factura en nuestras vidas personales. Los investigadores han descubierto que una de cada cuatro personas tiene relaciones personales emocionalmente distantes debido a sus perspectivas incorrectamente optimistas de sus propios comportamientos y personalidades. La confianza excesiva también puede influir en el modo de criar a nuestros hijos. Por ejemplo, la mayoría de madres y padres a menudo sobreestima enormemente el número de palabras que les dicen a sus niños en la etapa preverbal (los niños que oyen más palabras en casa desarrollan un vocabulario, cociente intelectual y rendimiento académico superiores). Un 82 % de los padres también cree ser capaz de gestionar su economía a pesar de contar con demasiadas deudas y descuidar los ahorros a largo plazo, pero son esos mismos padres los que se creen maestros de la gestión económica para sus hijos, cosa tan probable como que el pobre Steve gane el premio al jefe del año.

No creo que sea chocante oír que estas ideas erróneas acaben por transmitirse a nuestros hijos, con lo que no hacemos más que perpetuar el ciclo. Un estudio entrevistó a más de un millón de estudiantes en el último curso antes de la universidad sobre diversas características de personalidad y reveló que un 25 % consideró estar entre el 1 % *superior* en su capacidad para llevarse bien con los demás. ¿Y cuántos creyeron estar por debajo de la media? Un 2 %.** Y a pesar de las esperanzas de muchos padres de que sus hijos acaben desarrollando su autoconciencia milagrosamente el primer día de universidad, este no suele ser el caso. Cuando los investigadores les pidieron a los estudiantes universitarios que se compararan con sus compañeros en rasgos como «bien educado», «responsable», «dispuesto a cooperar» y «maduro», estos se puntuaron por encima de la media en 38 de los 40 rasgos.

---

* Este estudio se hizo en 1976, cuando la generación del *baby boom* estaba en la universidad, ¡lo que demuestra que los *millennials* no fueron los creadores originales de este patrón! Y esto lo digo, de una forma totalmente objetiva, como *millennial* que soy.

Lo que es todavía peor, las personas *menos* competentes tienden a ser las que tienen *más* confianza en sus capacidades, un descubrimiento que hizo el profesor de psicología de Stanford David Dunning junto con el estudiante Justin Kruger. Su investigación reveló que los participantes que sacaban peor nota en las pruebas de humor, gramática y lógica eran los que tendían a sobreestimar más sus capacidades. Aquellos que solían quedar en el percentil número doce, por ejemplo, creían de media que su capacidad estaba alrededor del percentil número sesenta y dos. Este fenómeno acabó conociéndose como el *efecto Dunning-Kruger* y se ha encontrado también en docenas de otras habilidades, como la conducción y el rendimiento académico o laboral.

Una vez dicho todo esto, ¿acaso no es posible que, en el fondo, la gente sepa que son incompetentes pero que simplemente no quieran admitirlo ante los demás? De forma extraña, el efecto Dunning-Kruger sigue manifestándose incluso cuando se incentiva a las personas para que sean precisas respecto a sus capacidades. Así que, al parecer, las personas incompetentes realmente no están mintiendo; la posibilidad más probable es que, según David Dunning, hayan sido «bendecidos con una confianza fuera de lugar, alentados por lo que ellos creen que es... conocimiento».

Hay una paradoja preocupante en la misma naturaleza de este fenómeno: si sufrieras de *stevitis*, ¿acaso lo sabrías? Los investigadores Oliver Sheldon y David Dunning diseñaron una serie de ingeniosos estudios que revelaron lo ignorantes que son incluso las personas más inteligentes y triunfadoras sobre sus errores de juicio. Empezaron metiendo a estudiantes de másteres en administración de empresas (profesionales inteligentes y ambiciosos con una media de seis años de experiencia) en el laboratorio y dándoles una evaluación de inteligencia emocional (IE), cosa que, como hemos visto anteriormente, es una herramienta esencial para triunfar en la vida y en el mundo laboral. Lo normal es pensar que, si les presentas a personas inteligentes pruebas de que necesitan mejorar su IE, muchos adoptarían medidas para hacerlo. Pero eso no fue lo que vieron Sheldon y

Dunning. Cuando se les ofrecía un descuento para comprar un libro sobre cómo mejorar su IE, los estudiantes con las puntuaciones *más bajas* (es decir, los que más necesitaban el libro) eran los que *menos* tendían a comprarlo.

Cuando doy presentaciones en las organizaciones, a menudo les hablo del dato estadístico de que un 50 % de los encargados son incompetentes. Tras docenas y docenas de veces de dar estas charlas alrededor de todo el mundo, la reacción que recibo es siempre exactamente la misma. Al principio, todos sonríen educadamente. Entonces viene cuando les pregunto si saben qué implica eso.

Y siempre, tras una larga pausa, les pido que miren a su derecha y a su izquierda. Se empiezan a oír risas nerviosas y finalmente entienden lo que quiero decir. ¡O bien el jefe incompetente es la persona que se sienta a su lado, o bien son ellos mismos! En ese punto todos empiezan a mirarse vacilantes entre sí, pensando: «Bueno, como yo no soy, será este que está a mi lado, ¿no?».

La idea es que es incómodo plantearse la posibilidad de que no somos tan listos o capaces o emocionalmente inteligentes como creemos ser; al fin y al cabo, y parafraseando a Daniel Kahneman, identificar los errores y carencias de otras personas es mucho más fácil y entretenido que enfrentarnos a los nuestros. **Pero cuando alguien está metido en el autoengaño hasta el cuello, a menudo esa persona es la última en percatarse.** La buena noticia es que la *stevitis* es curable; veremos cómo en un instante. Pero antes creo que vale la pena preguntarse esto: para empezar, ¿por qué estamos tan equivocados?

◆

Aunque la capacidad de ser autoconsciente existe en casi todos los seres humanos, nadie, absolutamente nadie, nace con ella. Cuando somos bebés, creemos ser el centro del universo. Al fin y al cabo, no somos más que un saco de llantos y exigencias constantes que normalmente suelen ser concedidas, como si el mundo entero se hubiera creado con el propósito exclusivo de concedernos todo lo que necesitamos. (Tengo un cliente que recuerda que, cuando era niño, creía que el mundo *literalmente* giraba a su alrededor y que, por lo tanto, ¡solo existía mientras él estaba despierto!). Nuestro primer hito en este aspecto es, por lo tanto, lograr una comprensión de nosotros mismos como seres separados del mundo que nos rodea.

Cuando empezamos a ser lo suficientemente fuertes como para que nuestras rodillas nos aguanten y empezamos a fijarnos en el reflejo del espejo, nos quedamos embobados observando al desconocido que nos mira. Alrededor de los dos años de edad empezamos a descubrir que esa persona, de hecho, somos nosotros mismos. Resulta que, al fin y al cabo, no somos el mundo entero, sino una cosa más de las que habitan en él. Este conocimiento, evidentemente, trae consigo un descenso en nuestro estatus que puede decepcionarnos. Y viene acompañado, además, de un conjunto de inquietantes emociones como la vergüenza o la envidia.

Aun así, en este punto, aunque no hayamos advertido todavía que somos solo un «yo» rodeado de otros muchos, nuestras mentes todavía no han desarrollado la capacidad de evaluar este yo de forma objetiva. Los estudios demuestran que cuando los niños pequeños evalúan cómo les va en la escuela, por ejemplo, sus conclusiones guardan poco o ningún parecido con las de sus maestros. Dicho de otro modo, todavía no conocemos la diferencia entre lo que deseamos que sea cierto y la misma realidad. El mero deseo de ser el mejor y el más guapo del mundo implica que, en realidad, lo *somos*. Y por muy adorables que seamos a esa edad, estas ideas desorbitadas persisten a pesar de que repetidas veces se nos demuestre que no son precisas. (Puede que incluso conozcas a unos cuantos adultos que todavía tienen que superar esta etapa, pero ya hablaremos de esto más adelante).

En nuestros años preadolescentes empieza a soplar sobre nosotros la suave brisa de la conciencia de quiénes somos. Aquí es cuando empezamos a desarrollar la capacidad de etiquetar nuestros comportamientos con rasgos descriptivos (como «popular», «majo» y «amable»») y pasamos a tener una visión más equilibrada de nosotros mismos; es decir, nos planteamos la posibilidad de que quizá algunas de nuestras características estén por debajo de lo que nos gustaría. Y entonces viene la tempestad. Durante la tormentosa adolescencia descubrimos una nueva y aparentemente ilimitada capacidad para la introspección. Trazar una teoría coherente de quiénes somos, con todos esos deseos y estados de ánimo que parecen contradecirse, puede ser tortuoso. Y justo cuando nuestra visión de nosotros mismos se vuelve cada vez más enrevesada y compleja, empezamos a pasar una cantidad de tiempo casi irracional dándole vueltas a qué pensarán los demás de nosotros. Estamos tan confusos durante esta época que nos vienen a la mente pensamientos tanto irracionalmente positivos como negativos. Este ejemplo, sacado del libro *The construction of self* [La construcción del yo] de Susan Harter, debería devolvernos a ese proceso tan divertido:

> ¿Cómo soy yo como persona? Posiblemente no me comprenderás. ¡Soy alguien complicado!... En el colegio soy serio, incluso aplicado... [pero] también soy un poco vago porque, si estudias demasiado, no eres popular... [Mis padres] esperan que saque sobresalientes en todo y se enfadan mucho conmigo... Así que me estreso bastante en casa y llego a ser muy sarcástico en algunos momentos... Pero de verdad que no puedo entender cómo puedo pasar tan rápidamente de estar de tan buen humor con mis amigos y, cuando llego a casa, empezar a sentirme angustiado y a frustrarme tanto y ser tan sarcástico con mis padres. ¿Cuál de estos es mi yo de verdad?

La mayoría de nosotros nos pasamos años peleándonos con estas contradicciones, desesperándonos para conseguir determinar la esencia de nuestras personalidades adolescentes. Para algunos, esta búsqueda de nosotros mismos se expresa en horas y horas de melancolía ininterrumpida tras la puerta cerrada de nuestra habitación, a menudo acompañadas de música a un volumen ensordecedor (en mi caso, me dediqué a escribir páginas y páginas en mi diario, que no compartiré jamás de la vergüenza que me dan). En otras ocasiones puede que lo expresemos con mal comportamiento: robando en tiendas, saltándonos clases o haciéndoles *bullying* a nuestros compañeros.

Por suerte, a medida que nos acercamos a nuestra segunda década en esta tierra, empezamos a organizar estas percepciones contradictorias sobre nosotros mismos en teorías más coherentes («Solo porque sea tímida cuando hay gente no quiere decir que no sea muy extrovertida»). Empezamos a entender y aceptar nuestros atributos, nuestros valores y nuestras creencias, y a menudo profundizamos en nuestra percepción de lo que *no* se nos da bien. También empezamos a centrarnos más en nuestro yo futuro, lo que puede proporcionarnos una agradable sensación de dirección.

Pero aunque la mayoría de las personas experimentan una progresión predecible hacia la autoconciencia, el ritmo al que lo hacemos puede ser espectacularmente distinto. El recorrido hacia la autoconciencia es, por lo tanto, como una carrera de caballos: todos empezamos en la misma línea, pero, tras el pistoletazo de salida, algunos salen pitando, otros van sin prisa pero sin pausa, y otros se quedan por el camino o abandonan.

En ausencia de un esfuerzo consciente y constante para crear autoconciencia, la persona media solo conseguirá beneficios escasos a medida que crece.* Pero nuestros unicornios de la autoconciencia son distintos. Aunque entran en la infancia con una autoconciencia igual o ligeramente superior a la de los demás, su ritmo se acelera con cada año que pasa. En la carrera hacia el autodescubrimiento, estos caballos ganadores se separan rápidamente del resto de la manada y siguen aumentando esta distancia en cada nueva etapa de sus vidas.

Aun así, recordemos que los comportamientos necesarios para crear y mantener la autoconciencia pueden aprenderse con sorprendente facilidad. Solo hay que saber dónde empezar, cosa que, al menos

---

* Para los entusiastas de la estadística, la correlación que hemos encontrado entre la edad y la autoconciencia interna es de solo 0,16; para la autoconciencia externa, es de 0,05.

de base, implica comprender los obstáculos que nos impiden vernos a nosotros mismos con claridad. Algunos están en nuestro interior, y otros nos son impuestos por un mundo cada vez más ciego. Durante el resto de este capítulo nos centraremos en los obstáculos internos de la autoconciencia: las formas en que entorpecemos nuestro conocimiento sobre nosotros mismos, a menudo sin siquiera saberlo.

LOS TRES PUNTOS CIEGOS

Uno de mis estudios de psicología favoritos de todos los tiempos se hizo con prisioneros cumpliendo condena en el sur de Inglaterra. El profesor de psicología Constantine Sedikides y sus compañeros les dieron a los prisioneros, la mayoría convictos por crímenes violentos, una lista de nueve rasgos de personalidad positivos y les pidieron que se puntuaran en cada uno, comparándose con dos grupos: un prisionero medio y una persona media no convicta de la comunidad.

- Moral
- Amabilidad hacia los demás
- Confianza
- Honradez
- Fiabilidad
- Compasión
- Generosidad
- Autocontrol
- Respeto por la ley

Ahora imagínate que de repente estás en prisión por atraco a mano armada, por poner un ejemplo. Cuesta creer que puedas describirte con alguno de los rasgos anteriores, ¿no? Y, aun así, eso fue exactamente lo que hicieron los prisioneros. De hecho, no solo se puntuaron como superiores a los demás presos en nueve de las ocho características como mínimo, sino que incluso se consideraron superiores a la media de personas de la comunidad que no estaban en prisión. ¿Cuál fue la única excepción? El rasgo número 9. Según Sedikides, de forma inexplicable, «se puntuaron a sí mismos como personas que respetan la ley *igual* que el resto de las personas de la comunidad que no están en prisión». (Te aconsejo que no le des demasiadas vueltas a este dato porque te puede explotar la cabeza, créeme).

Este estudio es un claro ejemplo, aunque ligeramente absurdo, de lo ciegos que podemos llegar a estar respecto a la verdad sobre nosotros mismos. En lo referente a los obstáculos internos que más nos limitan, hay tres áreas principales donde nosotros mismos nos estorbamos. Cuanto más ignoremos **los tres puntos ciegos**, más perjudiciales nos serán.

El profesor David Dunning (el primero que demostró que las personas menos competentes son también las que más confían en su capacidad) ha dedicado gran parte de su carrera a intentar averiguar por qué se nos da tan tremendamente mal evaluar nuestro propio rendimiento. Aunque es cierto que no hay una única explicación satisfactoria, Dunning y su compañera Joyce Ehrlinger descubrieron la poderosa influencia de un tipo de «pensamiento descendiente» (yo prefiero llamarlo **ceguera por conocimiento**): el primer punto ciego. En una serie de estudios descubrieron que las opiniones que tenemos sobre nuestras capacidades en situaciones específicas se basan menos en nuestro rendimiento que en la creencia general que tenemos sobre cómo somos y cuáles son nuestras habilidades subyacentes. Por ejemplo, los participantes que se consideraban buenos en geografía creyeron que una prueba de geografía les había salido especialmente bien a pesar de que, en su grupo, no habían sacado mejor nota que los demás.

Irónicamente, resulta que cuanta más experiencia creamos tener, más dañina puede ser nuestra ceguera por conocimiento. Por ejemplo, vamos a retroceder hasta 2013, cuando los Red Sox de Boston ganaron a los Cardinals de San Luis en una Serie Mundial de vértigo. Antes de que empezara la temporada, el canal ESPN publicó las predicciones de cuarenta y tres expertos de béisbol sobre el resultado de la temporada.

¿Cuántos crees que predijeron que o bien los Red Sox o bien los Cardinals llegarían a la Serie Mundial? La respuesta es cero. Y lo mismo pasó con los expertos entrevistados por la revista *Sports Illustrated*. Las predicciones de *Baseball America* fueron solo ligeramente mejores, ya que uno de los diez expertos sugirió que los de San Luis podrían llegar a la final. Así que estos sesenta eruditos del béisbol, respetadísimos y bien pagados, mostraron una tasa de éxito del 0,83 % al predecir los equipos de la Serie Mundial. Si cada experto hubiera elegido dos equipos de forma aleatoria, ¡habrían sido siete veces más precisos!

A primera vista, esto parece un suceso insólito; una anomalía estadística. Pero resulta que los expertos suelen equivocarse más de lo que creemos, y no solo en lo referente a los deportes. En 1959, el psicólogo Lewis Goldberg realizó un estudio aparentemente sencillo donde comparó la precisión de los diagnósticos de psicólogos clínicos expertos con los que hacían sus secretarios (como se los llamaba por aquel entonces) para demostrar el importante papel que juega la experiencia en este tipo de evaluación. Imagínate su consternación cuando descubrió que los expertos no eran mejores diagnosticando desórdenes psicológicos que sus secretarios, menos experimentados (¡que resultaron ser un 2 % *más* precisos!).

Incluso las personas no expertas pueden meterse en problemas por confiar de más en sus habilidades y talentos. Puede que nos decidamos por un campo o una especialidad para la que no estamos suficientemente preparados («Yo sería una astrofísica magnífica; ¡las mates se me dan muy bien!»), pasar por alto errores de nuestra vida personal («No pasa nada por dejar que mi hijo de cinco años vaya solo a la escuela; ¡soy un buen padre!») o correr riesgos desacertados («Sí, deberíamos comprar esta empresa en quiebra; ¡a mí se me dan genial los cambios de rumbo!»).

Nuestros obstáculos internos no solo crean una ceguera sobre lo que creemos que *sabemos*, sino que distorsionan nuestras percepciones sobre lo que creemos que *sentimos*. Para entender la **ceguera por emoción**, nuestro segundo punto ciego, pensemos en esta pregunta:

En una escala del 1 al 10, ¿cuán contento estás con tu vida en la actualidad?

¿Cómo intentarías responder a esta pregunta? ¿Te dejarías guiar por lo que te dice el corazón o te pararías a reflexionar sobre los distintos factores de tu vida para hacer un razonamiento más comedido?* La mayoría de las personas afirma rotundamente que seguiría el proceso reflexivo; al fin y al cabo, evaluar correctamente nuestro nivel exacto de felicidad no es tarea fácil. En efecto, los estudios demuestran que, cuando se nos pregunta lo felices que somos, creemos a pies juntillas que estamos teniendo en cuenta toda la información disponible de una forma racional. Por desgracia, nuestras mentes prefieren esforzarse lo menos posible y, por lo tanto, no siempre cooperan. Así que, incluso si creemos estar deliberando cuidadosamente sobre una pregunta concreta, en realidad estamos tomando una decisión instintiva. Por este motivo se nos da fatal juzgar nuestras emociones, incluyendo la felicidad. Según Daniel Kahneman y otros investigadores, nuestras mentes acaban transformando secretamente la pregunta «¿Cuán contento estás con tu vida en la actualidad?» en una versión simplona: «¿Cómo me siento *ahora mismo*?».

Para ilustrar la ceguera por emoción, Kahneman describe un estudio del investigador alemán Norbert Schwarz, que se propuso averiguar la satisfacción en la vida. De forma desconocida a sus participantes, hizo que la mitad de los estudiantes encontraran una moneda de diez céntimos en una fotocopiadora fuera del laboratorio. Aunque no tuvieran ni idea de por qué, las personas que encontraron la moneda (¡solo diez centimillos!) acabaron indicando que se sentían más felices y satisfechos con sus vidas en general.

En otro estudio se les hizo dos preguntas: «¿Cuán feliz eres en la actualidad?» y «¿Cuántas citas tuviste el mes pasado?». Cuando

---

* En su libro sobre este tema, *Pensar rápido, pensar despacio*, Daniel Kahneman denomina estos procesos como «pensar rápido» y «pensar despacio», respectivamente.

las preguntas se presentaron en este orden, sus vidas amorosas no se veían relacionadas con su felicidad general. Pero cuando se hacían en el orden inverso y los participantes pensaban en el número de citas que habían tenido *antes* de evaluar su felicidad, los que tuvieron más citas afirmaron ser más felices.

El peligro principal de la ceguera por emoción es que a menudo tomamos decisiones, incluso las más importantes, desde la emoción *sin siquiera darnos cuenta de ello*. Durante el otoño de mi último año en el instituto yo estaba metida de lleno en la búsqueda de la universidad perfecta. Mis padres y yo hicimos dos viajes, con algunas semanas de diferencia, para visitar un total de ocho universidades de la costa este de Estados Unidos. En nuestra primera visita hizo un tiempo espectacular. En cada facultad veía alegres estudiantes retozando al aire libre, disfrutando de la agradable y fresca temperatura y de las hojas otoñales. Pero nuestro segundo viaje coincidió con una de las temibles tormentas de Nueva Inglaterra que descargaban trombas de lluvia helada y que tapaban el cielo día tras día. Naturalmente, cuando visité *esas* universidades, los estudiantes ya no retozaban, sino que corrían desesperados de un edificio a otro intentando fútilmente no mojarse.

Así que, ¿qué universidades creen que acabaron en mi lista de favoritas? Exacto: las cuatro de mi primera visita y ninguna de las que vi la segunda vez. Aunque en aquel momento no fui consciente de ello, ahora sé lo mucho que influyeron mis emociones en mi decisión. Puede resultar desconcertante advertir que estamos tan poco preparados para evaluar los procesos mentales que impulsan nuestras decisiones, pero como en todos los puntos ciegos, cuanto más conscientes somos de su existencia, más oportunidades tenemos de evitarlos.

Lo que nos lleva a la **ceguera por comportamiento**, nuestro último punto ciego. Es el punto ciego que la mayoría de nosotros experimentamos muchísimo más a menudo de lo que creemos. Hace algunos años me invitaron a hacer el discurso de clausura en una conferencia profesional para ingenieros. Como compartimos una mentalidad práctica y debido a los tres años que pasé trabajando en una empresa de ingeniería, siempre me he llevado muy bien con los ingenieros o, como les llamo yo afectuosamente, «mis compañeros entusiastas». Pero en el momento en que puse un pie en el escenario ese día, noté que algo no acababa de encajar. Por mucho que lo intentara, mis opiniones no eran convincentes, mis chistes no hacían nada de gracia... Me sentía muy distinta a cómo soy normalmente.

A medida que avanzaba esa hora empecé a sentirme cada vez más histérica; mi monólogo interno se convirtió en una enumeración detallada de mi incompetencia. «Pero ¿por qué no se ha reído nadie del chiste? ¿Cómo puede ser que se me haya olvidado mencionar ese punto? ¿Por qué todo el mundo parece aburridísimo?». Para mi horror, recordé en medio de la charla que el empleado de la agencia que me había contratado para el evento estaba en primera fila. «Pues nada, ya está», me dije. «Jamás me volverá a recomendar a ningún cliente».

Cuando terminé la charla, salí a todo correr del escenario y me di de bruces precisamente con el empleado de la agencia, quien había ido al camerino a buscarme. Lista para enfrentarme a las consecuencias, le pregunté:

—¿Qué te ha parecido?

Convencida de que me iba a pedir que le devolviera el dinero que su cliente había pagado por mí, me preparé mentalmente para la inevitable crítica monumental que, seguro, me iba a caer. Pero su alegre respuesta fue literalmente la última cosa que habría esperado escuchar:

—Ay, madre mía. ¡Les ha *encantado*!

No me entraba en la cabeza cómo podía ser verdad.

—¿*EN SERIO?* —pregunté.

Él asintió con sinceridad. En esos momentos asumí que estaba siendo innecesariamente educado conmigo (vaya, que estaba mintiendo). Pero ese mismo día, más tarde, cuando vi cuántas personas del público se habían apuntado a mi *newsletter* mensual[*] descubrí, para mi asombro, que era el porcentaje más elevado de toda mi vida.

---

[*] Tú también puedes hacerlo en www.TashaEurich.com.

¿Cómo podía haber ido tan desencaminada? Los psicólogos solían creer que la incapacidad de ver nuestro propio comportamiento de forma clara u objetiva era el resultado de un problema de perspectiva. Que, literalmente, no podemos vernos a nosotros mismos desde el mismo punto de vista aventajado que los demás. Si nos basamos en esto, yo no habría sido capaz de evaluar con precisión mi charla porque no era capaz de verme desde la misma perspectiva que el público.

Pero esta explicación hace agua por todas partes. En un estudio se les dio a los participantes una serie de pruebas de personalidad y se les grabó dando un breve discurso. Después se les pidió que miraran el video y que identificaran sus comportamientos no verbales, como contacto visual con la cámara, gestos, expresiones faciales y volumen de la voz. Como los participantes podían verse a sí mismos desde el mismo punto de vista que los demás, los investigadores predijeron que estas evaluaciones serían bastante precisas. Pero, de forma chocante, sus evaluaciones no fueron capaces de estar a la misma altura de las que hacían observadores objetivos, incluso cuando se ofrecía a los participantes dinero a cambio de respuestas correctas. (Creo que a estas alturas ya ha quedado bastante claro que el dinero no es de demasiada ayuda a la hora de ser más autoconscientes). Aunque los científicos siguen intentando descubrir de forma definitiva los motivos reales detrás de nuestra ceguera por comportamiento, hay algunas herramientas que, como pronto veremos, podemos usar para evitar caer víctimas de ella.

MÁS VALIENTES PERO MÁS SABIOS: DE SER CIEGOS A VER (CÓMO SOMOS EN REALIDAD)

Para entender cómo casi todo el mundo puede pasar de engañarse a sí mismo a conocerse a sí mismo, vamos a volver con Steve, el cliente al que tenía que asesorar. A medida que trabajábamos, se fue haciendo más evidente para mí que los puntos ciegos que acabo de describir estaban más que presentes en él. Puede que ahora tenga sentido creer que **la** *stevitis* **es, en realidad, una combinación de los tres puntos ciegos.** La ceguera por conocimiento de Steve sobre su liderazgo le había proporcionado un exceso de confianza en sí mismo que solo puede calificarse como «épico». Su ceguera por emoción lo estaba llevando a tomar decisiones basadas en intuiciones más que en el razonamiento. Además, ignoraba por completo el modo en que su comportamiento afectaba a su personal.

Con todas estas fuerzas en juego, supe que Steve iba a ser uno de mis mayores desafíos profesionales, aunque no fuera el primero al que me enfrentaba. Al fin y al cabo, una parte central de mi trabajo es decirles a ejecutivos sénior la verdad cuando el resto del mundo tiene miedo de hacerlo o no sabe cómo (y me enorgullece informarte de que solo me han despedido una vez por ello). En mi experiencia he descubierto que es posible superar el autoengaño con un poco de esfuerzo y que incluso las personas más ciegas pueden aprender a abrir los ojos. A veces lo único que necesitan es un empujoncito.

En el caso de Steve me tocaba a mí ser ese empujón, y en esta ocasión iba a tener que ser especialmente contundente. Pero antes de que pudiéramos siquiera empezar a abordar su resistencia activa a la mejora personal, primero tenía que atacar su resistencia activa a dejarme siquiera abrir la boca. Decidí que era necesario un enfoque directo. Su diatriba no daba ninguna señal de perder fuelle, así que clavé mi mirada en sus ojos hasta que finalmente dejó de pasearse.

—Steve —empecé—, me parece que no puedo andarme por las ramas con esto. Tu equipo te odia.

Creo que, si me hubiera plantado de pie en la silla y hubiese proclamado ser su hija secreta, no se habría sorprendido más. Le lanzó una mirada furtiva a mi carpeta llena de información sobre él.

—¿Qué han dicho sobre mí?

No tuve más remedio que decírselo. Y, como su equipo ya me había puesto sobre aviso en lo referente a su mal genio, ya estaba preparada para lo que vino después. Los gritos. La mandíbula apretada. Las miradas amenazadoras. La vena palpitante en su cuello. Al otro lado del escritorio, la cara de Steve empezó a ponerse cada vez más roja.

—Pero ¿cómo han podido DECIR ESAS COSAS DE MÍ? PERO ¿CÓMO HAN PODIDO DECIR QUE YO GRITO?

Y entonces, como si su propio autoengaño hubiera consumido todas sus fuerzas, se dejó caer en su silla y dejó vagar la mirada por la ventana durante un minuto entero. La última vez que Steve se había quedado callado había sido en un intento de demostrarme el poder que creía tener sobre mí. Pero este silencio tenía una naturaleza completamente distinta.

—Así que —articuló, finalmente, girando en la silla hacia mí y con una expresión de intención calmada—, llevo haciendo estas cosas durante los últimos cuatro meses ¿o los últimos veinte años? ¿Y nadie me lo había dicho hasta ahora?

Exacto. En vez de enfrentarse a la dura realidad, Steve había elegido el camino de la bendita ignorancia, lo cual era una buena idea por el momento, pero desastrosa a largo plazo. Ese es el problema con la ignorancia. Que es una buena solución... hasta que deja de serlo.

Muchas personas han experimentado una «epifanía» como esta, un evento despertador que nos abre los ojos a la desagradable realidad de que los demás no nos ven del mismo modo en que nos vemos nosotros. Esos momentos suelen llegar sin aviso y pueden causar estragos en nuestra confianza en nosotros mismos, nuestro éxito y nuestra felicidad. Pero ¿y si pudiéramos descubrir la verdad antes y bajo nuestras condiciones? ¿Y si pudiéramos ver nuestro comportamiento con claridad antes de que pueda empezar a dañar nuestras relaciones con los demás y socavar nuestra carrera profesional? ¿Y si pudiéramos emparejar nuestra búsqueda de la verdad con una mentalidad positiva y la aceptación por nosotros mismos? ¿Y si pudiéramos aprender a ser *más valientes pero más sabios*?

El mito griego de Ícaro es una buena metáfora. Ícaro intenta escapar de la isla de Creta usando las alas que su padre, Dédalo, había hecho con cera y plumas. Dédalo le dice a Ícaro que no vuele demasiado alto ni demasiado bajo: si vuela demasiado cerca del suelo, el mar le apelmazará las alas, y si vuela demasiado alto, el sol acabará por derretir la cera. Pero Ícaro, en contra de las instrucciones de su padre, decide volar muy alto. Y pasa lo que pasa: la cera se derrite y él cae en picado hacia una muerte segura.

A la hora de vernos a nosotros mismos, debemos ser lo suficientemente valientes como para abrir las alas, pero lo suficientemente sabios como para no volar demasiado alto, no vaya a ser que nuestros puntos ciegos nos dirijan directos al sol. Descubrir la verdad puede ser sorprendente o aterrador, o incluso agradable. Sea lo que sea, nos da el poder de mejorar.

Eso era lo que yo tenía que hacerle entender a Steve; sabía perfectamente que teníamos una tarea monumental por delante. Repasamos las valoraciones de sus empleados durante horas. Al principio Steve se resistía y buscaba cualquier excusa para contrarrestar las críticas. Pero hay que reconocer que, poco a poco, empezó a aceptar lo que oía. Para cuando terminamos con nuestra primera sesión, ya veía una nueva dimensión en él.

—Nunca había puesto en entredicho mi forma de liderar —me dijo—. O al menos hace años que no lo hago. ¿Qué necesidad tenía? Siempre me habían ido bien las cosas. Pero estos dos últimos meses había algo que no acababa de encajar. No sabía qué era. Los resultados no eran lo que me esperaba y lo peor era que me llevaba las preocupaciones a casa.

Sonrió con expresión de remordimiento.

—La buena noticia es que estos problemas tienen solución —le dije—. Y acabas de dar un gran paso.

—¿De verdad? ¿Y cuál es ese paso? —preguntó, con voz cansada.

Sonreí.

—Acabas de aceptar la realidad.

Ciertamente, el compromiso de descubrir y aceptar la realidad es una de las diferencias más significativas entre el mundo entero y las personas autoconscientes. Estas últimas se esfuerzan muchísimo para superar sus puntos ciegos y verse tal como son. Si examinamos nuestras presuposiciones, aprendemos continuamente y preguntamos a los demás qué opinan de nosotros, es posible superar muchísimas de las barreras que nos impiden llegar al conocimiento sobre nosotros mismos. Y aunque no sería razonable creer que podemos ver o eliminar por completo nuestros puntos ciegos, *sí* que podemos reunir y recopilar datos que nos ayuden a vernos y a ver el impacto de nuestro comportamiento con más claridad.

El primer paso es **identificar nuestras presuposiciones**. Puede parecer obvio pero, por desgracia, es poco común que pongamos en duda lo que tenemos asumido sobre nosotros mismos y el mundo que nos rodea, especialmente en el caso de personas ambiciosas y de éxito. Fui testigo de un ejemplo revelador de esto en unos cursos de una semana que solía impartir en un programa de estrategia para ejecutivos. En la mañana del segundo día, los participantes entraban en el aula de formación y se encontraban con un pequeño rompecabezas envuelto en plástico en cada mesa. Cuando les decíamos que tenían cinco minutos para montarlo, la mayoría de estos peces gordos se reían de una actividad tan tonta, preguntándose por qué les hacíamos perder su valioso tiempo. Para seguirnos la corriente, rasgaban el plástico, volcaban el rompecabezas en la mesa y empezaban a girar las piezas, que eran de color azul por el lado de arriba (o, al menos, lo que ellos presuponían que era el lado de arriba). Pasados unos minutos, tras haber montado un 80 %, empezaban a fruncir el ceño porque, si me permites el juego de palabras, podría decirse que empezaban a romperse la cabeza. Justo cuando el tiempo estaba a punto de acabarse, una persona (y te recuerdo que, casi sin excepciones, era solo *uno* en un grupo de unos veinte ejecutivos sénior) advertía que el rompecabezas solo podía resolverse girando algunas de las piezas azules para dejarlas «bocabajo».

En nuestra vida diaria pocas veces llegamos a preguntarnos si deberíamos girar «bocabajo» algunas de estas proverbiales piezas del rompecabezas. Como explica el psicólogo Chris Argyris de la

Universidad de Harvard en su libro de lectura obligada *Increasing Lea-*
dership Effectiveness [Aumentar la efectividad del liderazgo], cuando
algo no va como esperamos o queremos, normalmente asumimos que
la causa está en nuestro entorno. Seguro que ha habido algún error
en la fábrica de rompecabezas o que las piezas que faltan se han perdido al sacarlas de la caja. El último lugar en el que miramos es en
nuestras propias creencias y acciones. Junto con su colega Donald
Schön, Argyris denominó a este tipo de pensamiento «aprendizaje
de un solo bucle», que es aquel en el que no buscamos información
que ponga en entredicho nuestras suposiciones fundamentales sobre
nosotros mismos y el mundo que nos rodea.

En contraste, el proceso de *aprendizaje en bucle doble* implica
confrontar nuestros valores y asunciones y, lo que es más importante,
invitar a los demás a hacer lo mismo. En su trabajo con ejecutivos,
Argyris descubrió que el aprendizaje en bucle doble puede resultar especialmente difícil para las personas de éxito que están acostumbradas
a «inventar, producir y conseguir cosas»: al fin y al cabo, si han llegado
tan lejos con sus propias suposiciones, algo habrán hecho bien. Pero
lo que a menudo no advierten es lo importante que es seguir dándoles
vueltas a las piezas del rompecabezas para seguir triunfando.

Así que, ¿cómo podemos aprender a hacerlo? Un enfoque es **adoptar el hábito de comparar nuestras predicciones anteriores con los
resultados finales.** El eminente profesor de liderazgo Peter Drucker
sugirió un proceso práctico y sencillo que él mismo llevaba usando
durante más de veinte años. Cada vez que tomaba una decisión importante, apuntaba lo que esperaba que pasara. Y entonces, cuando
ya era agua pasada, comparaba lo que había sucedido en realidad con
lo que él había predicho.

Pero ¿y si lo que queremos es identificar las cosas que damos por
sentado aquí y ahora, en vez de averiguarlo en retrospectiva? El psicólogo Gary Klein nos proporciona otra herramienta y nos sugiere que
hagamos un **análisis** *premortem* a partir de la siguiente premisa: «Imagina que ya ha pasado un año desde ahora y que hemos implementado

el plan como habíamos pensado. El resultado ha sido un desastre total. Escribe una breve historia de cómo ha pasado esto». Este proceso tiende a revelar posibles obstáculos de una forma que pocas veces podríamos contemplar. Puede utilizarse el mismo enfoque para la mayoría de las decisiones de peso, como mudarse a otra ciudad, aceptar otro trabajo o decidir sentar la cabeza con un compañero sentimental. (Por cierto, en el apéndice G encontrarás unas cuantas preguntas para ayudarte a revelar qué das por sentado y descubrir si acaso tienes, parafraseando a Donald Rumsfeld, «cosas desconocidas que desconoces»).

Una segunda técnica para minimizar nuestros puntos ciegos es, simplemente, **seguir aprendiendo**, especialmente en aquellas áreas que pensamos que ya conocemos bien. En su famoso estudio de 1999, David Dunning y Justin Kruger descubrieron que si una persona con exceso de confianza y bajo rendimiento recibía formación para mejorar su rendimiento en una tarea, no solo mejoraba sino que era más consciente de su anterior inefectividad. Un compromiso real con el aprendizaje continuado (diciéndonos a nosotros mismos que, cuanto más creamos saber, más necesitaremos aprender) es una forma potente de combatir la ceguera por conocimiento y mejorar nuestra eficacia en el proceso.

Finalmente debemos **pedir *feedback* sobre nuestras capacidades y comportamientos**. De todas las herramientas que hemos visto hasta ahora, la que más posibilidades tiene de ayudarnos a ver y superar los tres puntos ciegos es una valoración objetiva por parte de otra persona. ¿Y por qué? Como veremos más adelante, las personas que nos rodean casi siempre ven lo que nosotros somos incapaces de percibir. Y, por lo tanto, necesitamos rodearnos de aquellos que nos dirán la verdad, tanto en el trabajo como en casa. Necesitamos compañeros de trabajo, familiares y amigos que nos bajen los humos (con amor) cuando se nos suban a la cabeza. En lo que yo clasifico como «observaciones sorprendentes pero precisas», el investigador de Stanford Hayagreeva Rao cree que los dirigentes que tienen hijos adolescentes tienen menos tendencia al exceso de confianza precisamente por este motivo. Como bien sabrá cualquier persona con adolescentes, jamás conseguirás impresionarlos y nunca dudarán en decirte lo increíblemente magnífico que *no eres*. (Y es verdad que rodearte de personas que no están de acuerdo contigo es una de las bases más importantes del éxito hacia el liderazgo. Los grandes líderes tienen a personas a su alrededor que los desafían; los dirigentes fracasados, casi nunca).

Yo soy la primera en admitir que pedir a los demás *feedback* sobre nosotros puede ser una de las cosas más intimidantes y aterradoras que harás jamás. Pero créeme, las cosas que descubrirás sobre ti mismo harán que valga la pena. Y si no, pregúntale a nuestro amigo Steve. Al final de nuestra primera reunión, tomó una decisión. Me miró a los ojos y dijo:

—Esta información no me gusta, pero la acepto —afirmó con valentía—. Y, con tu ayuda, vamos a solucionar esto.

Fue otro paso gigantesco en la dirección correcta.

En este punto, Steve también tenía la *voluntad* de tomar otras decisiones distintas, pero todavía le quedaba por desarrollar la *habilidad* para hacerlo. Así que, en los meses que siguieron, lo ayudé a compartir sus intenciones, a ser capaz de percibir el efecto de su forma de actuar sobre el equipo y a pedir *feedback* a las personas que le responderían con la verdad. En una sesión de *coaching* que tuvimos más o menos un mes después de nuestra primera reunión, a Steve todavía le costaba entender por qué todo el mundo pensaba que él era una bomba de relojería. Así que decidí optar por otro enfoque:

—Steve, ¿eres consciente de cómo reaccionaste en la última reunión, cuando te di las valoraciones de tu equipo?

—Sí, claro —replicó él.

—Pues yo creo que no —repuse, y procedí a imitar tan bien como pude su respuesta: lo miré agresivamente, le hablé gritando y apreté los dientes para que viera lo agresivo que había sido su comportamiento.

—Creo que no he sido siempre así —repuso él—, pero estoy bastante seguro de que he estado asustando a mi familia tanto como a mi equipo.

Ahora que ya entendía mejor cómo afectaba su comportamiento a los demás, Steve podía empezar a experimentar con un enfoque diferente y más efectivo.

El proceso le llevó meses. Y, como cualquier persona intentando llevar a cabo una tarea así, tuvo un montón de inconvenientes, pero perseveró. En los meses que siguieron pudo ver una mejora en su efectividad y empezó a sentir que su confianza en sí mismo cobraba otra dimensión. Finalmente, su equipo empezó a advertir que algo había cambiado; su familia, también. Todos comenzaron a hablar de esta maravillosa persona a la que llamaban «el nuevo Steve». Tampoco fue una coincidencia que su equipo consiguiera llevar a cabo con éxito su agresivo plan de negocios, o que su director ejecutivo empezara a confiar en sus capacidades y decisiones.

La historia de Steve ilustra a la vez lo increíblemente difícil que es enfrentarnos a la realidad sobre nosotros mismos y por qué vale tantísimo la pena. A la hora de tomar decisiones que guíen nuestras vidas, la verdad es poder, sea una verdad que suene como música celestial o como unas uñas arañando una pizarra. Como afirma la monja budista Pema Chödrön: «El daño más fundamental que podemos hacernos es seguir sumidos en la ignorancia por no tener el valor y el respeto de vernos a nosotros mismos de una forma cuidadosa y honesta». Y, por suerte, la diferencia entre los unicornios y todas las demás personas tiene menos que ver con una capacidad innata que con la intención y el compromiso. A lo largo del resto de este libro comentaré más estrategias para ayudarnos a encontrar el valor y el respeto necesarios para vernos a nosotros mismos de una forma cuidadosa y honesta y, al hacerlo, llegar a ser más prósperos en nuestras carreras profesionales, a estar más satisfechos en nuestras relaciones con los demás y a estar más contentos con nuestras vidas. Pero antes es esencial entender (y combatir) el segundo obstáculo enorme que hay hacia la autoconciencia: lo que yo denomino «el culto al yo».

EL CULTO AL YO

La siniestra barrera de la sociedad contra el autodescubrimiento

*Nos hemos enamorado de nuestra propia imagen, con
imágenes de nuestra creación, que resultan finalmente
ser imágenes de nosotros mismos.*
—DANIEL J. BOORSTIN

International Falls, Minnesota: La temporada de los Dragons llegó a su final cuando los dos goles de Paycen llevaron a los Icemen a una victoria de 4 a 2 el pasado sábado, con cinco goles marcados durante una segunda parte desbocada. Los Icemen marcaron un minuto tras la media parte cuando Loeden, el ala derecha, levantó el disco por encima de las guardas de Keltie, el portero. Los Dragons lograron el empate cuando Kaeden y Caiden trazaron un ataque que culminó en un tanto para su equipo. Con Jaxon en el banquillo de castigo tras hacer sangrar a Brecon con un golpe alto en la nariz, los Dragons moderaron la ofensiva. Kaeden consiguió enviar el disco desde detrás de la línea de portería a Caiden, y este, a su vez, lo redirigió a Constandino, quien acabó definiendo la jugada en un tanto fácil para los Dragons.

Vale, esto ha sido un resumen completamente inventado de un partido de *hockey*. Pero lo único que no he inventado han sido los nombres de pila de los jugadores. Si no les has prestado demasiada atención, vuélveles a echar un vistazo: Paycen, Keltie, Brecon, Jaxon, Constandino, y sí, Kaeden y Caiden (que, en inglés, se pronuncian exactamente igual; ¡vaya una coincidencia!). He sacado estos nombres tan poco comunes de una lista de jugadores reales de la liga Western Hockey League de 2015, compuesta por 68 estudiantes de instituto americanos y canadienses. Y todavía había más: Kale (sí, que en inglés quiere decir «col rizada»), Lach y *cuatro* Dawson (James Van Der Beek de Dawson Crece se sentiría emocionado).

El hecho de que haya tantos nombres raros en un único grupo de jugadores de *hockey* puede parecer una simple, pero rara, coincidencia. Pero la Western Hockey League no es una excepción. Una encuesta en una edición de la revista *Parents Magazine* de 2012 revela que, hoy en día, los padres eligen nombres como Blayde, Draven, Izander, Jaydien y Zaiden (para los niños), y Annyston, Brook'Lynn, Luxx, Sharpay y Zerrika (para las niñas). Y seguro que tú mismo también te has encontrado con nombres peculiares.

En uno de los mayores estudios hasta la fecha sobre tendencias de nombres en Estados Unidos, los investigadores Jean Twenge y Keith Campbell analizaron los nombres que los padres pusieron a más de 325 millones de bebés nacidos entre 1880 y 2007. Al principio del siglo xx encontraron que los padres elegían casi siempre nombres convencionales para sus recién nacidos. En 1890, 1900, 1910 y 1920, por ejemplo, los nombres más comunes fueron John para los niños y Mary para las niñas. En las décadas que siguieron, los padres siguieron con los nombres clásicos como James, Michael, Mary y Linda.

Pero a partir de 1980 Twenge y Campbell descubrieron una tendencia bastante rara: cada vez menos padres elegían los nombres «de toda la vida». Entre 1983 y 2007, el porcentaje de padres estadounidenses que eligieron nombres comunes para sus hijos fue cayendo en picado cada año; el descenso más drástico fue en los 90 y siguió bajando en la primera década de 2000. Aquí tengo un dato bastante revelador: en 1880, casi un 40 % de los chicos y un 25 % de las chicas recibieron uno de los diez nombres más populares. En 2010, esas cifras habían pasado a ser de menos del 10 % para los niños y un 8 % para las niñas. «Los padres solían ponerles nombres populares a sus hijos», observa Twenge, «para que no se sintieran fuera de lugar. Ahora, les dan a sus hijos un nombre único para que se destaquen y sean estrellas».

No estoy hablando de esto para juzgar a nadie. Está claro que los padres pueden ponerles a sus hijos el nombre que les apetezca; para algo estamos en un país libre. Me limito a señalar estos datos porque, además de ser interesantes, esta tendencia es un indicio de un fenómeno imparable que está barriendo nuestro mundo. Y es una barrera enorme ante la autoconciencia.

Lo sepas o no, hay una secta muy poderosa que está intentando que te sumes a sus filas. Las sectas suelen mostrar una admiración excesiva o fuera de lugar hacia una persona o cosa en particular, y esta en concreto ha elegido a una figura irresistible: ¡*tú*! Sinceramente, es fácil ver por qué la promesa del **culto al yo** puede resultar demasiado tentadora como para resistirse. Nos seduce para que pensemos que somos únicos, especiales y superiores. Que nuestras necesidades importan más que las de los demás. Que no estamos sujetos a las mismas normas que los demás. Que merecemos las cosas solo porque las deseamos. No hace falta preguntarse por qué el culto al yo ha reclutado a tantos vecinos, amigos o compañeros; puede que incluso tú ya seas de los suyos. En el capítulo anterior hablábamos de nuestros obstáculos internos; en este, veremos este traicionero obstáculo de nuestra sociedad. Y, quizá lo que es más importante, descubriremos varios métodos para resistirnos a sus cantos de sirena o liberarnos de ellos si acaso ya nos han cautivado.

CAMBIO DE RUMBO: DEL ESFUERZO A LA AUTOESTIMA

Como muchos de los cascarrabias nacidos justo después de la Segunda Guerra Mundial no tardarán en decir, las cosas no han sido siempre así. En la línea temporal de la historia humana, el culto al yo es un fenómeno bastante reciente. Durante miles de años, los valores tradicionales judeocristianos destacaban la modestia y la humildad (polos opuestos a los valores del culto al yo) como indicadores de una buena vida. En el siglo XVIII, Estados Unidos (que ahora cuentan con algunos de los participantes más fanáticos del culto al yo) se fundaron sobre los principios del trabajo duro, la determinación y la resiliencia. Esta **edad del esfuerzo** duró cientos de años y podría decirse que tuvo su máximo apogeo con la llamada «generación silenciosa» (los nacidos entre 1900 y 1945) y los sucesos de principios del siglo XX: la Primera Guerra Mundial, la Gran Depresión y la Segunda Guerra Mundial. La edad del esfuerzo fomentaba una mentalidad colectiva que evitaba la glorificación del yo.

Pero con el inicio del movimiento de la autoestima a mitad del siglo XX, la edad del esfuerzo empezó a dar paso a la **edad de la autoestima**. Las semillas empezaron a plantarse con el movimiento de psicología humanista de los 50 y los 60. Carl Rogers, por ejemplo, defendió que los humanos solo podían alcanzar todo su potencial si se veían a sí mismos «con una consideración incondicionalmente positiva». Quizá fue más famosa la propuesta de Abraham Maslow de que los humanos cuentan con una jerarquía de necesidades, cuya parte superior está coronada por la autorrealización: la felicidad y la realización totales. Pero, según admitió el propio Maslow, la autorrealización era increíblemente difícil de conseguir. Convenientemente, la autoestima solo estaba un peldaño más abajo, y todo lo que hacía falta para conseguirla era un cambio de mentalidad. Dicho de otro modo, no hacía falta *convertirnos* en grandes personas; solo era necesario *sentirnos* como si lo fuéramos.

No resulta sorprendente que la autoestima se extendiera como la pólvora. En 1969, el psicoterapeuta Nathaniel Branden publicó el superventas internacional *La psicología de la autoestima*, donde concluyó con confianza que la autoestima tenía «profundas consecuencias para cada aspecto de nuestra existencia» y que «no podía pensar en un solo problema psicológico (desde la ansiedad hasta la depresión, desde el miedo a la intimidad o al éxito hasta el maltrato de un cónyuge o el abuso infantil) cuyo origen no pudiera encontrarse en el problema de una baja autoestima». Decir que Branden exageró muchísimo su hipótesis sería como decir que Kim Kardashian se siente muy bien consigo misma.

Aunque a menudo se considera que Nathaniel Branden es el padre de la autoestima, un hombre llamado John Vasconcellos llevó el movimiento a un nivel completamente nuevo. Después de ser investido en la Asamblea Estatal de California en 1966, la primera decisión de este estudiante de Derecho convertido en político (y que había sufrido de depresión en su infancia) fue introducir una legislación para crear un cuerpo especial en California para la promoción de la autoestima y la responsabilidad personal y social, todo financiado a partir de los impuestos de los contribuyentes con 735.000 dólares de aquel entonces (casi 1,7 millones de dólares de hoy en día).

El primer orden del día del cuerpo especial fue establecer empíricamente que una alta autoestima reducía el crimen, el abuso de alcohol y drogas, el embarazo adolescente, el maltrato conyugal e infantil y la dependencia de las prestaciones sociales. Solo se toparon con un pequeño e insignificante problema: no fueron capaces de demostrar nada. De hecho, el cuerpo especial tuvo que admitir a regañadientes en su propio informe que «las asociaciones entre la autoestima y sus consecuencias esperadas son poco claras, insignificantes o ausentes», y que no había ninguna relación «entre la autoestima y el embarazo adolescente, el maltrato infantil o la mayoría de los casos de abuso de alcohol y drogas». Aunque nadie quería admitirlo, la idea de que la autoestima predecía el éxito en la vida fue, para decirlo sin tapujos, una completa farsa. Pero en una demostración de absoluto desprecio por el método científico, Vasconcellos rechazó las conclusiones del cuerpo especial, afirmando que «en realidad todos sabemos, instintivamente, que esto es cierto».

Aquí entra en escena el psicólogo Roy Baumeister, el cual fue bautizado acertadamente por el periodista Will Storr como «el hombre que destruyó el ego de América». Baumeister empezó a estudiar la autoestima casi desde el principio de su carrera y era inicialmente uno de los mayores defensores del movimiento. Pero, a medida que fue pasando el tiempo, su escepticismo fue creciendo. No le cabía en la cabeza por qué había gente como Vasconcellos que afirmaba que la gente con una baja autoestima era violenta y agresiva, cuando su propia experiencia le indicaba todo lo contrario. Pero como no quería fiarse solo de lo que él había visto, Baumeister empezó a investigar científicamente y, en 2003, él y sus colegas publicaron una acusación inequívoca de casi tres décadas (y más de quince mil estudios) de investigación sobre la autoestima.

Su estudio estaba repleto de pruebas de que la relación entre la autoestima y el éxito era prácticamente inexistente. Por ejemplo, la autoestima de los cadetes militares no guardaba ninguna relación con su rendimiento objetivo como dirigentes. La autoestima de los estudiantes universitarios no les proporcionaba mayores habilidades sociales. Los profesionales con una alta autoestima no parecían disfrutar de mejores relaciones con sus compañeros de trabajo. Y en un golpe todavía más duro hacia Nathaniel Brandon y sus discípulos, darle un empujón a la autoestima de las personas sin éxito hacía que su rendimiento *empeorara* en vez de mejorar. La conclusión obvia de Baumeister y sus colegas fue que la autoestima no era «ni un indicador ni una causa importante de casi nada», y mucho menos del éxito y de la realización personal.

Y todavía no he llegado a la parte *realmente* sorprendente. La investigación de Baumeister reveló una incómoda verdad que desafió las premisas básicas sobre las que se había basado todo ese movimiento. Para empezar, la autoestima baja no era en realidad un mal del que sufrían la mayoría de los americanos. Mientras los defensores de la autoestima estaban «lamentando la falta de amor por uno mismo», los niveles de autoestima estaban experimentando un crecimiento continuado y casi descontrolado. La verdadera dolencia era que la mayoría de las personas se sentían *demasiado* bien consigo mismas (a menudo sin ninguna razón objetiva).

Y las cosas empeoraron todavía más. El análisis de Baumeister demostró que la gente con una alta autoestima era más violenta y agresiva. Cuando sus relaciones románticas pasaban por dificultades, mostraban una tendencia mayor a desentenderse de ellas, a ser infieles o a tener otros comportamientos destructivos. También mostraban una mayor tendencia a ser infieles, beber y drogarse. Todo esto era literalmente lo opuesto a lo que había estado defendiendo el cuerpo especial de California.

Aunque ya hace décadas desde que Baumeister y su equipo de investigación descubrieron toda esta farsa, parece que todavía no hemos conseguido deshacernos de nuestra obsesión con tener más y más autoestima. ¿Y por qué? La conclusión, creo yo, es que **es mucho más fácil** *sentir* **que somos personas maravillosas y especiales que** *convertirnos* **en personas maravillosas y especiales.** Igual que en Lake Wobegon, la ciudad ficticia de Garrison Keillor, todos seguimos alimentando en nuestros hijos estas ideas de que son únicos y magníficos.

◆

En el noroeste de Inglaterra se halla la ciudad encantada de Barrowford, asentada en la confluencia de dos ríos prehistóricos. Durante el siglo XVII aquella zona era conocida como un punto de brujería, donde diez de las denominadas «brujas de Pendle» fueron ahorcadas un cálido día de verano de 1612. Pero hoy en día encontramos allí otra extraña magia, escondida en sus verdes colinas, valles y serpenteantes calles adoquinadas.

Para el visitante ocasional, Barrowford puede parecer una encantadora pero ordinaria ciudad dormitorio, llena de restaurantes de lujo y tiendas de antigüedades. Pocos saben que este pueblo cuenta con una característica muy interesante: en Barrowford, los niños jamás se portan mal. ¿No me crees? Entonces, ¿cómo se explica que Rachel Tomlinson, la directora de la escuela primaria de Barrowford, afirme que no existe el concepto de «un niño malo»? Cada uno de sus 350 niños es, según ella, «especial y único». Por ese motivo, los profesores no alzan la voz ni aplican ningún tipo de medida disciplinaria. El castigo, según Tomlinson, «solo les arrebata a la víctima y al ejecutor las cosas que necesitan». En vez de ello, parece ser que lo único necesario para sacar lo mejor de estos niños y niñas es recordarles lo especiales que son, a menudo y de forma incondicional.

Pero, en las contadas ocasiones en las que el mágico hechizo de las alabanzas se desvanece y algún niño se porta mal, los maestros cuentan con un único método de remedio. Esa opción es enviar al niño a otra aula, momento en el que solo pueden decirle: «Ya sabes que pienso que eres una persona maravillosa, pero tu comportamiento erróneo me demuestra que lo mejor para ti sería pasar un rato aquí, donde estos otros niños podrán ayudarte a dejar de cometer ese error». Al parecer, ante un niño que no se porta bien, la máxima amenaza permitida a los maestros es reprenderle diciendo (sin que se les escape la risa): «Has agotado mis reservas de resiliencia».[*]

A los niños de la escuela primaria de Barrowford se les conceden alabanzas incondicionales independientemente de su rendimiento en el aula; en una ocasión los pupilos de Tomlinson dijeron a un equipo de inspectores de visita que «a nadie le importa si no lo hacemos lo mejor que podemos». Un año, cuando todos los estudiantes recibieron los resultados de unos exámenes estandarizados de primaria, la escuela los envió a casa junto con una carta que explicaba que las evaluaciones académicas no pueden de ningún modo medir todas las cualidades maravillosas y especiales de los alumnos y que, independientemente de las notas que hubieran sacado, Tomlinson estaba

---

[*] La periodista Allison Pearson imagina lo divertidísima que habría sido la situación si se hubiera aplicado esta misma filosofía en las relaciones diplomáticas de Gran Bretaña durante la Segunda Guerra Mundial:

Querido señor Hitler:
Ha agotado usted nuestras reservas de resiliencia. Por favor, devuélvanos Polonia o su comportamiento estará teniendo un serio impacto en nuestro bienestar.
Con afecto, Gran Bretaña

orgullosa de que todos «hubieran dado lo mejor de sí mismos durante una semana muy complicada».

Del mismo modo que ahorcar a esas pobres mujeres en 1612 no liberó de brujas al pueblecito, tampoco esta promoción de la autoestima ha creado el milagro de un gran rendimiento académico entre los niños. De hecho, en septiembre de 2015, la escuela fue calificada de «inadecuada» por los inspectores del gobierno británico, la peor evaluación posible. Otros expertos han calificado la filosofía educativa de Barrowford de «fantasía». La respuesta de Tomlinson a estas críticas fue graciosísima de lo autoengañada que estaba: aunque expresó sentirse decepcionada, también se sentía «muy emocionada y positiva al pensar en el futuro».

Este enfoque equivocado de Barrowford se diseñó para producir un ejército de niños cuya autoestima queda protegida a todo coste. La escuela no es la única que muestra este parecer. Todos hemos oído algún ejemplo de esto: equipos deportivos donde todos son los ganadores, como una rama de la organización de fútbol American Youth Soccer Organization que otorga unos tres mil quinientos premios cada temporada (cosa que equivale a, al menos, un premio por jugador). En otros casos se ha impedido que los estudiantes puedan perder bajo ningún concepto, como en algunas escuelas de Estados Unidos y Europa donde se han prohibido todos los deportes de competición. Hay otras escuelas de primaria donde se han prohibido los suspensos y los bolígrafos rojos porque son «muy negativos» o donde los estudiantes dedican su tiempo a lecciones diarias de «Me quiero a mí mismo». Luego están los institutos que eligen como «mejor alumno» a la clase entera y los envían a la universidad, donde la inflación de las notas es un problema cada vez mayor.

Este tratamiento entre algodones del ego de los jóvenes sigue vivito y coleando en las instituciones más exclusivas y prestigiosas de Estados Unidos. Por ejemplo, en 2001, un 91 % de los estudiantes de Harvard se graduó con honores y, en 2013, al menos la mitad de todas las notas concedidas fueron notables altos. Pero, en 2015, un

72 % de los estudiantes entrevistados no creía que la inflación de las notas supusiera un problema. Yo lo estaba pasando en grande leyendo esta información como orgullosa hermana que soy de una graduada de Yale, eterna rival de Harvard, hasta que descubrí que también en Yale habían experimentado problemas similares: una comisión *ad hoc* de 2012 sobre las puntuaciones concedidas descubrió que un 62 % de todas las notas concedidas eran notables o notables altos en comparación con el 10 % que se concedieron en 1963. Resulta interesante ver que la mayoría de los estudiantes y del profesorado de Yale creían que este patrón era el simple resultado de un «cuerpo de estudiantes con una excelencia mucho más generalizada».

Todo esto son pruebas de un problema muy extendido al que yo denomino **el efecto «siéntete bien»**. En el trabajo, por ejemplo, lo mejor que puede pasar con las personas que se consideran maravillosas y especiales es que acaben por molestar a aquellos que tienen que trabajar con ellas. Y, en el peor de los casos, estas personas no estarán en absoluto preparadas para gestionar la mínima crítica; se derrumbarán ante el menor error y quedarán devastadas ante contratiempos insignificantes en su ruta hacia su grandeza predestinada. George Carlin, un cómico estadounidense, tiene un *sketch* muy gracioso sobre esto: «Ningún niño de hoy en día», afirma, «tiene el privilegio de oír estas importantes palabras que forjan el carácter: "Has perdido, Bobby. Eres un perdedor, Bobby". Se acostumbran a que los traten con guantes de seda y a que nunca les digan la verdad sobre sí mismos hasta que llegan a la veintena, cuando su jefe los hace pasar a su despacho y les dice: "¡Bobby, saca toda tu mier** de tu escritorio y sal por la puerta! ¡Eres lo peor!"».

Es una descripción graciosa y dura a partes iguales, pero Carlin tiene toda la razón. En el mundo real, no todos podemos graduarnos con honores y, de hecho, cuanto más nos equivoquemos sobre las habilidades y capacidades que tenemos, *menos* posibilidades tendremos de tener éxito. Por ejemplo, hay un estudio que demostró que cuando los estudiantes de primer año de la universidad confiaban demasiado en sus capacidades académicas, tenían un bienestar inferior y menos implicación en sus estudios a lo largo de su experiencia académica que los estudiantes que eran más realistas.

El efecto «siéntete bien» también daña nuestras relaciones. En uno de los estudios hasta la fecha más exhaustivos sobre los costes que implica este efecto, los investigadores examinaron la visión de cien estudiantes universitarios sobre sus personalidades y compararon estas autoevaluaciones con las valoraciones de un equipo de psicólogos formados. Los psicólogos consideraron que los jóvenes con una percepción precisa sobre sí mismos eran honrados e inteligentes. Sin embargo, aquellos que se puntuaron de forma exageradamente positiva fueron descritos por los psicólogos como «astutos y falsos, que no confían en la gente y que saltan ante cualquier cosa que pueda amenazar a su frágil ego». De forma similar, a las jóvenes que se puntuaron a sí mismas de forma precisa se las consideró «personas complejas, interesantes e inteligentes», y a aquellas con una autoimagen desmedidamente positiva se las describió como «susceptibles» y «que están a la defensiva». Y no fueron solo los psicólogos quienes detectaron las diferencias entre las personas con una percepción desorbitada de sí mismas y las que se veían de forma realista. Al evaluar a las personas con exceso de confianza en sí mismas, incluso sus propios amigos pensaban que eran «condescendientes», «hostiles» y «autodestructivas». A los realistas, por otro lado, se los consideraba «encantadores» y «equilibrados».

Al cegarnos ante la verdad sobre nuestras habilidades y capacidades, el efecto «siéntete bien» puede incluso llevarnos a tomar decisiones vitales que, aunque puedan hacernos sentir bien en el momento, pueden acabar por dañarnos muchísimo a la larga. Fíjate en la típica historia de los *realities* de televisión: una joven estudiante de medicina se salta los exámenes finales y conduce diez horas para presentarse a la audición del concurso más famoso del momento. Pero, de forma bastante inconveniente, resulta que canta fatal y no pasa de la primera ronda. En este caso, la decisión que resultó de su exceso de confianza en sí misma se interpuso en sus planes de futuro, mucho más sensatos.

Pero ¿qué pasa si no somos unos ilusos sino que, simplemente, somos positivos, una de esas personas que lo ve todo rosa? Un temperamento optimista suele indicar perseverancia, así que no resulta sorprendente que los emprendedores y fundadores tiendan a ser personas más optimistas que el profesional medio. Pero si ese optimismo no tiene ningún fundamento, esto de ver el mundo de color de rosa puede acabar por cegar nuestra visión de nosotros mismos. Las posibilidades, por ejemplo, de que una empresa pequeña sobreviva más de cinco años después de su fundación son del 35 %. Pero un 81 % de los emprendedores cree que sus posibilidades de triunfar son del 70 % o más, y un espectacular 33 % está convencido de que su empresa será «un éxito asegurado».

Este optimismo sin ningún tipo de fundamento persiste incluso al enfrentarse a la verdad más dura y descarnada. Los profesores de dirección de empresas Thomas Åstebro y Samir Elhedhli repasaron la información recopilada por el Canadian Innovation Centre, una organización sin ánimo de lucro que ayuda a los emprendedores a llevar sus ideas al mercado. El programa evalúa los planes de las nuevas empresas y les asigna de forma correspondiente una evaluación que va de la A a la F, y, de forma más o menos parecida a las tasas de fallo del mundo real, un 70 % de las empresas reciben una D o una F. Pero casi la mitad de estos emprendedores decidieron seguir adelante con la idea de todos modos. Muchos incluso redoblaron sus esfuerzos, creyendo erróneamente que si trabajaban duramente aumentarían las posibilidades de éxito de su negocio no viable. Y se equivocaron, literalmente, en todos los casos.

◆

Ahora ya hemos visto que cerrar los ojos voluntariamente a nuestros defectos puede acabar llevándonos al fracaso. Y aun así, los unicornios de la autoconciencia de nuestros estudios mostraron un patrón remarcable: en contadas situaciones específicas se pusieron estratégicamente sus gafas de color rosa y eso les proporcionó unos beneficios palpables. Como afirmó una de estos unicornios, una brillante gestora de proyectos que había tenido que enfrentarse hacía poco a un diagnóstico médico devastador: «Puedes pasearte por la negación, pero no puedes afincarte en ella».[*] Nos explicó que, cuando descubrió que estaba enferma, necesitó unos cuantos días más sumida en la ignorancia para poder acumular la energía necesaria para enfrentarse a su nueva realidad. Pero después se levantó, se sacudió el polvo y empezó a luchar con valentía y enfrentándose a la realidad.

¿Cómo podemos saber cuándo ponernos y quitarnos estas gafas? La regla de oro aquí es que **cuando necesitamos recuperarnos de desafíos constantes o cuando podemos lograr lo que nos proponemos solo con fuerza de voluntad, el efecto «siéntete bien» puede sernos útil.** Esto se aplica especialmente en profesiones como, por ejemplo, la interpretación, donde ser rechazado casi forma parte del trabajo de actor. O también en el mundo de la ciencia, donde «publicas o pereces». Como afirma Daniel Kahneman: «Creo que las personas que carecen de una percepción ilusa de su relevancia acabarán marchitándose al enfrentarse a experiencias repetidas de muchos pequeños fracasos y algún éxito infrecuente, lo cual es el destino de la mayoría de los investigadores». Pero hay una advertencia importante: antes de ponerte las gafas de color rosa y emprender decidido el camino de la perseverancia, asegúrate de que ese camino realmente lleva a algún lugar. Si, siguiendo el ejemplo anterior, resulta que eres un actor malísimo, por mucho que te esfuerces nunca llegarás a un escenario de Broadway. Tienes que saber interpretar los indicadores

---

[*] A lo largo del libro iré citando las frases de los unicornios casi literalmente; he hecho algunos pequeños cambios para que sean más fáciles de leer, pero sin alterar el significado.

de que tu camino puede ser un callejón sin salida y estar listo para cambiar el rumbo si ves que por ahí no irás a ninguna parte.

Hay un último tipo de situación en el que ponernos un ratito las gafas de color rosa puede ser una buena idea. Yo estaba dando un taller sobre la autoconciencia a un grupo de profesionales cuando conocí a Katie, una contable tímida y con gafas que se pasó la clase entera tomando apuntes. Aun así, al terminar la sesión, parecía reacia a comprometerse a poner en práctica las técnicas que habíamos aprendido para recibir las valoraciones de los demás. Yo percibí que el asunto no acababa aquí, así que la abordé después de clase. Me explicó que era una socia en una empresa de servicios profesionales y que el último mes había sido atroz. En la empresa habían aceptado a un nuevo socio que parecía dedicarse en cuerpo y alma a la misión de socavar a Katie. Además, acababan de nombrarla fideicomisaria de las propiedades de sus padres en medio de una guerra familiar sin cuartel. Simplemente, con todas las cosas que le estaban pasando a la vez, Katie carecía de la capacidad de centrarse en su mejora personal; estaba demasiado ocupada intentando sobrevivir a esta crisis sin ahogarse.

A veces la vida nos puede enfrentar a desafíos tan complicados que *necesitamos* unas gafas de color rosa para ayudarnos a superarlos. Nuestros unicornios también expresaron el mismo sentimiento: uno de ellos puso su recorrido hacia la autoconciencia en pausa cuando lo despidieron inesperadamente. Otra tuvo un divorcio tan demoledor que sumirse en la ignorancia deliberada de forma estratégica la ayudó a superar los peores momentos. Pero si nuestros unicornios se permitieron el capricho de autoengañarse un poquito en alguna que otra ocasión, fue solo de forma momentánea. Cuando consiguieron estar listos, se enfrentaron a la vida con valentía y reemprendieron su recorrido hacia la autoconciencia.

Como último punto, vale la pena remarcar que hay una línea muy fina entre sentirse bien y cerrar los ojos voluntariamente a las señales que nos rodean. Aunque haya unas cuantas situaciones en las que ponernos las gafas rosas sea nuestra mejor opción, en el resto de ellas (especialmente en cosas como un nuevo puesto de trabajo, un ascenso, un cambio de rumbo en tu empresa, una fusión o una compra, una pelea grave con una persona a la que quieres) es esencial que te las quites sea como sea. **Cuando errar no es una opción, no puedes permitirte el lujo de sumergirte en la ignorancia.** Por desgracia, como estás a punto de leer, hay una epidemia en marcha que amenaza todavía más con desbaratar por completo este delicado equilibrio.

YO, YO MISMO Y MI *SELFIE*

La mañana empezó de la forma más perfecta concebible. Tras llevar seis meses trabajando sin descanso, mi marido me había sorprendido con un viaje a Hawái para mi cumpleaños. Nuestras apretadísimas agendas solo nos habían permitido escaparnos tres días, pero cuando nos sentamos en nuestra cabaña alquilada con unas tortillas españolas recién hechas, nos sentíamos como si hubiéramos alquilado un paraíso para siempre. El cielo estaba despejado, el sol nos abrazaba con su calidez y el dulce aroma de las gardenias se entremezclaba con el olor salado del océano. No teníamos nada más que hacer que sentarnos y disfrutar de una vista perfecta, donde no veíamos otra cosa que el mar azul lamiendo la blanca arena.

Yo estaba sonriéndole a mi marido, quien se regodeaba en la enorme cantidad de puntos de esposo modélico que estaba acumulando, cuando de repente nos cubrió una sombra. «Qué raro», pensé, «si hace un momento no había ni una sola nube». Antes de que pudiera entreabrir los ojos para mirar al cielo, oí un chillido y una risita. Una joven y atractiva pareja de veintitantos años justo se había parado delante de nosotros. No dijimos nada mientras tendían sus toallas justo en medio del paisaje que habíamos estado disfrutando con tanta paz. Se quitaron los *shorts* y las camisetas para revelar unos cuerpos torneados y bronceados embutidos en trajes de baño de diseño. Sacudí la cabeza ligeramente irritada cuando unos granitos de arena aterrizaron en mi tortilla.

Tras observar unos minutos el océano con la mirada vacía, la joven se puso en pie de un brinco. Al parecer había llegado el momento de comenzar una actividad que puede que te resulte familiar: los *selfies* playeros. Mi marido y yo no nos esforzamos demasiado para disimular nuestras risitas mientras la observábamos poniéndose toda la melena a un lado con dramatismo, bajándose las gafas hasta la punta de la nariz y poniendo morritos para lograr la archiconocida pose de los *labios de pato*.

Ahí fue donde las cosas empezaron a dejar de ser divertidas y pasaron a ser molestas. Con las caderas hacia atrás y sacando pecho, empezó a hacer cabriolas y poses, mirando su pantalla cada treinta segundos para examinar las fotos.

—Seguro que acaba pronto —susurré a mi marido, intentando quitar la arena que había aterrizado en mi desayuno—. Como mucho estará así cinco minutos.

—Diez —predijo él.

Ambos nos equivocamos. Cuando finalmente terminó, un cuarto de hora después, se sentó de nuevo como si no hubiera pasado nada fuera de lo común, se tumbó en la toalla y se puso a dormir, completamente ajena a las miradas asombradas de casi todo el mundo que la rodeaba.

El comportamiento de la chica de los *selfies* no es inusual, y este episodio es solo un ejemplo del peso exponencial que está ganando el culto al yo con la explosión de las redes sociales. Uno de nuestros unicornios me habló de un amigo suyo que se hace entre cuarenta y cincuenta *selfies* al día; en una ocasión salieron a cenar y este amigo se pasó la comida entera echándose fotos. En un momento pidió que lo excusaran para ir al servicio, donde tomó todavía más *selfies* y las publicó en Instagram. Todo esto antes de volver a la mesa.

Todos conocemos a alguien que sufre del **síndrome del selfie.** Los síntomas son un nivel hasta ahora impensable de egocentrismo que lleva a unos delirios que te hacen creer que, entre otras cosas, a alguien le importa lo que has desayunado, que hoy sea el medio-cumpleaños de tu hijo o que estés disfrutando de las *mejores vacaciones que ha habido jamás*. Puede llegar a decirse que, en muchos aspectos, para muchas personas, el síndrome del *selfie* ya ha cruzado la línea para convertirse en un narcisismo ligero y ampliamente extendido. Está claro que casi todos nosotros nos hemos topado con algún que otro narcisista de manual en nuestras vidas personales o profesionales, ese tipo de personas que están tan convencidas de ser el ombligo del mundo que parecen incapaces de ver más allá de sí mismas y mirar a la gente de su alrededor.

Pero lo que no siempre advertimos es que, paradójicamente, **una fijación intensa en uno mismo no solo desdibuja a los que nos rodean, sino que distorsiona nuestra capacidad de vernos tal y como somos en realidad.** De hecho, los estudios han demostrado que, en general, hay una relación inversa entre lo especiales que creemos ser y lo mucho que nos conocemos en realidad. No hace falta ir demasiado lejos para encontrar ejemplos de esto: las personas que publican más *selfies* en Facebook, por ejemplo, parecen ser las que menos perciben lo irritante que puede resultar ese comportamiento para el resto de nosotros.

Cuando examinamos la naturaleza «impersonalmente personal» de las redes sociales, la idea de que el narcisismo se está propagando descontroladamente empieza a cobrar sentido. En la mayoría de las comunicaciones por Internet no vemos las reacciones ni expresiones de los demás, lo que nos facilita que actuemos de forma distante, irreflexiva y centrada en nosotros mismos. Los investigadores llaman a esto la «hipótesis de superficialidad moral», donde nuestras interacciones ultrabreves en línea nos llevan a un pensamiento rápido y superficial, cosa que nos hace vernos a nosotros mismos y a los demás de un modo más trivial.

Por supuesto, eso no quiere decir que cualquier persona que se eche *selfies* o que use las redes sociales sea un narcisista. Pero, científicamente, no hay ninguna duda de que estas cosas están relacionadas y hay muchísimas pruebas de que el narcisismo va en aumento. Por ejemplo, en un estudio de decenas de miles de estudiantes universitarios estadounidenses, Jean Twenge y sus colegas descubrieron que, desde mediados de los 80 hasta el 2006, el narcisismo había aumentado en un 30 % a partir de una encuesta con frases como «Si yo dirigiera el mundo, este sería un lugar mejor», «Siempre sé lo que me hago» y «Nunca estaré satisfecho hasta que no consiga todo lo que me merezco».

Y no les echemos la culpa de todo esto a los *millennials*, ya que no solo los que hemos nacido entre 1980 y 1999 mostramos estas tendencias. Otro estudio de larga duración donde se analizaron las respuestas de los estudiantes de instituto a la afirmación «Soy una persona importante» descubrió que, en los 50, solo un 12 % se mostró de acuerdo pero que, para 1989 (es decir, cuando la Generación X estaba en el instituto), esa proporción había pasado a ser casi del 80 %. Y ¿recuerdas el estudio del capítulo anterior, donde un 25 % de los estudiantes de instituto de la generación del *baby boom* afirmó estar en el 1 % superior en cuanto a la capacidad para llevarse bien con los demás?

El síndrome del *selfie* no es un fenómeno generacional ni está confinado a la cohorte de adolescentes que están (cosa debatible) más centrados en sí mismos. Nuestro creciente enfoque en el «yo» está presente en todas partes, desde la literatura contemporánea hasta las redes sociales, incluso en el despacho oval de la Casa Blanca. Un estudio que analizó los Discursos del Estado de la Unión entre 1970 y 2012 descubrió una disminución en el uso de palabras relacionadas con los demás, como «su / sus» o «prójimo», y un aumento de las palabras centradas en uno mismo, como «yo», «mi» o «mío». De forma similar, mi propia búsqueda en Google Ngram[*] en más de quince

---

[*] Google Ngram es un motor de búsqueda basado en web que registra la frecuencia de palabras y frases de libros impresos entre 1500 y 2008 en ocho idiomas.

millones de palabras reveló que, mientras que el uso de la palabra «yo» disminuyó en casi un 50 % entre 1900 y 1974, ¡aumentó en más de un 87 % entre 1975 y 2008!

Ahora mismo seguro que te ha venido a la mente un amigo de Facebook especialmente narcisista o algún famoso muy egocéntrico. Pero te animo a que pienses en cómo usas *tú* las redes sociales, ya sean Facebook, Instagram, LinkedIn, Twitter, Snapchat o cualquier otra cosa que se haya inventado desde la publicación de este libro. Pregúntate esto: cuando subes una foto de tus vacaciones perfectas, ¿qué te está pasando por la cabeza? ¿Qué imagen de ti mismo intentas proyectar? ¿Qué esperas conseguir? Pocos de nosotros pensamos en nuestros hábitos en las redes sociales de una forma tan racional o analítica. De hecho, suelen ser tan naturales en nosotros que *no* pensamos en ellos, lo que precisamente conforma el problema.

De aquí surge una pregunta mayor. Para empezar, ¿por qué usamos las redes sociales? Aunque se supone que las redes sociales son eso, sociales, un estudio de 2015 descubrió que mantener una relación con los demás puede ser a menudo el último motivo por el que usamos estas plataformas. El primer motivo de la lista es compartir información sobre nosotros mismos, lo que a menudo se describe como *autopresentación*. Por sí misma, la autopresentación no es necesariamente algo negativo. Pero ha surgido un patrón interesante que sugiere que, a medida que aumenta la autopresentación, la empatía disminuye. Desde 2000, más o menos cuando los sitios como MySpace, Friendster y otros precursores de Facebook comenzaron a popularizarse, la gente empezó a ser menos empática y a centrarse más en sí misma. Los estudios muestran que, en comparación con los estudiantes universitarios de principios de los 80, la mayoría de los alumnos de hoy en día son un 11 % menos proclives a estar de acuerdo con frases como «A menudo experimento sentimientos de preocupación y sensibilidad hacia personas que son menos afortunadas» y «A menudo intento entender mejor a mis amigos imaginando cómo deben de ver ellos las cosas desde su perspectiva».

En este punto debes de estar pensando si este caso es parecido al caso del huevo y la gallina. ¿Cómo podemos llegar a la conclusión de que las redes sociales están *causando* el narcisismo? ¿Acaso no puede ser igual de posible que las personas narcisistas y autoengañadas tiendan mucho más a usar las redes sociales? Ambas preguntas son importantes y hay pruebas de que ambos planteamientos son ciertos. Vamos a empezar por la segunda pregunta: ¿los narcisistas usan más las redes sociales? Estudios tanto de culturas occidentales como orientales muestran que los narcisistas sí que usan las redes sociales como válvula de escape para su visión presuntuosa de sí mismos y dedican más tiempo a publicar contenidos de autopromoción, como *selfies*.

Ahora, volvamos a la primera pregunta: ¿las redes sociales están *provocando* nuestra egolatría? También hay pruebas que respaldan esto. En un estudio se distribuyó aleatoriamente a los participantes en dos grupos y cada uno pasó treinta y cinco minutos en Internet. El primer grupo se pasó esos minutos editando sus páginas de MySpace (qué recuerdos, ¿eh?) mientras que otros trazaron el camino que tomaban para ir a la escuela en Google Maps. Cuando los investigadores midieron los niveles de narcisismo en cada grupo, los participantes que habían pasado tiempo en MySpace tuvieron una puntuación mucho más alta, lo que apuntaba a que las redes sociales no solo aumentan el narcisismo, sino que el impacto es *prácticamente inmediato*.

Por supuesto, las personas a las que les encantan los *selfies* y que buscan nombres únicos para sus bebés a menudo están muy lejos de poder recibir el diagnóstico clínico de narcisismo, un desorden de la personalidad caracterizado por una sensación exagerada de importancia, una necesidad de contar con poder y admiración, y la incapacidad de reconocer las necesidades de otros. Los estudios muestran que los narcisistas tienden a tener amistades y romances breves pero intensos que terminan en cuanto la otra persona descubre su naturaleza real. Sienten que tienen derecho sobre cosas que no han logrado por sí mismos y son incapaces de tolerar las críticas.

En el mundo laboral, aunque los líderes narcisistas pueden marcar una visión clara con confianza, también tienden a sobreestimar su rendimiento, dominar en los procesos de toma de decisiones, buscar en exceso el reconocimiento de los demás, mostrar menos empatía y comportarse de forma poco ética. Y aunque consideran contar con altas capacidades de liderazgo, suelen ser las personas que reciben una peor puntuación en eficacia por parte del resto del equipo. En especial, parece que los directores ejecutivos narcisistas responden peor a las valoraciones de rendimiento objetivas que los que no son narcisistas, lo que a menudo tiene un efecto devastador. En un estudio fascinante donde Charles Ham y otros investigadores midieron el tamaño de la firma de los directores ejecutivos en los formularios para la Comisión de Bolsas de Valores de empresas del índice S&P 500 (interpretando que una firma grande era un indicador de narcisismo), descubrieron que, cuanto mayor era la firma del director ejecutivo, peor era el rendimiento de la empresa en diversos indicadores (menos citaciones y cantidad de patentes, menor rendimiento de los activos, exceso de inversión y un crecimiento inferior de ventas e ingresos futuros).

Además de sus consecuencias profesionales y sociales, incluso el narcisismo de bajo nivel (es decir, no diagnosticable) puede socavar nuestra confianza en nosotros mismos. Piensa un momento en la versión de ti que presentas en Internet. Si eres como la mayoría de la gente, puede que presentes una versión retocada de lo «que te gustaría ser», donde ofreces una impresión excesivamente favorable de tu vida. Estos efectos se han documentado en todas partes, desde las actualizaciones de estado de Facebook hasta los perfiles de sitios de citas, pasando por las publicaciones en Twitter de los congresistas en los años que hay elecciones. Por ejemplo, tendemos a usar menos palabras negativas en las redes sociales que en otras formas de comunicación, y la mitad de las actualizaciones de estado se publican con el objetivo de crear una impresión más favorable.

Paradójicamente, esta promoción incesante de nuestro yo deseado puede destrozar nuestro ego, especialmente cuando la versión «real» y la versión «deseada» no coinciden («las fotos de mis vacaciones en París parecen perfectas, pero lo que nadie sabe es que mi marido y yo nos pasamos todos los días peleándonos y creo que me estoy planteando el divorcio»). Cuando nos esforzamos tanto para convencer a todo el mundo de lo bien que nos va o lo felices o atractivos que somos, no solo no conseguimos engañar a nadie (a menudo), sino que nos recordamos a nosotros mismos lo fracasados, infelices o poco atractivos que nos sentimos.

Para ver lo dañina que puede resultar para nuestra autoimagen esta presunción desmesurada en las redes sociales, vamos a ver el caso de Essena O'Neil, una modelo australiana de dieciocho años. Hace poco que se ha convertido en una de las caras visibles de la resistencia al culto al yo cuando anunció a sus millones de seguidores en Instagram, YouTube, Tumblr y Snapchat que iba a cerrar todos sus perfiles en las redes sociales. O'Neil les dijo a sus fans que se había pasado la mayoría de su vida siendo adicta a la visibilidad, aprobación y estatus que le proporcionaban sus seguidores, y que esta búsqueda incesante de la adoración de los demás había acabado por cobrarse un precio muy alto en su confianza en sí misma. Cuantos más contenidos publicaba, más se obsesionaba con la perfección y esto, a su vez, la hacía frustrarse cada vez más porque nunca alcanzaba este ideal: «Me pasaba horas y horas mirando a chicas perfectas en Internet, deseando poder ser ellas. Entonces, cuando me convertí en "una de ellas", seguí sin sentirme feliz, satisfecha o en paz conmigo misma».

Desde entonces, O'Neil ha lanzado un sitio web llamado Let's be Game Changers [Cambiemos las reglas del juego], donde selecciona varios recursos para desvelar lo que ella llama «la falsedad» de las redes sociales. En el momento en que estoy escribiendo esto, el sitio web de O'Neil no contiene ni una sola foto de la modelo y solo hay un pequeño párrafo sobre ella con el título «¿Yo?». A veces las personas que rompen con el culto al yo son aquellas que menos esperamos. Vamos a hablar de cómo podemos conseguirlo.

DE LA EGOLATRÍA A LA AUTOCONCIENCIA: RESISTIR ANTE EL CULTO AL YO

Puede que no te sorprenda saber, a partir de lo que has leído en el último capítulo, que la mayoría de nosotros no creemos ser narcisistas. La buena noticia es que solo un 4 % de la población cumple con los criterios de diagnóstico; la mala, que el 96 % restante puede mostrar algunos comportamientos narcisistas, al menos durante un cierto porcentaje del tiempo. Como este libro se centra en tomar la valiente decisión de enfrentarnos a la verdad sobre nosotros mismos, he incluido una evaluación en el apéndice H para ayudarte a determinar cuántos de estos comportamientos muestras. Pero, independientemente de la puntuación que saques, si quieres conseguir alejarte de la egolatría y acercarte a la autoconciencia, vale la pena examinar las tres estrategias siguientes: convertirse en informador, cultivar la humildad y practicar la autoaceptación.

En tu vida diaria, ¿cuánto tiempo y energía dedicas a centrarte en *ti*? Probablemente, más de lo que piensas. Un estudio descubrió que pasamos hasta un 60 % del tiempo en una conversación hablando de nosotros mismos; cuando estamos en las redes sociales, pasa a ser un desproporcionado 80 %. Pero nuestros unicornios son distintos. La gran mayoría de ellos, en sus conversaciones (tanto en línea como en la vida real), se centran más en los demás: en sus amigos, compañeros de trabajo, las cosas que pasan en todo el mundo... Uno apuntó, con razón, que «el mundo no gira alrededor de mí». Otro explicó que su forma de interactuar con los demás implica «sentir curiosidad por otras cosas que no sean yo mismo».

Pero ¿es siquiera posible centrarse en otras personas cuando la mayoría de las formas de redes sociales no parecen existir para otro propósito que no sea la autopromoción? Vamos a empezar con una perspectiva general. Los investigadores han descubierto que los usuarios de las redes sociales suelen clasificarse en dos categorías: un 80 % son los «minformadores», a quienes les gusta colgar mensajes que son únicamente para explicarles a los demás cómo les va la vida. El 20 % restante son «informadores», quienes tienden a publicar información no relacionada con ellos: artículos útiles, observaciones interesantes, videos graciosos... Los informadores tienden a tener más amigos y a disfrutar de interacciones más ricas y satisfactorias que los «minformadores».

Puede que no te resulte sorprendente saber que todos nuestros unicornios (excepto uno) fueran informadores. Pero cuando empecé a investigar en profundidad sobre este tema, me chocó descubrir que también pasaban *más* tiempo (casi un 20 % más) en las redes sociales que las personas que no son unicornios. Simplemente, utilizaban ese tiempo de otro modo. En vez de iniciar sesión y colgar un *selfie*, una actualización sobre sus próximas vacaciones o su último logro profesional, usaban las redes sociales como una forma de relacionarse y conectar realmente con los demás. Una unicornio, emprendedora en la cincuentena, nos dijo lo siguiente: «Las redes sociales me permiten saber cómo les va a las personas que me importan. No publico en Facebook muy a menudo, pero sí que intento compartir cosas inspiradoras, divertidas o diferentes unas cuantas veces a la semana. Si publico alguna foto, es probable que sea de un águila en un árbol o una puesta de sol. Algo bonito que pueda compartir con los demás». Como los demás unicornios, su objetivo en las redes sociales no es acumular «me gusta» sino informar, entretener e inspirar. Como explicó otro unicornio, un encargado de cuarenta y tantos años: «A veces los Kanye West del mundo necesitan la validación pública de los demás: "Sí, muy bien, eres genial". Yo, personalmente, no lo necesito».

El mensaje es claro: para intentar pasar de la egolatría a la autoconciencia, **intenta ser un *informador*;** intenta centrarte menos en ti y más en conectar y relacionarte con los demás. Durante las siguientes veinticuatro horas, te desafío a fijarte en lo mucho que hablas sobre ti y lo compares con cuánto te centras en los demás, tanto en línea como en la vida real. Cuando te tiente un tema de conversación o una publicación en Internet de tipo «minformador», pregúntate lo siguiente: «¿Qué intento conseguir con esto?». Te aviso de que al principio no te será fácil. He estado aplicando esta técnica desde que empecé a trabajar en este libro y me ha sorprendido lo mucho que tira la costumbre de centrarse en uno mismo. Este método me ha revelado un montón de comportamientos de los que no era consciente hasta ahora. Desde entonces he hecho un esfuerzo para cambiar mi forma de mostrarme ante los demás, especialmente en Internet. Si pruebas este ejercicio durante unos cuantos días, apuesto a que descubrirás algo que te sorprenderá.

Aun así, centrarnos en los demás no nos ayudará, en sí mismo, a luchar contra el culto al yo. También necesitamos tener una visión más realista de nuestras propias cualidades. En otras palabras, tenemos que **cultivar nuestra humildad**. Como implica apreciar nuestras debilidades y poner nuestros triunfos en perspectiva, la humildad es un ingrediente clave de la autoconciencia.

Cuando era una niña pequeña, Angela Ahrendts soñaba con ser diseñadora de moda. Se pasaba horas y horas mirando las maravillosas fotos de las revistas de su madre y cosiéndose su propia ropa. Cuando entró en la universidad, ese lugar donde sus sueños de la infancia iban a convertirse en realidad, empezó a preguntarse por qué los demás estudiantes de diseño de moda parecían tener mucho más talento que ella. Un día, un profesor la llevó aparte y le dio un consejo que, aunque bienintencionado, seguramente le dolió escuchar.

—¿Sabes cómo se llaman las personas que saben hablar de moda pero no son capaces de crearla?

—A ese tipo de personas —le dijo ese profesor a Angela— las llamamos vendedoras de ropa.

Seguramente no iría desencaminada si dijera que la mayoría de los estudiantes ambiciosos, tras oír que, simplemente, no están a la altura de poder cumplir sus sueños, se dejarían llevar por un remolino de autoengaño: «¿Y qué va a saber mi profesor?», le diríamos a cualquier persona que nos quisiera escuchar. «Siempre me ha tenido manía». Pero no fue el caso de Ahrendts. Al haberse criado en una familia de seis hijos de New Palestine, Indiana, siempre le habían transmitido los valores del trabajo duro y la humildad. Como resultado, ya contaba con la autoconciencia suficiente como para advertir que su profesor le estaba dando un buen consejo.

Y decidió aprovecharlo. Se hizo vendedora de ropa. Para 2006, Ahrendts se había convertido en directora ejecutiva de Burberry. Transformó el diseño y la presencia, tanto físicos como en línea, de la marca de lujo, y consiguió dirigir un cambio radical espectacular en medio de una recesión mundial. En todo este proceso acumuló una ingente cantidad de honores: en cinco años apareció cuatro veces en la lista de «Mujeres más poderosas» de *Forbes*, se la incluyó en la lista de «Empresarios del año» de *Fortune* y recibió el premio al Liderazgo ejemplar de Oracle, para citar algunos ejemplos.

Pero presumir de todos estos logros no va con el estilo de Ahrendts. Y cuando Tim Cook, director ejecutivo de Apple, la entrevistó para el puesto de vicepresidenta sénior de las tiendas físicas y en línea de Apple, Angela remarcó que no era ni una gurú de la informática ni alguien con experiencia en el mundo de la electrónica de consumo. Aun así, Cook sabía que no necesitaba un genio de la informática ni un experto en ADE para darle la vuelta a las tiendas de Apple, que estaban pasando por una mala racha. Lo que buscaba era alguien que supiera trabajar en equipo; un líder altruista que pudiera inspirar y motivar a su equipo.

Así que, ¿qué hizo Angela Ahrendts los primeros meses que entró en su nuevo puesto? En una situación donde un líder más engreído podría haber intentado causar sensación con una visión agresiva, que podría haber sido o no la decisión correcta para la empresa, Ahrendts se embarcó en un recorrido por más de cien tiendas, centros de llamadas y oficinas internas con un solo objetivo: escuchar. Su paso siguiente fue empezar a enviar mensajes personales semanales a los sesenta mil empleados de sus tiendas, y no con el objetivo de hablarles de ella misma o de sus planes para esa parte de la empresa, sino para conseguir motivarlos para que se implicaran más en las decisiones que influían en su mundo. Ahrendts hizo que sus empleados se vieran a sí mismos como «ejecutivos... que llegan a los clientes con los productos que [Apple] crea tras años de dedicación».

Su sorprendente falta de ego y estilo de liderazgo inclusivo han confundido a algunas personas de la prensa, lo que llevó a Jennifer Reingold a preguntar en un artículo de la revista *Fortune*: «¿Qué narices hace Angela Ahrendts en Apple?». Pero los resultados hablan por sí mismos. Económicamente, 2015 fue el mejor año en toda la historia de la empresa, con unos ingresos que aumentaron en un 28 % hasta los 234.000 millones de dólares; la retención de los empleados se disparó hasta el 81 %, la mayor proporción que jamás había tenido Apple. Ah, y ahora Angela es una de las empleadas mejor pagadas en una de las empresas más emblemáticas y de más peso del planeta, con un plan de compensación anual valorado en más de veinticinco millones de dólares.

No cabe ninguna duda de que las personas humildes como Angela Ahrendts tienen, de forma objetiva, más éxito, en parte porque su enfoque centrado en los demás las hace ser más respetadas y queridas. Porque se esfuerzan muchísimo y no dan nada por sentado. Porque son capaces de admitir que no tienen todas las respuestas. Porque están dispuestas a aprender de los demás en vez de aferrarse con tozudez a sus propios puntos de vista. El resultado es que las personas en equipos con dirigentes humildes están más implicadas, más satisfechas con sus trabajos y tienen menos probabilidad de marcharse. Esto es especialmente cierto en el caso de los dirigentes sénior, donde el narcisismo es especialmente peligroso si no son capaces de aprender a dominarlo.

Aun así, la virtud de la humildad es a menudo la excepción en vez de la regla en nuestra sociedad del culto al yo, tanto en el mundo empresarial como fuera de él. Yo veo tres motivos que nos han llevado a este triste estado actual de las cosas. En primer lugar, la gente a menudo confunde la humildad con un bajo valor como persona y, por lo tanto, esta etiqueta suele parecer poco deseable, aunque la realidad sea completamente opuesta: como la humildad implica apreciar nuestras debilidades y poner nuestros triunfos en perspectiva, es un ingrediente clave de la autoconciencia. El segundo motivo por el que hay tanta escasez de humildad es que, para ganarla, debemos domar la bestia endiablada que hay en el epicentro del culto al yo: nuestro ego. Finalmente, la humildad implica aceptar un cierto grado de imperfección, y la mayoría de las personas de tipo A, enfocadas hacia la consecución de objetivos, pocas veces se conceden permiso para hacerlo. (Para evaluar rápidamente tu nivel de humildad, échale un vistazo al apéndice I).

Pero ¿ser humilde implica que debemos odiarnos a nosotros mismos por nuestros fallos inevitables? ¿O que tenemos que machacarnos constantemente con nuestras debilidades para evitar que se nos suba el orgullo a la cabeza? Por suerte, la alternativa a una autoestima sin límites no tiene por qué ser el odio hacia uno mismo sino la *autoaceptación*, nuestro tercer método para luchar contra el culto al yo. Mientras que la autoestima implica pensar que eres alguien maravilloso independientemente de la realidad objetiva, la autoaceptación (que algunos investigadores también denominan «compasión por uno mismo») implica **comprender nuestra realidad objetiva y decidir querernos igualmente**. Así que, en vez de intentar ser perfectas o engañarse creyendo serlo, las personas que se aceptan a sí mismas comprenden sus propias imperfecciones y se perdonan por ellas.

Resulta alentador saber que la autoaceptación ofrece todas las ventajas atribuidas a la autoestima pero a un coste mucho más bajo. Aunque ambas cosas son indicadores idénticos de felicidad y optimismo, solo las personas con una alta autoaceptación tienen una visión positiva de sí mismas que no depende de una validación externa (es decir, no necesitan elogios excesivos, cientos de «me gusta» en Facebook ni medallas de oro metafóricas para sentirse bien consigo mismas y con sus propias aportaciones).

Y la autoaceptación no es solo una buena idea sobre el papel: sus beneficios para nuestro éxito y bienestar son muy reales. En un estudio, Kristin Kneff y sus colaboradores pidieron a varios estudiantes a punto de entrar en el mercado laboral que participaran en una entrevista ficticia para un puesto «que qui[si]eran tener con todas sus fuerzas». Cuando el entrevistador les pidió a los estudiantes que describieran sus mayores debilidades, aquellos con una alta autoaceptación indicaron sentirse mucho menos nerviosos y acomplejados después: si hubiera sido una entrevista real, seguramente habrían tenido un resultado mucho más positivo que los demás.

Así que, ¿cómo podemos aumentar nuestra autoaceptación? Un paso que podemos hacer es **controlar mejor nuestro monólogo interior.** El psicólogo organizacional Steven Rogelberg y sus colaboradores mostraron lo útil que puede ser un discurso interior de autoaceptación en un estudio de ejecutivos sénior que asistieron a un programa de liderazgo de una semana de duración. Al final de la semana, cada participante escribió una carta a su yo del futuro sobre las lecciones que habían aprendido y los cambios que querían hacer. Los investigadores clasificaron cada carta como de autoaceptación (ellos las denominaban «constructivas») o de autocrítica. Los ejecutivos que emplearon un lenguaje de autoaceptación fueron más eficaces y estaban menos estresados que los más autocríticos (y además, cosa que resulta fascinante, los líderes autocríticos también resultaron ser menos creativos).

Volveremos a esta idea en el siguiente capítulo cuando hablemos de cómo identificar y detener la rumiación, pero por ahora, y especialmente si te sientes mal contigo mismo (culpable, atemorizado, triste, incapaz de seguir adelante), fíjate en si eres autocrítico («¡Otra vez se me ha olvidado ponerme la alarma! ¿Se puede saber qué narices me pasa? ¿Por qué no puedo hacer ni las cosas más básicas, como llegar a tiempo a los sitios?») o si te aceptas a ti mismo («Bueno, he cometido un error, pero soy humano y estas cosas pasan»). Una pregunta útil que puedes hacerte es: «¿Le diría lo que acabo de decirme a mí mismo a otra persona a la que quiero y respeto?».*

Tomar la decisión de aceptarnos a nosotros mismos con humildad y compasión requiere mucha valentía. Como explica uno de nuestros

---

* Si te interesa aprender más formas de aumentar tu autoaceptación, te animo encarecidamente a que visites el sitio web de Kristin Kneff: http://self-compassion.org/category/exercises/.

unicornios, un arquitecto que ahora es director global de tecnología en una empresa: «El problema no es ser consciente de quién eres, sino amar a la persona que descubres ser». ¿Puede ser un proceso incómodo? Sí, a veces. Pero a menudo la incomodidad indica que estás avanzando. Otro unicornio, un gestor de *marketing* a mitad de su carrera profesional para una empresa de productos de consumo, lo explicó del modo siguiente: «Cuanta más autoconciencia quieras ganar, más empatía y misericordia tendrás que aprender a tener contigo mismo».

Hay pocos ejemplos mejores de humildad y autoaceptación que el discurso de despedida del unicornio George Washington, que puede considerarse uno de los discursos presidenciales más admirados de la historia moderna. Mientras se está despidiendo del país que ha ayudado a construir a finales de su vida, advierte que «no tengo constancia de haber cometido errores intencionadamente, pero aun así, soy tan consciente de mis propios defectos que no puedo evitar pensar que probablemente he cometido muchos». Después pasa a pedirles a los ciudadanos de Estados Unidos que muestren con él la misma misericordia que él tiene consigo mismo: «También me dejo llevar por la esperanza de que mi país no dejará de ver estos errores con tolerancia y que... las faltas derivadas de mi incompetencia puedan quedar relegadas al olvido, del mismo modo que yo pronto pasaré a las mansiones del descanso».

Hemos explorado los obstáculos a menudo invisibles del autodescubrimiento, tanto los puntos ciegos que nos impiden vernos a nosotros mismos con claridad como las fuerzas sociales que alimentan a la bestia del autoengaño. Ahora ya podemos empezar a aprender cómo mejorarlo. Y, como estás a punto de descubrir, esto implica abandonar muchas de las nociones preexistentes que hay sobre lo que realmente significa ser autoconsciente. Así que, en el capítulo siguiente, desmentiremos algunas de las ideas equivocadas y errores comunes que hay sobre la autoconciencia interna y qué otros caminos debemos seguir.

Segunda parte

◆

Autoconciencia interna:

Mitos y verdades

5

PENSAR NO ES SABER

Los cuatro disparates de la introspección

*¿Por qué no observar nuestros propios pensamientos con
calma y paciencia, y examinar y ver en profundidad lo
que estas apariencias de nuestro interior son en realidad?*

—PLATÓN

Eran alrededor de las once de una noche de martes. Atrincherada en mi oscura oficina, iluminada solo por el resplandor de la pantalla de mi ordenador, examinaba un conjunto de datos recién analizados. Decir que me sentía perpleja sería quedarse corto. Unas cuantas semanas antes, mi equipo y yo habíamos llevado a cabo un estudio que examinaba la relación entre la autorreflexión y los resultados como la felicidad, el estrés o la satisfacción laboral. Yo estaba segura de que los resultados no supondrían ninguna sorpresa. Estaba claro que las personas que dedicaban tiempo y energía a examinarse a sí mismas tendrían una comprensión más clara de sí mismas.

Pero, para mi absoluta estupefacción, nuestros datos contaban una historia completamente distinta. (De hecho, la primera vez que los vi pensé que habíamos hecho mal los análisis). Los resultados revelaban que las personas con una mayor puntuación en autorreflexión se sentían *más* estresadas, deprimidas y ansiosas, estaban menos satisfechas con sus trabajos y relaciones, se centraban más en sí mismas y creían tener menos control sobre sus vidas. Y, encima, estas consecuencias negativas aumentaban *cuanto más reflexionaban*. ¿Pero qué narices estaba pasando?

Aunque en aquel momento yo no lo sabía, acababa de toparme con uno de los mitos más sorprendentes sobre la autoconciencia; uno que los investigadores estaban empezando a comprender justo entonces. Unos cuantos años antes, cuando el psicólogo de *coaching* de la Universidad de Sídney Anthony Grant estaba examinando el mismo fenómeno, descubrió que las personas que poseen un mayor autoconocimiento (lo que él define como una comprensión intuitiva de nosotros mismos) disfrutan de relaciones más fuertes, una percepción más clara de su sentido y mayor bienestar, autoaceptación y felicidad. Otros estudios similares han mostrado que las personas que se conocen bien sienten tener más control sobre sus vidas, muestran un crecimiento personal más drástico, disfrutan de mejores relaciones con los demás y se sienten más tranquilas y satisfechas. Hasta aquí bien, ¿no?

Pero Grant también descubrió que no hay ninguna relación entre la introspección y el autoconocimiento. El acto de **pensar sobre nosotros mismos no estaba relacionado con el hecho de *conocernos* a nosotros mismos**. De hecho, en unos cuantos casos, descubrió que precisamente son cosas opuestas: cuanto más tiempo dedicaban a la introspección, los participantes mostraban tener *menos* conocimiento sobre sí mismos (sí, has leído bien). En otras palabras, podemos dedicar todo el tiempo que queramos a la autorreflexión y acabar con el mismo conocimiento sobre nosotros mismos que teníamos al principio.

Esta capacidad de analizarse a uno mismo es exclusivamente humana. Aunque los chimpancés, delfines, elefantes e incluso las palomas puedan reconocer sus imágenes en un espejo, los seres humanos son la única especie con capacidad para la **introspección**, es decir, la capacidad de **examinar de forma consciente nuestros pensamientos, sentimientos, motivos y comportamientos.**[*] Durante miles de

---

[*] Utilizo la palabra «introspección» de forma sinónima a «autorreflexión» o «autoanálisis».

años se ha considerado que la introspección es una actividad bene-
ficiosa y que no lleva a error. En el siglo XVII, por ejemplo, el filósofo
René Descartes defendió que el único conocimiento de valor es el
que emerge de examinarnos a nosotros mismos. A principios del siglo
XX, el psicólogo pionero Wilhelm Wundt hizo de la introspección el
componente central de su investigación sobre la percepción y la conciencia. Y en un ejemplo más moderno, aunque menos científico, una
galleta de la fortuna de comida para llevar me aconsejó hace poco:
«Dirige tus pensamientos hacia adentro. Encuéntrate a ti mismo».

Dejando a un lado la sabiduría de las galletas de la fortuna, podría
decirse que la introspección es seguramente el camino más aclamado
de forma universal hacia la autoconciencia o, al menos, hacia la autoconciencia interna, que es en la que nos centramos en este capítulo.
Al fin y al cabo, ¿qué mejor forma hay de aumentar nuestro conocimiento sobre nosotros mismos que mirar hacia adentro, sumergién-
donos profundamente en nuestras experiencias y emociones para
entender por qué somos como somos? Puede que estemos intentando
comprender nuestros sentimientos («¿Por qué me he llevado tal disgusto con la reunión?»), cuestionar nuestras creencias («¿Realmente
creo lo que pienso que creo?»), decidir nuestro futuro («¿Qué carrera
me hará realmente feliz?») o intentar explicar un patrón o resultado
negativos («¿Por qué me machaco tanto por cualquier error tonto?»).

Pero los resultados de mi estudio, junto con los de Grant y otros,
muestran claramente que este tipo de autorreflexión no nos ayuda a
ser más conscientes de quiénes somos. Y cuando decidí meterme de
cabeza en la literatura científica sobre la introspección, vi que lo que
había descubierto era solo la punta del iceberg. Un estudio, por ejemplo, examinaba cómo sobrellevaban y se adaptaban los hombres que
acababan de perder a su pareja por el sida. Aquellos que se sumergían
en la introspección (por ejemplo, reflexionando sobre cómo enfocar
su vida sin su pareja) estaban más animados en el mes siguiente a la
pérdida, pero estaban más deprimidos un año después. Otro estudio de más de catorce mil estudiantes universitarios demostró que

la introspección estaba asociada con un menor bienestar. Y otros estudios sugieren que las personas que se autoanalizan tienden a tener más ansiedad, menos experiencias sociales positivas y actitudes más negativas sobre sí mismas.

Para ayudarnos a entender el porqué, vamos a conocer a Karen, una agente inmobiliaria de treinta y siete años. A pesar de tener una carrera de éxito, Karen ha pasado por dificultades en su vida personal. Cuando solo tenía diecinueve años, se enamoró de un músico con el que se casó solo dos semanas más tarde. Pero tan solo un breve año después de contraer matrimonio, su marido la abandonó sin previo aviso. Finalmente, Karen volvió a casarse, esta vez con otro agente inmobiliario al que había conocido en el trabajo. Y aunque su segundo matrimonio duró más que el primero, también terminó en divorcio, con lo que Karen se quedó preguntándose en qué podría haberse equivocado.

Al examinar en profundidad su vida, vuelve una y otra vez a lo que cree ser el trauma central de su infancia: con solo una semana de edad, sus padres biológicos la dieron en adopción. Aunque adora a sus padres adoptivos, Karen nunca ha llegado a superar esos sentimientos de abandono. ¿Por qué, se pregunta una y otra vez, la dejaron atrás sus padres? Tras dedicar innumerables horas a la reflexión, Karen ha llegado a la conclusión de que todos sus problemas actuales, tanto en sus relaciones como en el resto de su vida, provienen de este rechazo de sus padres biológicos. Con esta perla de conocimiento en su poder, Karen llega a la conclusión de que sus problemas de relación con los demás son un producto de su historia personal y que, por lo tanto, son inevitables.

Del mismo modo que Karen, la mayoría de las personas cree que las respuestas a nuestros misterios interiores están escondidas en las profundidades de nuestro ser y que nuestro trabajo es descubrirlas, ya sea por nosotros mismos o con la ayuda de un terapeuta o de un ser querido. Aun así, como ha revelado mi investigación, **la idea de que la introspección lleva a la autoconciencia es un mito**. La verdad es que puede oscurecer y confundir nuestra percepción de nosotros mismos, desencadenando una miríada de consecuencias involuntarias. No cabe ninguna duda de que Karen abordó su ejercicio de introspección con el sincero objetivo de comprenderse mejor a sí misma. Pero, sin advertirlo, el proceso pasó a ser, como lo define Timothy Wilson, otro investigador de la autoconciencia, «contraproducente». Preguntarse constantemente por qué sus padres biológicos la abandonaron es una pregunta errónea: no solo es una distracción, sino que hace aflorar emociones improductivas, que la entristecen y que no la ayudarán a seguir adelante de una forma saludable.

La introspección también puede llevarnos a la falsa seguridad de que hemos identificado el problema real, como pasó en el caso de Karen. Pero, según el erudito budista Tirthang Tulku, no siempre podemos creer lo que vemos cuando miramos en nuestro interior. Nuestra «creencia en esta imagen», advierte, «nos aleja de las cualidades reales de nuestra naturaleza... [y] evita que nos veamos a nosotros mismos con claridad». Lo describe con una analogía muy adecuada: cuando somos introspectivos, nuestra respuesta es similar a la de un gato hambriento que observa a los ratones. En otras palabras, nos lanzaremos encima de cualquier «autodescubrimiento» que percibamos sin plantearnos su validez o valor. Y aunque puede que *sintamos* que es un conocimiento útil, es poco probable que por sí mismo nos ayude a mejorar nuestra autoconciencia interna.

Si eres alguien que valora la introspección (quizá eres un terapeuta o te encanta salir a caminar y sumergirte en tus reflexiones, o si simplemente te enorgulleces de estar en contacto contigo mismo), puede que estos descubrimientos te resulten preocupantes. Pero no desesperemos. **Resulta que el problema con la introspección no es que sea categóricamente ineficaz, sino que mucha gente la aborda de una forma completamente equivocada.** En este capítulo voy a desmentir los cuatro mitos (o sinsentidos) más importantes de esta práctica. Además, explicaré por qué cada uno de ellos no funciona como creemos y por qué enfocar la introspección de una forma algo distinta puede llevar a un conocimiento mucho más profundo de quiénes somos.

Sinsentido número 1: El mito del sótano cerrado a cal y canto (o por qué no podemos excavar en nuestro subconsciente)

Betty Draper entra en la consulta de su psicoanalista, se quita la bufanda y el abrigo y se deja caer con cuidado en un diván de cuero negro. Sin mediar palabra, el psicoanalista se hunde en un sillón detrás de ella, cuaderno en mano. Betty suspira profundamente, se detiene unos instantes y empieza a reflexionar sobre cómo se siente respecto al inminente día de Acción de Gracias y lo estresante que le resulta. Convenientemente fuera del campo de visión de Betty, el terapeuta mira fijamente a su cuaderno sin interrumpirla, excepto por algún que otro «ajá» durante su soliloquio.

«Esto me ha ayudado», afirma Betty con confianza cuando terminan. Pero ¿ha sido realmente así? Esta escena, ambientada en 1961, es de la primera temporada del programa de televisión *Mad Men*. Betty busca en el psicoanálisis una forma de tratar su constante ansiedad. Aun así, tras varios meses de tratamiento, no ve ninguna mejora y su marido, Don, empieza a impacientarse ante la falta de progreso de Betty. El terapeuta lo tranquiliza, diciéndole que es un proceso y que tiene que confiar en él.

El padre del psicoanálisis, Sigmund Freud, posiblemente le habría dicho a Don Draper lo mismo. La base de su famosa teoría, que desarrolló en 1896 y practicó durante los restantes cuarenta años de su carrera profesional, era la idea de que existe una parte oculta de la psique humana acechando bajo nuestra conciencia; una parte que reprime astutamente información importante sobre nosotros. El trabajo del psicoanalista era explorar esa parte, a veces dolorosa, mediante un análisis profundo y concentrado, que a menudo podía llevar años. (En el caso de Betty Draper, puede que hubiera quedado confinada al diván de su terapeuta durante la siguiente década si no hubiera descubierto que este le contaba todas sus conversaciones a su marido, una línea ética que no podía cruzarse ni siquiera en aquellos tiempos). Y como estás a punto de ver, estés o no en terapia, el enfoque psicoanalítico de Freud creó lo que podría decirse que es el mito más creído y extendido de la autoconciencia interna.

Aunque las teorías de Freud fueron recibidas en su gran mayoría con respeto y reverencia durante el siglo xx, el siglo xxi no ha sido tan amable. El psicólogo Todd Dufresne, por ejemplo, no se anduvo con rodeos al hablar sobre Freud cuando concluyó que «no ha habido otra figura histórica tan espectacularmente equivocada sobre casi todas las cosas importantes que tenía por decir». Se ha criticado con razón a Freud por no probar científicamente su enfoque y algunos incluso han llegado a acusarle de comportamientos poco éticos, como falsificar los historiales de pacientes para que encajaran mejor en sus teorías. Muchos sostienen que, en el mejor de los casos, sus métodos eran inefectivos, y que puede que hayan hecho que la salud mental de algunos de sus pacientes empeorara. Tomemos por ejemplo el famoso caso del «hombre de los lobos», Sergius Pankejeff, a quien Freud supuestamente curó de su profunda ansiedad y depresión. Por desgracia, Pankejeff no compartía la idea de Freud de que se había restablecido, por lo que se sometió al psicoanálisis durante sesenta años más y cualificó de «catastrófico» el impacto del psicoanalista en su vida.

Y aunque gran parte de la obra de Freud ha quedado muy desacreditada, su influencia continuada en nuestras ideas sobre la introspección no puede subestimarse. La mayoría de las personas siguen creyendo en la promesa, ya desmentida, de que podemos llegar a un conocimiento desconocido sobre nosotros mediante una excavación psicológica profunda, ya sea a través de la terapia o de cualquier otro enfoque al autoanálisis.* Aunque Freud identificó correctamente la existencia del subconsciente, se equivocó garrafalmente al deducir su funcionamiento. Más concretamente, aunque Freud creía que era posible acceder a nuestros pensamientos, motivos, sentimientos y

---

* A decir verdad, el psicoanálisis ha evolucionado y muchos enfoques del siglo xxi se centran en darles a los clientes una visión más integral de sí mismos en vez de centrarse en abrir esa puerta al sótano. En realidad, esto se parece al enfoque de la historia de tu vida que veremos en el capítulo 6.

comportamientos subconscientes mediante el psicoanálisis, los estudios han demostrado inequívocamente que *no* podemos descubrirlos, independientemente de lo mucho que lo intentemos. Es como si nuestro subconsciente estuviera atrapado en un sótano, con una puerta cerrada a cal y canto, y Freud creyera haber encontrado la llave. Pero los científicos de hoy en día han demostrado que, en realidad, *no existe* ninguna llave (algo parecido a la idea de que «no hay cuchara» de *Matrix*). **Dicho de otro modo, nuestro subconsciente es más parecido a una caja fuerte sellada que una puerta con candados.**

Pero si las técnicas de Freud no llevan al autodescubrimiento, ¿no supone esto una crítica a todos los intentos de excavar en nuestro subconsciente (y, en especial, de la terapia) como forma de conocernos a nosotros mismos?* Está claro que la terapia sirve para muchos objetivos empíricamente demostrados, como ayudar a los matrimonios y a las familias a conocerse mejor y tratar desórdenes como la depresión o la ansiedad. Pero hay pruebas que deberían llevarnos a pensarlo dos veces antes de creer que este tratamiento siempre supone una mejora del autodescubrimiento. En primer lugar, el efecto placebo podría suponer casi la mitad de la eficacia de la terapia; es decir, que solo *pensar* que es útil es en parte lo que hace que sea útil. Y lo que es más, como indica la psicóloga terapeuta Jennifer Lyke, el indicador más importante del éxito no es la técnica que use el terapeuta, sino la relación que establezca con el cliente. Aun así, el hecho de que algunas personas, incluidas un 20 % de nuestros unicornios, se hayan sometido a terapia con éxito como una forma de llegar al autodescubrimiento significa que no debemos descartarla por completo.

Así que la pregunta aquí seguramente no sea «¿La terapia funciona?» sino más bien: «¿Cómo podemos enfocar la terapia para

---

* Nota importante: Cuando hablo de «terapia», no incluyo la práctica del *coaching* ejecutivo y de liderazgo, que está más relacionado con el enfoque centrado en las soluciones que veremos en el capítulo 6.

maximizar nuestro conocimiento de nosotros mismos?».* Porque *sí* que puede ser útil: hasta cierto punto, en ciertas circunstancias y especialmente si la abordamos de una forma inteligente y reconocemos sus posibles limitaciones.

El primer imperativo es **elegir el enfoque adecuado**, uno que se centre menos en el proceso de introspección y más en el resultado del autodescubrimiento (es decir, cada uno de los siete pilares, como nuestros valores, reacciones, patrones...). «El peligro de demasiada introspección en la terapia», afirma la doctora Lara Fielding, una psicóloga clínica de Los Ángeles, «es que nos enredamos con una historia que no nos permite avanzar». Dicho de otro modo, en vez de darle vueltas a lo rotos que estamos, deberíamos centrarnos en qué podemos aprender y cómo avanzar. Uno de estos enfoques es la terapia cognitivo-conductual, o TCC. Fielding, que está especializada en la TCC, explica que el objetivo es usar una «autorreflexión hábil» para descubrir nuestros patrones de comportamiento y pensamiento contraproducentes para que podamos tomar mejores decisiones en un futuro. En el caso de Karen, por ejemplo, este enfoque puede que la ayude a reconocer el trauma residual de su adopción y a centrarse más bien en no aferrarse a él con tanta fuerza, en cambiar los patrones de comportamiento que no le están siendo útiles y en avanzar con entendimiento y dirección.

Otro consejo es **adoptar una mentalidad flexible**, que se puede aplicar tanto dentro como fuera de las paredes de la consulta de un terapeuta. Una mentalidad flexible implica estar abierto a diversas verdades y explicaciones en vez de buscar, como hizo Freud a menudo, una causa raíz para explicar un amplio rango de sentimientos y comportamientos. Esto a menudo implica liberarse del deseo de lo que el psicólogo turco Omer Simsek denomina *la necesidad de una verdad absoluta*. Sin lugar a dudas, una motivación común para la

---

* También parto de la base de que lo que buscas es tratamiento para los problemas cotidianos y el autodescubrimiento en general, no para un problema más significativo como el maltrato, la depresión, la ansiedad y similares.

introspección (o incluso para comprar un libro como este) es resolver el misterio de quién somos, de una vez por todas.

Aun así, de forma paradójica, una búsqueda de este tipo de certeza rígida e inequívoca sobre nosotros mismos es enemiga de la autoconciencia interna. ¿Y por qué? Porque nos ciega a los matices que pueda haber en nuestra forma de pensar, sentir, comportarnos e interactuar con el mundo que nos rodea. Simsek observa que esto «puede obstaculizar la búsqueda o la creación de puntos de vista alternativos a los problemas que experimentamos [y, por lo tanto,] puede socavar la utilidad de la autorreflexión». La búsqueda de la verdad absoluta no solo hace que nos conozcamos menos, sino que puede implicar consecuencias inesperadas como la depresión, la ansiedad y la rumiación (temas que volveremos a ver en breve). Y al contrario de lo que cabría esperar, mis estudios muestran que, cuando las personas autoconscientes se liberan de esta necesidad, se vuelven todavía más autoconscientes, se sometan o no a terapia. (Para ver un diagnóstico rápido de tu necesidad de una verdad absoluta, consulta el apéndice J).

Así que, ¿qué papel tiene la terapia en la autoconciencia interna? Probablemente lo mejor es considerarla una herramienta para buscar una nueva perspectiva y ayudarnos a explorar por nosotros mismos. Como explicó un unicornio, el valor que tiene el terapeuta es que «pone un espejo delante de nuestros pensamientos, sentimientos y comportamientos». De una forma más amplia, la introspección debería ser un proceso de exploración abierta y curiosa en vez de una búsqueda de respuestas definitivas. Kelsey, una profesora de ciencias de secundaria y una unicornio a la que conoceremos más adelante, compara la búsqueda del autoconocimiento con la exploración espacial: «Sabemos poquísimo de lo que hay ahí, pero precisamente eso es lo que lo hace tan emocionante». En resumen: es prácticamente imposible encontrar la causa concreta de cualquier cosa en este mundo tan complicado y mucho menos de nuestros complejos pensamientos, emociones y comportamientos, pero liberarnos de esta necesidad nos ayuda a preparar el terreno para la autoconciencia.

Sinsentido número 2: ¿Por qué no preguntamos por qué?

Piensa en tu película, libro o serie favoritos. Si te pidieran que explicaras por qué te gustan, ¿qué dirías? Al principio puede que te costara articularlo. «Pues no sé... es que *El gran Gatsby* es un libro muy, muy bueno, tal cual». Pero, tras pensártelo mucho, es probable que se te ocurran unos cuantos motivos. «Los personajes son interesantes. La prosa de Fitzgerald es directa e inteligente. Y Long Island siempre me ha gustado». Si te preguntara lo seguro que estás de estos motivos, posiblemente me dirías que bastante. Pero lo más probable es que estuvieras tan equivocado como seguro. Aunque muchos de nosotros pensemos que tenemos una autoridad creíble sobre nuestros pensamientos, sentimientos y comportamiento, una enorme cantidad de pruebas demuestran que a menudo estamos notablemente equivocados.

En un estudio que resulta tan divertido como revelador, un par de profesores de la Escuela de negocios de Harvard mostraron a varios estudiantes universitarios masculinos distintos números de una revista deportiva. En cada uno variaba la cantidad de deportes que se trataban, la cantidad de reportajes especiales y el tema del número (que era o bien una clasificación de los mejores diez atletas o fotografías de mujeres en bañador). Para la mitad de los participantes, el número con las mujeres en bañador cubría más deportes y, para el resto, contenía más reportajes especiales. Entonces los investigadores preguntaron a sus entusiasmados sujetos qué revista preferían y les pidieron que clasificaran los criterios utilizados para tomar la decisión (por ejemplo, el número de deportes, la cantidad de reportajes...). En lo que yo clasifico como «resultados que no sorprenden a nadie», los estudiantes prefirieron el número de los bañadores por mayoría aplastante.

Pero cuando se les pidió por qué, pasó algo interesante: empezaron a exagerar la importancia del resto de atributos de la revista, fueran los que fueran, para justificar su preferencia (claramente hormonal). Si el número con los bañadores contenía más deportes, indicaban que ese era el motivo por el que lo preferían; y lo mismo pasaba cuando era el número con más artículos especializados. Y no vayamos a pensar que la tendencia de racionalizar nuestra preferencia es graciosa pero inofensiva: los resultados de los experimentos han sido similares en situaciones importantes, como la tendencia a contratar preferentemente a hombres en vez de mujeres para los trabajos que se consideran típicamente masculinos.

Pero cuando se trata de preferir una revista con chicas en bañador o a un hombre por encima de una mujer, ¿no es posible que *seamos conscientes* del motivo real de nuestro comportamiento pero que, simplemente, no queramos admitirlo ante los demás? Para encontrar la respuesta acudiremos a uno de los estudios más famosos en psicología. Incluso aunque ya hayas leído algo al respecto, resulta instructivo para mostrar que no tenemos ni idea de por qué nos comportamos del modo en que nos comportamos. En los años 70, los psicólogos Donald Dutton y Arthur Aron llevaron a cabo un ingenioso estudio en el parque regional del río Capilano en Vancouver, Canadá. Los sujetos eran turistas que acababan de cruzar uno de dos puentes. El primero era un puente robusto y que no inspiraba especial miedo. El segundo era un puente colgante a más de setenta metros del suelo. Imagínate cómo te sentirías si tuvieras que cruzar por aquí:

Dutton y Aron contrataron a una mujer atractiva para que se situara al final de los puentes e invitara a los hombres que pasaran por ahí a contestar una encuesta. Después del cuestionario, la mujer les daba su número de teléfono por si querían «hablar más sobre el tema». Lo que los investigadores querían saber en realidad era cuántos hombres llamarían al teléfono para pedirle una cita a la mujer después del estudio. La idea era que aquellos que cruzaran por el puente colgante experimentarían un subidón de adrenalina y lo atribuirían a la mujer, con lo que sería más probable que la llamaran. Y eso fue exactamente lo que pasó. En comparación con solo un 12 % de los que cruzaron por el puente firme, un 50 % de los hombres del puente colgante acabó por llamar a la chica.

Pero cuando Dutton y Aron les preguntaron *por qué* la habían llamado, ¿crees que alguien dijo: «Pues porque cruzar por el puente colgante que no paraba de moverse me llevó a un estado de excitación autonómica pero, en vez de atribuir la causa de mi subida de ritmo cardiaco, la sequedad de mi boca y el sudor en mis manos al miedo a despeñarme, lo atribuí erróneamente a la mujer que vi al final del puente»? Pues claro que no. Los comentarios fueron más en la línea de «La llamé porque me pareció guapa». Claramente, la mujer tenía el mismo aspecto en ambas condiciones, así que esa no puede ser la respuesta. Lo que es más probable es que fuera la explicación más razonable y lógica que les pasó por la cabeza, así que simplemente respondieron así sin pensarlo dos veces. Como dijo Benjamin Franklin en una ocasión: «Qué cómodo es ser una criatura dotada de razón, puesto que nos permite encontrar o buscar un motivo para todo lo que nos apetece hacer».

La conclusión es que cuando **preguntamos por qué**, es decir, cuando **examinamos los motivos tras nuestros pensamientos, sentimientos y comportamientos**, a menudo buscamos la respuesta más fácil y plausible. Pero, tristemente, en cuanto encontramos una, normalmente dejamos de buscar, a pesar de no tener ninguna forma de saber si nuestra respuesta es correcta o no. A veces esto es el resultado de algo denominado «sesgo de confirmación», que puede llevarnos a inventarnos motivos que confirmen nuestras creencias existentes: como nuestras respuestas reflejan el modo en el que nos vemos a nosotros mismos, las aceptamos como ciertas. Si me considero una aficionada a la literatura, diré que la vibrante prosa de Fitzgerald es el motivo por el que me encanta *El gran Gatsby*; si creo ser una perspicaz estudiosa de la psique humana, quizá cite la complejidad de sus personajes. Esto es solo un ejemplo de cómo preguntar el «porqué» puede enturbiar nuestro conocimiento a la vez que nos proporciona una sensación de confianza excesiva en nuestro recién adquirido «conocimiento».

Preguntarse el porqué también puede hacer que nuestras mentes perezosas nos engañen. Imagina que te pido una lista de las razones por las que tu relación con tu pareja va como va. Y vamos a decir que ayer por la noche, tu cónyuge se quedó tomando algo con los de la oficina y se le pasó la hora, con lo que tú te quedaste sin nadie para ayudarte a cocinar para tus aburridos suegros, que venían a cenar. Debido a lo que se denomina como «el efecto reciente», puede que este fuera tu pensamiento más destacado sobre tu relación, así que cuando te pregunto por qué tu relación con tu pareja va como va, tu mente te redirigirá, erróneamente, a la primera explicación posible («Porque él no pasa suficiente tiempo en casa y me deja sola apechugando con sus padres»), incluso aunque eso no haya pasado casi nunca y sea muy inusual en él. Del mismo modo, si en vez de dejarte a solas con tus suegros, tu cónyuge (que, pongamos por caso, normalmente no te presta atención casi nunca) te hubiera sorprendido con una escapada de fin de semana, puede que tu mente te engañara para hacerte creer que tu relación va mucho mejor de lo que en realidad va.

Preguntarnos el porqué también puede reducir la calidad de nuestras decisiones. En un estudio, los investigadores pidieron a varias personas que se autodenominaban expertas en baloncesto que intentaran adivinar los resultados de los partidos de básquet del campeonato nacional. A la mitad se les pidió que analizaran el porqué de sus predicciones antes de hacerlas; a la otra mitad simplemente se les pidió que dieran sus predicciones. Sorprendentemente, aquellos a los que se les preguntó el porqué predijeron muchos menos ganadores que aquellos a los que no: en cuanto se pusieron a darles demasiadas vueltas a las cosas, su experiencia se esfumó. Otros estudios han mostrado que preguntarnos el porqué reduce nuestra satisfacción con las decisiones que tomamos.

Un último motivo por el que preguntar por qué resulta contraproducente es el impacto negativo que tiene sobre nuestra salud mental en general. En un estudio, después de que unos estudiantes universitarios británicos suspendieran lo que, al parecer, era una prueba de inteligencia, se les pidió que escribieran *por qué* creían que había pasado eso. En comparación con un grupo de control, estuvieron más deprimidos inmediatamente después e incluso doce horas después. En este caso, preguntarles a los participantes el porqué los llevó a obsesionarse con sus problemas y echarse la culpa a sí mismos en vez de superarlo de una forma saludable y productiva.

Así que, si preguntar por qué no nos ayuda a comprender mejor nuestros pensamientos y emociones reales, ¿por qué motivo *deberíamos* hacerlo? Un estudio de los psicólogos J. Gregory Hixon y William Swann ofrece una respuesta sorprendentemente sencilla. Tras decir a un grupo de estudiantes universitarios que dos examinadores iban a evaluar su personalidad a partir de una prueba de «sociabilidad, simpatía e interés suscitado» que habían hecho anteriormente en el semestre, los investigadores pidieron a los estudiantes que juzgaran la precisión de sus resultados (que fueron, en realidad, exactamente los mismos para todo el mundo: un examinador dio una evaluación positiva y el otro, negativa). Antes de que pudieran responder, a algunos participantes se les dio tiempo para que pensaran *por qué* eran el tipo de persona que eran y a otros se les pidió que pensaran en *qué* tipo de persona eran.

Resultó que a los estudiantes a los que se les preguntó «por qué» se resistieron ante la evaluación negativa: en vez de aceptarla o incluso llegar a plantearse su veracidad, se dedicaron a «racionalizarla, justificarla y explicar por qué no era cierta». Por otro lado, a los estudiantes a los que se les preguntó «qué» se mostraron más receptivos a la misma información y a la noción de que los podría ayudar a conocerse mejor a sí mismos. La lección aquí es que preguntar «qué» nos hace seguir abiertos a descubrir información nueva sobre nosotros mismos, aunque sea información negativa o que contradice nuestras creencias existentes. Preguntar «por qué» tiene el efecto básicamente opuesto.

A partir de todo esto, tiene sentido que nuestros unicornios afirmen que a menudo se preguntan «qué» y pocas veces «por qué». De hecho, cuando analizamos las transcripciones de las entrevistas, las palabras «por qué» aparecieron menos de ciento cincuenta veces, ¡pero la palabra «qué» apareció más de mil veces! Una unicornio, una madre de cuarenta y dos años que valientemente decidió dejar su trabajo como abogada cuando finalmente advirtió que su carrera profesional no le proporcionaba ninguna satisfacción, lo explicó bien:

> Si buscas el porqué, entras en una mentalidad de víctima. Así es como acabas pasándote la vida en la consulta del psicólogo. Cuando no siento paz, lo que yo me pregunto es «¿Qué pasa?», «¿Qué siento?», «¿Qué es este diálogo mental?», «¿Qué otras formas de ver esta situación pueden haber?» o «¿Qué puedo hacer para reaccionar mejor?».

Así que, en la autoconciencia interna, una simple herramienta que puede tener un impacto bastante drástico es la que yo denomino **Qué, no por qué**. Vamos a ver un ejemplo práctico. Hace poco estaba hablando con Dan, un buen amigo mío. Tras dirigir su propia empresa durante muchos años, ahora Dan vive la buena vida: gana un montón de dinero, vive en una casa enorme y trabaja unas pocas horas a la semana desde casa (si no es que está de viaje por lugares exóticos). Por ese motivo me sorprendió cuando me dijo:

—Me siento muy infeliz. Creo que tengo que vender mi empresa, pero tampoco sé qué otra cosa quiero hacer.

Aproveché la oportunidad al vuelo: la científica que hay en mí se frotó las manos y le pregunté a Dan si podía practicar mi nueva herramienta con él. Aceptó. Cuando le pregunté por qué quería cambiar lo que estaba haciendo, Dan soltó un suspiro enorme de desesperación y empezó a acribillarme con una lista de todos sus defectos como persona:

—Me aburro con demasiada facilidad. Me he vuelto un cínico. Y no sé si lo que estoy haciendo marca alguna diferencia en el mundo.

La pregunta con «por qué» tuvo el efecto predicho: no solo no llevó a ninguna conclusión útil, sino que lo único que hizo fue dejar a Dan más confundido que antes de intentar averiguar por qué la magia de su trabajo se había esfumado. Así que rápidamente rectifiqué el rumbo:

—¿*Qué* no te gusta de lo que estás haciendo?

Dan se detuvo un momento a pensar.

—Pues no me gusta sentarme delante del ordenador y dirigir a distancia una empresa. Y ya no quiero ni hablar de las zonas horarias. Me siento agotado y desconectado.

—Vale, lo que me dices es útil —repuse—. ¿Qué *sí* te gusta?

Sin dudarlo ni un momento, Dan replicó al instante.

—Hablar. Me encanta hablar.

Me contó que, cuando se ponía delante de cualquier público, sabía que podía causar un efecto inmediato. Yo conocía bien la sensación y vi instantáneamente una chispa en sus ojos. Advertir esto hizo que Dan inmediatamente se centrara más y tuviera las ideas más claras; empezó a pensar en si podría adaptar su papel actual en su empresa para poder dedicar más tiempo a compartir su mensaje.

Le podría haber preguntado a Dan preguntas con «por qué» durante horas y seguramente habríamos terminado la conversación sabiendo exactamente lo mismo que sabíamos al empezar y, probablemente, mucho peor anímicamente. Pero menos de cinco minutos de preguntas con «qué» sacaron a relucir descubrimientos significativos y una posible solución a su problema. La experiencia de Dan resulta muy ilustrativa: las preguntas con «por qué» nos arrastran hacia nuestras limitaciones; las preguntas con «qué» nos ayudan a ver nuestro potencial. Las preguntas con «por qué» despiertan emociones negativas; las preguntas con «qué», nuestra curiosidad. Las preguntas con «por qué» nos atrapan en el pasado; las preguntas con «qué» nos ayudan a crear un futuro mejor.

Efectivamente, **pasar del *por qué* al *qué* puede suponer la diferencia entre el victimismo y el crecimiento.** Cuando Paul, ejecutivo, unicornio y activista de la asociación de vecinos que hemos conocido anteriormente, volvió a Estados Unidos después de un tiempo en Alemania, decidió comprar una pequeña empresa de fabricación de objetos de cerámica. A pesar de su maquinaria algo anticuada, su análisis previo le sugirió que la empresa podía tener éxito: había conseguido capear el temporal durante la recesión y contaba con un equipo de empleados con experiencia. Pero nada más empezar, los trabajadores de Paul se mostraron reacios a las mejoras que empezó a implantar y comenzaron a crear retrasos que dañaron todavía más la delicada economía de la empresa. Paul descubrió rápidamente que había sido demasiado optimista tanto con sus presupuestos como con sus reservas de efectivo.

En este punto, el empresario se sintió tentado de tomar el peligroso camino del «por qué». ¿Por qué no había podido darle la vuelta a la situación? ¿Por qué no lo había hecho mejor con sus proyecciones financieras? ¿Por qué no le hacían caso sus empleados? Pero sabía que estas preguntas no eran productivas. Así que, en vez de todo esto, decidió preguntarse a sí mismo: «Y ahora, ¿qué?». Paul exploró las tres opciones que tenía, todas igual de desagradables: podía invertir y perder todos sus ahorros, pedir un préstamo enorme o cerrar la empresa. Decidió cerrar la empresa. Y en este punto fue donde se volvió a preguntar «qué». «¿Qué necesito para cerrar la empresa? ¿Qué puedo hacer para minimizar el impacto en mis clientes? ¿Qué tengo que hacer para sacarle el máximo partido al negocio?».

Armado con esta información, Paul trazó un plan y empezó a seguirlo. Como supo mantener la cabeza fría, fue capaz de encontrar formas creativas de hacer el bien a los demás a medida que iba cerrando el negocio. Por ejemplo, cuando le quedaron más artículos de cerámica inacabados que compradores, ofreció el inventario a talleres donde los asistentes podían pintar sus propios objetos; como es de suponer, su oferta fue más que bienvenida. Hizo lo mismo con la maquinaria, donándola a escuelas y organizaciones sin ánimo de lucro. Paul convirtió lo que podría haber sido una situación terremoto en una oportunidad de demostrar de qué pasta estaba hecho.

Además de ayudarnos a sacar mejores conclusiones de nuestros problemas, la herramienta del «Qué, no por qué» nos ayuda a comprender y gestionar mejor nuestras emociones. El filósofo del siglo XVII Benedicto Espinosa observó que «una emoción, que es una pasión, deja de ser pasión tan pronto como nos formamos una idea clara y distintiva de ella. [La emoción] pasa a estar más bajo control, y la mente es menos pasiva respecto a ella».

Imagínate que un día estás de un humor de perros tras el trabajo. Ahora ya sabes que preguntarte «¿Por qué me siento así?» debería ir acompañado de una señal de alarma. Es posible que las respuestas que saques de la situación sean poco útiles, como «Pues porque odio los lunes» o «Pues porque soy una persona negativa». ¿Qué pasaría si, en vez de eso, te preguntaras «¿Qué siento ahora mismo?»? Quizá te darías cuenta de que vienes sobresaturado del trabajo, exhausto y con hambre. En vez de reaccionar ciegamente a esos sentimientos, decides respirar hondo, hacerte la cena, llamar a un amigo para que te dé algún consejo para gestionar el estrés del trabajo e irte pronto a la cama.

Preguntar «qué» en vez de «por qué» nos lleva a *ponerles nombre a nuestras emociones*, un proceso cuya efectividad ha quedado demostrada por una gran cantidad de estudios. Las pruebas indican que el simple acto de traducir nuestras emociones a las palabras, en vez de limitarnos a sentirlas, puede hacer que nuestra mente no active la amígdala, el puesto de mando que nos hace reaccionar huyendo o luchando, y esto, a su vez, nos ayuda a estar bajo control. Si parece una solución demasiado sencilla como para ser verdad, prueba a nombrar los sentimientos que experimentas durante una semana y fíjate en qué pasa.

Aun así, tras decir todo esto, puede que la noción de preguntar «qué» en vez de «por qué» todavía sea un poco difícil de digerir para algunas personas, especialmente si han estudiado administración de empresas o han tenido formación en técnicas como el análisis de causa raíz. En su libro *Empresas que caen*, el autor de libros de negocios Jim Collins incluso llega a afirmar que cuando las empresas le dan demasiadas vueltas a «qué» son y no entienden «por qué» han llegado a ese punto, se arriesgan a desaparecer para siempre. Esto destaca una importante excepción a la regla: cuando nos enfrentemos a desafíos empresariales o intentemos resolver problemas en nuestro equipo u organización, preguntar «por qué» es de vital importancia. Por ejemplo, si un empleado mete la pata en un proyecto importante de un cliente, no investigar por qué ha pasado implica que te arriesgas a que el problema se repita. O, si un nuevo producto falla, tienes que buscar el motivo para asegurarte de que los siguientes productos que hagas serán mejores. Una buena norma general es que **las preguntas «por qué» son normalmente mejores para entender nuestro entorno y las preguntas «qué» suelen ser mejores para ayudarnos a entendernos a nosotros mismos.**

Sinsentido número 3: Escribir un diario

Charley Kempthorne lleva más de cincuenta años escribiendo su diario. Cada mañana, antes de que salga el sol, este profesor convertido en pintor escribe cuidadosamente al menos mil palabras reflexionando sobre su pasado, sus creencias, su familia e incluso sus defectos. (Su arraigado hábito de escribir a mano desapareció en los 80, cuando compró impulsivamente una máquina de escribir electrónica en el supermercado). Los prolíficos frutos de su labor se guardan en un impresionante almacén en Manhattan, Kansas, donde sus diez millones de palabras se imprimen, encuadernan y guardan.

Este proyecto, según Kempthorne afirma, es un fin en sí mismo: «Me ayuda a entender mi vida... o quizá simplemente me hace sentirme mejor y empezar el día de mejor humor», acaba conjeturando. Pero es posible que Kempthorne (y el resto de los adictos a escribir en sus diarios) queden decepcionados al saber que su continuado ejercicio de escritura no ha mejorado realmente su autoconciencia.

Ahora mismo seguramente estarás convencido de que he perdido la chaveta por completo. «¡Todo el mundo sabe que escribir en un diario es una de las formas más eficaces de estar en contacto con nuestro yo interior!», quizá exclamarás para tus adentros. Aun así, cada vez más estudios sugieren que la introspección a través de escribir en un diario tiene algunas trampas sorprendentes que pueden acabar por extirpar de la experiencia todo descubrimiento sobre uno mismo. Mis propios estudios, por ejemplo, demuestran que las personas que escriben periódicamente en un diario no suelen tener más autoconciencia interna (o externa) que aquellos que no, con una pequeña e importante excepción que abordaré en breve. En otro estudio, los estudiantes que indicaron que escribían regularmente en sus diarios mostraron *más* autorreflexión pero *menos* autodescubrimiento. Y, encima, manifestaron tener más ansiedad.

Pero, aun así, un 35 % de nuestros unicornios indicaron que escribían un diario. ¿Qué sentido pueden tener estos descubrimientos tan peculiares (y aparentemente contradictorios)? **La resolución no está en preguntarnos si llevar un diario es *una buena idea,* sino en cómo *hacerlo bien.***

El programa de investigación que llevó a cabo durante décadas el psicólogo James Pennebaker sobre lo que él denomina *escritura expresiva* nos pone sobre la pista para poder encontrar la respuesta. Esta forma de expresión implica escribir, durante unos veinte o treinta minutos cada vez, «nuestros pensamientos y sentimientos más profundos sobre asuntos que han tenido un gran efecto sobre [nuestras] vidas». En los más de treinta años que lleva Pennebaker dirigiendo a personas en este ejercicio, ha descubierto que esto supone una ayuda para prácticamente cualquier persona que se haya enfrentado a un desafío significativo. Incluso aunque a las personas les resulte doloroso a corto plazo escribir sobre sus dificultades, casi todos ven mejoras a largo plazo en su estado de ánimo y bienestar.

Pennebaker y sus compañeros han demostrado que las personas que utilizan la escritura expresiva tienen mejor memoria, notas medias más altas, menos absentismo laboral y encuentran empleo más rápidamente tras perder un puesto de trabajo. Se ha demostrado que la escritura expresiva ha mejorado el rendimiento deportivo de jugadores de tenis federados. Y, de forma fascinante, los efectos físicos pueden ser tan drásticos como los psicológicos. En un estudio, los estudiantes universitarios que hicieron el ejercicio de Pennebaker durante solo cuatro días gozaron de un sistema inmunológico más resistente y realizaron menos visitas al médico que un grupo de control durante casi los dos meses siguientes.

De forma intuitiva, uno puede pensar que cuanto más estudiemos los sucesos positivos en las entradas de nuestros diarios, más beneficios psicológicos obtendremos a partir de la experiencia. Pero esto también es un mito. En un estudio, los participantes escribieron sobre uno de sus momentos más felices durante ocho minutos al día durante tres días. A algunos se les pidió que analizaran exhaustivamente el recuerdo y a otros se les pidió que simplemente intentaran revivirlo. Los que hicieron el análisis mostraron menos crecimiento personal, autoaceptación y bienestar que aquellos que lo revivieron. Pero ¿por qué? Como observó didácticamente G. K. Chesterton: «La felicidad es un misterio como la religión, y nunca debería racionalizarse»; es decir que, si examinamos los momentos positivos demasiado de cerca, acabaremos por extirparles toda la alegría. En vez de eso, si nos centramos simplemente en revivir nuestros recuerdos felices, evitar esta trampa es relativamente fácil. Por lo tanto, lo primero con lo que tenemos que quedarnos al buscar el autodescubrimiento llevando un diario es **explorar lo negativo y no darle demasiadas vueltas a lo positivo**.

Cuando exploramos nuestros momentos negativos a través de la escritura expresiva, normalmente le sacaremos el máximo provecho cuando la consideremos como una oportunidad para aprender y crecer. Pennebaker advierte que las personas que llevan un diario y que «les dan vueltas y vueltas a las mismas cosas de la misma manera no mejoran de ningún modo. Tiene que haber un crecimiento, un cambio o un cierre en el modo en que ven sus experiencias». El señor Kempthorne, por ejemplo, fue evolucionando inteligentemente en su forma de escribir. Sus primeras y «pomposas» entradas (como las definió él mismo) se centraban demasiado intensamente en la introspección; ahora, dice él, escribe «escenas narrativas cortas», lo que le ayuda a entender mejor sus experiencias y sentimientos. Las personas que le sacan más provecho a la escritura expresiva empiezan con percepciones incongruentes y desorganizadas de sus problemas y terminan con una narrativa coherente y significativa (volveremos a esta idea en el capítulo siguiente).* En ese aspecto, escribir un diario es parecido a la terapia: si se usa como un método de exploración, de encararnos en un espejo, puede ayudarnos a entender el pasado y el presente, y a avanzar de forma más productiva en el futuro.

Otra trampa en la que pueden caer presas las personas que llevan un diario es hacerlo únicamente como una forma de volcar sus emociones. De forma interesante, la infinidad de beneficios de la escritura expresiva solo emergen cuando escribimos sobre los hechos reales y las emociones de los sucesos que describimos: ninguna de las dos cosas, independientemente, es capaz de ayudarnos a lograr un mayor autodescubrimiento. Si lo miramos de una forma lógica, tiene sentido: si no exploramos nuestras emociones, no estaremos procesando completamente la experiencia; si no exploramos los hechos,

---

* Y cuando el escritor usa palabras más causales y relacionadas con el autodescubrimiento como «deducir», «razonar», «comprender» y «advertir que» al buscar el sentido a las situaciones negativas, las ventajas de llevar un diario aumentan de forma exponencial.

nos arriesgamos a dejarnos engullir por una espiral improductiva. El autodescubrimiento real solo sucede cuando **procesamos tanto nuestros pensamientos como nuestros sentimientos**.

Pero también tenemos que evitar convertir nuestro diario en un ejercicio de egolatría. Recordemos que nuestros unicornios dedicaron más tiempo (tanto en las redes sociales como en las interacciones cara a cara) a otros temas que no fueran ellos mismos. Lo mismo puede aplicarse a la hora de llevar un diario. Antes he mencionado que tanto las personas que escribían regularmente un diario como las que no lo hacían eran igual de autoconscientes en todas las áreas excepto en una: aunque muchos creen que escribir un diario puede ser una oportunidad para explorar sus procesos interiores, las personas realmente autoconscientes saben que también puede ayudarles a comprender su efecto sobre los demás. Y, por lo tanto, los unicornios que llevaban un diario nos dijeron que a menudo exploraban las perspectivas de otras personas en sus entradas. Una mujer nos contó una ocasión en la que tuvo una conversación difícil que acabó con su amiga llorando por motivos que ella no fue capaz de entender. Se esperó un poco y, cuando se vio preparada, escribió la conversación desde el punto de vista de su amiga. El ejercicio le abrió los ojos al momento y la ayudó a comprender la reacción de la otra, además de darle una perspectiva más objetiva sobre su propia forma de actuar.

Lo último que deberíamos tener en mente sobre llevar un diario seguramente será una buena noticia para todo el mundo excepto para el señor Kempthorne. Para asegurarnos de sacarle el máximo partido a la experiencia, probablemente lo mejor será **no escribir cada día**. Es cierto: Pennebaker y sus colaboradores han demostrado que escribir de vez en cuando es mejor que escribir muchos días seguidos. «Ni siquiera estoy del todo convencido de que sea buena idea escribir sobre una situación horrible durante más de un par de semanas. Te arriesgas a entrar en un círculo vicioso de mirarte el ombligo o sumirte en la autocompasión. Pero parar de vez en cuando y evaluar dónde estás en la vida es muy importante», afirma Pennebaker. Y, efectivamente, pocos unicornios dijeron que escribían cada día en sus diarios. Jeff, el arquitecto convertido en emprendedor que te presenté hace unos capítulos, nos explicó que solo escribe en su diario cuando tiene que tomar una decisión complicada. Como los demás unicornios, utiliza este proceso más bien para encontrarle sentido a su vida a un nivel amplio, no como una forma de excavación psicológica diaria.

Por supuesto, si eres un escritor prolífico, puede que llevar un diario correctamente implique que tengas que contenerte un poco. Pero, con algo de autodisciplina, podrás ganar el hábito de escribir menos y aprender más. Si ahora mismo escribes cada día en tu diario, intenta empezar limitándote a escribir un día sí y un día no; después, cada tres días y, finalmente, a una vez a la semana. Márcate los días en los que escribirás en el calendario y ten a mano unos cuantos Post-it para ir apuntando los temas de los que querrás hablar en tu entrada en el diario.

Sinsentido número 4: El gemelo malvado de la introspección

Aunque el diagnóstico de cáncer ovárico de grado 3 cuando solo tenía veintiocho años fue una de las peores experiencias en la vida de Marcia Donziger, una de las mejores cosas fue el enorme amor y cariño que le mostraron su familia y amigos mientras se recuperaba de la cirugía y la quimioterapia. Y aunque Marcia estaba agradecidísima por todo el respaldo que recibió, descubrió que todo ese amor y esa atención tenían un lado negativo. Marcia se sentía presionada para darles las gracias personalmente a todas esas personas por su amabilidad, y sentía la obligación de mantenerlas a todas al día. Acababa agotada, llamada tras llamada, repitiendo lo mismo una y otra vez cuando, en realidad, lo único que quería hacer era descansar. Afortunadamente, Marcia acabó por recuperarse completamente. Pero nunca olvidó las inesperadas cargas a las que se tuvo que enfrentar para mantener informados a sus seres queridos.

Unos cuantos años más tarde, una amiga de Marcia a la que también le diagnosticaron cáncer creó un sitio web sencillo pero efectivo para comunicarse con amigos y familia. Al ver esto, Marcia empezó a darle vueltas a una idea. ¿Qué pasaría si cada paciente con cáncer tuviera acceso a un servicio gratis y personalizado para publicar actualizaciones, recibir mensajes, consultar recursos y organizar su tratamiento, todo desde un mismo sitio? No solo sería una muy buena forma de reunir a amigos y familiares de los pacientes, sino que estos tendrían más energía y tiempo para curarse.

Decidió convertir su idea en realidad y fundó la organización sin ánimo de lucro MyLifeLine.org, que hoy en día puede presumir de contar con cientos de miles de usuarios registrados. Marcia descubrió rápidamente que conseguir que una organización sin ánimo de lucro fuera viable requiere dedicarse muchísimo a la recaudación de fondos, a menudo a través de discursos ante posibles donantes. Por suerte, a ella siempre se le había dado muy bien hablar sobre su causa, tan profundamente personal. Pero entonces llegó una calurosa tarde de primavera en la que tenía que dar una charla para la recaudación de fondos anual en el Derby de Kentucky para MyLifeLine.org. El año pasado, su discurso había hecho que el público se levantara y le dedicara una estruendosa ovación. Pero ese día Marcia se sentía descolocada, no sabía exactamente por qué; la migraña que la atormentaba tampoco era de demasiada ayuda. Cuando se plantó en el estrado, observando a las cuatrocientas personas que la miraban expectantes mientras sorbían su julepe de menta, notó que se le secaba la boca y que la mente se le quedaba en blanco.

Y si piensas que ahora llega el momento de la historia en el que te digo que fueron solo imaginaciones suyas y que su discurso fue en realidad un éxito tremendo, te equivocas. La charla fue casi un desastre absoluto: habló atropelladamente, no le salían las palabras y, en un momento dado, se le olvidó por completo lo que estaba diciendo. Cuando finalmente terminó, el escaso y educado aplauso que recibió fue como si la hubieran abucheado. Y después, hablando con los invitados, nadie hizo la menor mención de su discurso. (El año anterior, casi todo el mundo la había felicitado). El alma se le cayó a los pies: sabía que le había fallado a la organización.

Esa noche a Marcia se le saltaban las lágrimas al contarle a su familia lo que había pasado. Las semanas siguientes siguió obsesionada por su humillación en público. Cada mañana se levantaba completamente avergonzada, repitiendo mentalmente una y otra vez la charla y la reacción incómoda del público. Aunque su novio no paraba de asegurarle que no había sido tan terrible, Marcia prosiguió con su inacabable autoflagelación.

John Milton dijo en una ocasión que la mente «puede hacer del infierno un cielo y del cielo un infierno». Estoy segura de que tú también te has encontrado, en algún momento, encallado en este tipo de bucle inacabable de autoexamen; a casi todos nos pasa. Puede que no dejemos de repetir mentalmente una conversación, nos culpemos constantemente por algo que hayamos (o no hayamos) hecho o nos obsesionemos por intentar entender por qué no somos como queremos ser. «¿Cómo puedo haber hecho tanto el ridículo delante de tantas personas?», «¿Por qué sigo en esta relación tan terrible?», «¿Por qué no puedo parar de comer estas malditas galletas y acabar de perder esos kilitos que he ganado en Navidad?». Y como cualquier persona que se haya quedado encallada en este ciclo bien sabrá, no nos hacemos estas preguntas una o dos veces, o incluso tres. No, las repetimos de forma incesante hasta el punto de no poder pensar en casi nada más.

Esta fijación obsesiva en nuestros miedos, defectos e inseguridades tiene un nombre: se llama *rumiación* y es el **gemelo malvado de la introspección.**[*] Como seguramente habrás adivinado, además de ser un infierno mental, también es una enorme barrera para el autodescubrimiento. Y como Marcia experimentó ella misma, en cuanto caemos en este hondo agujero es muy difícil salir de él. ¡A veces

---

[*] Por cierto, muchos investigadores creen que la rumiación es distinta a la preocupación; normalmente, la rumiación se centra en eventos pasados o presentes, mientras que la preocupación se basa en nuestros miedos sobre el futuro.

incluso llegamos al punto de rumiar sobre el hecho de que no podemos parar de rumiar!

Creo que este terrible personaje está encerrado en lo profundo de cada uno de nosotros. El Rumiante está listo para aparecer al instante, hacernos dudar de nuestras decisiones y recordarnos dónde hemos fallado. A veces, cuando esta criatura escurridiza y astuta nos empuja para sumirnos en su espiral malvada, somos completamente conscientes de lo que está pasando, aunque nos sentimos incapaces de evitarlo. Pero en otras ocasiones, y de un modo mucho más peligroso, el Rumiante nos hace creer que estamos reflexionando sobre nosotros mismos de forma productiva. Al fin y al cabo, ¿por qué otro motivo íbamos a someternos a semejante tortura mental si no fuera para conocernos más profundamente? En el caso de Marcia, por ejemplo, podría haber sido fácil creer que su rumiación servía para un propósito útil. En cuanto entendiera dónde se había equivocado, la siguiente vez podría hacerlo mejor, ¿no? A veces oigo que la gente usa la palabra «rumiar» como sinónimo de «reflexionar» (por ejemplo: «Qué pregunta más interesante; déjame rumiarla unos días antes de darte una respuesta»). Este es el motivo por el que la rumiación es el sinsentido más artero: no solo evita eficazmente el autodescubrimiento, sino que consigue ponerse la máscara de reflexión productiva.[*] **Y, en lo referente a la autoconciencia, si la introspección es contraproducente, la rumiación acaba por ser devastadora.**

---

[*] Cuando nos sumimos en una autorreflexión «normal», se activa una parte de nuestra mente que se denomina el modo «por defecto». Pero el investigador de Stanford J. Paul Hamilton descubrió recientemente que, cuando rumiamos, también se activa otra área de nuestro cerebro que, entre otras cosas, está implicada en el proceso de la tristeza: el córtex prefrontal subgenual. El hecho de que ambas regiones estén activadas cuando rumiamos nos ayuda a explicar por qué la rumiación a menudo puede disfrazarse de introspección y cómo bloquea la capacidad de nuestra mente para llegar al autodescubrimiento. Aunque pueda parecer un remedio chapucero, cuando veas que empiezas a rumiar, puedes decirte a ti mismo: «Anda, ¡ahí está mi córtex prefrontal subgenual poniéndome triste y evitando que pueda conocerme mejor a mí mismo!».

En este punto puede que empieces a identificarte cada vez más con las descripciones de este comportamiento. Todos lo hacemos, aunque unos más que otros (y, por cierto, puedes hacerte una idea de cuánto rumias con la evaluación del apéndice K). Aunque podemos rumiar sobre casi cualquier cosa, los estudios han demostrado que cuando lo hacemos más es cuando tenemos la sensación de que no estamos a la altura en un área que es especialmente importante para nosotros. Una persona con un deseo enfermizo de agradar a los demás puede rumiar sobre haber hecho enfadar a un amigo cercano; un adicto al trabajo puede rumiar sobre una evaluación de rendimiento negativa; una madre abnegada puede rumiar después de que su arisco adolescente le suelte que es la peor madre del mundo.

Pero sea una cosa «normal» o no, es posible que la rumiación te esté costando mucho más de lo que crees. Mis propios estudios han demostrado que los rumiadores frecuentes están menos satisfechos con sus vidas y relaciones, sienten menos control sobre su destino y, en general, se sienten menos felices. Otros estudios han mostrado que la rumiación provoca incapacidad para solucionar problemas, malas notas, peores estados de ánimo y una calidad del sueño inferior.

Y en lo tocante a nuestra salud mental, la rumiación puede ser un círculo vicioso y desesperanzador. Por ejemplo, las personas que sufren depresión tienen más tendencia a encallarse en patrones de pensamiento de rumiación, lo que las lleva a centrarse más en su depresión y, como resultado, a sentirse incluso peor. Al rumiar también se está más estresado y ansioso, incluso aunque no se sufra de depresión. En uno de los mayores estudios sobre el estrés que se han hecho hasta la fecha, una encuesta de más de treinta y dos mil personas de 172 países reveló que, aunque el número y la severidad de los eventos negativos en las vidas de las personas fueran el mayor predictor de problemas de salud mental, sus niveles de rumiación también eran un factor significativo en la cantidad de estrés y ansiedad que sufrían.

Antes hemos visto que la introspección puede ser un obstáculo para el autoconocimiento. En este caso, la rumiación sería como un muro de quince metros. Cuando rumiamos, dedicamos tanta energía centrándonos en lo terribles que somos que no nos queda energía mental para explorar los pilares del autodescubrimiento. Como dijo uno de nuestros unicornios: «Si dedicamos demasiado tiempo a examinar a fondo lo que se ve por el retrovisor, acabaremos estampándonos contra una farola». Por eso las investigaciones demuestran que, a pesar de procesar sus sentimientos de una forma incesante, los rumiantes son *menos* precisos a la hora de identificar sus emociones: sus mentes se centran con tanta precisión en un incidente, una reacción o una debilidad personal que acaban por no ser capaces de ver las cosas en conjunto.

Otro motivo por el que la rumiación es un enemigo del autodescubrimiento es que es, efectivamente, una estrategia de evitación. Puede parecer raro, dado que este proceso implica obsesionarnos sin cesar con nuestros problemas. Pero, en realidad, cuando nos obsesionamos con las causas y el significado que puede haber tras eventos negativos, mantenemos a cierta distancia las emociones que vienen con ellas, que a menudo pueden resultarnos más dolorosas que el acto de rumiar. De hecho, se ha encontrado una correlación entre la rumiación y otras estrategias de evitación como darse a la bebida. En un estudio de personas que acababan de terminar un programa de rehabilitación para alcohólicos, los rumiantes tenían un 70 % de posibilidades más que los demás de volver a caer en sus niveles de adicción anteriores. También se ha demostrado que los rumiantes evitan a esas personas y situaciones que los hacen rumiar en vez de abordarlas directamente.

Por todos estos motivos, la rumiación daña nuestra capacidad de conocer con exactitud a nuestro yo interior. Pero aunque este proceso es principalmente un fenómeno interior, también puede acabar por dañar nuestra autoconciencia *externa*. Para empezar, los rumiantes están tan ocupados fustigándose a sí mismos que terminan por olvidarse de pensar en cómo puede que los perciban los demás. Generalmente ignoran o evitan cualquier valoración externa, no vaya a ser que los lance de nuevo a la espiral autodestructiva. Por lo tanto, no solo tienden a tener una perspectiva muy pobre, sino que son más narcisistas y ególatras que las personas que no rumian.

Tras ver todo esto, resulta tentador pensar que los unicornios de la autoconciencia están felizmente liberados de las malvadas garras de la rumiación. Al fin y al cabo, ¿acaso no son unicornios? Pero aunque rumian mucho menos que los demás, no son inmunes a esta aflicción: solo un 7 % de ellos indica que nunca ha rumiado. Pero lo que sí descubrimos en nuestros estudios es que estas personas seguían dos tácticas ligeramente diferentes.

Para empezar, a los unicornios se les daba mejor advertir si el Rumiante estaba empezando a meterse en sus mentes y, por lo tanto, podían pararle los pies a tiempo. De hecho, casi tres cuartas partes de ellos seguían estrategias específicas para deshacerse de la rumiación (que veremos en un momento). En segundo lugar, eran más tolerantes consigo mismos en lo referente a la rumiación en general. Una unicornio que había sido profesora y que se dedica a cuidar a sus cuatro hijos me explicó que «el objetivo no puede ser deshacerse completamente de la rumiación. Forma parte de la vida. Mi objetivo es identificarla lo antes posible, trazar una estrategia para deshacerme de ella y no enfadarme conmigo misma por rumiar». Otra unicornio (sí, vale, es mi hermana Abby, a la que conoceremos en el siguiente capítulo) nos dijo que «la rumiación es como una tormenta. Viene, lo deja todo perdido y, cuando termina, aparece un sol radiante. Es curioso, pero una de mis estrategias es no preocuparme de la rumiación».

Volvamos de nuevo con el discurso catastrófico de Marcia. Lo que no había mencionado anteriormente es que Marcia también es una unicornio y que esta situación fue un punto de inflexión en su recorrido hacia la autoconciencia. Mientras Marcia estaba en plena caída libre en el abismo de la rumiación, su equipo en MyLifeLine.org estaba ocupado haciendo el recuento del dinero que habían conseguido recaudar en el evento. Cuando finalmente tuvieron la cantidad exacta, la directora ejecutiva de la fundación juntó al personal en la sala de reuniones y anunció con gravedad:

—Bueno, no voy a andarme con rodeos.

Marcia tenía el alma en un puño. Se preparó mentalmente para saber exactamente, en dólares, qué precio había supuesto su tremendo error. Y, encima, delante de todo su equipo.

Pero en vez de ello, la directora anunció:

—Esta ha sido la mayor recaudación que hemos hecho jamás.

En ese momento, Marcia tuvo una revelación: mientras ella había estado obsesionándose con su discurso, todos los demás se habían olvidado de él por completo. Al fin y al cabo, tenían cosas más importantes en las que pensar. Su actuación, aunque no del todo óptima, no había impactado en el éxito del evento.

A partir del momento en que empezó a ser consciente de todo esto, Marcia aprendió a hacerse a sí misma esta pregunta cada vez que estaba a punto de dejarse llevar por la desesperación: «¿A alguien más le importa eso tanto como a mí?». Cuando la respuesta es «no», Marcia intenta despreocuparse del asunto. De hecho, **recordarnos a nosotros mismos que normalmente a los demás no les importan tanto nuestros errores como creemos** fue una de las estrategias que más citaron nuestros unicornios para enfrentarse a la rumiación.

En los 80, las psicólogas Carol Dweck y Carol Diener descubrieron por primera vez otra mentalidad que también puede ayudarnos a combatir la rumiación. Cuando Dweck y Diener observaron a niños de quinto de primaria durante un ejercicio de resolución de problemas, advirtieron que se enfrentaban a la tarea con dos mentalidades distintas. A algunos les preocupaba más su rendimiento (los llamaremos los niños con la mentalidad de «hacerlo bien») y a otros les parecía más importante aprender y mejorar (a estos los llamaremos los niños con una mentalidad de «aprenderlo bien»). Cuando hacían bien los ejercicios, todos los niños se mostraban interesados y felices. Hasta aquí, ninguna sorpresa.

Pero cuando los niños empezaban a fallar en la tarea, el comportamiento de ambos grupos mostró una diferencia abismal. Los niños que querían hacerlo bien se disgustaban y achacaban sus errores a sus defectos personales (es decir, el Rumiante se adueñaba de ellos). También tuvieron reacciones del estilo: «Esta prueba es una tontería, yo me llevo mis juguetes y me voy a casa»; por ejemplo, empezaron a presumir de otras de sus habilidades o a decirles a los investigadores que estaban aburridos. Y sabiendo lo que sabemos ahora sobre la rumiación, no resulta sorprendente que dos tercios de este grupo de niños mostraran una disminución subsecuente en sus capacidades de resolución de problemas.

Por otro lado, los niños que buscaban «aprenderlo bien» reaccionaban de una forma completamente distinta ante los errores. De hecho, ni siquiera lo consideraban un fallo. Para nada. «¡Me encantan los desafíos!», soltó alegremente uno de ellos mientras se frotaba las manos y chasqueaba la lengua (seguramente, la reacción más adorable que pueda haber). Y mientras que los niños con la mentalidad de «hacerlo bien» caían en una espiral de desprecio por sí mismos, la confianza de los niños que buscaban «aprenderlo bien» incluso mejoró. Casi todos conservaron su capacidad de resolución de problemas y muchos la aumentaron de forma significativa.

Contar con una *mentalidad de «aprenderlo bien»* (es decir, de **centrar nuestros pensamientos en aprender a partir de nuestra actuación**) no solo es una forma magnífica de detener la rumiación, también se ha demostrado que mejora el rendimiento laboral de los adultos. En un estudio, por ejemplo, esta mentalidad ayudó a los vendedores de material médico a perseverar ante los desafíos. En comparación con los vendedores que querían «hacerlo bien», los que contaban con una mentalidad de «aprenderlo bien» mostraron un rendimiento significativamente superior a lo largo de un periodo de tres meses.

Cuando las cosas van mal, ¿quieres «hacerlo bien» o «aprenderlo bien»? ¿Te dejas caer en el abismo o te levantas, te sacudes el polvo y vuelves al ataque? (Si sientes curiosidad por saberlo, he incluido una evaluación en el apéndice L para ayudarte a descubrirlo). Si eres de «hacerlo bien» y preferirías no serlo tanto, tengo buenas noticias para ti: los estudios han demostrado repetidas veces que tenemos el poder de cambiar nuestra mentalidad. Un unicornio me contó una historia maravillosa que lo demuestra. Tim, un ejecutivo de una farmacéutica muy experimentado, había contratado a un encargado de alto nivel sin investigar lo suficiente sobre el candidato. Cuando este encargado acabó fallando estrepitosamente, Tim estuvo echándose la culpa y castigándose durante días. Por suerte, la semana siguiente su familia y él (su pareja desde el instituto y sus dos hijos adultos) se embarcaron en un crucero de diez días que ya habían reservado con antelación.

Un día que amaneció perfecto, Tim se levantó antes que todos los demás y decidió salir a pasear por la cubierta. Pero incluso con la fresca brisa marina acariciándole, se encontró dándole vueltas otra vez a su error. Y justo cuando el Rumiante estaba a punto de estropearle todo el día, la mirada de Tim se posó sobre el océano y se dio cuenta de una cosa: «Incluso aunque haya cometido este error, el mundo no va a acabarse y, desde luego, he aprendido a no volver a hacer lo mismo». Entonces le vino a la mente la metáfora perfecta: «¡Tengo que lanzar esto por la borda!». Y eso fue exactamente lo que hizo. Como resultado, fue capaz de disfrutar del resto de la semana con su familia y volver al trabajo convertido en un líder más inteligente y sabio.

La tercera forma de enfrentarnos a la rumiación es, en realidad, una técnica de distracción. Aunque esta maniobra (a la que yo llamo **darle al botón de pausa**) parece ser lo último que deberíamos hacer cuando algo nos irrita de verdad, es una de las formas más sencillas que tenemos a nuestra disposición para escapar de la rumiación. En vez de repetirnos como un disco rayado nuestras dudas sobre nosotros, podemos alejarnos y hacer algo que nos despeje la mente. Los estudios demuestran que las distracciones más eficaces son aquellas que cuentan con una recompensa positiva y rápida, como limpiar, quedar con un amigo o hacer ejercicio. (Personalmente, creo que pocos episodios de rumiación pueden resistirse a un paseo en bicicleta durante uno de los espectaculares días soleados en Colorado). Y aunque no recomiendo escapar constantemente de los problemas, darle al botón de pausa nos ayuda a poder volver a abordarlos más adelante con la cabeza despejada. En cuanto conseguimos poner tierra de por medio, las dificultades dejan de ser tan preocupantes y empieza a perfilarse una solución; a veces incluso dejan de parecernos un problema.

La cuarta herramienta es el curioso y útil método de **detener los pensamientos**, que es similar al de darle al botón de pausa pero que no implica huir de forma activa; se trata de una pausa que se hace de forma interna. En un estudio, se pedía a los pacientes de un psiquiátrico que dejaran vagar sus mentes alrededor de cualquier pensamiento de rumiación que les viniera a la cabeza (algunos ejemplos reales de los pensamientos de rumiación del estudio: que se les empezaban a pudrir los dientes, que habían tocado un vómito o que no podían dejar de pensar en nalgas de mujeres; ya sabes, lo típico que nos preocupa a todos). Entonces, el terapeuta gritaba «¡*Stop!*» y hacía un ruido de repente. Por ridículo que pueda parecer, la rumiación de los pacientes se detenía de repente. Si no tienes a un terapeuta que pueda seguirte a todas partes y pegarte un grito, puede que te sea útil imaginarte una señal enorme de *Stop* o decirte «No voy a sacar nada de todo esto; ahora toca pararles los pies a estos pensamientos».

Detener tus pensamientos puede ser especialmente útil para combatir lo que yo denomino **rumiación postdecisión** (o, para abreviar, RPD). Tras haber tomado una decisión complicada, al Rumiante *le encanta* pincharnos con preguntas como «¿Estás seguro de que esta era la mejor opción?» o «¿Tienes idea del desastre que será todo si te has equivocado?». Al hacernos dudar tanto de nosotros mismos, la RPD nos puede paralizar justo cuando necesitamos seguir adelante y pasar a materializar nuestra decisión. Como resultado, es fácil ver por qué la RPD puede resultar especialmente peligrosa ante decisiones de peso como vender un negocio, cambiar de carrera profesional o poner fin a un matrimonio. Así que, cuando tengas que enfrentarte a una decisión complicada, por favor, reflexiona tanto como necesites. Plantéate los pros y los contras, evalúa las distintas situaciones que pueden darse y busca consejo. Pero, una vez la decisión esté tomada, confía en ella y avanza hacia adelante. Esto no implica que debamos ignorar las consecuencias de nuestras decisiones. Todo lo contrario; detener la RPD es lo que debemos hacer para *poder* gestionar las consecuencias sin distraernos con toda esa cháchara mental improductiva.

Para acabar, permíteme contarte una triste pero instructiva anécdota personal para presentarte la última herramienta para liberarte de la rumiación: ***darte una dosis de realidad.*** Hace tiempo yo estaba impartiendo sesiones de desarrollo del liderazgo para un cliente; se trataba de un programa de un año. Cuando ya llevábamos seis meses en el programa, enviamos una encuesta para averiguar qué les parecía la experiencia a los participantes: qué les gustaba y qué podría hacerse mejor. Los resultados fueron casi todos positivos. Pero, por suerte, no se contuvieron a la hora de decirnos qué podría mejorarse y nos llegaron muchas sugerencias productivas. Me estaban gustando bastante las respuestas hasta que leí la siguiente:

> Lo que he aprendido en este programa es la cantidad de dinero que puede ganar una consultora presentando un batiburrillo de nociones de psicología barata banales, triviales y ñoñas y algunos conceptos de sentido común poniéndoles la etiqueta de «formación de liderazgo innovadora».

Tocada y hundida, ¿no? Mi respuesta inicial fue reírme, aunque realmente no me pareció nada gracioso. Después empecé a sentirme como si me acabaran de dar un puñetazo en la boca del estómago. «¿Y si tiene razón?», empecé a preguntarme. «¿Y si todo el mundo ha estado pensando esto, pero nadie se ha atrevido a decírmelo por miedo?». Ahí fue donde me invadió el pánico absoluto. «¡¿Y si llevo siendo una incompetente todo este tiempo?!». El Rumiante se había plantado en mi mente y ahí se quedó unas cuantas semanas. No podía parar de repetir ese comentario en mi mente. Cada vez que me encontraba con un cliente o daba una charla, ahí estaba mi amigo: «Tus ideas son triviales y banales. Deja esta forma de trabajar de inmediato. ¿Puedes parar ya de quedar en ridículo constantemente?».

Tras semanas de agonía mental (y probablemente demasiado tarde), finalmente decidí llamar a una amiga que es mucho mejor consultora que yo.

—Siento mucho que alguien te haya dicho eso —empezó, tras escuchar con paciencia mi historia—. Mi primera reacción es sentir lástima por la persona que ha escrito el comentario. Eres una consultora fenomenal; me da a mí que ese comentario tiene más que ver con ella que contigo.

Yo había estado tan molesta que esa idea ni se me había pasado por la cabeza.

—Pero —prosiguió—, vamos a pensar que puede haber algo productivo en este comentario. ¿Tienes alguna prueba objetiva de que tus ideas no son originales?

(Por cierto, esta pregunta es otra forma espectacular de salir de la rumiación).

Con su pregunta, mi mentalidad pasó inmediatamente de «Mi trabajo se me da fatal» a «Pues quizá puedo aprender algo de todo esto».

—Bueno —aventuré—, no es que haya muchas cosas nuevas bajo el sol en lo referente al liderazgo y, además, no soy para nada la persona más creativa del mundo. Pero la gente me dice que uno de mis puntos fuertes es convertir ideas difusas en conceptos fáciles de aplicar y entender, no necesariamente que siempre les cuente algo sobre el liderazgo que nunca hubieran oído.

En ese momento caí en la cuenta de la obviedad que tenía delante.

—Quizá debería *decir esto* al principio de mis programas.

Y desde entonces lo he hecho siempre así.

Estoy casi segura de que la persona que escribió ese desagradable comentario no estaba intentando ayudarme, pero esta dosis de realidad de mi amiga me ayudó a aprender algo de la situación de todas formas. Casi todos nuestros unicornios nos dijeron que, cuando la rumiación los atrapa en sus garras, una de las mejores cosas que podemos hacer es pedirle una dosis de realidad a alguien de confianza. Y, cuando hacemos esto, se nos suele presentar una oportunidad tanto para la esperanza como para el aprendizaje.

Ahora ya conoces los cuatro sinsentidos de la introspección: que no hay ninguna llave para el sótano cerrado a cal y canto, que preguntarnos el porqué es tan inútil como peligroso, que llevar un diario no siempre nos ayuda a conocernos mejor y que la rumiación disfrazada de introspección nos puede hacer más daño de lo que pensamos. También acabas de aprender cómo evitar cuidadosamente las trampas que vienen con todos estos sinsentidos, además de cinco estrategias para escapar de la rumiación que puedes usar desde ya mismo: tener presente que a nadie le importan tanto nuestros errores como creemos, cultivar una mentalidad de «aprenderlo bien», darle al botón de pausa, detener nuestros pensamientos y pedir una dosis de realidad. En el siguiente capítulo descubrirás otras tres potentes herramientas, templadas a fuego, para la autoconciencia interna.

6

HERRAMIENTAS PARA LA AUTOCONCIENCIA INTERNA QUE FUNCIONAN DE VERDAD

Pocos de nosotros vivimos en el presente. O bien estamos constantemente anticipando el porvenir o recordando lo que ya ha pasado.

—LOUIS L'AMOUR

Tras salir de mi casa en Denver con Abby, mi hermana menor, y conducir tres horas en coche, finalmente bajamos por un estrecho y pedregoso camino de tierra del bosque nacional de Roosevelt hacia el Shambhala Mountain Center.

—Quiero irme a casa —refunfuñé cuando finalmente llegamos al polvoriento estacionamiento.

Abby recibió mi malhumor con una sonrisa radiante.

—Pues yo me muero de ganas —respondió, aspirando aire—. ¡Un fin de semana entero sin nada más que hacer que estar contigo y practicar *mindfulness* en las Montañas Rocosas de Colorado!

—Pero *quiero irme a casa* —repetí, esta vez gimiendo con dramatismo.

—Dios mío, Tasha —me dijo—, la gente viene de todo el mundo para meditar aquí.

—Y para visitar la Gran Estúpida.

Solté una risita ante mi chiste, ridículo y extrañamente hostil.

—La Gran *Estupa* —me corrigió—. La Gran Estupa de Dharmakaya. —Llevó la mano a la manilla de la puerta del coche—. Llevo años queriendo venir a un retiro de meditación de *mindfulness* —afirmó con solemnidad—. *No* voy a dejarte que me lo estropees.

Mientras sacábamos el equipaje de mi coche (el único que soltaba carbonilla entre todos los híbridos y Smarts embarrados que había en el aparcamiento) decidí morderme la lengua y centrarme en el ansiolítico que llevaba escondido en el bolsillo trasero.

Adoro a mi hermana, pero somos muy, muy diferentes. Abby, para ilustrarlo de algún modo, es un cálido día de verano y yo soy una ventisca hibernal. La verdad es que yo no estaba siendo negativa a propósito; simplemente me costaba superar mis agresivos estereotipos sobre la meditación y el *mindfulness* (o atención plena). Aunque estos días parece que toda América lo practica, a mí, como empedernida científica que soy, esta actividad siempre me había parecido pura «charlatanería» (o sea, con muchas promesas pero con pocas pruebas científicas).

Pero tras descubrir que un 70 % de nuestros unicornios practicaban la atención plena de una forma u otra, me vi forzada a probarlo a regañadientes. ¿Y qué mejor sitio que el Shambhala Mountain Center? Fundado por el maestro de meditación budista Chögyam Trungpa Rinpoche en 1971 y hogar de la famosa estupa de treinta metros construida en su honor es, según su sitio web: «Un refugio contemplativo... un oasis para relajarse y adentrarse en nuestra bondad básica, redescubriendo una sensación de equilibrio y apreciando lo sagrado de nuestro mundo».

Mientras Abby y yo arrastrábamos el equipaje en el largo y frío trayecto hasta el centro de registro, nos acercamos a una cuadrilla de chicas muy atractivas y atléticas enfundadas en mallas negras. Se veía de lejos que este no era su primer retiro de meditación. Nos fulminaron con la mirada a mí y a mi maleta de diseño cuando pasamos por su lado: creo que les quedó claro que en el interior de mi equipaje no iban a encontrar nada de ropa de algodón orgánico, y no andaban equivocadas. En una exhibición de perspicacia emocional completamente típica de mi hermana, diez años menor que yo, Abby se detuvo para tranquilizarme e infundirme confianza.

—Ignora a estas pavas del *mindfulness* —me dijo—. Dale una oportunidad a este fin de semana y verás que será genial. Es exactamente lo que necesitas.

—Vale, tienes razón —acabé por conceder—. Estoy un poco nerviosa. Tengo que sobreponerme.

—Va, dale veinticuatro horas —dijo, sonriendo con optimismo—. Te garantizo que te encantará.

En el último capítulo hemos visto los sinsentidos de la introspección y cómo evitarlos para aumentar nuestra autoconciencia interna. Por suerte, hay muchos enfoques sorprendentemente efectivos. Por ejemplo, los budistas llevan practicando la meditación (que ha demostrado producir grandes mejoras en la autoconciencia) durante miles de años. Y si no vives en otro planeta, seguramente habrás notado que está resurgiendo con fuerza. Pero aunque la meditación puede ser uno de los caminos más antiguos hacia la autoconciencia interna, no es el único. En este capítulo aprenderemos tres estrategias distintas y complementarias para aumentar drásticamente nuestro autoconocimiento interno. Una está diseñada para examinar quiénes somos en el *presente*; otra, para investigar en los patrones arraigados en nuestro *pasado*; finalmente, la última nos servirá para asegurarnos de cosechar los premios de examinarnos a nosotros mismos en un *futuro*. Vamos a empezar con una herramienta muy conocida que nos ayuda a comprender el presente: la atención plena (o *mindfulness*), tanto en su variante meditativa como no meditativa.

◆

Si la introspección es analizar nuestros pensamientos, sentimientos y comportamientos, y rumiar es obsesionarse de forma improductiva con ellos, la **atención plena** es todo lo contrario: **limitarnos a**

observar lo que pensamos, sentimos y hacemos sin reaccionar o juzgar. Aun así, a pesar de ser una creencia muy extendida, la meditación y la atención plena no siempre son sinónimas. La gente tiende a asociar la atención plena con los yoguis, los áshram o los retiros silenciosos, pero en estos últimos años ha acabado incluyendo un rango de actividades mucho más amplio (y, por suerte, más diverso). Gran parte de este cambio se debe al trabajo de la psicóloga de Harvard Ellen Langer, quien lleva investigando este tema desde los años 70. Su trabajo ha sacado la atención plena «de las cuevas de meditación zen y la ha llevado a la luz de lo cotidiano».

Mientras que muchas personas erróneamente piensan que la atención plena es lo mismo que la meditación, Langer ofrece una definición mucho más amplia y práctica: «Es el proceso de advertir de forma activa cosas nuevas, renunciando a las mentalidades preconcebidas y actuando... a partir de [nuestras] nuevas observaciones». Así que, aunque la meditación es *una* forma de practicar la atención plena, no es la *única* forma. Y no es para todo el mundo. De hecho, en una ocasión en la que se le preguntó sobre la meditación en una entrevista, Langer soltó: «Las personas a las que yo conozco no pueden estarse quietas ni cinco minutos, así que ni mucho menos cuarenta».

Lo que dice me resulta bastante familiar. A decir verdad, la idea de relajarme para percibir el presente siempre me ha resultado un poco estresante. Como muchos de mis compañeros que comparten mi personalidad de tipo A, *mi* nirvana se consigue cuando logro tachar todos los puntos de mi lista diaria de cosas por hacer. Tengo tal adicción a la productividad y a la actividad que, durante nuestra luna de miel, mi marido tuvo que arrancarme literalmente la BlackBerry de las manos y encerrarla en la caja fuerte del hotel.

Evidentemente, no soy la única. En una serie de once experimentos, el investigador Timothy Wilson y sus compañeros pidieron a los participantes que pasaran entre seis y quince minutos solos, sin sus móviles, en una habitación sin nada más que hacer que pensar. No resulta sorprendente que la experiencia no les gustara demasiado; a muchos les pareció directamente desagradable.* Esto llevó a Wilson a preguntarse hasta qué punto podría llegar la gente para evitar quedarse a solas con sus pensamientos. Así que diseñó un experimento de seguimiento que ofrecía a los sujetos la posibilidad de elegir entre un rato a solas con sus pensamientos y una actividad objetivamente menos agradable: ligeras descargas eléctricas. De forma increíble, más de la mitad de los participantes prefirió *recibir una descarga eléctrica* en vez de pasar simplemente cinco minutos a solas. Wilson y su equipo llegaron a la interesante conclusión de que «la gente prefiere hacer algo en vez de no hacer nada, incluso aunque este algo sea [incómodo o directamente doloroso]».

Aun así, a pesar de nuestra adicción a la distracción (o quizá como reacción a ella), la atención plena (y, en especial, la meditación de atención plena) está en pleno apogeo. Al fin y al cabo, cuando famosos como Angelina Jolie, Anderson Cooper y Ellen DeGeneres promocionan (o quizá sería más exacto decir «tuitean sobre») las ventajas de algo, sabes que solo es cuestión de tiempo que las masas acaben por subirse al carro. Y vaya si se han subido. No solo los famosos se han vuelto majaras por el *mindfulness*: empresas como Google, McKinsey, Nike, General Mills, Target y Aetna están aplicándolo para aprovechar la mejora de productividad y bienestar que teóricamente aporta. La atención plena también ha aterrizado en las aulas, con programas escolares que llegan a más de trescientos mil estudiantes estadounidenses, desde prestigiosas academias preparatorias de la Costa Este hasta escuelas públicas urbanas. Incluso los marines y equipos deportivos profesionales como los Red Sox de Boston están recibiendo con los brazos abiertos la meditación y otros ejercicios de atención plena. El resultado es una industria dispersa de casi mil millones de dólares y que no da indicios de dejar de crecer.

---

* Puede que sea útil indicar que los participantes mostraron su desagrado por igual independientemente de su edad, educación, poder adquisitivo o hábitos de uso de las redes sociales.

Paradójicamente, a pesar de que la atención plena esté tan de moda, creo que pocos pensarán que estamos mejorando en este aspecto. De hecho, parece que nos movemos en dirección contraria. Un ejemplo anecdótico entre otros muchos similares: hace poco yo estaba haciendo cola en el aeropuerto. Para entretenerme (o quizá distraerme), decidí contar cuántos de los viajeros en nuestra puerta estaban mirando sus móviles. Puede que no te resulte sorprendente saber que las cuarenta y dos personas (*todas y cada una de ellas*) estaban con la nariz pegada a la pantalla de su teléfono inteligente. Es un llamativo ejemplo de lo que Ellen Langer llama **mindlessness**, algo así como «atención ausente»: en vez de estar en el presente, es mucho más fácil ocuparnos con distracciones como el correo electrónico, los mensajes, Facebook, Instagram, Pokémon GO o lo que esté de moda en ese momento. Aquí tienes un dato revelador: más de treinta y ocho millones de estadounidenses admitieron que compraban desde el móvil mientras estaban sentados en la taza del inodoro. Gente, creo que tenemos un problema.

Y no solo los ordenadores que llevamos en el bolsillo entorpecen nuestra atención plena; nuestras propias mentes también son un obstáculo. Cuando Matthew Killingsworth y Daniel Gilbert, compañeros de Harvard de Langer, monitorizaron los pensamientos en tiempo real de dos mil personas durante su día a día, descubrieron que mientras trabajaban, miraban la televisión, cuidaban de sus hijos, salían a hacer recados o hacían cualquier otra cosa, casi la mitad afirmaron estar distraídos con otros pensamientos que no tenían nada que ver con lo que estaban experimentando ese momento. De hecho, en veintiuna de las veintidós actividades que registraron, no menos del 30 % de los participantes indicaron estar pensando en otras cosas como el pasado, el futuro y los «y si...» de la vida. (La única excepción, de forma poco sorprendente, fue el sexo).

Así que, ¿qué precio se cobra exactamente esta «ausencia de atención» en nosotros y en particular sobre nuestra capacidad de ser autoconscientes? Para empezar, los estudios de Langer han descubierto que la distracción disminuye la felicidad. Lo que es más, perdemos la capacidad de controlar y percibir nuestros pensamientos, sentimientos y comportamientos, lo que hace que conocernos a nosotros mismos sea prácticamente imposible. En un estudio, los investigadores pidieron a personas que estaban a dieta que miraran o bien un video de muflones muy entretenido o bien videos de ellos mismos en pantalla durante diez minutos. Después podrían comer tanto helado como quisieran. ¿Y quiénes atacaron el helado como si no hubiera mañana? Los que estaban distraídos, por supuesto. Cuando su atención se desvió de sus acciones, perdieron el control y la conciencia de sí mismos. Este principio se ve en todo lo que hacemos, ya sea comiendo helado, respondiendo a una situación complicada con un compañero de trabajo, tomando una decisión importantísima sobre nuestra carrera profesional o cualquier otra cosa. Por suerte, si se practica correctamente, la atención plena es un antídoto bastante directo ante este problema. Vamos a empezar por verla en su forma más popular.

◆

Siendo como soy la distracción en persona, supe que me sentiría como un pulpo en un garaje en el Shambhala Mountain Center. Exactamente por ese motivo decidí llevarme conmigo a mi hermana pequeña (y unicornio por excelencia de la familia). Además, por una de esas casualidades, hacía poco que Abby se había convertido en una defensora acérrima de la meditación.

Pero, exactamente veinticuatro horas después de que mi hermana me «garantizara» que me «encantaría» el curso de meditación, yo estaba intentando decidir entre echarme a reír histérica o gritar y salir corriendo. Imagínate a un grupo de veinte adultos en una habitación completamente silenciosa caminando en círculos muy, muy lentamente. Teníamos que ir con los hombros encorvados y con las manos (por razones que no acabaron de explicar del todo) en una posición muy concreta: una con el puño cerrado y el pulgar hacia afuera y la otra rodeando el puño, apretándonos el estómago justo por debajo del ombligo.

Todo el mundo estaba tomándose el ejercicio con extrema seriedad. O, al menos, todo el mundo excepto yo. Estuvimos caminando, talón y punta, talón y punta, en círculo, en lo que teóricamente fueron veinte minutos pero que a mí me parecieron dos horas. Yo no podía dejar de pensar en toda esa gente de la que siempre me había reído mentalmente, tan entregados en cuerpo y alma a sus estilos de vida alternativos y que tan exasperantes me resultaban. ¡No quería convertirme en una más de ellos!

Pero también estaba decidida a terminar el fin de semana. Como científica, se me ha enseñado a seguir los datos allá donde me lleven y, para mi tremenda irritación, los resultados de la meditación de atención plena son claros y convincentes. Los estudios demuestran que las personas que la practican son más felices, saludables, creativas, productivas y auténticas. Además, controlan mejor su comportamiento, están más relajadas y más satisfechas con sus matrimonios, son menos agresivas y sufren menos desgaste. ¡Incluso están más delgadas! Así que, por mucho que sintiera que estaba haciendo el ridículo, al menos era suficientemente consciente de que mis prejuicios estaban influyendo irracionalmente en mi opinión sobre algo que jamás había siquiera intentado.

Además, se acercaba el plazo de entrega de mi libro (este) y ese retiro era una pieza importante de mi investigación sobre la autoconciencia. Cada vez hay más pruebas que demuestran que la meditación de atención plena puede salvarnos de las trampas de la introspección y la rumiación que hemos visto en el capítulo anterior. En un estudio, cuando los investigadores pusieron a personas que jamás habían meditado en un retiro intensivo de diez días de *mindfulness*, los sujetos mostraron menos tendencia a la introspección que el grupo de control, tanto inmediatamente después como durante las semanas siguientes. En comparación, los niveles de introspección del grupo de control aumentaron. Los participantes que recibieron formación sobre la atención plena también estuvieron menos deprimidos y disgustados, e incluso mostraron tener mejor memoria y capacidad de atención.

Aunque solo estamos empezando a entender la conexión directa entre la atención plena y la autoconciencia, los estudios iniciales resultan reveladores. Una investigación de profesionales de salud mental demostró que los que tenían una atención más plena también tendían a disfrutar de un mayor descubrimiento de sí mismos. Algunos investigadores llegaron a sugerir que el motivo por el que la atención plena reduce el estrés, la ansiedad y la depresión es *porque* aumenta el autodescubrimiento.

Por supuesto, la atención plena por sí misma no es suficiente para llegar a la autoconciencia completa (al fin y al cabo, para conocernos a nosotros mismos tenemos que buscar más profundamente), pero sí que nos ayuda a advertir y controlar nuestras reacciones a la vez que evitamos los sinsentidos de la introspección. Cuando contamos con una atención plena, experimentamos nuestras emociones sin darles demasiadas vueltas o reaccionar de forma desmedida y, además, tenemos presente que no nos vamos a sentir siempre como nos estamos sintiendo en ese momento. Como explica la doctora Megan Warner, profesora clínica asociada en el Departamento de Psiquiatría de la Escuela de Medicina de Yale: «La atención plena nos ofrece una estrategia para desconectar de ese lugar al que nos llevan nuestros pensamientos, emociones y dolor».

La meditación con atención plena también puede provocar un impacto real en el duro mundo de los negocios. Mark Tercek lo pudo presenciar en primera persona después de convertirse en presidente y director ejecutivo de la organización sin ánimo de lucro The Nature Conservancy. Tras su carrera profesional de éxito como director ejecutivo y asociado en Goldman Sachs, pensaba que finalmente había escapado de la estresante vida que había dejado atrás en Wall Street. Pero, aun así, Mark tuvo que enfrentarse a duras decisiones en los primeros meses en su nuevo puesto, que asumió justo al principio de la crisis financiera de 2008. Pero incluso después de que The Nature

Conservancy consiguiera capear el temporal, Mark seguía teniendo la sensación de que algo no iba del todo bien, tanto en su vida personal como profesional. Así que decidió pedirle ayuda a nuestro amigo común Marshall Goldsmith, uno de los mejores asesores de liderazgo para ejecutivos del mundo. Marshall entrevistó al equipo ejecutivo de Mark, a su junta e incluso a su familia. Al parecer, el estilo intenso de Mark había herido algunas susceptibilidades en el trabajo y también había afectado un poco a su familia.

Mark estaba sorprendido. Aunque las cosas habían sido bastante complicadas, no había advertido hasta entonces lo mucho que su tendencia a tomar decisiones impulsivas y rápidas repercutía en los demás. Con la ayuda de Marshall, Mark se comprometió a trabajar en tres cosas: a escuchar mejor, a mostrar una mentalidad más positiva y a dejar de centrarse tanto en los pequeños detalles. Las cosas mejoraron ligeramente los meses siguientes, pero no tanto como Mark habría deseado. A pesar de su propio compromiso y del respaldo de Marshall, Mark no sabía cómo superar este estancamiento que sentía.

Más o menos por aquel entonces empezó a interesarse por la atención plena. Empezaba cada día con diez minutos de meditación y, si no conseguía levantarse temprano, se escabullía de su oficina para centrarse en su respiración y conseguir tener un estado mental más positivo. Con el paso de los días, no solo empezó a sentirse más feliz y calmado, sino que no tardó demasiado en empezar a percibir unos beneficios un poco más inesperados. Los días en los que meditaba descubría que conseguía avanzar mucho más hacia los objetivos que se había marcado con Marshall: estaba consiguiendo superar ese estancamiento que había parecido imposible dejar atrás unas semanas antes.

Pronto Mark advirtió que le era más fácil poder reconocer, al momento, cuándo tenía que ignorar sus instintos y tomar una decisión distinta. También se le daba mejor parar y escuchar. Era menos reactivo y crítico, y estaba menos a la defensiva. Finalmente estaba al mando del pilar de sus reacciones. Mark también se mostraba muy contento con la diferencia que estaba marcando en su vida familiar este ritual diario relativamente pequeño. En los días en los que meditaba sus hijos le preguntaban:

—Papá, ¿qué te ha pasado? ¡Ahora eres mucho más amable!

—Eh, sin pasarse —contestaba él, bromeando.

—No, papá, antes ya eras amable —respondían ellos, con tacto—, pero ahora eres *muy, muy* amable.

Mark advirtió lo que los investigadores también han descubierto: como la atención plena nos ayuda a ser más conscientes de nuestros pensamientos y sentimientos, podemos controlar mejor nuestro comportamiento y tomar decisiones más sabias al momento. Y aunque la atención plena es muy apreciada entre aquellos que buscan una autoconciencia *interna*, también cuenta con beneficios sorprendentes para la autoconciencia *externa*: al acallar nuestro ego, estamos más abiertos a las valoraciones de los demás sobre nosotros mismos.

La profesora de psicología Whitney Heppner y sus compañeros descubrieron este efecto a través de un experimento bastante creativo. Pidieron a varios estudiantes que escribieran una redacción sobre sí mismos que, en teoría, usarían los demás participantes como base para elegir a un compañero para un trabajo posterior en un ordenador. A un tercio de estos estudiantes se les dijo que otro participante los había elegido (el grupo de aceptación), a otro tercio se les dijo que nadie los había elegido (el grupo de rechazo, que básicamente eran el equivalente a ser el último elegido para formar equipos en educación física) y al último tercio se les pidió que comieran cinco pasas con atención plena antes de **decirles** que nadie los había elegido (el grupo de rechazo con atención plena).[*]

Durante la tarea en el ordenador, los investigadores les dieron a los participantes la opción de dirigir tanto ruido como quisieran a sus

---

[*] Por si te estabas preguntando cómo debe de ser eso de comerse una pasa con atención plena, la cosa va más o menos así: «Imagina que hasta ahora nunca habías visto una pasa... Ahora, frótate suavemente los labios con la pasa; fíjate en la sensación que te transmite. Ponte la pasa en la boca y ve pasándotela por la lengua... Dale un pequeño mordisco... Y ahora, mastícala poco a poco...».

competidores. Predijeron que los participantes rechazados estarían más enfadados y que, por lo tanto, castigarían de forma más agresiva a las personas que no los habían elegido. Y eso es exactamente lo que pasó, al menos en el caso del grupo rechazado que no había practicado la atención plena. Pero aunque el grupo de rechazo con atención plena también había experimentado la misma discriminación, mostraron ser *un 66 % menos agresivos*; de hecho, sus reacciones fueron estadísticamente indistinguibles de las del grupo de aceptación. Parece ser que la atención plena los protegió ante el enfado y la actitud defensiva que pueden acompañar a los comentarios críticos o a la percepción de haber fallado. Al fin y al cabo, aunque es importante entender cómo nos ven los demás, estos puntos de vista no definen completamente quiénes somos nosotros.

MINDFULNESS SIN LOS MANTRAS

Ya hemos visto que la meditación con atención plena puede conllevar algunas mejoras espectaculares en la autoconciencia y el bienestar. Pero recuerda que la atención plena tiene una definición que va más allá de la meditación. Así que si tú tampoco estás convencido sobre la meditación, te alegrará saber que hay varios métodos de atención plena científicamente probados para los que no tendrás que decir ni un solo mantra. Por ejemplo, unos cuantos unicornios que no meditan nos dijeron que simplemente pasando un rato al aire libre (haciendo senderismo, corriendo, yendo en bicicleta o saliendo a pasear, por ejemplo) los ayudaba a estar centrados en el presente. Unos cuantos incluso creían que estas actividades se contaban entre las herramientas más importantes para mantener su autoconciencia: a veces, unos pocos minutos de tranquilidad verdadera pueden hacer maravillas para ayudarnos a volver a estar en contacto con nuestros pensamientos y sentimientos. Y aunque con solo escribir de esto me da la ansiedad, muchos unicornios consiguieron esta tranquilidad apagando sus móviles un rato al día, normalmente al principio del día y al anochecer. Otros unicornios dijeron haber encontrado una paz similar a través de la oración y las plegarias.

Antes de pasar a ver unas cuantas herramientas de atención plena no meditativa, creo que hace falta dejar clara una cosa. **El *mindfulness* o la atención plena *no* son lo mismo que la relajación.** De hecho, aunque ambas actividades puedan parecer similares, sus resultados no podrían ser más diferentes. En un estudio, hombres y mujeres desempleados siguieron o bien un programa de meditación con atención plena de tres días o bien un programa de relajación de tres días presentado como si fuera atención plena. Ambos grupos hicieron muchas de las mismas actividades, pero solo el primero siguió técnicas reales de atención plena. Por ejemplo, ambos grupos hicieron estiramientos, pero mientras que en el grupo que hacía relajación se animó a los participantes a charlar con sus compañeros, al grupo de atención plena se le pidió que prestara atención a sus sensaciones corporales, incluso aquellas que no eran agradables.

Al final de esos tres días, ambos grupos *sentían* que habían cargado las pilas y que podrían gestionar mejor el estrés del proceso de búsqueda de trabajo. Pero cuando los investigadores les hicieron una resonancia magnética, los resultados no decían lo mismo: solo el grupo que había practicado la atención plena estaba *realmente* más centrado y calmado. Y, cuando cuatro semanas más tarde los investigadores midieron los niveles de interleucina 6 (un indicador de inflamación, que es una señal de estrés), los niveles del grupo de relajación habían aumentado más de un 20 %, mientras que los del grupo que practicó la atención plena disminuyeron en la misma proporción. ¿Cuál es la lección aquí? Hagas lo que hagas cuando decidas centrarte, asegúrate de dedicar ese tiempo a percibir cosas nuevas en vez de limitarte a evadirte mentalmente.

Ahora, para entender cómo practicar la atención plena no meditativa, puede ser útil volver a repasar la definición de Ellen Langer. Según Langer, el proceso de percibir nuevas distinciones es «la esencia de la atención plena». Pero ¿qué quiere decir «percibir nuevas distinciones»? Dicho en pocas palabras, es vernos a nosotros mismos y a nuestro mundo de una forma nueva. Langer nos pone el ejemplo de los viajes. Cuando estamos en un lugar extraño, tendemos a advertir más cosas nuevas en nosotros mismos y en el mundo que nos rodea (las vistas, los sonidos, las personas) que en nuestras vidas diarias, donde tendemos a centrarnos en lo familiar y a dejarnos llevar por la perspectiva que hemos tenido siempre. Pero no hace falta que nos vayamos a lugares exóticos para experimentar estos beneficios. Si conseguimos adquirir el hábito de fijarnos con atención en cosas nuevas en nosotros mismos y en el mundo que nos rodea, esto puede mejorar drásticamente nuestro conocimiento sobre nosotros mismos.

Una forma de hacer esto es el **reencuadre**, que simplemente quiere decir mirar nuestros comportamientos, circunstancias y relaciones desde un punto de vista nuevo y distinto. Ahora conoceremos la historia de Aviana, una unicornio, madre de dos niños y encargada en el sector de telecomunicaciones inalámbricas, cuya valentía al reencuadrar sus circunstancias fue un factor decisivo a la hora de conocerse mejor a sí misma e incluso consiguió ayudarla a salvar su carrera profesional. Unas pocas semanas después de dar a luz a su hijo pequeño le dieron una noticia demoledora. El centro de llamadas donde había trabajado (no, donde *le había encantado* trabajar) durante los últimos once años iba a cerrar y todos los trabajadores, ella incluida, iban a quedarse sin empleo. Lo que es todavía peor, como su marido también trabajaba ahí, su familia iba a pasar de tener dos sueldos a no tener nada, literalmente, de la noche a la mañana.

A Aviana la invadieron el miedo y el pánico. Se pasaba la noche despierta, mirando al techo, preguntándose qué iba a hacer ahora con su vida. Decidió volver antes de la baja por maternidad con el único objetivo de conseguir acumular tanto dinero como fuera posible. Pero, de nuevo en la oficina, las reacciones de sus compañeros tampoco la ayudaron a calmar sus nervios. «¡Qué *desastre!*», se lamentaban una y otra vez. Tras varios días en los que se sentía cada vez más alterada por culpa del ambiente general, Aviana se preguntó si acaso no habría otra forma de ver la situación. «¿Y si, en vez de centrarme en lo que voy a perder, me centro en lo que podría conseguir?», se preguntó. Sí, vale, iba a perder su trabajo, pero esto también podría ser una oportunidad para crecer e incluso para conseguir un trabajo mejor del que tenía.

Armada con esta perspectiva, Aviana pronto advirtió algo que había estado ante sus ojos todo ese tiempo. Tras acabar el instituto, Aviana había hecho algunos semestres en la universidad, pero cuando ningún curso consiguió captar demasiado su atención, decidió irse a explorar el mundo laboral; desde entonces, ya nunca se había planteado sacarse una carrera. Cayó en la cuenta de que eso había sido un error y ahora tenía la oportunidad de enmendarlo; de hecho, si no volvía a la universidad en ese momento, sus perspectivas de encontrar trabajo a largo plazo iban a verse seriamente afectadas. Así que, once años después de su primer intento, Aviana decidió volver a inscribirse en un programa universitario por Internet a la vez que se presentaba a vacantes para otros puestos de trabajo dentro de su misma empresa.

Y así le pasó el tiempo volando hasta que llegó su último día de trabajo. Esa tarde se enteró de que sus compañeros irían a tomar algo, idea que le pareció tan buena como peligrosa, dado que todos acababan de cobrar la indemnización por cierre. Aviana devolvió su tarjeta identificativa a la empresa y estaba a punto de irse al bar con los demás cuando su teléfono sonó. Era el encargado de contratación de la empresa, ¡llamándola para ofrecerle una de las vacantes! Antes de que el encargado pudiera terminar de ofrecerle el trabajo, Aviana exclamó:

—¡Claro que estoy interesada! ¡Puedo empezar este mismo lunes!

Su nuevo puesto fue como un soplo de aire fresco y una victoria en todos los frentes para su carrera profesional. Desde entonces, Aviana ha recibido dos ascensos. Y gracias al programa de reembolso de la matrícula que hay en su empresa, está a punto de graduarse en liderazgo organizacional.

La flexibilidad de Aviana a la hora de reencuadrar la pérdida de su trabajo como una oportunidad (en vez de quedarse encallada en una mentalidad de desesperación) mejoró enormemente tanto su carrera profesional como su vida. Pero es interesante saber que el reencuadre no solo es útil cuando las cosas van mal. Muy a menudo ganamos una perspectiva muy valiosa al reencuadrar cuando todo nos va *bien*. En otro capítulo he hablado de una amiga mía cuyo marido la abandonó por motivos que a ella le parecieron completamente inesperados. Si se hubiera puesto a pensar «Vaya, mi matrimonio parece marchar viento en popa, pero ¿y si no fuera así?», quizá se habría tropezado con alguno de los problemas que desconocía antes de que fuera demasiado tarde. No estoy recomendando para nada que te conviertas en un pájaro de mal agüero para ti y los demás, pero lo que *sí* que te sugiero es que **fijarte en lo bueno y en lo malo desde distintos ángulos te ayudará a conocerte mucho mejor y a tener más éxito.**

Cuando estés en una situación difícil, pregúntate lo siguiente: «¿Qué oportunidades puedo encontrar aquí? ¿Cuáles de mis debilidades podrían convertirse en puntos fuertes? Cuando reflexiono sobre mi vida o mi carrera, ¿qué éxitos he logrado en las situaciones más complicadas? ¿Qué cosas he podido aprender a partir de mi relación personal o profesional más complicada?».

Siguiendo la misma lógica, cuando las cosas van bien, también puedes hacerte estas preguntas: «¿Qué posibles riesgos hay y cómo puedo evitarlos? ¿Qué aspectos de mis puntos fuertes podrían convertirse en debilidades? ¿Qué posibles desafíos puedo encontrar en mis éxitos anteriores? ¿Cuál puede ser un riesgo en mi mejor relación personal o profesional, y cómo puedo mitigarlo?».

Si a ti también te encanta el teatro como a mí, probablemente sabrás que hay obras en las que los personajes salen de la acción para hablar directamente con el público u observar una escena. Como muchos unicornios nos han mostrado, podemos usar esta misma técnica para descubrir cosas nuevas sobre nosotros **reencuadrando nuestras experiencias desde un ángulo más objetivo.** Una unicornio nos explicó que cuando su marido y ella no se ponen de acuerdo, ella sale mentalmente de sí misma para «observar» lo que pasa; de esta manera, en vez de ser una esposa enfadada, se convierte en una observadora. (Puede que esto nos haga recordar la idea que hemos visto anteriormente de poner las cosas en perspectiva, pero mientras que la perspectiva es meterse en la piel del otro, esto que propongo es observar las cosas desde un punto de vista más distante y objetivo). El experto en negociación William Ury lo describe adecuadamente como «marcharse al balcón», pero le pongas el nombre que le pongas, este tipo de reencuadre puede ser de un valor tremendo.

Nuestra segunda herramienta de *mindfulness* no meditativo es **comparar y contrastar**. Cuando comparamos y contrastamos, buscamos similitudes y diferencias entre nuestras experiencias, pensamientos, sentimientos y comportamientos a lo largo del tiempo. En concreto puede suponer una forma magnífica de encontrar patrones (uno de los siete pilares del autodescubrimiento) que quizá no hayamos visto en el pasado. Sin embargo, puede que te preguntes lo siguiente: si la atención plena es percibir el presente, ¿para qué va a servirnos examinar el pasado? Pues porque comparar y contrastar experiencias pasadas *con lo que nos está pasando ahora mismo* puede ayudarnos a comprender el presente con claridad. Por ejemplo: «La semana pasada estaba contentísima con mi trabajo, ¿qué ha cambiado en esta que me siento tan a disgusto?», «Cuando me decidí por mi carrera universitaria, lo que más me gustaba eran las clases sobre empresa y negocio. ¿Me apasiona igual mi trabajo que esas clases?» o «Si me tuviera que enfrentar a los mismos desafíos en distintos trabajos, ¿qué podría significar esto?».

Personalmente, le debo muchísimo a la herramienta de comparar y contrastar por la epifanía más importante de toda mi carrera profesional. Yo había pasado los primeros cinco años en un entorno académico, trabajando como investigadora y profesora adjunta mientras me sacaba el doctorado. Pero, como en el fondo soy una persona de negocios, aproveché todas las oportunidades que se me presentaron para trabajar como consultora; primero bajo la supervisión de mis profesores y después como consultora independiente en una pequeña empresa de Denver. Tras terminar la universidad, ya enamorada del mundo de los negocios, tuve distintos puestos en empresas como psicóloga organizacional interna. Finalmente conseguí lo que me pareció el trabajo de mis sueños, en una empresa increíble con un equipo que me encantaba y un jefe que básicamente me daba carta blanca para hacer lo que me pareciera más útil para la empresa.

Pero al cabo de dos años empezó a embargarme una sensación de inquietud. Al principio rechacé esos sentimientos, diciéndome que estaba siendo una ingrata ante tal oportunidad. Pero a pesar de intentarlo con todas mis fuerzas, esa inquietud empezó a crecer cada vez más hasta que ya no pude ignorarla más.

Una tarde estaba comentando el tema con mi marido.

—Si la memoria no me falla —apuntó—, también te sentiste más o menos así en tu último trabajo, alrededor del segundo año.

Yo no lo había advertido, pero tenía razón. Lo que estaba experimentando no era infelicidad de por sí, sino que me sentía atrapada en la rutina predecible de las personas, los proyectos y las políticas. A menudo, cuando iba al trabajo, empezaba a poseerme un sentimiento de terror cuando seguía la misma ruta a la misma oficina a la misma hora que el día anterior.

«¿Alguna vez me he sentido así antes?», me pregunté. No me venía a la cabeza haber tenido esa sensación cuando daba clases y trabajaba de consultora porque, con cada semestre, clase y cliente nuevos, empezaba de cero y nunca entraba demasiado en una rutina. También tenía bastante claro que había sido mucho más feliz trabajando de forma independiente que para otros. (En retrospectiva, esto tiene muchísimo sentido: vengo de una larga dinastía de emprendedores a quienes no les gusta que les digan lo que tienen que hacer). Pero nunca me había planteado estas preguntas de esta forma. Y aunque las respuestas no me eran tan cómodas como habría querido, sí que me aclararon muchísimo la cabeza.

Como nunca me dejo llevar por los impulsos, decidí seguir dándoles vueltas a estas conclusiones tan inquietantes durante unas semanas. Y entonces, una noche, yendo de la oficina al coche, la respuesta llegó como una bofetada. Tenía que empezar mi propia empresa. Punto. Además, tenía que hacerlo pronto; si no, acabaría llegando a los cincuenta todavía preguntándome por qué no era capaz de armarme de valor y arriesgarme. A pesar de la naturaleza bastante incómoda de comprender esto en su totalidad, me invadió una sensación de alivio y decisión. No era fácil abandonar el cómodo mundo empresarial, pero puedo decir con sinceridad que nunca me había imaginado que podría disfrutar tanto de mi trabajo como ahora. Y esta trayectoria está directamente relacionada con las semanas que dediqué a comparar y contrastar los mejores y peores momentos de mi trayectoria profesional.

La herramienta de comparar y contrastar no solo es útil para experimentar epifanías profesionales; también nos puede ayudar a descubrir patrones que nos impiden avanzar en nuestras vidas personales. Esto es lo que le pasó a Jed, un programador informático soltero de sesenta y seis años (y un unicornio) que acababa de recibir, en sus propias palabras, unas «vacaciones pagadas muy, muy largas». Cuando su empresa tuvo que hacer recortes a gran escala, le dieron un finiquito que, además, coincidió con la posibilidad de optar a recibir ayudas de la seguridad social, lo que significó que finalmente podría tomarse un descanso. Un día, meses después, Jed acababa de despertarse y estaba medio dormido, mirando al techo. Parecía que su nueva vida tenía un efecto secundario desagradable (aunque, a la larga, positivo): ahora tenía tiempo libre para enfrentarse a las cosas de su vida que le producían insatisfacción. Para empezar, que todavía estaba soltero. Pero, en vez de ponerse a rumiar, empezó a preguntarse si acaso habría un factor común en sus anteriores relaciones fallidas.

En aquel momento, Jed estaba acabando de leer *Madame Bovary*, de Flaubert. (Había decidido que este tiempo sabático le brindaba la oportunidad de disfrutar de algunas de las novelas clásicas que no había podido leer en su juventud). En *Madame Bovary*, el doctor Charles Bovary se casa con Emma, la hija de uno de sus pacientes. Al principio, Emma está contentísima de casarse con Charles, pero se aburre rápidamente de él y (cuidado, *spoiler*) acaba tan triste por eso que acaba muriéndose literalmente. Un pasaje captó la atención de Jed:

> Pero ¿cómo explicar un vago malestar que cambia de aspecto como las nubes, que se arremolina como el viento? Le faltaban las palabras, la ocasión, ¡el valor!... La conversación de Carlos era insulsa como una acera de calle, y las ideas de todo el mundo desfilaban por ella en su traje ordinario, sin causar emoción, risa o ensueño.

Cuando leyó esto, las piezas empezaron a encajar. «¿Y si el factor común en mis relaciones soy YO?», se preguntó Jed. «¿Y si soy insulso como una acera de calle?». Para descubrir el motivo, buscó similitudes en su comportamiento en todas sus relaciones anteriores (y, en concreto, en los pilares de los patrones, las reacciones y el impacto). En un arrebato de inspiración, Jed advirtió que, en todas y cada una de sus relaciones, había contenido demasiado sus sentimientos. Cuando algo no le gustaba se limitaba a no decir ni hacer nada; simplemente se cerraba en banda. Esta actitud, advirtió, lo hacía «insulso» e impedía cualquier tipo de conexión profunda.

Más o menos por aquel entonces había retomado el contacto con una vieja amiga a la que había conocido durante más de veinte años pero con la que no había hablado en la última década. Empezaron a tomar lecciones de baile juntos y, mira tú por dónde, surgió el amor. Un año más tarde ya estaban casados y Jed se ha propuesto actuar de un modo distinto esta vez. En las situaciones en las que pasaba algo que a él no le gustaba, el viejo Jed se habría quedado de brazos cruzados sin decir ni pío, pero el nuevo Jed sabía que tenía que ser más abierto con sus sentimientos, incluso aunque le fuera difícil o incómodo. Su matrimonio no es perfecto (¿y cuál lo es?), pero nunca ha sido tan feliz.

Si quieres empezar a probar esta técnica de comparar y contrastar, aquí tienes algunas preguntas para empezar. Puedes aplicar cada una a casi cualquier cosa que quieras comprender mejor, como tu trabajo, tu carrera o tus relaciones. ¿Qué es como siempre y qué ha cambiado respecto a cómo era X en el pasado? ¿Ha habido patrones en mi estado de ánimo, tanto positivos como negativos, que hayan coincidido con los cambios en X? ¿Mis sentimientos hacia X me recuerdan a sentimientos similares que haya experimentado en una situación anterior? ¿Cuán feliz o realizado me hace sentir X hoy en día en comparación a cómo me sentía en el pasado respecto a X? Si pienso en X a lo largo de mi vida, ¿las cosas han empeorado o han mejorado?

Ha llegado el momento de descubrir nuestra última herramienta de *mindfulness*. Los estudios han demostrado que el motivo por el que no conseguimos aprender de la experiencia es que pocas veces nos tomamos un tiempo para reflexionar sobre nuestros descubrimientos. Encontrar el momento para ignorarnos a nosotros mismos de forma regular puede resultar sorprendentemente complicado en este mundo tan atareado y lleno de distracciones. Pero esta **parada diaria** no tiene por qué llevarnos mucho rato (e, igual que en el caso de llevar un diario, dedicarle más tiempo no es mejor). De hecho, la mayoría de nuestros unicornios describieron un hábito de paradas rápidas e intensas (igual que hacía Ben Franklin). Al explicar su proceso, Jeff, nuestro arquitecto convertido en emprendedor, nos dijo que él intenta tomar la perspectiva de una persona externa crítica y entonces se pregunta: «¿Cómo me ha ido hoy y cómo me siento sobre cómo ha ido?».

En vez de dedicar su tiempo a la introspección (o, lo que es peor, a la rumiación), deberíamos usar las paradas diarias para repasar las decisiones que hemos tomado, buscar patrones y observar qué ha ido bien y qué no. Este pequeño ritual puede tener un gran impacto no solo en nuestro estado de ánimo y en nuestra confianza en nosotros mismos, sino también en nuestras acciones y resultados. Por ejemplo, en un estudio, los trabajadores en formación de un centro de llamadas que dedicaban unos pocos minutos a reflexionar al final de la jornada mejoraron su rendimiento en una media del 23 %.

Así que intenta dedicar cinco minutos al final del día (ya sea al conducir de vuelta a casa, relajándote tras la cena o al meterte en la cama) para pensar con atención en las siguientes preguntas: «**¿Qué ha ido bien hoy? ¿Qué no ha ido bien? ¿Qué he aprendido y cómo puedo actuar de forma más inteligente mañana?**». Las respuestas que descubras no tienen por qué cambiarte la vida al momento; a menudo, advertir cosas que parecen insignificantes puede ayudarnos a mejorar de forma gradual. Pero si podemos ser un poquito más conscientes y conocernos algo mejor cada día, el efecto total de todos estos descubrimientos puede acabar siendo extraordinario.

LA HISTORIA DE TU VIDA: FÍJATE EN LA CONSTELACIÓN, NO TE CENTRES SOLO EN LA ESTRELLA

Mi marido es un friki total y ese es exactamente el motivo por el que me casé con él. De día hace de friki como arquitecto de sistemas informáticos en una empresa de ingeniería; de noche, entre otras cosas, es un friki de la astronomía. Hace unos cuantos años decidió que su afición había llegado a ser tan seria que precisaba un telescopio al nivel de su seriedad. Debido al considerable importe de semejante instrumento, formó una coalición de unos ocho familiares que contribuyeron a lo que pronto pasó a conocerse como «el mejor regalo de cumpleaños jamás visto». Cada vez que usa su preciada posesión, mi marido lleva a cabo un ritual que dura toda la tarde para prepararlo, configurarlo, colocar la cámara, averiguar en qué momento aparecerán los distintos cuerpos celestes... Y entonces, con el entusiasmo de un niño, se pasa horas y horas en el tejado mirando la mancha roja de Júpiter, un cráter de la Luna o los anillos de Saturno.

Un fin de semana nos fuimos a la cabaña que tenemos en las montañas de Colorado. Era una noche despejada y nítida, así que supuse que el telescopio aparecería en escena de un momento a otro. Cuando oí que se cerraba la puerta trasera, me preparé para el inevitable «Eh, ¡ven a ver esto!» que pronto llegaría desde el tejado de detrás. Al cabo de un rato, al ver que no se oía tal exclamación, decidí salir y asegurarme de que todo iba bien. Para mi sorpresa, mi marido estaba simplemente sentado ahí, mirando al cielo, sin haber sacado el telescopio de su estuche.

—¿Se te ha roto el telescopio? —pregunté, horrorizada.

Soltó una risita y me aseguró que no.

—En cuanto he salido y se me han acostumbrado los ojos he empezado a mirar todas estas constelaciones —explicó—. ¿A que se ve preciosa la Vía Láctea hoy? —Mi confusión debía de ser palpable, así que prosiguió—: A veces es muy agradable dar un paso atrás y ver las cosas en su conjunto.

Pasa igual a la hora de examinarte a ti mismo. Si las herramientas de atención plena te ayudan a entender tu yo del presente, el enfoque de la *historia de tu vida* **te ayuda a mirar atrás para descubrir cómo todas las cosas de tu pasado han acabado por darte forma.** Si cada evento de tu vida es una estrella, la historia de tu vida es la constelación. Y si dedicamos todo nuestro tiempo a mirar a las estrellas individuales a través del telescopio, no podremos apreciar la magnitud y belleza de las constelaciones que salpican el cielo. Para ello, el proceso de convertirnos, en palabras de Timothy Wilson, en «biógrafos de nuestras vidas» es un enfoque muy potente y sorprendentemente poco utilizado para entender mejor quiénes somos, en qué nos estamos convirtiendo y quién podemos llegar a ser.

El profesor de psicología Dan McAdams lleva más de treinta prolíficos años investigando historias vitales. El enfoque que siguen McAdams y sus compañeros para ayudar a la gente a esbozar la historia de su vida es más o menos el siguiente:

> Piensa en tu vida como si fuera un libro. Divide ese libro en capítulos que representen las fases clave de tu vida. Dentro

de esas fases, piensa entre cinco y diez escenas específicas de tu historia: los mejores momentos, los peores, los trascendentales, los recuerdos tempranos, los eventos importantes de tu infancia y los de tu vida adulta, y cualquier otro evento que creas que te ha definido. Para cada uno de ellos, haz una descripción que tenga al menos un párrafo:

1. ¿Qué pasó y cuándo? ¿Quiénes eran los protagonistas?
2. ¿Qué sentían tú y los demás? ¿Qué tiene ese evento que hace que sea especial para ti?
3. ¿Qué dice este evento sobre quién eres, cómo te has desarrollado con el tiempo o en quién te puedes convertir?

Cuando hayas terminado de escribir tu relato, da un paso atrás y mira la historia de tu vida en conjunto:

1. ¿Qué temas, lecciones o sentimientos principales ves en tu historia?
2. ¿Qué dice la historia de tu vida sobre el tipo de persona que eres y en el que te puedes convertir?
3. ¿Qué dice tu historia sobre tus valores, pasiones, aspiraciones, patrones, reacciones, el lugar donde encajas mejor y tu influencia sobre los demás?

Tras reunir historias vitales de cientos de miles de personas, el profesor McAdams y sus compañeros han descubierto que normalmente hay temas dominantes. Identificarlos puede resultarnos útil para entender aspectos aparentemente contradictorios de nosotros mismos. Este es el caso de Chase, a quien le encanta su trabajo recaudando fondos para una organización sin ánimo de lucro. Su patrón de introversión y pasión por un trabajo que le exige socializar con frecuencia puede parecer incongruente de entrada. Pero cuando Chase se pone a repasar la historia de su vida, advierte que todos sus mejores momentos han implicado «hacer el bien» por alguien menos afortunado que él. Así que, aunque su trabajo requiere tener que codearse con más gente de lo que le gustaría normalmente a un introvertido, eso le permite vivir según su valor más importante: ayudar a los demás. Y si para ello le toca hablar con otros de vez en cuando, a Chase no le importa tener que hacerlo.

Vamos a ver algunas formas concretas de convertirnos en biógrafos de nuestras vidas de una forma que genere un autodescubrimiento real. Los estudios demuestran que las personas autoconscientes tienden a crear *narrativas más complejas* de los eventos clave en sus vidas: es más posible que describan cada evento desde distintas perspectivas, incluyan múltiples explicaciones y exploren emociones complejas e incluso contradictorias. En muchos aspectos, esta complejidad es lo opuesto a la necesidad de una verdad absoluta que hemos visto en el capítulo anterior: en vez de buscar hechos sencillos y generalizables, las personas autoconscientes aprecian la esencia complicada de los eventos clave de sus vidas. Quizá, por ese motivo, las historias de vida complejas están asociadas a una madurez y un crecimiento personal continuados en los años posteriores.

A la vez, también queremos buscar algo llamado *coherencia temática*. Cuando somos capaces de encontrar los mismos temas en distintos eventos importantes de nuestras vidas, podemos acabar por tropezar con descubrimientos sorprendentes sobre nosotros mismos, como le pasó a Chase con su tendencia de querer ayudar a los demás. Algunos temas recurrentes pueden ser el éxito (es decir, triunfos personales), las relaciones (es decir, formar y mantener conexiones con otros) y el crecimiento (es decir, ver la vida como una oportunidad de desarrollarse y mejorar). McAdams también se ha centrado durante gran parte de su carrera en otro tema especialmente interesante en las historias vitales: la redención. Mientras que las personas con «secuencias de contaminación» ven un patrón de cosas buenas convirtiéndose en cosas malas, las personas con «secuencias de redención» creen que las cosas malas pueden convertirse en buenas.

El investigador de la autoconciencia Timothy Wilson y sus compañeros demostraron el poder de la secuencia de redención cuando estudiaron a universitarios de primer curso en la Universidad de Duke que estaban teniendo dificultades con las notas. Claramente, el bajo rendimiento académico de estos estudiantes estaba poniendo fuertemente en entredicho su narrativa de «buen estudiante, buena universidad, futuro brillante». Wilson y su equipo dividieron a los estudiantes en dos grupos. El primer grupo miró videos de estudiantes a punto de graduarse que explicaban cómo mejoraron sus notas tras conseguir adaptarse a la vida universitaria: ahí los novatos descubrieron una nueva narrativa que ofrecía una explicación alternativa a sus dificultades. Al segundo grupo no se les dio otra narrativa distinta. Los efectos fueron espectaculares: pasado un año, los estudiantes a los que se les mostró una narrativa nueva mejoraron de media 0,11 puntos (en comparación, los resultados de los estudiantes del grupo que vio videos con la narrativa antigua bajaron ligeramente) y mostraron menos tendencia a dejar la universidad (solo un 5 % abandonó la carrera, comparado con el 25 % del otro grupo).

Un ejemplo particularmente conmovedor de una secuencia de redención es el de un joven de uno de los estudios de McAdams (llamémosle James) cuya vida había estado plagada de dificultades. Tras venir a este mundo fruto de una violación, James se enfrentó a desafío tras desafío, incluida una experiencia cercana a la muerte tras ser apuñalado. Pero donde muchos solo verían oscuridad y desesperación, James ve esperanza: «Estuve muerto, pero los médicos me hicieron volver a la vida... Mi filosofía en esta vida siempre ha sido ser positivo en vez de ser negativo ante cualquier circunstancia a la que te enfrentes. Si vas con ideas positivas, avanzarás. Si te dejas enredar por las ideas negativas, te ahogarás». Podría ser fácil tildar a James de demasiado optimista. Pero los estudios sobre personas como él dejan algo claro: si vemos nuestros desafíos de forma realista y *además* como una oportunidad de redención, incluso las experiencias más horribles pueden ayudarnos a aprender, crecer y mejorar.

Así que, cuando encuentres un buen momento para escribir la historia de tu vida, no te la plantees como una narrativa hollywoodense, limpia y clara. Abrazar la complejidad, los matices y las contradicciones te ayudará a apreciar tu realidad interior en su bello desorden.

EXPLOTACIÓN DE IDEAS: DE LOS PROBLEMAS A LOS OBJETIVOS DE CRECIMIENTO

En este capítulo hemos explorado, hasta ahora, herramientas para ayudarnos a entender mejor nuestro *presente* (atención plena, tanto meditativa como no meditativa) y nuestro *pasado* (historias de vida). Llegados a este punto, pues, nos queda un tema importante: ¿cómo podemos llegar a ser más autoconscientes internamente y a tener más éxito en el *futuro*? O, como dijo un unicornio: «No es suficiente con conocerte a ti mismo. Tienes que marcarte objetivos y hacer cambios para llegar a vivir la vida que quieres». Bastante a menudo, el compromiso con el proceso del autodescubrimiento revela disparidades entre el punto en el que estamos y el punto en el que queremos o necesitamos estar en el futuro. Vamos a imaginar que, tras comparar y contrastar la situación con atención plena, adviertes que no te sientes a gusto en la empresa en la que trabajas. O quizá al trazar la historia de tu vida descubres la importancia de la familia en tu vida, pero tus semanas de ochenta horas laborales no están del todo alineadas con ese valor. Bastante a menudo, **el hecho de que decidamos actuar a partir de nuestros descubrimientos sobre nosotros mismos supone la diferencia entre el éxito y el estancamiento.**

Matt, por ejemplo, era un brillante y ambicioso profesional financiero que, además de ser una fuente de saber sobre el sector, se había llevado los elogios de sus jefes, compañeros y clientes a lo largo de su trayectoria profesional por su enfoque diligente y disciplinado. Cuando lo conocí, yo lideraba el programa de desarrollo de altas capacidades de la empresa en la que acababan de aceptarlo. Al momento pude ver que tenía muchísimo potencial.

A Matt lo habían contratado recientemente como sucesor a largo plazo para el puesto de presidente de la unidad empresarial. El plan, según me contó el director ejecutivo de la empresa, era que Matt dedicara los siguientes tres años a trabajar para el presidente y a aprender cómo funcionaba el puesto y, a continuación, se hiciera la transición correctamente y con tranquilidad cuando el presidente se retirara. Pero, como suele pasar, las cosas no salieron como estaban planeadas. Cuando Matt ya llevaba un año en el puesto, su jefe tuvo un problema de salud repentino y tuvo que abandonar la empresa. El director ejecutivo tomó la decisión de no contratar a nadie externo para sustituirlo, al menos por el momento, por lo que la puerta quedó abierta para Matt.

Pero por mucho que el director ejecutivo *quisiera* darle el puesto a su empleado de alto potencial, no estaba seguro de que Matt estuviera preparado. Eso puso a Matt en una posición algo complicada: su mentor se había ido, no había nadie designado para dirigir y alguien iba a tener que llenar ese vacío. Matt fue a hablar con el director ejecutivo y se ofreció para ocupar el puesto hasta que encontraran una solución más permanente, a lo que este accedió. Matt sabía que lo iba a pasar mal en el proceso: además de enfrentarse a los mismos desafíos que cualquier otro líder (motivar al equipo, gestionar el rendimiento y ofrecer buenos resultados), tenía la complicación añadida de ser el jefe no oficial de algunos empleados que hasta el momento habían sido sus iguales. Pero, en vez de desanimarse, Matt decidió que era la oportunidad perfecta para convertir sus problemas en soluciones; así que se marcó como objetivo desarrollar las habilidades que necesitaría para ganarse el puesto de forma permanente.

Muchas personas saben de forma instintiva que, al enfrentarse a un desafío, buscar una solución es la opción más productiva (cosa que podría explicar por qué a los jefes les encanta ladrar frasecitas como «¡No me traigas problemas, tráeme soluciones!») pero, especialmente en el mundo empresarial, se dedica una cantidad de tiempo desorbitada a centrarse en los problemas y relativamente poco a cómo arreglarlos. Pero **centrarnos en las soluciones** (a través de una técnica llamada *explotación de soluciones*) no solo nos ayuda a alcanzar nuestros objetivos en tiempo récord, sino que cuenta con la sorprendente ventaja de ayudarnos a *pensar* menos pero *comprender* más. Por ejemplo, en un estudio, los participantes hicieron un programa de orientación personal de tres meses que se centraba en marcarse objetivos y medir el progreso hacia su consecución. Este programa no solo ayudó a los participantes a alcanzar sus objetivos en un tiempo récord, sino que mostraron menos introspección y más autoconciencia. Otro estudio demostró que este progreso se mantenía durante casi ocho meses después. Y, además, la explotación de soluciones es un potente antídoto contra la rumiación.

Los datos sobre la explotación de soluciones son tan convincentes que el campo de la psicología ha formado una disciplina entera basada en la premisa de que centrarse en las soluciones puede llevar al autodescubrimiento, bienestar y éxito. Desarrollado en los 80 por el matrimonio de Steve de Shazer e Insoo Kim Berg, el enfoque denominado como «terapia breve centrada en soluciones» ha producido mejoras espectaculares en cosas como la depresión, la reincidencia, la gestión de crisis y estrés, y el funcionamiento social y psicológico en grupos de población como padres, prisioneros, adolescentes con problemas de comportamiento, trabajadores del sector sanitario o parejas con problemas matrimoniales. Y, para el tema que nos ocupa, este enfoque también está asociado con un mayor crecimiento psicológico y autodescubrimiento.

Si quieres aumentar tu capacidad de extraer soluciones de tus problemas, una herramienta sencilla pero potente es la *pregunta del milagro* (puede que la reconozcas del libro *Switch* [Cambio] de Chip y Dan Heath). Desarrollada por de Shazer y Berg, la pregunta del milagro lleva al autodescubrimiento en cualquier situación, desde el lugar de trabajo hasta nuestra vida familiar, pasando por el diván del terapeuta. Incluso se ha demostrado que lleva a los golfistas a reducir los «yips», unos espasmos incontrolables que se dan al enfrentarse al golpe de *putt*. Pero, exactamente, ¿qué es eso de la pregunta del milagro?

> Imagina que esta noche mientras estás durmiendo se produce un milagro en tu vida. Gracias a este suceso mágico e instantáneo tu problema queda completamente solucionado y quizá incluso se extiende hasta tocar y mejorar de forma infinita otras áreas de tu vida... Párate un momento a pensar. ¿Cómo ha cambiado tu vida? Descríbelo en detalle. ¿Cuál será la primera cosa que advertirás al levantarte por la mañana?

Volvamos ahora con Matt. Cuando su equipo le transmitió que su mayor problema era no delegar en los demás, Matt decidió usar la pregunta del milagro para explorar cómo podría ser la solución que necesitaba. Si su problema se resolviera mágicamente, el primer indicio sería que ya no le parecería que pedir ayuda fuese una debilidad. En vez de ello, lo consideraría como un método para hacer que su equipo mejorara, prosperara y se implicara más.

Matt siguió imaginando vívidamente cómo sería su futuro deseado cuando se resolviera el problema (o, como lo describen los hermanos Heath en *Switch*, como una postal idílica). En ese futuro, Matt sería capaz de mejorar la implicación y el rendimiento de su equipo y, a la vez, se sentiría menos cargado y más eficiente. Pero fíjate en que la solución de Matt no era una única acción excesivamente simplificada («Delegaré mejor en los demás»). En vez de ello, visualizó exactamente de qué modo iban a cambiar tanto él como sus empleados de una forma mucho más profunda.

Y, precisamente, parte del motivo por el que la pregunta del milagro puede ser tan eficaz es que nos fuerza a pensar de una forma más amplia sobre nuestras aspiraciones, un pilar clave en nuestro recorrido hacia la autoconciencia. Una unicornio con la que hablamos nos transmitió esta misma idea. Emily creció con sus siete hermanos en una familia a la que le costaba llegar a fin de mes. Decidida a no repetir los mismos errores que su familia, Emily canalizó su infancia difícil y la convirtió en motivación para triunfar en su trayectoria profesional.

> La autoconciencia no puede darse sin objetivos. Yo defino lo que necesito conseguir; por ejemplo, cuando empecé en mi empresa, necesitaba trabar relaciones fuertes y demostrar mi credibilidad. La única forma de lograrlo era ganándome la confianza de mi equipo y consiguiendo que creyeran en mí. Cualquier paso en falso me traería problemas. Así que tenía que preguntarme constantemente: «¿Cómo influirá esta acción en mi objetivo?».

Pero a la hora de mejorar nuestra autoconciencia interna, no todos los objetivos son iguales. Y del mismo modo que los niños con la mentalidad de querer «aprenderlo bien» de Carol Dweck y Carol Diener, **cuando expresamos nuestros objetivos en términos de cómo vamos a aprender y desarrollarnos, nos abrimos a un nivel completamente nuevo de autoconocimiento y realización personal.** En un estudio se pidió a estudiantes universitarios que escribieran dos párrafos sobre un objetivo importante en sus vidas y cómo estaban intentando conseguirlo. De forma interesante, cuando los estudiantes describieron objetivos que implicaban aprender y crecer, demostraron tener mayor bienestar, autoconciencia y madurez *al cabo de casi cuatro años más adelante.*[*]

En el caso de Matt, en vez de simplemente comprometerse a delegar de forma más eficaz, también fue capaz de cambiar más profundamente su modo de trabajar, conquistando su miedo a pedir ayuda y actuando para conseguir inspirar y potenciar a su equipo. Durante los siguientes meses, Matt siguió trabajando en las habilidades que iba a necesitar para triunfar como presidente en caso de que acabaran por concederle esa oportunidad. Finalmente, el director ejecutivo decidió

---

[*] Y si eres fan del programa de televisión *24*, puede que te interese saber que el primer autor de este estudio fue... redoble de tambores... Jack Bauer.

ofrecerle el puesto. Ahora, más de un año más tarde, Matt continúa superando las expectativas depositadas en él y es un potente recordatorio de que cuanto antes exploremos cómo nuestras dificultades pueden llevarnos a crecer, más fácil nos será tomar las riendas de nuestra vida y conseguir lo que queramos en ella.

◆

Llegados a este punto puede que te estés preguntando cómo terminó mi primera incursión en el mundo del *mindfulness* y si pude sobrevivir para contarlo. El último día del curso de meditación nuestro grupo hizo una larga caminata a través de la nieve hasta la Gran Estupa de Dharmakaya. Mientras cruzábamos un elegante puente de madera decorado con coloridas banderas de plegaria, alcé la vista para ver lo que se alzaba sobre nosotros: dos enormes arcos blancos coronados por un cono de oro reluciente, todo enmarcado por un anfiteatro natural de pinos nevados. Me sentí sorprendentemente emocionada.

Tras unos minutos admirando, sobrecogida, la imponente vista desde lejos, nos quitamos los zapatos y los abrigos y entramos en el santuario.

—Guau —le susurré a Abby mientras entrábamos y estirábamos el cuello para poder ver en su totalidad el enorme Buda dorado que se recortaba ante los intrincados dibujos del techo azul celeste.

«Ojalá podamos meditar aquí dentro», me descubrí pensando para mi asombro.

Y cuando lo hicimos, *finalmente* lo entendí. Nadie quedó más sorprendido que yo. Fue como si, durante todo el fin de semana, mi mente hubiera sido un vaso de agua con suciedad arremolinándose en su interior y de repente, durante unos minutos maravillosos, el agua se volviera completamente transparente. Mi mente ansiosa de tipo A, que le daba demasiadas vueltas a todo, había dejado de funcionar a mil revoluciones por segundo y ahora estaba perfectamente calmada. En ese momento comprendí por qué a todo el mundo le gustaba tanto todo eso.

En el trayecto de vuelta a casa desde Shambhala me sentí feliz de poder estar sentada tranquilamente, en silencio, con mi hermana; algo que jamás había sucedido antes. No había ninguna necesidad, advertí con fascinación y alegría, de llenar cada segundo con música o charla incesante. Mientras Abby y yo nos alejábamos de ese lugar mágico y nos adentrábamos en la ensordecedora ciudad, me planteé comprarme un cojín de meditación y convertir la mitad de mi oficina en la meca del *mindfulness*.

El día después de volver, con gran placer, me senté y medité. El día siguiente, me senté y medité (aunque las imperiosas necesidades emocionales de mi caniche de dos kilos rescatado de la perrera me pusieron las cosas bastante difíciles). Pero el día después no me senté a meditar. Ni el siguiente. Y, el siguiente día, pensé que quizá debería retrasar un poco la conversión de mi oficina en un espacio de atención plena. Admito que, desde entonces, no he meditado más; no porque no viera todo lo que el *mindfulness* tiene por ofrecerme, sino porque me parece que las técnicas no meditativas me van mejor.

Lo importante aquí es que hay muchas formas de enfocar la auto-conciencia interna: mediante historias vitales para examinar nuestro pasado, atención plena con y sin meditación para advertir nuestro presente y explotación de soluciones para darle forma a nuestro futuro. Aunque vale la pena probar cada una de estas herramientas en algún punto, puede que descubras que algunas valen más la pena que otras. Al fin y al cabo, una parte de conocerte a ti mismo es descubrir qué métodos de autoexploración te van mejor.

Tercera parte

◆

Autoconciencia externa:

Mitos y verdades

7

LA VERDAD QUE POCAS
VECES OÍMOS

De un espejo a un prisma

*En un solo segundo, un desconocido que se te acerque
por la calle te ve en conjunto, te evalúa y te considera de
un modo que tú no puedes y nunca podrás considerarte,
a pesar de haberte pasado toda tu vida contigo mismo...
y, por lo tanto, deberías conocerte mejor que nadie.*

—WALKER PERCY

Hay un viejo proverbio, respaldado por la ciencia, que reza así: «Si borracho lo dijiste, sobrio lo pensaste». Hace poco, bien entrada la noche de un sábado en un bar de mi ciudad natal, descubrí lo cierto que es esto.

Todo empezó, inocentemente, en un moderno restaurante en el centro de Denver. Mi marido y yo, junto con seis de sus amigos más antiguos, acabábamos de disfrutar de una excelente cena con superávit de vino y comida. A pesar de que, como conductora designada, me había limitado sobriamente a los refrescos, lo estaba pasando en grande. Hacía más de diez años que conocía a todas esas personas y era una de esas noches donde todo iba sobre ruedas. Mis amigos estaban inspiradísimos y me dolía la barriga de tanto reír. Cuando nos trajeron la cuenta, decidimos que lo estábamos pasando demasiado bien como para irnos a casa.

—¿Por qué no nos vamos al Celtic? —preguntó mi amiga Teresa—. ¡Hace siglos que no vamos!

—¿El viejo pub irlandés? —dijo mi marido, abriendo los ojos de par en par—. ¡Me encanta ese lugar!

Una hora más tarde, mis amigos, ya bastante ebrios, se dejaron llevar por una nostalgia incluso más embriagadora. (Resultó que el Celtic era el lugar donde solían quedar para tomar algo hacía más de veinte años). Juntamos unas cuantas mesas altas y, con los altavoces a todo volumen de fondo, empezaron a recordar los viejos tiempos. Me reí para mis adentros, imaginándome a todos estos profesionales de mediana edad y trajeados metiéndose en embrollos juveniles.

A medida que la conversación se iba dividiendo en grupos más pequeños, Teresa acercó su silla a la mía.

—Tasha —dijo, con ojos soñadores—, estamos encantadísimos de que Dave te trajera a nuestras vidas.

«Ay, ¡qué maja!», pensé, sintiéndome igual de contenta de haberlos podido conocer gracias a mi marido. Pero, antes de que pudiera responder, Teresa prosiguió:

—¡Y anda que no has mejorado desde entonces!

Yo me quedé descolocada y dudé antes de responder.

—¿Qué... qué quieres decir?

Nunca olvidaré lo que pasó después. En medio del ensordecedor alboroto de aquel garito abarrotado, Teresa se levantó, me agarró el cráneo con fuerza con sus demoledoras manos y me arrancó la cabeza de cuajo. Bueno, está claro que no me hizo eso literalmente, pero al menos esa fue la sensación que tuve. Os ahorraré los detalles, pero al parecer, mi yo de veintiséis años que acababa de sacarse el doctorado y que creía saberlo todo había sido bastante arrogante y exigente.

—Gracias —acabé balbuceando—. Gracias por tu sinceridad, Teresa. Lo que me has dicho es muy revelador.

—De nada, para eso estamos —respondió ella, radiante.

Tuve que contenerme con todas mis fuerzas para no tirarla del taburete de una patada.

En cuanto conseguí calmarme un poco, advertí que ese era un verdadero momento despertador que, en realidad, me brindaba una valiosa oportunidad. Y ojalá esa oportunidad fuese la de demostrar que Teresa no tenía ni puñetera idea de lo que estaba hablando. Pero, fuera como fuera, tenía que investigar el asunto a fondo.

Así que en el coche, de vuelta a casa, con mi alegre marido en el asiento de copiloto, le conté la conversación.

—¿Qué piensas tú? —le pregunté.

—¿Qué quieres decir?

—¿Tiene razón Teresa?

—Ay, ¿es una pregunta trampa?

—No, para nada —le aseguré, intentando sonar lo más despreocupada posible—. Simplemente quiero saber si tú también me veías del mismo modo que Teresa.

Mi marido se quedó callado un momento.

—Pueeeeeeees... —empezó—. Hombre, entiendo lo que quiere decir.

Me mordí la lengua e inspiré profundamente mientras él proseguía.

—O sea, ¿te acuerdas de cuando pediste una oficina para ti sola cuando no llevabas ni seis meses en tu puesto?

—¿Yo hice eso? —respondí, fingiendo no recordarlo.

—Bueno, no, más que pedirla, la exigiste —contestó—. A mí eso me pareció pasarse bastante de la raya.

En ese momento yo había tenido la firme convicción de que era completamente injusto que mis compañeros tuvieran oficinas y yo no. Pero, de golpe, empecé a ver las cosas desde otra perspectiva: ahí estaba yo, la señorita listilla recién contratada, exigiendo una oficina como una niña malcriada. Ahora, en retrospectiva, podía entender cómo me podrían haber percibido los demás. Se me caía la cara de la vergüenza.

Durante varias semanas me invadió una oleada de emociones. ¿Que si me había sorprendido oír estas verdades sobre mi yo más joven? Sí, sin duda. ¿Que si estaba avergonzada? Desde luego que sí.

Pero lo que predominaba era mi decepción ante la idea de que nadie, *¡nadie!* me hubiera dicho nada sobre eso durante casi más de diez años. Por suerte, parecía que había ido mejorando en la siguiente década, pero el hecho de que mi yo de veintiséis años mostrara estas tendencias sigue siendo una señal de alarma para mi yo presente. Desde que descubrí este dato sobre mí lo he tenido rondando de fondo en mi mente, contrastándolo con mi comportamiento para ser más objetiva sobre cómo me pueden percibir los demás. Esas palabras ebrias me habían mostrado una de las verdades más reveladoras sobre mí misma que jamás había descubierto.

Si la autoconciencia interna implica conocernos mejor mirando hacia adentro, la autoconciencia externa implica dirigir la mirada hacia el exterior para comprender cómo nos ven los demás. E, independientemente de cuánto nos esforcemos, es imposible hacerlo sin ayuda externa. Por desgracia, **nuestros planes para descubrir cómo nos ven los demás a menudo se ven desbaratados por un sencillo hecho: incluso las personas más cercanas a nosotros se muestran reticentes a compartir esta información.** Puede que consigamos una observación de aquí o de allá (con o sin la ayuda del alcohol para soltarles la lengua), pero sin un esfuerzo coordinado normalmente no obtendremos, como se dice en los tribunales, toda la verdad y nada más que la verdad.

De hecho, vivimos en un mundo donde las personas normalmente *no* nos dicen la verdad sobre nosotros mismos. Añade a esta combinación nuestra reluctancia incómoda a pedirla y tienes la receta perfecta para la bendita ignorancia. De hecho, para muchas personas, la simple idea de descubrir cómo nos ven los demás puede invocar muchos miedos e inseguridades («La verdad es que *sí* que se te ve gorda con esos pantalones» o «Tu presentación ha sido incoherente y decepcionante» o «Eras insufriblemente arrogante cuando tenías veintiséis años»). Aunque descubrir cómo nos ven los demás puede darnos miedo, resultar intimidante o, directamente, ser doloroso, es muchísimo mejor que la alternativa.

Imagínate por un momento que es un lunes en la oficina. Tras ir un momento al excusado a media mañana, sales del baño con una larga tira de papel higiénico pegada al zapato, cosa que tú ignoras por completo. A medida que recorres el camino de vuelta a tu oficina, tus compañeros empiezan a soltar risitas.

—¿Has visto eso? —se preguntan unos a otros.

Pero a ti nadie te dice nada. Y nadie sabe que vas de camino a una reunión con una clienta importante.

Cuando tú y tu involuntario accesorio entran en la sala de conferencias, tu clienta sonríe, perpleja, pero tampoco dice ni pío. Después, a pesar de que la reunión ha ido como la seda, ella llega a la conclusión de que debes de ser una persona atolondrada y descuidada, y decide no seguir trabajando contigo. Si solo uno de tus compañeros de trabajo te hubiera llevado aparte un momento para avisarte, te podrías haber evitado esta experiencia vergonzosa y costosa.

Está claro que mi ejemplo era intencionalmente ridículo, pero la verdad es que ya sea un estilo de dirección áspero, un don de gentes más bien pobre, una tendencia a tartamudear con los nervios o cualquier otra cosa, *todos* tenemos un trozo de papel higiénico metafórico pegado al zapato. Y muchas veces nosotros somos los últimos en verlo.

En algún punto u otro casi todos nos habremos preguntado qué están diciendo los demás de nosotros cuando salimos de la habitación. Pero, en vez de intentar ceder a este deseo, la mayoría nos aferramos a nuestras ganas de no querer averiguarlo. «Como nadie me ha dicho lo contrario, seguramente debo de saber todo lo que necesito saber sobre [mi rendimiento en el trabajo / mi matrimonio / mis habilidades de liderazgo]», decidimos. Por supuesto, este instinto es comprensible: como ya hemos visto, puede ser doloroso escuchar la verdad pura y dura. Pero, al evitarlo, nos arriesgamos a sufrir dos resultados igualmente desagradables. El primero es que no sabremos la verdad sobre los comportamientos que nos están obstaculizando, así que estaremos condenados a ir por ahí con el papel metafóricamente pegado al zapato mientras que los demás se ríen a nuestras espaldas. El segundo es que finalmente *acabaremos* por enterarnos (ya sea al oír por casualidad una conversación, porque alguien decide sincerarse espontáneamente o a través de una admisión beoda en un bar de mala muerte) de un modo que nos pilla completamente desprevenidos o cuando ya es demasiado tarde para hacer nada con lo que hemos descubierto.

El dicho en inglés de que «el *feedback* es un regalo» está tan trillado que a menudo nos olvidamos de lo cierto que es. Necesitamos este regalo por un simple motivo: **los demás a menudo nos ven de una forma más objetiva que nosotros mismos.** El psicólogo Timothy Smith y sus compañeros demostraron esto contundentemente en un estudio con trescientas parejas casadas en el que a ambos cónyuges se les hacían pruebas para enfermedades cardíacas. Se pidió a cada participante que puntuaran los niveles de enfado, hostilidad y agresividad (que son indicadores bastante fiables de este tipo de enfermedades) tanto de sí mismos como de sus parejas. El resultado fue que las valoraciones sobre sí mismos de los participantes fueron infinitamente menos precisas que las de sus cónyuges. En otro estudio se pidió a más de ciento cincuenta oficiales y subordinados de la marina que evaluaran el estilo de liderazgo de los oficiales; los resultados mostraron que solo los subordinados podían evaluar con precisión el rendimiento y las posibilidades de ascenso de sus jefes. Incluso se ha demostrado que otras personas pueden predecir mejor cómo nos vamos a comportar que nosotros mismos (algo que tú mismo puedes comprobar si alguna vez has conocido a la nueva pareja, evidentemente poco compatible, de algún amigo o amiga y has augurado, correctamente, que su relación no duraría).

De hecho, incluso un perfecto desconocido, alguien con quien jamás hayamos intercambiado una palabra, puede ver cómo somos con una precisión desconcertante. El investigador David Funder y sus compañeros compararon las evaluaciones sobre unos cuantos universitarios hechas por personas que los conocían bien (padres, amigos y compañeros de habitación), otras que los conocían un poco (conocidos de su ciudad natal y de la universidad) y otras que nunca los habían conocido (desconocidos a los que les mostraron un video de cinco minutos) en unos setenta rasgos de personalidad. Las evaluaciones de los tres grupos fueron sorprendentemente precisas: ¡todas coincidieron excepto en tres rasgos! Los tres grupos también tendieron a ver cualidades similares en los participantes, independientemente de lo bien que los conocieran. La conclusión sorprendente es que **incluso las personas a las que no conoces bien pueden ser una fuente valiosa de** *feedback*.

Y, a pesar de todo esto, sigue siendo tentador pensar que *nosotros* nos conocemos mejor de lo que ninguna otra persona nos puede conocer (al fin y al cabo, vivimos con nosotros mismos cada día, ¿no?). Para usar una metáfora que ya he mencionado anteriormente en este libro, cuando vemos nuestro reflejo en un espejo, es fácil acabar pensando que esta es la única representación de nosotros mismos y, por lo tanto, la más precisa. Es mucho más fácil y seguro contemplar nuestro reflejo que enfrentarnos a la posibilidad de que los demás no nos vean del mismo modo. Pero mirar hacia adentro es una condición necesaria pero insuficiente para el autodescubrimiento verdadero.

Cuando hablo con encargados en empresas, a menudo les pregunto:

—¿Quiénes están completamente seguros de que sus empleados ven su liderazgo exactamente del mismo modo que ustedes?

Más o menos la mitad de las personas levantan la mano. Así que decido apretarles un poco más las tuercas.

—Si estuvieran dispuestos a apostarse los ahorros para la jubilación, no bajen la mano.

En este punto suelo ver varias caras pensativas y la mayoría de las personas bajan la mano, dubitativas. Pero cuando les pregunto quién tiene «la razón» (¿ellos o sus empleados?), quizá porque quieren parecer más autoconscientes, muchos afirman con confianza: «¡Mis empleados!». Por desgracia, la respuesta no es tan sencilla. Igual que no podemos descubrirnos a nosotros mismos solo mirando nuestro propio reflejo, vernos a nosotros *solo* a través de los ojos de los demás tampoco nos ayudará a comprendernos completamente.

Una metáfora mejor que el espejo para la autoconciencia completa podría ser, por lo tanto, un prisma. Como quizá recuerdes de tus clases de ciencias naturales en primaria, cuando pasas una luz blanca por un prisma, emerge por el otro lado en forma de arcoíris. Del mismo modo, cada vez que buscamos una nueva perspectiva sobre cómo alguien nos ve, estamos añadiendo otro color a la imagen. En vez de solamente mirar una luz blanca y simple, empezaremos a vernos a nosotros mismos en una forma mucho más completa, rica y multidimensional.

Jeremiah, uno de nuestros unicornios de la autoconciencia, descubrió hace poco lo importantes que son realmente estos colores. Muchos de sus primeros momentos de autoconciencia decisivos fueron de una naturaleza más bien interna como, por ejemplo, cuando descubrió que la carrera que había cursado no iba realmente con él y decidió volver a la universidad para estudiar lo que lo apasionaba: la gestión de marca. Y aunque Jeremiah creía conocerse a sí mismo bastante bien, no fue capaz de advertir el valor de una perspectiva externa hasta que tuvo la oportunidad de asistir a un programa de certificación de *coaching* a través de su empresa.

Hasta ese momento, en su trayectoria profesional, Jeremiah siempre había abordado las cosas (ya fuera una decisión empresarial, una decisión en su carrera o una conversación con un compañero) con la mentalidad de que lo estaba haciendo «de la forma correcta» o de la «forma incorrecta». Pero, a medida que aprendía a asesorar a los demás mediante el *coaching*, acabó viendo que pocas veces había una única respuesta correcta. Descubrió que su mejor herramienta para ayudar a los clientes a encontrar el camino que más les convenía era comprender de qué modo *él* mismo influía en la dinámica. Si se sentía frustrado con una clienta porque no paraba de darle vueltas a las mismas cosas, por ejemplo, transmitirle esa sensación de forma involuntaria podría hacer que ella se pusiera a la defensiva y no razonara tan bien como podría. Y, de una forma más general, para comprender realmente cómo le podía percibir el resto de la gente, Jeremiah advirtió que tenía que buscar y valorar la opinión de los demás. Como nos explicó él mismo:

> Cuando descubres lo que los demás piensan de ti, ellos ponen ante ti su espejo, que puede mostrar un reflejo distinto al *tuyo*. Todas nuestras realidades son algo distintas, pero eso no implica que ninguna de ellas sea la realidad.

Dicho de forma sencilla, **la autoconciencia no es una única verdad**. Es el modo complejo en que se entretejen nuestro punto de vista y los que los demás tienen de nosotros. Y, de hecho, según las investigaciones sobre este tema, ambas son dos perspectivas distintas que, en vez de recoger información redundante, puede que simplemente capturen distintos aspectos de quiénes somos. Como hemos visto anteriormente, si solo contamos con una autoconciencia interna o externa, nos perdemos una parte enorme del rompecabezas. Así que, aunque debemos tomarnos las opiniones de los demás con seriedad, tampoco deberían definirnos o imponerse completamente por encima de nuestra autoimagen; la clave, como veremos, es descubrir cómo evaluar las valoraciones que recibimos y determinar cómo (y si) vamos a actuar al respecto.

En este capítulo verás unas cuantas formas para ayudarte a recibir un *feedback* útil y sincero, y desarrollar una imagen más detallada de cómo nos perciben los demás. En primer lugar, exploraremos las dos mayores barreras para el desarrollo de la autoconciencia externa. Después te mostraré cómo enfrentarte a esos obstáculos a través de tres métodos para ayudarte a buscar el tipo de *feedback* adecuado, tanto en tu trabajo como en tu vida personal.

EL EFECTO MUM (O POR QUÉ NADIE LE DICE NADA A GLEN LESTER)

Imagínate que te han elegido para participar en un estudio sobre las preferencias de los consumidores. Cuando llegas al laboratorio, te quedas algo desconcertado al descubrir que tendrás que dar tu opinión sobre desodorantes masculinos. El investigador, llamémosle doctor Rosen, te acompaña a una mesa con varias marcas y anuncia con solemnidad que hoy evaluarás uno de estos desodorantes en distintos aspectos, como color u olor. El doctor Rosen termina de explicar la tarea, te da las gracias y abandona la habitación.

Pasados unos segundos, irrumpe de nuevo en la habitación y te pregunta si te llamas Glen Lester (o, en el caso de que seas una mujer, «Gwen Lester»). Tú niegas con la cabeza. Él te explica que, en teoría, Glen tiene que llegar en un momento; alguien acaba de llamar preguntando por él, así que el doctor vuelve para ver si han dejado algún mensaje para este tal Glen. Unos momentos más tarde, el doctor Rosen vuelve a entrar y te explica que hay que avisar a Glen de que debe llamar a su casa en cuanto llegue. Parece que ha pasado algo grave con su familia y tiene que ponerse en contacto con ellos cuanto antes. Tú te preguntas qué puede haber pasado y sientes lástima por esta persona desconocida, y piensas en lo terrible que sería que te sorprendieran con una noticia horrible en público. Pero ahora viene la pregunta del millón: cuando Glen finalmente llegue, ¿qué harás? ¿Le dirás que tiene un mensaje importante? Y, en tal caso, ¿le revelarás que, en realidad, es una mala noticia?

Este inteligente experimento fue diseñado en 1986 por los psicólogos Sidney Rosen y Abraham Tesser, de la Universidad de Georgia y, como ya habrás deducido probablemente, no intentaban descubrir nada sobre los desodorantes masculinos. Lo que querían saber en realidad Rosen y Tesser era si las personas se muestran más reacias a compartir malas noticias que buenas noticias. Y eso fue exactamente lo que descubrieron. Cuando las noticias para Glen eran buenas (como pasó en un segundo grupo, a los que el doctor Rosen explicaba que la familia de Glen había tenido una buena noticia), más de la mitad de los participantes se lo contaron a Glen en cuanto este entró en la habitación. Pero cuando se trataba de una mala noticia, la cantidad de personas que le transmitieron el mensaje completo fue cinco veces inferior. De hecho, incluso cuando «Glen» (que, en realidad, estaba compinchado con los investigadores) les preguntaba qué tipo de noticia era, un 80 % de ellos se negaba a responder la pregunta. Incluso tras pedírselo varias veces, casi una cuarta parte de ellos no llegó a decirle que se trataba de una mala noticia, y el pobre Glen Lester quedó sumido en la completa ignorancia.

Para describir esta tendencia, Rosen y Tesser bautizaron el término como el *efecto* **MUM** por sus iniciales en inglés, que vendría a ser algo así como «**No decir ni pío sobre los mensajes desagradables**». Sus descubrimientos (confirmados por varios estudios posteriores) muestran que, cuando poseemos información que puede resultar desagradable para alguien, tendemos a buscar el recorrido de menos resistencia: sencillamente, optamos por no decir nada.

El efecto MUM no solo se aplica a las noticias personales que nadie quiso transmitirle a Glen Lester. También se da a la hora de transmitir información incómoda o indeseada sobre nuestros fallos y debilidades. Hace poco oí hablar sobre un equipo de trabajo cuyo encargado dimitió inesperadamente. Tras oír la noticia, todos y cada uno de sus cinco empleados creyeron ser su sucesor y esperaron con ansia su ascenso casi asegurado. Ese ascenso no solo no llegó, sino que el encargado sénior del grupo contrató a una persona externa. Al parecer, sin que ellos lo supieran, ninguno de los cinco empleados estaba haciendo su trabajo de forma aceptable a los ojos del encargado sénior, así que ya ni hablar del ascenso. Pero ¿nadie les había dicho nada? ¿Ni siquiera su antiguo jefe? Pues claro que no. Si los empleados hubieran recibido *feedback*, todos habrían tenido la oportunidad de mejorar. Al querer ahorrarse una situación incómoda con ellos, la actitud del encargado no solo tuvo consecuencias sobre sus posibilidades de ascenso, sino que resultó dañina para el funcionamiento del equipo en conjunto.

Lo que empeora las cosas todavía más es que, aunque las personas se sienten reacias a decirnos cómo nos ven, no parece que tengan el mismo problema para compartir estas opiniones con los demás. En 1972, Herb Blumberg, un estudiante de posgrado de psicología en la Universidad Johns Hopkins llevó a cabo un estudio para investigar este fenómeno. En el estudio pidió a unas cuantas estudiantes que todavía no se habían graduado que pensaran en cuatro personas de sus vidas (sus tres mejores amigos y una persona que no les cayera bien) y que hicieran una lista de los rasgos positivos y negativos de esa persona. Después Blumberg les preguntó si habían mencionado estos rasgos a alguna de las cuatro personas a las que estaban evaluando (por ejemplo: «Crees que tu mejor amiga, Gina, es una creída. ¿Alguna vez se lo has dicho a ella?»).

Los resultados fueron alarmantes. Las participantes indicaron que compartían sus opiniones con facilidad (como, por ejemplo, que «Gina es una creída») con los demás, incluso con las personas a las que no conocían, pero *casi nunca se lo decían a la persona sobre la que opinaban*. Blumberg acabó concluyendo perspicazmente que nuestro mundo social está «diseñado para que nadie pueda descubrir demasiado sobre lo que los demás piensan de él».

Este estudio es una prueba desconcertante de algo que muchos de nosotros tememos en secreto: que nuestros empleados, compañeros de trabajo, amigos y familiares probablemente *sí* que hablan de lo que piensan de nosotros; simplemente ¡no lo comentan con nosotros!

Esa sombría realidad puede ser incluso más negra en el trabajo. ¿Cuándo fue la última vez que tu jefe te hizo sentar un momento para decirte que podrías hacerlo mejor? ¿Y la última vez que tus compañeros se reunieron de forma voluntaria, dispuesta y por iniciativa propia para compartir críticas entre sí para ver cómo podrían mejorar? ¿Cuándo ha sido la última vez que has recibido un *feedback* sincero y crítico fuera de las evaluaciones de rendimiento obligatorias del Departamento de Recursos Humanos (e incluso en estas mismas evaluaciones)? Vaya, así que, ¿no recuerdas ninguna ocasión? No estás solo.

Es bastante posible que la siguiente situación te parezca bastante familiar: Bárbara está haciendo una presentación a su equipo sobre una nueva iniciativa que, a todas luces, es un desastre. Cuando termina, la habitación queda sumida en un silencio incómodo, roto por unos cuantos «Buen trabajo», «Bien hecho» y «Tengo ganas de ver cómo avanza» poco convincentes. Más tarde, el mismo día, tiene lugar la reunión no oficial después de la reunión oficial (sin Bárbara) donde su equipo habla, a menudo de forma poco amable, sobre lo que *realmente* les ha parecido su presentación. Esta situación es demasiado común porque, a pesar de que las organizaciones modernas anuncien con bombo y platillo cosas como el *feedback* y la gestión del rendimiento, muy pocas personas realmente reciben opiniones sinceras y en el momento necesario sobre cómo lo están haciendo.

Nuestra inclinación por no decir ni pío en realidad tiene sentido desde una perspectiva evolutiva. En los inicios de la raza humana, donde la supervivencia dependía del hecho de pertenecer a un grupo, desestabilizar la pirámide social a menudo implicaba la condena al ostracismo y tener que enfrentarse a los peligros en solitario; un destino que, literalmente, podía implicar la muerte. Así que, del mismo modo que apartamos instintivamente la mano del fuego, también evitamos instintivamente cualquier cosa que pueda poner en peligro nuestro estatus social. (También corrobora esto el hecho de que el rechazo social activa exactamente las mismas partes de nuestra mente que el dolor físico).

Ya hemos visto que las personas prefieren no abrir la boca en vez de compartir información dolorosa, pero ¿estarán dispuestas a mentir con total desfachatez? Anteriormente hemos conocido a Eleanor Allen, la encargada de un programa que acabó convirtiéndose en directora ejecutiva de una organización sin ánimo de lucro y que mejoró su autoconciencia gracias a la ayuda de su segundo al mando, Evelio. Pero, a pesar de su espectacular trayectoria, como muchos ingenieros, Eleanor es introvertida y durante gran parte de su carrera profesional ha tenido dificultades para hablar en público.* Especialmente en sus primeros años, cada presentación era una agonía para ella y, una vez terminada, Eleanor solía quedarse rumiando en bucle sobre cómo lo había hecho.

Tras su temporada en Puerto Rico, Eleanor y su equipo habían presentado un proyecto como candidato para otro programa a gran escala de infraestructura de aguas. Cuando descubrió que habían conseguido ser uno de los dos finalistas, su primer pensamiento fue: «Ay, no... Me tocará hacer una presentación durante la entrevista final». Pero se preparó e hizo la presentación tan bien como pudo, e incluso recuerda haberse sentido sorprendentemente tranquila después.

Pero, para su decepción, el equipo de Eleanor no consiguió el encargo. Como firme creyente en la autoconciencia externa, decidió pedir *feedback* sobre su presentación para ver si había tenido un papel importante en la pérdida. Quizá había algo que estaba pasando por alto y sus compañeros podrían ayudarla a ver qué era. Así que decidió preguntarle a un compañero de equipo de su proyecto (llamémosle Phil) qué le había parecido su presentación final.

—Ah, ¡pues te salió *genial!* —replicó él con entusiasmo—. No me entra en la cabeza por qué no nos eligieron.

Eleanor soltó un suspiro de alivio y llegó a la conclusión de que seguramente habían perdido el proyecto por otro motivo.

Siguió pensando esto hasta que, algunos días después, una compañera la llamó de forma completamente inesperada para decirle lo mucho que sentía que hubiera perdido el proyecto. Bajando la voz, le preguntó a Eleanor:

—Cuéntame, ¿qué es lo que pasó con la entrevista?

Eleanor respondió que la presentación fue bien.

---

* Desde luego, no quiero sugerir que por ser introvertido alguien automáticamente sea un mal orador; lo que quiero decir es que, para algunos introvertidos, hablar en público puede resultar especialmente difícil.

—Vaya, eso no es lo que me dijo Phil —replicó su amiga—. ¡A mí me dijo que fue *terrible*!

Eleanor se quedó de piedra; casi se le cayó el teléfono de la sorpresa. Ella le había preguntado específicamente a Phil qué le había parecido y *él le había mentido a la cara* para evitar la incomodidad de decirle la verdad. Y, por desgracia, Phil no es el único que muestra esta tendencia. Los estudios demuestran que **las personas se muestran completamente dispuestas a decir «mentiras piadosas» cuando son más fáciles que la verdad pura y dura**. En un inteligente estudio, las investigadoras Bella DePaulo y Kathy Bell invitaron a los participantes a pasar al laboratorio y les pidieron que evaluaran una serie de cuadros. Después, las investigadoras hicieron pasar a los artistas que los habían creado y les pidieron a los participantes que repitieran los comentarios que acaban de hacer. Y, ¡cómo son las cosas!, todos suavizaron lo que habían dicho y muchos directamente mintieron, especialmente cuando los artistas dijeron que el cuadro en cuestión era muy importante a nivel personal para ellos. Un participante pasó de decir, en privado, que un cuadro era feo, *feísimo*, a decirle al artista que le gustaba mucho y que era el segundo que más le gustaba del grupo.

Como concluyeron DePaulo y Bell, no solo «practicamos la cortesía», sino que tendemos a mentir cuando la otra persona está personalmente implicada en aquello sobre lo que le damos nuestra opinión. Así que mentimos por el mismo motivo que nuestros antepasados tribales: no queremos desestabilizar la pirámide social. En vez de ello, aceptamos educadamente la «cara» que las personas presentan al mundo (es decir, quien *nosotros* pensamos que *ellos* creen ser) y evitamos mostrarles información que pueda poner esta imagen en peligro, incluso aunque hacerlo pueda resultarles útil.

En el caso de Eleanor, la mentira piadosa de Phil fue una situación despertador que le provocó un autodescubrimiento drástico. Al advertir que limitarse a preguntar «¿Cómo crees que lo he hecho?» no suele ser suficiente, desde entonces ella ha decidido buscar de forma proactiva opiniones específicas y concretas de personas que sabe que le dirán la verdad. Como resultado, Eleanor ha crecido muchísimo: para dar un ejemplo, como directora ejecutiva de la organización sin ánimo de lucro Water for People, Eleanor dio hace poco una charla TEDx Mile High que habría dejado a Phil sin palabras. Parece que el dicho «El que no llora, no mama» es especialmente cierto a la hora de buscar la verdad sobre cómo nos perciben los demás.

Pero como Eleanor y otros como ella descubren a menudo, la autoconciencia pasa a ser especialmente esencial e infinitamente más complicada cuando tú eres el jefe. Los estudios demuestran que los líderes autoconscientes tienen más éxito y más posibilidades de ascender, e incluso algunas investigaciones han llegado a demostrar que la autoconciencia es el mejor predictor del éxito en el liderazgo. El problema es que, cuanto más arriba estés en la cadena alimenticia de tu empresa, menos probable es que seas autoconsciente, un mal que se ha denominado como *la enfermedad del director ejecutivo*. Al fin y al cabo, ¿a quién le apetece realmente decirle a su jefe que su forma de dirigir echa a los demás atrás, que sus últimas decisiones de personal están causando irritación o que sus clientes piensan que es demasiado controlador? Lo que complica todavía más las cosas, como hemos visto en el caso de Steve en el capítulo 3, es que la confianza excesiva en uno mismo que nace de éxitos anteriores puede hacer que a los jefes les resulte desafiante escuchar y aceptar los comentarios difíciles, con lo que los empleados se sienten todavía más reacios a dar su opinión.

El presidente de Pixar, Ed Catmull, ha experimentado en sus carnes la poca disposición que hay a la hora de decirles la verdad a las personas al poder. Años antes de fundar su propia empresa y convertirse en presidente de Disney Animation Studios, Ed era un joven estudiante de doctorado en el incipiente programa de informática gráfica de la Universidad de Utah. Le encantaba la camaradería que tenía con sus profesores y otros estudiantes; no había jerarquías estrictas, trabajaban de forma independiente y, en general, todos se llevaban bien entre sí. A Catmull le gustó tanto este ambiente que creó una estructura similar en su primer trabajo cuando terminó la universidad. Como jefe de un pequeño equipo de investigación de animación por ordenador en el Instituto de Tecnología de Nueva York, contrató a personas inteligentes, las trató como iguales y las dejó trabajar tranquilamente en lo suyo. Como resultado, ellos le hablaban prácticamente de cualquier cosa que pasara. Participaba en actividades sociales y básicamente era uno más del grupo; se sentía bien.

Pero cuando Catmull fue contratado para dirigir la división de informática recién formada de Lucasfilm, advirtió que tendría que replantearse el modo en que gestionaba la relación con sus subalternos. Su equipo iba a ser mayor, contaría con más recursos y tendría un perfil mucho más alto. Para conseguir materializar la ambiciosa visión de George Lucas de llevar las tecnologías informáticas a Hollywood, pensó Catmull, tendría que adoptar una estructura mucho más formal y jerárquica, con encargados dirigiendo cada uno de los equipos de gráficos, video y audio. Cuando empezó a trabajar de esta forma, advirtió casi instantáneamente que algo había cambiado. Las charlas informales pasaban a silenciarse cada vez que entraba en una habitación. Casi siempre le daban buenas noticias y en contadas ocasiones le hablaban de cosas negativas. Y su equipo ya no lo invitaba a sus reuniones sociales.

A Catmull la situación no le hacía mucha gracia, pero tampoco entendía por qué las cosas eran así. No *tenía la sensación* de ser distinto al Ed de la Universidad de Utah o de Nueva York, pero tras batallar con esta pregunta varios meses, acabó cayendo en la cuenta de que su nuevo rol como «el Jefe», junto con su creciente protagonismo en la comunidad académica, habían cambiado el modo en que lo *percibían* los demás. «Aunque yo no había cambiado», me explicó, «entendí que vale, ahora las cosas van así y probablemente con el tiempo irán empeorando». En el caso de Catmull, «las cosas» eran el efecto MUM, y esto estaba resultando ser un obstáculo enorme no solo en su propio rendimiento, sino para la autoconciencia colectiva de su equipo. Como veremos más adelante en este libro, Catmull se ha marcado como prioridad principal combatir el efecto MUM y buscar una verdad sincera, no solo sobre él como líder sino sobre los desafíos y problemas a los que se enfrenta su empresa. Y esto ha marcado una diferencia abismal. Aun así, como pronto veremos, superar el efecto MUM es solo la mitad de la batalla, especialmente en el caso de los líderes.

LA TRINIDAD DEL AVESTRUZ

Si la primera barrera hacia la autoconciencia externa es la reticencia de los demás a decir la verdad, la segunda es nuestra propia reticencia para pedirla. La mayoría de nosotros, al menos intelectualmente, sabemos que deberíamos pedir más *feedback* del que pedimos por ahora. Pero aunque tengamos un motivo racional para hacer algo, nuestras emociones pueden seguir paralizándonos; en este caso, como pedir *feedback* nos hace sentir incómodos, decidimos buscar formas de justificar nuestra ignorancia voluntaria.

Por lo que yo he visto en mi experiencia, hay tres excusas principales que solemos darnos, y como están diseñadas para hacernos sentir mejor con nuestra disposición a tener la cabeza enterrada en la arena, yo las he denominado la **trinidad del avestruz**. Pero, por suerte, es completamente posible sobreponernos a estas excusas y solo hace falta una simple decisión: buscar la verdad por nuestros propios medios en vez de dejar esta responsabilidad en las bienintencionadas manos (aunque atadas por el efecto MUM) de los demás.

Vamos a empezar por la primera excusa: **no necesito pedir feedback**. Tras haber conocido el efecto MUM, ahora ya sabemos que esto es directamente mentira, especialmente en el caso de los dirigentes. Si queremos pruebas de ello, no tenemos más que mirar en los anales de la historia del mundo de los negocios. Cuando Pehr Gyllenhammar asumió el puesto de presidente ejecutivo de Volvo en 1971, el futuro del fabricante de vehículos parecía tan brillante y deslumbrante como sus coches recién pintados. Este joven prodigio de treinta y seis años había nacido en el seno de la realeza del mundo de los negocios; su padre, Pehr Gyllenhammar sénior, era el director ejecutivo de Skandia, la mayor aseguradora de Escandinavia. Formado en la prestigiosa Universidad de Lund de Suecia y en el Centre d'Etudes Industrielles de Suiza, Pehr Gyllenhammar hijo trabajaba duramente, confiaba en sus capacidades y aprovechaba con maestría las relaciones con las que contaba. De hecho, acababa de ocupar el puesto de su padre como director ejecutivo de Skandia cuando, meses después, pasó a reemplazar a su suegro como cabeza de la próspera empresa sueca de automóviles.

Desde el primer momento, Gyllenhammar mostró poco interés en mantener un perfil bajo. Entraba pavoneándose cada día en la oficina con un Volvo Turbo 244 de 1979, o bien en su serie 240 de 1980 con un motor B21ET; o en su 262 coupé de 1981; todos personalizados en un rojo brillante con el interior a juego. Aunque ningún otro Volvo tuviera esa gama de colores, Gyllenhammar quería que sus coches fueran «atrevidos», «provocativos» y que tuvieran «descaro». Ese era también su modo de dirigir la empresa.

Y parecía funcionar. Al menos al principio, mientras se regodeaba en el éxito que había tenido al crear el innovador modelo de equipos de artesanos de Volvo. Pero este éxito pronto sembraría las semillas de su destrucción. En los años siguientes, a Gyllenhammar se le fue subiendo a la cabeza el éxito a medida que aumentaban los ingresos de la compañía, lo que le llevó a ganarse el apodo de «el Emperador». Su soberbia, exceso de confianza en sí mismo y su negativa a la hora de escuchar el consejo de los demás lo llevaron a meterse en acuerdos arriesgados con beneficios irrisorios e, inexplicablemente, a menudo presumía de ello ante la prensa. En los últimos años, mientras Volvo sufría pérdidas y tenía que cerrar plantas, Gyllenhammar era el ejecutivo mejor pagado de Escandinavia. Y como había sembrado la junta de Volvo con amigos personales que sabía que jamás le plantarían cara respecto a sus errores, parecía que sus decisiones iban a seguir igual sin que nadie las cuestionara.

En septiembre de 1993, Volvo anunció su fusión con Renault, el fabricante de automóviles propiedad del Estado francés. Era una maniobra que iba a convertir a la nueva entidad en el sexto mayor fabricante de automóviles del mundo. ¿Y quién fantasaba con ser el presidente de la junta de accionistas mayoritarios? Pues Pehr Gyllenhammar, ¡claro! Junto con el director ejecutivo de Renault, Louis Schweitzer, trazaron orgullosamente un plan de su nueva empresa sin fronteras.

Pero desde el momento en que los empleados y encargados de Volvo oyeron la noticia, todos se mostraron claramente en contra del proyecto. Convencidos de que era tanto una mala decisión de negocio como un intento de venderlos al mejor postor, una voz anónima describió la situación como «un desastre imposible de descifrar». Aun así, Gyllenhammar ignoró sus súplicas y, sorprendentemente, siguió mostrándose confiado en el trato. En un punto determinado, emitió un prospecto actualizado que aumentó la previsión de ahorro del trato de 4.800 millones de dólares a 7.400 millones, a pesar de no contar con ningún nuevo dato para respaldar estas infladas estimaciones.

Cuando quedó más que claro que Gyllenhammar no tenía ningún interés en escuchar las opiniones de sus empleados, estos decidieron filtrarlas a la prensa. En ese momento, los accionistas minoritarios empezaron a expresar públicamente su oposición al trato. A estos se sumaron anuncios similares de accionistas de más envergadura, como la aseguradora Skandia (sí, la empresa de su propio padre). Como observó un accionista de peso: «No éramos conscientes de que el señor Gyllenhammar tuviera tantos enemigos personales».

En una reacción que debió de pillar completamente por sorpresa al ignorante «Emperador», los inversores de Volvo acabaron por formar una alianza y la junta retiró su propuesta de fusión. Ese mismo día Gyllenhammar dimitió; su negativa a escuchar a sus empleados, su rechazo a pedir consejo a sus asesores más cercanos y su incapacidad para cuestionar sus propias suposiciones acabaron por hacer desaparecer mil cien millones en acciones. Solo cinco años más tarde Ford acabó por adquirir la compañía, y la brillante y deslumbrante carrera de Gyllenhammar se hundió juntamente con la empresa que había dirigido de una forma tan catastrófica.

Aunque las empresas de este tamaño pocas veces fallan debido a una única persona, la soberbia de Gyllenhammar y su falta de autoconciencia jugaron un papel muy importante. Como muestra, un botón: años más adelante, en una cómica exhibición de su autoengaño incesante, Gyllenhammar atribuyó la culpa del trato fallido a una «*vendetta* personal» en su contra.

Seamos directores o no de una empresa de miles de millones de dólares, proteger nuestros frágiles egos decidiendo que nosotros tenemos la razón y que los demás están equivocados puede resultar, cuanto menos, arriesgado; en el peor de los casos será devastador. La buena noticia es que superar la primera excusa de la trinidad del avestruz es bastante sencillo: solo tenemos que decidir sacar la cabeza de la arena y reconocer que **las opiniones de los demás son tan importantes para el autodescubrimiento como las nuestras.**

En otras ocasiones *sí* que queremos pedir *feedback*, pero nos preocupa que hacerlo pueda transmitir debilidad o tener un precio. Aun así, esta segunda excusa, la de **no debería pedir feedback**, carece igualmente de fundamento. Un estudio demostró que el 83 % de los líderes con mejores resultados piden *feedback* con regularidad, en comparación con el 17 % de los que cuentan con peores resultados. Así que más bien al contrario: **pedir *feedback* crítico conlleva recompensas sociales y profesionales.** A los dirigentes que lo hacen se los considera más efectivos; esto no es la opinión de sus jefes, sino también la de sus compañeros y empleados (de forma interesante, a aquellos que buscan principalmente *feedback* positivo se los percibe como menos eficaces). No resulta sorprendente saber que casi tres cuartos de nuestros unicornios afirmaron tener una estrategia proactiva para obtener información de personas que les dirán la verdad.

Así que, si seguimos su ejemplo y reunimos el valor necesario, recibiremos como recompensa un mayor conocimiento sobre nosotros mismos y una nueva perspectiva sobre cómo podemos mejorar.

La excusa final de la trinidad del avestruz es quizá la más comprensible: *no quiero pedir* **feedback.** No hace falta tener un título en psicología organizacional para saber que el *feedback* puede resultar doloroso. Incluso aunque somos conscientes de su valor, lo tememos porque puede resultar un trago amargo. A lo largo de mi carrera he hecho cientos de presentaciones y talleres y, a día de hoy, cada vez que me siento para leer las evaluaciones del público se me sigue haciendo un nudo en el estómago. Estoy convencida de que conoces esa sensación: es el miedo que te atenaza cuando vas a reunirte con tu jefe para tu evaluación de rendimiento, te sientas en una sesión de consejería matrimonial o vuelves a hablar por primera vez con un amigo o compañero tras un conflicto.

Pero aunque la mayoría de las personas tienen miedo del *feedback*, seguro que la tranquilidad con la que nuestros unicornios lo reciben será una inspiración para el resto de nosotros, ¿verdad? Pues resulta que no: ellos tienen las mismas reacciones que nosotros (a pesar de su apodo de fantasía, siguen siendo humanos). Un ejecutivo de ventas me dijo, en broma:

—¡Qué va! ¡Si yo *odio* que me digan que no soy perfecto!

Pero lo que hace que los unicornios sean especiales de verdad es el hecho de que consiguen superar el miedo, la sensación de vulnerabilidad y las ganas de ponerse a la defensiva y se lanzan a pedirlo de todos modos. Como opinó el presidente de Estados Unidos Franklin Delano Roosevelt en una ocasión: «La valentía no es la ausencia de miedo, sino más bien la valoración de que hay algo aparte más importante que el miedo». En nuestro caso, ese «algo aparte» es el autodescubrimiento.

Está claro que caer en las garras de la trinidad del avestruz es una barrera tremendamente peligrosa para la autoconciencia externa. Aun así, es posible superarla. En vez de esperar a que el *feedback* venga a nosotros y arriesgarnos a que nos pille por sorpresa o, lo que es peor, enterremos la cabeza en la arena, podemos **decidir descubrir la verdad en nuestros propios términos**. Así que vamos a acudir a tres estrategias muy útiles para ello. (También te sugiero que hagas la evaluación rápida del apéndice M para que tengas un punto de referencia de cuánto *feedback* pides ahora).

FEEDBACK DE 360°

El primer método, el *feedback* de 360°, parece omnipresente en las organizaciones modernas. Con una dilatada historia que se remonta a los años 50, está diseñado para ofrecer una panorámica no solo de cómo nos ven nuestros encargados, sino también otros grupos diversos, como tus subordinados directos, compañeros, clientes o miembros de la junta. (Se llama «de 360°» porque recibes información de todas direcciones). Los avances tecnológicos recientes han hecho que el *feedback* de 360° esté más al alcance de los trabajadores de pequeñas y grandes empresas y, por otro lado, se ha hecho cada vez más popular a partir del crecimiento simultáneo de la psicología organizacional, mi campo de especialidad. Hoy en día, dependiendo de a quién se lo preguntes, desde un 30 % hasta un 90 % de las empresas usan esta herramienta de un modo u otro. Pero el *feedback* de 360° no es solo para las empresas: también es tremendamente útil en familias, escuelas y comunidades, por poner algunos ejemplos. En un estudio, los estudiantes de un programa de ciencia y tecnología que recibieron *feedback* de 360° (de amigos, padres y profesores) entregaron deberes mucho mejor hechos e incluso obtuvieron mejores notas en el curso.

Se ha escrito tanto sobre las evaluaciones de 360° (y es bastante probable que hayas pasado al menos por una durante tu trayectoria profesional) que no las repasaré en profundidad; me limitaré a mencionar brevemente sus ventajas y desventajas a la hora de aumentar nuestra autoconciencia externa. (Y si todavía no has hecho ninguna, en el apéndice N encontrarás unos cuantos recursos gratis). Una de las mayores ventajas de las evaluaciones de 360° son su anonimato. Como se hace una media de las respuestas recibidas, es posible dar tu *feedback* sin miedo a que te acabe pasando factura. Esto es especialmente cierto en el caso de los jefes cuyos subordinados temen las repercusiones de ser brutalmente sinceros; por suerte, el efecto MUM a menudo desaparece cuando no puede rastrearse el origen del *feedback* hasta nosotros.

La segunda ventaja de las evaluaciones de 360° es que nos ayudan a comparar nuestra percepción de nosotros mismos con la de los demás. Por ejemplo, puede que descubras que, mientras tú crees ser trabajador y meticuloso, tu jefe no comparte tu opinión. O quizá descubras que tus compañeros creen que eres un gran comunicador y que conectas bien con los demás a pesar de que a ti no te lo parezca para nada. Aun así, independientemente de lo que descubramos, cuando hay varias personas que nos dicen la misma cosa es difícil negarlo con explicaciones: «Bueno, es que está celoso porque a mí me han ascendido antes» o «Esta no tiene ni idea de lo que es tener buenas habilidades de comunicación». Como me dijo un encargado que acababa de recibir una evaluación de 360°: «[Si la evaluación de 360°] resulta crítica en algo, mi primera reacción es: "Pero ¿qué dices? ¡No tienes ni idea!". Pero si se repite... Y ves que hay varias personas diciéndote lo mismo, tendrás que enfrentarte a los hechos: o bien es verdad o bien es la percepción que tienen de ti, lo cual es igual de importante».

A pesar de las claras ventajas que tienen las evaluaciones de 360°, también conllevan una serie de desventajas que impiden que sean la ruta «completa y perfecta» para la autoconciencia externa. Lo primero y más importante es que, como las evaluaciones de 360° son numéricas, puede resultar difícil interpretar los resultados de una forma significativa o útil. «Ah, vaya, he sacado un 2 de 5 en creación de relaciones», podemos decirnos, «pero ¿se puede saber qué quiere decir eso en realidad? ¿Y qué tendría que empezar a hacer de otra forma?». A nadie le gustan más los datos y los números que a mí, pero cuesta transformar este tipo de información en autodescubrimiento. Una forma de conseguir superar esto es a través de una variación que prefiero usar en mi trabajo como asesora de ejecutivos y que yo denomino «evaluación de 360° cualitativa». En vez de limitarme a enviarle una encuesta a la gente, los localizo y hablo con ellos. Después, al explicar a mis clientes los resultados, puedo proporcionarles temas y ejemplos específicos, con lo que la imagen resultante es mucho más detallada.

Por supuesto, estas desventajas no significan que debamos abandonar completamente el *feedback* de 360°. En vez de ello, deberíamos usarlo en conjunción con otros enfoques. En concreto, una evaluación de 360° puede ser un primer paso extremadamente útil para obtener información sobre pilares como nuestros patrones, reacciones e influencia en los demás. Vamos a seguir un enfoque complementario que ha resultado ser una de las herramientas de *feedback* más útiles que tenemos a nuestra disposición.

EL *FEEDBACK* ADECUADO

Una gélida tarde de invierno me senté en una cacofónica cafetería a esperar a que Kim, mi nueva clienta, entrara por la puerta. Su jefe, Greg, me había contratado para que trabajara con ella en vista de una serie de situaciones bastante extrañas. Según Greg, a Kim, la encargada del cumplimiento de normativas, le estaba costando aceptar un *feedback* algo complicado que había recibido en una reciente valoración de 360°. Su comportamiento empezaba a ser cada vez más preocupante: solo en el último mes, Greg había recibido dos quejas de ella de encargados de otros departamentos.

Consciente de que toda situación tiene dos perspectivas, yo tenía ganas de saber qué pensaba Kim. Cuando la puerta se abrió con una corriente de aire frío levanté la vista para descubrir a una minúscula mujer con una melena castaña salvaje e impecablemente vestida que ojeaba la sala con impaciencia. Su intensa mirada acabó encontrándose con la mía.

—¿Tasha? —vi que articulaba con la boca.

Asentí y le hice un gesto para que se acercara. Intercambiamos un par de comentarios amables, pero se veía que no le apetecía demasiado estar ahí.

—Bueno, pues vamos al grano —le dije—. ¿Por qué no me explicas un poco cómo te puedo ayudar?

Kim tomó aire y se lanzó a contarme su parte de la historia. Greg, pocos meses después de asumir el cargo como dirigente, había decidido llevar a cabo una sesión de desarrollo del equipo. Como parte del proceso, pidió a todo el mundo que hiciera una evaluación de 360° para conseguir *feedback* sobre cómo los veían sus compañeros y empleados. Como pasa siempre, hubo muchas sorpresas y, para Kim, no fueron de las agradables. Lo que había descubierto, de hecho, había puesto su mundo (y sus percepciones de sí misma) patas arriba.

—Me siento muy agradecida de que Greg te haya contratado para ayudarme —me explicó—, pero tengo que decirte que... la evaluación ha sido demoledora y me está costando mucho aceptarla. Quizá podríamos empezar simplemente intentando entender qué ha pasado.

Para comenzar con algo positivo, le pregunté a Kim si alguna parte de los resultados había sido una sorpresa agradable. Su triste expresión se vio interrumpida por algo que casi parecía una sonrisa.

—Bueno, me gustó saber que mi equipo dice que los empodero —me dijo—, porque eso es muy importante para mí. Y, de un modo más general, la gente me ve como alguien que piensa estratégicamente y que se compromete a hacer lo que es mejor para el negocio.

—Conozco a personas que matarían por tener solo una de esas cualidades —repuse yo—. Vale, entonces, ¿qué descubriste que te dejó tan descolocada?

Kim rebuscó en su bolso y sacó un inmaculado sobre marrón con el título «Resultados de mi evaluación de 360°». Sacó el informe, lo colocó con cuidado sobre la mesa y se dedicó a clavarle una mirada acusadora durante medio minuto bien bueno. Lo abrió por una página donde había garabateado notas por todo el margen.

—Al parecer, las personas con las que trabajo piensan que soy áspera, agresiva y creída. Uno mencionó una reunión donde, al parecer, ataqué verbalmente a alguien cuando tomó una mala decisión para el negocio. Y otra persona dijo que acribillo a la gente a preguntas, que juzgo demasiado rápido a los demás y que soy demasiado directa.

Le pregunté si alguna vez había recibido este tipo de comentarios.

—No, jamás —respondió ella—. La razón de que esto sea tan sorprendente para mí es que siempre he sido muy insegura y el hecho de que *alguien* pueda llegar a pensar que soy una creída es... bueno, es que se me parte el corazón. —Vi que los ojos se le empezaban a inundar de lágrimas—. No tengo ni idea de qué es lo que hago para dar esa impresión —concluyó, desconsolada.

La verdad es que sentí pena por Kim. Tras trabajar con tantos clientes en la misma posición, sé lo difícil que es descubrir que los demás no siempre nos ven del mismo modo en que *nosotros* nos vemos a nosotros mismos. Y, de hecho, el motivo por el que la había pillado tan desprevenida era que ella no había pedido el tipo de *feedback* adecuado; a decir verdad, ella no había pedido ningún tipo de *feedback*. Claramente teníamos una tarea monumental por delante. Alabé a Kim por el paso enorme que estaba haciendo; seguro que pronto podría echar la vista atrás y considerarlo como un punto de inflexión en su carrera.

Tras darle a Kim algo de tiempo para procesar nuestra primera conversación, volvimos a encontrarnos para definir unos cuantos objetivos para los siguientes meses. Pero yo notaba que había algo que seguía molestándola, así que le pregunté qué era.

—Lo que empiezo a ver claro —me explicó— es que me paso tanto tiempo buscando buenos resultados que acabo por olvidarme de mi relación con los demás. Pero sigo sin entender qué es lo que hago para que los otros tengan esta percepción. ¿Cómo voy a poder mejorar si no entiendo qué tengo que cambiar?

Fue una pregunta muy inteligente que ilustra una desafortunada verdad sobre el *feedback*: **si no sabemos por qué comportamiento** estamos recibiendo este *feedback,* seguiremos sin tener el poder de tomar mejores decisiones. Por suerte, yo tenía un as en la manga, pero me daba miedo que Kim rechazara la solución que le iba a proponer sin pensárselo dos veces.

—Creo que lo que necesitas es tener mejor información —empecé—, y la única forma de conseguirla es haciendo preguntas algo más directas a un par de personas.

Como ya había imaginado, a Kim le preocupó que esto pareciera una muestra de debilidad (¿recuerdas la segunda excusa de la trinidad del avestruz?). Pero, tras un poco de persuasión, accedió a intentarlo.

Para ayudarla a ganar una mayor perspectiva sobre cómo la percibían los demás, Kim y yo seguimos un proceso al que denomino «**el proceso de** *feedback* **ADECUADO**». La idea es que todo el *feedback* (y todas las fuentes de *feedback*) no son iguales: tenemos que elegir a las *personas* ADECUADAS, hacerles las *preguntas* ADECUADAS y seguir el *proceso* ADECUADO para conseguir el tipo de información valiosa que lleva a un autodescubrimiento útil.

Cuando empecé a estudiar a nuestros unicornios, yo esperaba que dijeran que pedían *feedback* a todo el mundo: a sus compañeros, a sus amigos, a sus vecinos y hasta a la persona que tuvieran delante haciendo cola en el supermercado. Pero, para mi sorpresa, más bien pasaba lo opuesto. Una brillante y joven encargada del Departamento de Atención al Cliente de las Filipinas (que, además, era una unicornio) explicó lo siguiente: «Yo recibo *feedback* constantemente, pero no de *toda* la gente. Solo confío en un grupo reducido y leal que sé que me dirán la verdad». Y, como veremos, no es la única que actúa así. De hecho, como grupo, nuestros unicornios han mostrado tener una similitud destacable en lo selectivos que llegan a ser. Todos reconocen que la calidad tiene preferencia sobre la cantidad y que no todas las opiniones de los demás llevan a un autodescubrimiento verdadero; por eso, siempre intentan centrarse en elegir a **las personas adecuadas**.

Ahora bien, antes de que veamos a quién debemos pedir *feedback,* vamos a empezar por aquellas personas a quienes *no* deberíamos pedírselo. La primera categoría, los **críticos descarnados**, son aquellas personas que nos criticarán hagamos lo que hagamos: un compañero de trabajo envidioso, un ex que nos guarda rencor o un jefe irracionalmente estirado. Sean cuales sean sus motivos (quizá no quieren vernos triunfar, no confían en nosotros o simplemente son excesivamente críticos), su *feedback* rara vez refleja de forma objetiva la realidad.

En el otro extremo encontraremos al otro tipo de personas cuyo *feedback* debemos evitar: los **amantes incondicionales**. Mientras que los críticos descarnados odian todo lo que hacemos, los amantes incondicionales no serían capaces de criticarnos aunque les apuntaran con un arma en la cabeza. En este grupo se incluyen las personas que piensan que somos unos santos y que no le haríamos daño ni a una mosca (por ejemplo, nuestras madres) y aquellos que tienen miedo de decirnos la verdad (por ejemplo, personas muy complacientes o subordinados atemorizados). Y aunque el *feedback* de los amantes incondicionales siempre será mucho más fácil de escuchar, no siempre puedes confiar en él. El profesor de liderazgo John Jacob Gardner observó: «Compadécete del líder atrapado entre los críticos que no le quieren y los queridos que no le critican».

Así que, si no deberíamos pedir *feedback* a críticos descarnados ni a amantes incondicionales, ¿a *quién* deberíamos pedírselo? La respuesta es a los **amantes críticos**: personas que serán sinceras sin dejar de tener presente lo que es mejor para nosotros. Pero las personas ideales para este trabajo no son siempre las más evidentes. Es fácil asumir que aquellas personas que nos son más cercanas, como nuestro cónyuge o mejor amigo, serán nuestros mejores amantes críticos. Pero aunque alguien nos conozca muy bien no por ello será adecuado para esta función. Hay varios factores añadidos que también deberás tener en cuenta.

El primero es el **nivel de confianza mutua**. Un crítico amante no tiene por qué ser alguien que te ayudaría a enterrar un cadáver o que acudiría a pagar la fianza para sacarte de la prisión a las dos de la mañana (aunque, con algo de suerte, no te hará falta tener amigos para estas situaciones), pero deben ser personas que sepas implícitamente que van a querer lo mejor para ti. Recuerda que *cercanía* y *confianza* no son siempre la misma cosa. A menudo, cuanto más tiempo hace que conocemos a alguien, más compleja puede ser nuestra relación, especialmente si compartimos lazos estrechos (creo que la palabra «amienemigo» se inventó específicamente para esta situación). Elegir a alguien con quien tenemos una historia larga y complicada no necesariamente implica que no pueda darnos un buen *feedback*, pero puede que la conversación acabe siendo más complicada o emocionalmente dura de lo necesario.

Asimismo, puede que haya alguien a quien no conozcas tan bien, como un compañero de trabajo o un conocido, que quiere que tengas éxito de todo corazón y que está dispuesto a tener un papel a la hora de ayudarte a ser mejor. En el caso de Kim, una de sus críticas amantes (que, en mi opinión, fue la que le dio el *feedback* más útil) fue una compañera con la que llevaba trabajando varios años pero con la que no tenía una relación especialmente cercana. No eran amigas, pero Kim la conocía lo suficientemente como para saber que su compañera tenía las mejores intenciones para ella.

Identificar a críticos amantes no es fácil, pero, en este caso, los hechos hablan por sí solos. ¿Esta persona se esfuerza a propósito para ayudarte a mejorar? ¿Invierte su tiempo y energía en ayudarte a crecer y triunfar? La siguiente anécdota de Ed Catmull, el presidente de Pixar, en el inicio de su trayectoria profesional es el ejemplo perfecto de cómo detectar a un crítico amante.

Como he mencionado anteriormente, mucho antes de que Catmull fundara Pixar, él era un estudiante de doctorado en un programa de informática de la Universidad de Utah al que le ponía de los nervios escribir su tesis. A pesar de ser el autor del rompedor descubrimiento del *buffer* de profundidad, un algoritmo que permite a los ordenadores registrar la profundidad de objetos tridimensionales, Catmull no había escrito demasiadas cosas a lo largo de su vida.

Cuando finalmente terminó su disertación, la envió al comité correspondiente y esperó sus reseñas con ansia. El primero en responder se deshizo en elogios. «Quizá no lo haga tan mal eso de escribir», concluyó Catmull. Más tarde, esa misma semana, recibió más *feedback* de otra persona del comité que, además, resultó ser el jefe del departamento. Pero esta vez los comentarios, no tan amables, le acabaron comunicando de forma inequívoca que la tesis, de hecho, estaba horriblemente escrita. Catmull estuvo varios días rascándose la cabeza, intentando conciliar estas dos respuestas aparentemente contradictorias.

Entonces una tarde el miembro del comité que tan amable había sido al principio se personó en la oficina de Catmull y procedió a despedazar su disertación con una lista de todas las cosas que eran incorrectas. E incluso aunque *esos* comentarios eran iguales a los que le había dado el presidente del departamento, la reacción de Catmull no podría haber sido más distinta. «¿Se puede saber qué narices le pasa a este hombre?», se preguntó enfadado. No estaba negando que la valoración fuera precisa, sino que el problema radicaba en el motivo del miembro del comité para dársela. «Este no quiere ayudarme», se dijo Catmull. «Lo que realmente quiere es impresionar al jefe de departamento». Catmull no tuvo que pensárselo demasiado antes de decidir retirar a ese hombre de su comité.

Y aunque esta persona claramente no estaba actuando del modo que más le beneficiaba a él, Catmull tenía la corazonada de que el jefe del departamento sí. Sus instintos resultaron ser correctos cuando el ocupadísimo jefe del departamento lo invitó a su casa para hablar de cómo mejorar el manuscrito y decidió dedicar un día entero a revisarlo y repasarlo junto a él. El producto terminado fue espectacular. Catmull no solo superó la defensa con todos los honores, sino que su trabajo está considerado como una de las contribuciones más significativas en la historia de la computación gráfica. Pero la lección más importante que Catmull aprendió de la experiencia fue que cualquiera puede lanzar críticas negativas y después huir de la quema. Pero si una persona decide quedarse a tu lado para ayudarte a entender y aprovechar las críticas, sabrás que es alguien en quien realmente puedes confiar.

Aun así, a la hora de dar *feedback*, tener una buena intención no siempre es suficiente. (Ya sabes lo que se dice: «El camino al infierno está lleno de buenas intenciones»). Para producir un autodescubrimiento realmente útil, la persona también debe tener **suficiente exposición al comportamiento sobre el que quieres *feedback* y una idea clara de qué es lo mejor al respecto.** Por ejemplo, una de mis mejores amigas es abogada. Como me ha demostrado una y otra vez que ella siempre quiere lo mejor para mí, sería una candidata ideal para ser mi crítica amante, pero no en todas las áreas. Si le pidiera que me diera su opinión sobre lo bien que se me da hablar en público, por ejemplo, se nos presentarían dos problemas. En primer lugar, ella casi nunca me ha oído hablar, así que no tendría información suficiente como para decirme realmente si lo hago bien. El otro problema es que, como ella no está demasiado familiarizada con el mundo de hablar en público (por ejemplo, cuáles son las tendencias actuales, qué se debe y qué no se debe hacer...), el *feedback* que pueda darme será sincero y genuino, pero quizá no demasiado útil. Aun así, un aspecto en el que ella *sí* que podría serme tremendamente útil sería ayudándome a entender cómo actúo en una situación social. Ella ha tenido mucha exposición a mi comportamiento en esta área y, como es una de las personas más capaces en el ámbito social que conozco, sus observaciones tendrían muchísimo peso.

El tercer y último factor a la hora de seleccionar a un crítico amante es saber si está **dispuesto a ser brutalmente sincero contigo y es capaz de serlo.** Aquí la mejor referencia que tienes es saber si alguna vez te han enfrentado con una realidad difícil. Pero incluso aunque no haya sido así, puedes examinar su comportamiento en otras situaciones. Es muy probable que las personas a quienes no les da miedo decir claramente lo que piensan, incluso aunque hacerlo pueda crear incomodidad social, sean seguramente buenos críticos amantes. Parte del motivo por el que Kim eligió a la compañera de la que he hablado antes es que la había visto sacar a colación temas peliagudos en las reuniones.

Aun así, y teniendo todo esto en mente, también debes seguir tus instintos. Como indica Malcolm Gladwell en su libro *Blink: Inteligencia intuitiva*, nuestras corazonadas pueden ser sorprendentemente informativas. En este caso, yo tiendo a estar de acuerdo: si tienes *la sensación* de que un candidato a ser un crítico amante quizá no es del todo adecuado, seguramente no lo sea.

En cuanto hayas elegido a tus amantes críticos llegará el momento de descubrir cuáles son las **preguntas adecuadas** que debes hacerles. En este punto todavía no estás manteniendo la conversación de *feedback* real (pronto llegaremos a eso); por ahora solo estás ordenando tus pensamientos para saber cómo quieres que vaya la conversación y cómo esta te ayudará a entender mejor cómo te proyectas ante el resto del mundo.

La característica más importante de las preguntas adecuadas es la especificidad. Una buena forma de planteárselo es fijándose en el método científico. Cuando los científicos (ya sean químicos, físicos o sí, incluso psicólogos) creamos una teoría, vamos probando hipótesis específicas sobre el fenómeno que estamos estudiando. Del mismo modo, si puedes pensar en una o dos hipótesis en las que trabajar sobre el modo en que te perciben los demás (como, por ejemplo: «Pienso que tengo la tendencia a parecer tímida y que no me sé imponer cuando me reúno con clientes; ¿crees que es así?»), tendrás un marco de referencia más concreto para la conversación y así podrás confirmar o rechazar tus sospechas.

Este énfasis en la especificidad puede parecerte contraproducente si estás acostumbrado al enfoque de pedir *feedback* con preguntas abiertas que practican varias organizaciones, como la técnica Start / Stop / Continue (Empezar a / Parar de / Seguir).* Aunque este método tiene sus ventajas, resulta demasiado amplio para lo que nos

---

* Por si no conoces esta técnica, consiste en preguntar qué deberías empezar a hacer que no estés haciendo, qué deberías dejar de hacer que no es bueno para ti y qué deberías seguir haciendo para alcanzar el éxito.

ocupa ahora. En primer lugar, pedirles a nuestros críticos amantes que nos den una opinión general sin parámetros o cosas específicas puede resultarles confuso y no serte de demasiada ayuda. Por ejemplo, si yo ahora le dijera a un cliente que me encantaría que me dijera «cómo lo estoy haciendo», este no tendría ni idea de qué es lo que busco. ¿Quiero saber si estoy haciendo buenas preguntas durante las sesiones de asesoría? ¿Si mis chistes son graciosos? ¿Si voy elegantemente vestida? Esta ambigüedad podría hacer que la conversación de *feedback* fuera incómoda para ambos. Imagínate que yo fuera con la idea de saber cómo lo estoy haciendo en mi proyecto pero acabo saliendo de la reunión con el *feedback* de que llevo un color de maquillaje que no me queda bien (por cierto, eso realmente le pasó a una amiga en una conversación con una de sus profesoras de universidad). La conclusión aquí es que es tu responsabilidad hacer las preguntas para las que quieres saber la respuesta y que, en general, cuanto más específicas sean, mejor irá y menos fricciones causará el proceso, tanto para ti como para tus críticos amantes.

Así que ya hemos establecido que las preguntas adecuadas vienen a partir de una hipótesis de trabajo concreta, pero ¿cómo podemos desarrollar esa hipótesis? Una forma sería plantearse cómo ves tú ciertos pilares (como tus aspiraciones, patrones o influencia sobre los demás) o recordar algún *feedback* que te hayan dado en el pasado. Vamos a ver cómo lo hizo Kim. Dadas sus aspiraciones a asumir mayores responsabilidades en un futuro, ella era consciente de que no podría tener éxito si los demás la consideraban brusca o agresiva. Los resultados de su evaluación de 360° le dejaron claro que tenía que trabajar en esas áreas, pero necesitaba más información. Así que esta fue la hipótesis de trabajo de Kim: «Me comporto de una forma áspera en el trabajo, especialmente en las reuniones». Como ya teníamos la información privilegiada de que sus compañeros se sentían así, esperábamos poder confirmar esta hipótesis, pero lo que realmente queríamos descubrir era *qué* estaba haciendo para causar esa impresión. (También advertirás que la hipótesis de trabajo de Kim no era una condena de sí misma como persona, sino de un comportamiento específico que quería comprender mejor).

En general, **es una buena idea centrarse en solo una o dos hipótesis de trabajo**. Como pasa con la mayoría de las cosas, cuando intentas hacer demasiado a la vez puede que acabes abrumado (y pasando a la defensiva) bastante rápidamente. («O sea, ¡¿no solo me estás diciendo que este color de maquillaje no me sienta bien, sino que soy una misántropa que hace que todo el mundo se sienta incómodo en las reuniones?!»). En general, en lo referente a la autoconciencia y a la mejora de uno mismo, soy una gran partidaria del realismo. No puedes (y no debes) intentar transformarte de la noche al día. Y, de hecho, las personas a las que he visto mejorar de forma más drástica son aquellas que centran toda su atención en una única cosa cada vez.

Volvamos a Kim. Armada ya con su lista de críticos amantes (las personas adecuadas) y su hipótesis de trabajo (las preguntas adecuadas), ahora era el momento de crear el *proceso adecuado*. Kim empezó abordando a los tres críticos amantes que se había propuesto: yo (no le costó demasiado convencerme) y dos de sus compañeras. Reservó quince minutos para cada conversación y empezó por darles un poco de contexto, explicándoles lo que había descubierto durante la evaluación de 360° y por qué quería saber más. En concreto, les pidió que la observaran en reuniones (y cualquier otra interacción remarcable) y le dijeran cuándo *era* y cuándo *no era* áspera. Y a pesar de su entusiasmo por ponerse manos a la obra, ella reconoció que lo que estaba pidiéndoles no era un «favorcito de nada» y les sugirió que lo pensaran muy bien para asegurarse de que no estuvieran aceptando solo por educación. Aun así, tras darle vueltas a la idea, ambas aceptaron entusiasmadas al día siguiente.

En ese punto, lo único que le quedaba por hacer era implementar un proceso sólido para extraer el huevo de oro: el *feedback*. Primero tocaba un periodo de gestación. Las críticas amantes de Kim iban a necesitar un cierto tiempo para observarla en unas cuantas reuniones y apuntar buenas observaciones, así que acordaron que un mes sería suficiente. A continuación vendría la recolección de datos. Kim pidió poder tener una llamada de treinta minutos al mes con cada crítica amante en los tres meses siguientes. Como pronto veremos, esta mera inversión de cuatro horas y media acabó por proporcionarle unos beneficios incalculables.

A lo largo de esos tres meses, Kim tuvo diligentemente sus reuniones de *feedback* con sus compañeras y siguió reuniéndose conmigo una vez al mes. Como las había preparado con tanta precisión, las conversaciones fueron como la seda. Esto no quiere decir que el *feedback* que recibió fuera fácil de escuchar. Kim hizo varios descubrimientos sorprendentes, pero lo importante aquí fue su compromiso de trabajar a partir de ellos. Por ejemplo, en la primera reunión en la que la observé, advertí que Kim se pasó gran parte del tiempo centrada en lo negativo (quejándose, señalando las cosas que no acababan de ir bien...) y se lo dije, leyéndole ejemplos específicos del comportamiento que había visto. En vez de ponerse a la defensiva, Kim me dijo que nunca se había dado cuenta de que hacía eso. En la siguiente reunión a la que asistí, Kim abordaba las cosas de una forma más neutral y remarcando las cosas positivas.

Otra crítica amante señaló una ocasión en la que Kim había sido innecesariamente cortante con otra persona, lo que la llevó a otro «momento eureka». Kim se había criado en una familia inusualmente directa y ahora empezaba a ver que lo que a ella le parecía normal a menudo era incómodo para otros. Necesitaba empezar a tratar a los demás como ellos querían, no como a ella le pareciera mejor.

Con la ayuda de sus críticas amantes, Kim pudo hacerse una idea mental más clara de cómo la percibían los demás. A medida que iba experimentando con nuevas decisiones, empezó a advertir que ser más diplomática no solo mejoraba sus relaciones con los demás, sino que si transmitía sus ideas sin daños colaterales, realmente era más fácil sacar el trabajo adelante. Descubrió que podía comunicarse muchísimo mejor cuando los demás no le tenían miedo.

Quizá el punto de inflexión más importante de Kim fue cuando descubrió el «detonante» que la hacía caer en una espiral de descontrol: la sensación de que alguien ponía en duda su conocimiento. Y con ese descubrimiento, llegó el control. Empezó a probar distintas formas de dominar sus reacciones tras la provocación y advirtió que le era muy útil darle la oportunidad a su voz interior de expresarse. El solo hecho de pensar «Ahora mismo me siento atacada o criticada» la ayudó a superar la tentación de reaccionar al momento a partir de ese sentimiento (nombrar nuestros sentimientos, ¡al rescate!). También descubrió que prepararse con antelación durante un momento podía servirle para no perder la calma. Antes de entrar en una reunión que pensaba que podría provocarla, ahora se toma, según lo describe ella, «un Valium mental». Este medicamento metafórico le da el poder de conservar la compostura y tener la mente abierta, y poder hacer preguntas a los demás para comprender mejor qué quieren decir en vez de lanzarse directamente a la yugular.

Al cabo de un mes de haber terminado nuestro trabajo juntas, el jefe de Kim me llamó a su oficina para comentar cómo había ido. A mí me preocupaba que hubiera vuelto a las andadas con sus comportamientos anteriores. Pero en cuanto entré a la oficina, Greg, que normalmente era de un talante taciturno, me dio un abrazo enorme. Además de contarme los cambios espectaculares que él mismo había percibido en Kim, Greg me explicó que las quejas de otros departamentos habían desaparecido. (Ya han pasado más de dos años desde entonces y nadie más ha vuelto a quejarse sobre ella). Las relaciones peliagudas de Kim empezaron a suavizarse y a ser cada vez más profundas. Ella se sentía menos frustrada, con más confianza en sí misma y más feliz, tanto en su trabajo como en casa. En cuanto Greg acabó depositando su confianza en ella, empezó a darle más oportunidades y más desafíos, que ella superó con creces. De hecho, Greg me ha dicho hace poco que ahora Kim es la persona más valiosa de su equipo. Es una de las transformaciones más remarcables que he visto; un ejemplo realmente inspirador del autodescubrimiento en acción.

LA CENA DE LA VERDAD

Por lo que he visto en mi experiencia, el proceso de *feedback* adecuado es probablemente la forma más potente que tienes a tu disposición para mejorar tu autoconciencia externa y, además, es especialmente adecuado para el entorno laboral. Pero el trabajo no es el único lugar donde la autoconciencia externa es importante. ¿Acaso la mayoría de nosotros no sentimos curiosidad sobre cómo se nos percibe en nuestro entorno personal? ¿No queremos saber cómo nos perciben nuestros amigos, vecinos, familiares y nuestra comunidad? Aunque el método ADECUADO realmente puede aplicarse a este tipo de *feedback*, hay otro método ligeramente más sencillo para descubrir cómo se nos ve en el ámbito personal. Yo lo llamo la **cena de la verdad**; si suena algo amenazante, es porque lo es. Aun así, para aquellos que tomaron la valiente decisión de probarla, la cena de la verdad puede tener un efecto extraordinario no solo en nuestra autoconciencia externa, sino también en nuestras relaciones personales más importantes.

Era una tarde inusualmente soleada en el Pacífico Noroeste de Estados Unidos y el profesor Josh Misner estaba llevando a sus hijos de vuelta a casa tras la escuela. Apretujados en el asiento delantero de su vieja camioneta Ford, los tres estaban explicando alegremente cómo les había ido el día. Era uno de esos momentos felices del día a día con los que Misner se queda embelesado. Como integrante destacado de The Good Men Project, Misner es una raza especial y maravillosa de padre moderno, completamente en contacto con sus sentimientos y orgulloso de dejar bien claro que él, un profesor de comunicaciones laureado y trabajador, se toma incluso más en serio la crianza de sus hijos que su puesto de trabajo.

En cuanto sus hijos terminaron de contarle su día, él les habló de un ejercicio que había estado pensando para una de sus clases de comunicación. Resulta ser que el tema era la autoconciencia. De repente, Misner advirtió que la oportunidad perfecta de probar su ejercicio estaba ante sus narices. Al fin y al cabo, no le venía a la mente nadie con quien le apeteciera más tener una comunicación sólida que con sus hijos. Y aunque fueran pequeños, supuso que igualmente le darían información valiosa; a los niños se les da muy bien decir exactamente lo que les pasa por la cabeza.

—Niños —les preguntó—, ¿les apetece ayudarme a probar este ejercicio nuevo?

—¡Claro, papi! —respondieron entusiasmados Parker y Bella, de siete y diez años respectivamente.

—Genial —sonrió él—. Vale... ¿Qué es lo que les molesta más de mí?

Misner empezó a preocuparse cuando ambos empezaron a rebullirse, incómodos, en sus sillas.

—Papi, ¡si tú eres muy bueno! —dijo Bella.

—Sí, no nos molesta nada de ti, papá —corroboró Parker.

A Misner le encantaba ser padre. Y sabía que lo hacía bien. Así que, ¿qué podía ser que los hiciera sentirse tan incómodos? «No puede ser nada serio», se tranquilizó.

—Chicos, entiendo que no quieran decirme nada malo, pero no se preocupen; no se van a meter en un lío. De verdad que quiero oír lo que piensan. Díganme lo que sea.

El coche quedó sumido en una pausa larga y significativa.

—Papá —aventuró débilmente su hijo de siete años—, no nos gusta cuando nos gritas tanto.

A Parker se le quebró la voz. Misner apartó un momento la mirada de la carretera y observó que a su hijo se le llenaban los ojos de lágrimas.

—Me siento como que ya no me quieres —prosiguió el niño— y me dan ganas de esconderme en mi habitación.

Misner estaba destrozado. Intentando controlar desesperadamente su expresión, dirigió una mirada a su hija.

—A mí tampoco me gusta cuando te enfadas conmigo —apuntó esta—. Me duele y me hace llorar.

Como he mencionado anteriormente, las relaciones más cercanas que tenemos (con nuestro cónyuge, nuestros hijos, nuestros padres y nuestros amigos más queridos) tienden a ser más conflictivas, complicadas y con más carga emocional que las que tenemos con nuestros compañeros de trabajo. Y, como Misner advirtió, el *feedback* constructivo puede afectarnos mucho más profundamente si viene de alguien a quien amamos. Aun así, yo diría que eso es lo que lo hace tan importante. (Volveremos a esto en el siguiente capítulo, cuando hablemos de cómo tratar con el *feedback* incómodo).

Por mucho que le doliera, Misner siguió adelante, decidido a terminar el ejercicio que había diseñado. Decidió inspirar profundamente y empezar a indagar. «¿Cuándo grito más?», «¿Cómo los afecta?», «¿Qué puedo hacer de otra forma?». Después escuchó sus respuestas sin enfadarse ni ponerse a la defensiva, aunque, como bien recuerda, no le fue fácil.

La conversación marcó el inicio de una nueva jornada, una que empezó por transformar su relación con sus hijos y después, inevitablemente, lo cambió a él. Sus comentarios fueron un profundo recordatorio de la importancia de escuchar y ser paciente. Empezó a sentir más empatía por sus hijos y ahora, cuando se siente frustrado con ellos, es capaz de recordar lo mucho que les duele que él pierda los estribos. Ahora va con mucho más cuidado a la hora de hablar y actuar. Este ingenioso ejercicio inspiró a Misner a hacer muchos cambios positivos en su propia vida, y la cena de la verdad ha demostrado una y otra vez que lleva a un autodescubrimiento radical.

Así que, ¿qué implica exactamente la cena de la verdad? Aquí tienes las instrucciones:

> Ponte en contacto con un mentor, un familiar o un amigo cercanos; alguien que te conozca bien y con quien quieras reforzar tu relación. Invita a esa persona a compartir una comida contigo. Durante la comida, pídele que te diga cuál es la cosa que más les molesta de ti. Pero antes, déjale claro a esa persona por qué le quieres preguntar eso. Además, dile que no hay temas tabú y que tú no podrás responder a

la defensiva; lo único que harás será escuchar con la mente y el corazón abiertos.

Ahora bien, como alguien que ha probado realmente este método (demostrado queda que no hay nada que me niegue a probar en pro de la investigación), puedo asegurarte que no será una respuesta fácil de escuchar. Lo he hecho dos veces y, en ambas ocasiones, tenía más miedo a la conversación que a una visita al dentista (y te aseguro que no me gusta nada de nada ir al dentista). Los estudiantes de Misner reaccionaron, en general, del mismo modo.

—En el mismo instante en que les presento el ejercicio —me contó Misner— veo cómo se quedan boquiabiertos, blancos como el papel.

Misner reconoce abiertamente que se requiere mucho valor para hacer esto, pero miles de estudiantes han vivido para contarlo y son algo más sabios gracias a la experiencia.

Por cierto, hay un motivo por el que Misner sugiere que la conversación se haga comiendo; especialmente durante una cena.

—Hay algo mágico en compartir mesa con alguien —explica—. Comer es algo íntimo. Implica confianza.

Además, seamos sinceros: las verdades como puños son mucho más digeribles con una bebida adulta que te tranquilice los nervios.[*]

Y si te preparas a conciencia para que todo salga bien, la conversación seguramente irá mucho mejor de lo que crees. A lo largo de los años, Misner ha ido recopilando una lista de consejos para orientar a sus estudiantes con el ejercicio. En primer lugar, él afirma que **la preparación mental es clave**. Dedica tiempo a intentar anticipar qué puede que te digan y a prepararte para lo peor que pueda pasar. En segundo lugar, **decide hasta dónde quieres profundizar**. Cuanto más cercanos seamos a nuestro interlocutor, más autoconocimiento podremos conseguir, pero más aterradora puede ser la conversación.

---

[*] Aunque, con más de una, quizá te arriesgues a un incidente en el que la mesa acabe volando por los aires al más puro estilo de *reality show*.

En tercer lugar, Misner advierte a sus estudiantes de que puede que la persona a la que le pidan *feedback* no esté lista para dárselo directamente; si se da este caso, sugiere que **les recordemos que el objetivo de la conversación es nuestro desarrollo** y que lo único que queremos es comparar nuestras percepciones con las de ellos. Esto les da permiso para ser sinceros y genuinos en vez de precavidos y educados. Después, en cuanto tu compañero de cena empiece a darte su opinión, tú tendrás que encargarte de que la conversación vaya fluyendo. Sí, sé que resulta tentador cortar por lo sano este tipo de charla de la forma más rápida e indolora posible. Pero para sacarle el máximo provecho a este ejercicio, Misner recomienda **hacer preguntas aclaratorias** tanto como sea necesario, igual que hizo con sus hijos en su primera prueba con este ejercicio.

Por terrorífica que pueda parecer al principio la cena de la verdad, puede que te resulte sorprendente lo estimulante y enormemente útil que es saber cómo te ve en realidad alguien a quien quieres profundamente. Y seguramente no hará falta que te diga que esto se aplica a todas las herramientas que hemos visto en este capítulo. Aunque a menudo nos sentimos más seguros dirigiendo la mirada hacia nuestro interior, puede que acabemos tan cómodos en nuestro cálido y seguro capullo de autoengaño que terminemos por ni siquiera darnos cuenta de que estamos en él. Y ese es precisamente el motivo por el que necesitamos *feedback*. Así que elige a tus críticos amantes, traza un plan y prepárate para disfrutar al máximo de tu autoconocimiento recién descubierto.

Pero descubrir cómo nos ven los demás (ya sea a través de una evaluación de 360°, el proceso de *feedback* ADECUADO o una cena de la verdad) es solo el primer paso hacia la autoconciencia externa. Por muy reveladora que pueda resultar la opinión de otro, si queremos convertirla en el tipo de autodescubrimiento que hace que nuestra vida sea mejor, tendremos que desarrollar unas cuantas habilidades más tan esenciales y gratificantes como estas: recibir el *feedback* con gracia, comprometernos a reflexionar sobre él y responder a él de forma inteligente. Ahora, veamos cómo pasar a la acción a partir de este *feedback*.

8

RECIBIR *FEEDBACK*, REFLEXIONAR SOBRE ÉL Y REACCIONAR CUANDO RESULTA DIFÍCIL O SORPRENDENTE

Si buscas información y mejora a partir del conocimiento de los demás pero, aun así, te muestras firmemente anclado a tus opiniones presentes, los hombres modestos y prudentes a los que no les gustan las disputas probablemente te dejarán tranquilo y no te sacarán de tu error.

—BEN FRANKLIN

Si hay algo que he aprendido a lo largo de los años es que a veces las grandes mentes de la psicología son las que más la necesitan. Hubo un semestre en el que estuve trabajando como ayudante de una reputada profesora de psicología. Por desgracia, su relación con los estudiantes no había empezado con buen pie. Estos creían que sus clases eran confusas y vagas, y que la actitud distante de la profesora suponía un impedimento para su aprendizaje. Yo tuve que mostrarme de acuerdo con esta percepción. Una y otra vez sus estudiantes me pidieron que le transmitiera estas preocupaciones, pero yo no me veía capaz de mantener esta conversación con ella sin que me saliera un sarpullido de los nervios. Probablemente habría resultado inútil de todos modos; puede que las circunstancias incluso hubieran empeorado.

A medida que las semanas se convertían en lentos y dolorosos meses, yo veía, impotente, cómo se iba desarrollando la situación. Ella no aflojó, al parecer de forma involuntaria, y sus estudiantes cada vez se sentían más alienados y desencantados. Entonces, una espléndida mañana de primavera, yo estaba en mi oficina cuando recibí el siguiente correo electrónico de esta profesora:

> Ahora que se acerca el fin del curso quiero contactar con unas cuantas personas clave con las que he trabajado para pedirles su opinión. Me gustaría que ustedes me transmitieran sus observaciones sinceras sobre qué hago bien y qué podría mejorar. Por favor, díganme cuándo pueden reunirse conmigo para repasar su valoración.

Yo me quedé boquiabierta. Hasta ese punto, la profesora había parecido completamente ajena al modo en que la clase parecía percibirla y, mira tú por dónde, estaba tomando la valiente decisión de buscar *feedback* de forma activa. Así que cuando finalmente me sobrepuse a mi sorpresa, me sentí esperanzada de verdad. Mi profesora me estaba dando una oportunidad con la que yo, si respondía adecuadamente, podría mejorar las experiencias de aprendizaje de los futuros estudiantes. Puede que esta fuera mi única oportunidad para hacerlo, así que me dediqué en cuerpo y alma a preparar la reunión. En la semana anterior a nuestro encuentro, dediqué muchísimo tiempo a combinar lo que había oído a los estudiantes con mis propias observaciones. Cuando finalmente decidí hacer clic en «imprimir», el documento final (y no opino esto porque lo hubiera escrito yo) era específico, objetivo y estaba perfectamente redactado.

La mañana de la reunión me levanté con el estómago encogido. Todavía recuerdo estar ante la puerta de la oficina de mi profesora, aferrando el documento con fuerza mientras esperaba su invitación a pasar, el entusiasmo convirtiéndose rápidamente en terror. Las manos me sudaban cuando le pasé el documento a través de la mesa y empecé mi monólogo, cuidadosamente preparado.

—Todos los estudiantes valoran mucho sus amplios conocimientos y su experiencia, pero hay momentos en los que puede que se la perciba como inaccesible —le dije.

Vi cómo arrugaba la frente.

—Por supuesto —proseguí, rápidamente—, no me cabe ninguna duda de que usted hará todo lo que esté en sus manos para ayudar a los estudiantes de cualquier forma en que le sea posible. Pero también opino que hay algunas barreras de presentación que le impiden sacar lo mejor de ellos.

Ella frunció el ceño todavía más.

—Por ejemplo —apunté—, un estudiante con el que hablé mencionó una ocasión en la que le pidió una aclaración sobre algo que usted dijo en clase y usted se limitó a darle el número de página del libro de texto. Cuando consultó la página, siguió sin entender el concepto, pero se sintió reacio a volver a preguntarle. Al final, aparcó el tema y acabó por no poder responder a dos cuestiones del examen.

En ese punto la profesora estaba claramente incómoda, moviéndose hacia atrás y adelante en la silla, como si se hubiera sentado sobre un puercoespín. Pero, viendo lo difícil que le estaba resultando el proceso, sentí que mi admiración por ella crecía todavía más. Así que decidí seguir adelante, intentando con todas mis fuerzas ser respetuosa y sincera a la vez, compartiendo mis ejemplos cuidadosamente documentados. Cuando terminé solté un suspiro de alivio y esperé las palabras de gratitud que, sin duda, vendrían a continuación.

Todavía, al día de hoy, sigo teniendo *flashbacks* de lo que pasó después. La profesora deslizó la hoja sobre la mesa para devolvérmela y repuso, inexpresivamente:

—Todo esto está muy bien, pero ¿acaso no es solo *tu opinión*?

Ahí fue cuando lo entendí todo. Para empezar, esta profesora en ningún momento había querido mi opinión sincera; lo que buscaba era la versión de teatro Kabuki de *feedback* sincero en la que yo le dijera que estaba haciendo un trabajo magnífico y que todos los estudiantes la adoraban, a pesar de que esto estuviera muy lejos de la realidad objetiva.

La idea aquí es que buscar la verdad es un paso necesario pero no completamente suficiente a la hora de conseguir la autoconciencia externa. **Para obtener un autodescubrimiento verdadero, también tenemos que aprender cómo escuchar esa verdad: no solo *oírla*, sino *escucharla* de verdad.** No estoy diciendo que esto siempre sea fácil. De hecho, como asesora personal y profesional, me he topado con todas las reacciones negativas posibles ante el *feedback*: gritos, llantos, silencio, negación y cualquier cosa que se te pueda ocurrir. En un intento erróneo de aferrarnos a la cómoda imagen mental que tenemos de nosotros mismos, resulta tentador reaccionar enfadándonos y poniéndonos a la defensiva (¿se acuerden de Steve?) o intentando salir huyendo (ya sea literalmente o no escuchando el *feedback*, desentendiéndonos de él o haciendo ver que no lo hemos recibido). Incluso nuestros unicornios tropiezan en esto. Pero cuando ponemos excusas, nos justificamos o lo achacamos al mal humor o al prejuicio de los demás, solo nos hacemos daño a nosotros mismos. Al fin y al cabo, cuando nos aferramos tercamente a nuestra perspectiva, mirando solo al espejo en vez de permitir que la luz pase por el prisma, no siempre podemos confiar en lo que vemos.

En este capítulo nos centraremos en cómo recibir *feedback*, reflexionar sobre él y responder a él correctamente. Mediante una herramienta llamada el modelo 3R veremos cómo resistir a los cantos de sirena del autoengaño y cómo escuchar *feedback* difícil o sorprendente con oídos y mente abiertos. Como veremos en este capítulo, lo que oigamos puede adoptar distintas formas: puede que sea una crítica que nos sorprenda. Puede que sea una crítica que respalde lo que ya creemos. O incluso puede ser una opinión positiva que confirme lo que ya sabemos o que nos abra los ojos ante una fortaleza que no sabíamos que teníamos. Tras recibir el *feedback* es cuando empieza el desafío de verdad: ponderar con cuidado la fuente de la opinión, encontrar los fragmentos valiosos y decidir qué hacer con ellos. (Por supuesto, sería demasiado simplista implicar que debemos aceptar ciegamente todo lo que nos digan y lanzarnos a la acción sin reflexionar). Pero sea cual sea el caso, reaccionar correctamente ante el *feedback* depende de que comprendamos bien lo que hemos oído y de que alineemos la perspectiva que tiene la otra persona sobre nuestros pilares de autodescubrimiento con nuestra propia percepción. Vamos allá.

◆

En el primer capítulo de este libro conocimos a Florence, la emprendedora nigeriana, activista política y unicornio. En su puesto como encargada de una empresa de hidrocarburos en Abuya, la capital de Nigeria, ella tiene la suerte de contar con una relación sólida y de apoyo con su jefe. Pero un día, este le dio un *feedback* sin querer que la dejó tocada y hundida.

Como parte del trabajo de preparación para una formación próxima a la que iba a asistir Florence, el centro educativo le había pedido a su jefe que rellenara una encuesta que describiera la forma de trabajar de su empleada. El día en que tenía que entregarse este formulario, ella estaba en la oficina de su jefe esperándolo para una reunión. Florence estaba paseando la mirada, distraída, por las fotos familiares cuidadosamente colgadas en la pared de color cálido detrás del escritorio cuando algo le llamó la atención. Era el formulario de *feedback*. Y el jefe ya lo había rellenado.

Florence se obligó a volver a dirigir la vista a los retratos familiares e intentó concentrarse con fuerza en lo adorables que eran los niños en vez de mirar algo que ella sabía que no debía leer. Cuando la estrategia no funcionó, se puso a consultar el móvil. Y cuando esto tampoco surgió efecto, cerró los ojos y empezó a canturrear para sus adentros. Preocupada por lo raro que podría resultarle su comportamiento a cualquiera que pasara por ahí, volvió a abrir los ojos. Y, finalmente, hizo lo que habría hecho casi cualquier persona que hubiera estado en su lugar: echó una miradita al cuestionario. Florence vio una pregunta: «¿Cómo describirías al participante?»; y debajo estaba la respuesta de su jefe, de solo dos palabras: «Muy ambiciosa». Se quedó boquiabierta, pero no de la alegría.

Para la mayoría de los occidentales, este comentario no supondría ningún problema. De hecho, seguramente nos lo tomaríamos como un cumplido. Pero en Nigeria hay normas sociales muy estrictas que regulan a quién «le está permitido» ser ambicioso, y ese conjunto de comportamientos está solo reservado a los hombres. Para las mujeres, ser ambiciosas (es decir, querer triunfar profesionalmente, mantenerse a sí mismas y ganar su propio dinero) va en contra del lugar que se espera que asuman en la sociedad como madres, esposas y amas de casa. Por lo tanto, a una mujer ambiciosa se la considera alguien arrogante, orgulloso, dominante y que rehúye de forma deliberada el papel que en teoría debe tener en el mundo.

Florence estaba tan sorprendida que ni siquiera se planteó fingir que no había leído el formulario. Jamás en su vida se había considerado alguien arrogante o dominante. Pero en este momento despertador advirtió que tenía ante sí una decisión. Podía ponerse a la defensiva o podía usar la situación como una oportunidad para conocerse mejor. Aunque no fue fácil, Florence decidió explorar esta nueva y sorprendente información y conseguir salir de la situación convertida en alguien más valiente y sabio. Y, siendo como es una unicornio, abordó el proceso de un modo que es la ilustración perfecta del *modelo 3R*, que he usado muchos años para ayudar a otros (y, para ser sincera, también a mí misma) a conservar la cabeza fría a la hora de *recibir* feedback, *reflexionar* sobre él y *reaccionar* a él. El proceso pone a un lado nuestros egos y nociones preconcebidas sobre nosotros mismos y se centra únicamente en la información que tenemos directamente delante, para que podamos resistir a nuestro instinto de «luchar o huir» y convertir ese *feedback* en una oportunidad de ganar autoconciencia.

El proceso empieza por **recibir** *feedback* y Florence acababa de recibir ese regalo, lo quisiera o no. Y aunque le resultó chocante saber que su jefe la veía como alguien ambicioso, también estaba decidida a no dejarse llevar por las emociones. Se detuvo un momento, inspiró profundamente y se preguntó a sí misma qué estaba sintiendo. «Estoy enfadada», admitió para sí, «pero puede que de todos modos haya algo valioso para mí en este *feedback*». La sencilla pero poderosa decisión de Florence de **explotar el autodescubrimiento potencial** que había en el comentario de su jefe la llevó a hacerse la siguiente pregunta: «¿Qué estoy haciendo para que me vea así?». Esta pregunta inmediatamente la hizo tomar las riendas en vez de limitarse a ser una mera espectadora y la situación pasó de ser una prueba de fuego a una misión de investigación.

Pero recibir *feedback* no es escuchar con pasividad; implica buscar entender de forma activa lo que nos han dicho mediante preguntas. Esto no solo nos da mejor información para seguir adelante, sino que impide que perdamos los estribos o que, sin darnos cuenta, nos sumamos en la negación. Por lo tanto, Florence tomó fuerzas para preguntarle calmadamente a su jefe una serie de cuestiones: «¿Puedes explicarme un poco mejor a qué te refieres cuando dices que soy "ambiciosa"», «¿Me puedes poner algunos ejemplos?», «¿Cuándo detectaste este comportamiento por primera vez?». A medida que él iba respondiendo, ella anotaba sus palabras exactas en una libreta para poder consultarlo más adelante. Le dio las gracias a su jefe y volvió a su oficina.

Durante los siguientes días, Florence dejó que las palabras de su jefe fueran resonando en su cabeza. Al fin y al cabo, no iba a estar en condiciones de poder entender qué significaban y mucho menos saber qué hacer al respecto mientras la superaran las emociones. De forma interesante, a la hora de **reflexionar sobre el** *feedback* (el segundo paso en el modelo 3R), los unicornios evitan sabiamente la tentación de llegar rápidamente a la conclusión. Muchos afirmaron que se daban días e incluso semanas para reaccionar tras oír algo sorprendente o desagradable.

Pronto, Florence estuvo lista para intentar entender qué significaba este *feedback* extraño y cómo reaccionar a él. Para ello se hizo tres preguntas a sí misma. Primero, **¿entiendo bien el** *feedback*? Aunque no estaba tan disgustada como cuando lo vio al principio, seguía igual de perpleja. Así que Florence decidió hablarlo con unos cuantos críticos amantes, recopilando varios descubrimientos sobre ella misma hasta que empezó a comprender lo que su jefe había intentado decir realmente. Aunque la reacción instintiva de Florence había sido etiquetar ese comentario como «negativo», pronto descubrió que sus críticos amantes contaban con una visión algo más matizada. A veces, al menos cuando alguien acababa de conocerla, su confianza en sí misma podía causar fricción, pero, tras conocerla mejor, todo el mundo advertía que no era ni mandona ni prepotente; esta seguridad le daba un toque especial.

Esto llevó a Florence a la siguiente pregunta: **¿cómo afectará esto a mi éxito y bienestar a largo plazo?** Recordemos que no todo el *feedback* es preciso o importante y, como he mencionado antes, los unicornios son sorprendentemente selectivos con los comentarios que reciben. Al fin y al cabo, en palabras del filósofo romano Marco Aurelio: «Todo lo que oímos es una opinión, no un hecho. Todo lo que vemos es una perspectiva, no la verdad». Para descubrir qué vale la pena escuchar, una buena regla de oro es mirar lo generalizado que es. El *feedback* de una persona es una perspectiva y el de dos, un patrón, pero si tres personas o más nos dan la misma opinión, esto *es*, probablemente, lo más cerca que estaremos de saber algo a ciencia cierta. Florence había oído decir claramente que era «ambiciosa» a tanta gente que tenía que escuchar, sí o sí. Pero cayó en la cuenta de que, a pesar de las connotaciones culturales desfavorables, no era algo que fuera a tener un impacto negativo en su éxito a largo plazo; en todo caso la iba a ayudar a conseguir sus objetivos.

Advertir eso propulsó a Florence hasta la última pregunta: **¿quiero actuar a partir de este *feedback*? Y, si es así, ¿cómo?** A veces, incluso aunque comprendamos el *feedback* y lleguemos a la conclusión de que es relevante, puede que decidamos no responder a él directamente. En última instancia, somos nosotros quienes tendremos que decidir si hacer un cambio concreto supondrá una ventaja suficiente para el tiempo y esfuerzo que exige.

Florence sí que decidió **responder al *feedback*** (el paso final del modelo 3R), pero no del modo que quizá podríamos esperar. Este proceso la había llevado a descubrir que, incluso como mujer en su cultura, no *tenía* por qué ser tímida. Había empezado a advertir que su combinación única de humildad y confianza no era, de hecho, una debilidad: era, precisamente, lo que la ayudaría a lograr grandes cosas. Y aunque siempre iba a tener en cuenta los sentimientos y emociones de los demás, ella iba a vivir su propia vida a su manera.

Así que en vez de **cambiarse a sí misma**, Florence decidió **cambiar la narrativa**, empezando por la suya propia. Con su comprensión recién adquirida de que su ambición no era un fallo, dejó a un lado sus ideas culturales preconcebidas sobre el término y lo hizo suyo.

—Siempre habrá gente que te dirá que no subas tan arriba porque te vas a caer —explica Florence—. Pero yo ya no escucho lo que me dicen.

El vistazo involuntario de Florence a dos palabras escritas en un trozo de papel desencadenó una serie de descubrimientos que no solo aumentaron su autoconciencia externa, sino que la ayudaron a sentar las bases para dejar una huella más profunda en el mundo. Es una lección cautivadora: si podemos recibir *feedback* con gracia, reflexionar sobre él con valentía y reaccionar con decisión, seremos capaces de sacar a la luz inimaginables descubrimientos sobre nosotros mismos de los lugares más inverosímiles.

LA AUTOAFIRMACIÓN NO SOLO ES PARA STUART SMALLEY

Cuando te imaginas a alguien con el título de Gran Maestro Internacional del ajedrez, ¿qué te viene a la mente? Probablemente alguien callado y serio, tal vez una imagen de Bobby Fischer encorvado sobre un tablero de ajedrez o un tipo con pintas de aplicado con un jersey de cuello de cisne y una chaqueta de *tweed* enfrentándose a un superordenador. Pero, sea cual sea la representación mental que te has hecho, ¿qué genero tenía ese gran maestro? Es bastante probable que fuera un hombre; no serías la única persona que se lo habría imaginado así. Este es uno de los muchos estereotipos inconscientes que tienen incluso las personas con la mente más abierta. Pero mientras que muchos de nosotros al menos somos conscientes de los estereotipos que tenemos sobre los demás, a menudo nos falta ser conscientes de una clase de estereotipo más sorprendente: **las creencias limitadoras que tenemos sobre nosotros mismos y sobre cómo nos ven los demás.** Y, lo sepamos o no, todos las tenemos.

Pero ¿qué relación tienen estos estereotipos con la forma en que abordamos el *feedback* y mejoramos nuestra autoconciencia externa? Para decirlo de forma sencilla, cuando recibimos comentarios complicados sobre áreas que afectan a nuestras inseguridades existentes, puede ser como si nos clavaran un cuchillo. Mientras que la opinión del jefe de Florence fue (al menos al principio) crítica y sorprendente, a veces el *feedback* puede ser tanto una crítica como una confirmación; es decir, reafirma una debilidad que ya sospechamos que tenemos. Y, por desgracia, la confirmación de estas creencias nos puede llevar a cerrarnos en banda, a sentirnos desesperados o a rendirnos del todo. En un minuto veremos una sencilla herramienta para vacunarnos en contra de estas respuestas. Pero antes vamos a ver lo dañinas que pueden llegar a ser nuestras creencias limitadoras.

En 2014, los psicólogos Hank Rothgerber y Katie Wolsiefer querían descubrir si el estereotipo de que los jugadores de ajedrez son hombres influía en el rendimiento de las jugadoras de ajedrez. A partir de datos de la Federación de ajedrez de Estados Unidos, analizaron las estadísticas de una docena de torneos de ajedrez escolar de primaria y secundaria en busca de patrones de cómo les iba a los estudiantes de género masculino y femenino según el género de sus oponentes. Tal y como habían predicho, las chicas que se enfrentaban a chicos tenían un rendimiento significativamente inferior (un 20 % peor) que las que se enfrentaban a otras mujeres.[*] ¿Por qué? Cuando creemos en estereotipos negativos sobre nuestras capacidades

---

[*] Aun así, para que emergiera este efecto, los oponentes debían ser chicos de una competencia entre media y alta (no incompetentes).

(en este caso, la creencia que tenían las chicas de que los chicos eran mejores al ajedrez), nuestro miedo de confirmarlos puede convertirse en una profecía que acaba por cumplirse, incluso antes de recibir cualquier tipo de *feedback*.

Este efecto fue bautizado como **amenaza del estereotipo** por los psicólogos Claude Steele y Joshua Aronson, y ha sido demostrado en distintos grupos estereotipados y en muchas áreas distintas. Eso fue exactamente lo que pasó en uno de los estudios de Steele y Aronson en el que se les decía a los estudiantes afroamericanos que un examen estándar era en realidad una prueba de inteligencia (apelando al estereotipo prevalente de que tienen un rendimiento inferior al de sus homólogos de ascendencia europea). Pero cuando a los estudiantes *no se les decía* que el examen era una prueba de inteligencia, ambos grupos obtuvieron una puntuación similar. En otro estudio en el que los investigadores hicieron que los atletas universitarios, que suelen tener fama de tener un rendimiento académico pobre, tuvieran presente este estereotipo de «deportista creído», tuvieron una puntuación un 12 % inferior que los estudiantes no deportistas en una prueba del examen de admisión para estudios de posgrado.

La amenaza del estereotipo no solo daña nuestro rendimiento en los exámenes o tareas individuales, sino que puede llegar a limitar seriamente nuestro éxito a largo plazo. Durante varias décadas después de que las mujeres entraran en masa en el mundo laboral ha habido una brecha de género continuada en el ámbito de las ciencias. (A pesar de no contar con diferencias inherentes en capacidad, las mujeres solo ocupan un 22 % de los puestos de ingeniería y ciencia en Estados Unidos). Muchas explicaciones se centran en cosas como las normas o expectativas culturales. Pero una década entera antes de que Sheryl Sandberg publicara *Vayamos adelante*, Joyce Erhlinger y David Dunning descubrieron otro factor de peso. Estos investigadores pidieron a estudiantes universitarios de ambos géneros que valoraran su capacidad de razonar sobre la ciencia. Varias semanas después se invitó a esos mismos estudiantes a participar en un estudio de razonamiento científico que, en teoría, no estaba relacionado con la pregunta anterior. Los resultados revelaron que la visión de las mujeres sobre sus capacidades quedaba de media un 15 % por debajo de la de los hombres, *independientemente del resultado que obtuvieran en la prueba*. Estos resultados sugieren que las creencias limitadoras sobre sí mismas de las mujeres y las decisiones posteriores que toman sobre la profesión a la que dedicarse son, probablemente, causas significativas de la diferencia de género que hay en las ciencias.

Por suerte hay una sencilla intervención, que Claude Steele bautizó como **autoafirmación**, con la que podemos vacunarnos contra estos efectos limitantes. Cuando nos enfrentamos a comentarios sobre un área afectada por nuestras creencias limitadoras, simplemente **tomarnos unos minutos para recordarnos a nosotros mismos otro aspecto importante de nuestra identidad que no sea el que está amenazado** sirve para reforzar nuestro «sistema inmunitario psicológico». Imaginemos que estás a punto de entrar en tu evaluación de rendimiento tras un año duro donde no has llegado a los resultados esperados. Una forma con la que puedes defenderte ante esta amenaza inminente es recordar que eres un padre cariñoso, un voluntario sacrificado o un buen amigo.

Puede que parezca algo simplista o fantasioso, pero te aseguro que los estudios demuestran que funciona. Por ejemplo, el psicólogo Geoffrey Cohen pidió a un grupo de niños de entre doce y trece años en riesgo de sufrir amenaza de estereotipo que dedicaran diez minutos al principio del semestre a escribir sobre sus valores más importantes. Al final del semestre, un 70 % de ellos sacó mejores notas en comparación con otro grupo que no realizó el ejercicio, una mejora que llevó a una reducción del 40 % en la diferencia racial de resultados. Lo que es fascinante es que incluso hay pruebas de que la autoafirmación amortigua nuestra respuesta *física* a la amenaza: hace que nuestros niveles de cortisol, la hormona del estrés, disminuyan, lo que nos ayuda a pensar de forma más racional y a no perder de vista el conjunto general de la situación.*

Si alguna vez has visto el personaje Stuart Smalley de Al Franken en el programa *Saturday Night Live*, el proceso de autoafirmación puede traerte a la mente imágenes de un hombre rollizo con un jersey amarillo delante de un espejo repitiendo con voz monótona y calmada: «Soy lo suficientemente bueno, soy lo suficientemente listo y, ¡recórcholis!, a la gente le encanto». De hecho, a primera vista, ¿no es lo mismo el efecto «siéntete bien» que decirnos a nosotros mismos que somos magníficos, pase lo que pase? ¿No puede ser que la autoafirmación nos lleve simplemente a trivializar o justificar el *feedback* difícil?

Nada más lejos de la realidad. Aunque el personaje de Stuart Smalley seguramente ayudó mucho al índice de audiencia de *Saturday Night Live*, hizo bastante daño a la ciencia de la autoafirmación al retratarla de una forma tan cómica. La rigurosa investigación científica sobre esta práctica demuestra claramente que, en vez de llevarnos a trivializar lo que escuchamos, en realidad nos ayuda a estar más abiertos al *feedback* difícil. Y aunque autoafirmarse sin ningún motivo puede acabar desviándose hacia el territorio del efecto «siéntete bien», usarlo de forma estratégica para apuntalarnos puede ayudarnos a poder escuchar las verdades duras. Según el investigador David Sherman, la autoafirmación nos hace estar «más abiertos a ideas que, de otro modo, nos resultarían demasiado dolorosas de aceptar». Al fin y al cabo, si tenemos presente la imagen general de quiénes somos, podemos poner la información aparentemente amenazante en perspectiva.

Yo misma aprendí esta lección hace algunos años. Más o menos para cuando empecé a trabajar en este libro, estaba preparándome

---

* En un estudio, pacientes con cáncer de mama de grado 1 y 2 que hicieron un ejercicio de autoafirmación sobrellevaron mejor el estrés —e incluso mostraron menos síntomas físicos— hasta tres meses después en comparación con aquellos que no hicieron el ejercicio.

para asistir a una fiesta de cumpleaños de un viejo amigo del instituto. Y, para decirlo suavemente, había tenido un muy mal día. Como muchos otros autores a los que conozco, cuando escribo un libro voy alternando cíclicamente entre dos emociones opuestas: una excitación eufórica y una falta de confianza paralizante (mi marido lo denomina «DBA» o desorden bipolar del autor). Había estado trabajando en unas cuantas secciones principales y me estaba costando sintetizar algunos de los resultados de nuestro estudio. Al principio de aquella semana, tras lo que me habían parecido mil intentos fallidos de empezar el libro, finalmente había conseguido hilvanar unas cuantas ideas. Me preocupaba que no acabaran de funcionar, así que le pasé el borrador a un amigo que trabaja en una editorial para que me diera su opinión.

Para mi horror, le gustó incluso menos de lo que yo había esperado. Como ya me sentía profundamente insegura sobre el libro, sus comentarios me hicieron perder la poca confianza en mí misma que me quedaba y me hundí en la desesperación. Y lo peor es que recibí estos comentarios menos de una hora antes de salir hacia la fiesta. Naturalmente, me pasé toda esa hora enfurruñada y planteándome si ir o no. «A tomar por saco», me dije. «Al menos, así me sacaré el libro de la cabeza unas horas».

Tras llegar al cálido y acogedor restaurante con los cristales empañados y villancicos sonando en los altavoces me empezó a invadir la alegría al ver tantas caras amigas que llevaba años sin ver. Para ponerte en situación, mi experiencia en el instituto fue sorprendentemente buena. (Por suerte, en mi instituto no te encerraban en las taquillas por sacar buenas notas o por hacer teatro; si no, yo habría tenido bastantes problemas). Una noche rememorando los viejos tiempos con mis amigos de antaño fue justo lo que necesitaba. Y, para mi sorpresa, el libro ni siquiera me vino a la cabeza.

Cuando finalmente llegué a casa me embargó una dulce y suave sensación de nostalgia. «Qué fáciles eran las cosas en aquel entonces», recordé con melancolía. Pero, a la vez, advertí que también había empezado a disfrutar de una sensación de perspectiva en mis dificultades como escritora. Mi yo adolescente jamás se amilanaba ante los desafíos. ¿Por qué iba a ser distinta ahora? Esa noche me fui a la cama con una sensación de tranquila determinación; ya me encargaría mañana de mi molesto problema con el libro, pasara lo que pasara. Dormí como un bebé, como hacía tiempo que no lo hacía.

La mañana siguiente me obligué a salir de la cama y, café en mano, me dirigí silenciosamente a mi oficina. Empecé a sentir la misma sensación de agobio que había experimentado la mayoría de los días de esa semana. «Conseguiré solucionarlo», me decía una y otra vez a mí misma. Y justo cuando estaba a punto de volver a caer en el abismo de la rumiación, las piezas empezaron a encajar. De repente empecé a ver el material de una forma distinta y que tenía muchísimo más sentido. Para cuando llegó el final del día, ya le había enviado los cambios a mi amigo para que los viera y, para mi alivio, le encantaron. Caí en la cuenta de que la fiesta había sido algo más que una noche agradable con mis amigos de la adolescencia; me había proporcionado una autoafirmación potente que me ayudó después a poner los comentarios de mi amigo (que habían dado de lleno en mis miedos e inseguridades más profundos) en perspectiva. Esa afirmación mantuvo a raya mis creencias limitadoras sobre mí misma y me inspiró para volver a enfrentarme al desafío.

Dejando a un lado mi propia experiencia anecdótica, los investigadores han descubierto recientemente que *recordar experiencias pasadas* **puede ser un potente mecanismo de autoafirmación.** Por ejemplo, el investigador Matthew Vess y sus compañeros pidieron a estudiantes de psicología que pensaran en un recuerdo positivo del pasado antes de recibir una valoración negativa sobre su rendimiento en un examen de razonamiento analítico. Aquellos que lo hicieron no solo se mostraron menos a la defensiva, sino que, al contrario de lo que podría imaginarse, también mostraron menos tendencia a tener creencias fantasiosas sobre sus capacidades. Otros estudios han demostrado que traer recuerdos a la mente reduce la rumiación y aumenta el bienestar.

Así que ya sea que te autoafirmes recordando el pasado o teniendo presentes tus valores más importantes, *sí* que puedes vacunarte contra el *feedback* amenazador y escucharlo sin estar tan a la defensiva. Aun así, independientemente del enfoque que decidas tomar, los estudios han demostrado que **la autoafirmación es más efectiva cuando se da *antes* de recibir una valoración dura sobre ti mismo**. Y aunque a veces este tipo de *feedback* pueda asaltarnos sin aviso, como en el caso de Florence, hay ocasiones en las que podemos anticiparnos a él, especialmente si hemos sido nosotros quienes lo hemos pedido. Así que cuando sepas que estás a punto de oír algunas observaciones difíciles, dedica unos minutos a prepararte y reafirmarte. Plantéate la autoafirmación como si fuera la política de un seguro: lo que vas a oír quizá no sea una catástrofe, pero en caso de que lo sea, estarás cubierto.

DEFECTOS DE FÁBRICA: CUANDO EL CAMBIO NO ES UNA OPCIÓN

El emprendedor Levi King nació y creció en una granja rural de Idaho. Tras conseguir pagarse la universidad trabajando en una empresa de fabricación de carteles eléctricos, empezó su propia empresa de letreros poco después de graduarse. La vendió con grandes beneficios cuando solo contaba con veintitrés años y decidió crear una empresa de servicios financieros. Pero unos años más tarde, una acción al parecer inofensiva llevó a Levi hasta uno de los autodescubrimientos más difíciles (e importantes) de toda su trayectoria profesional.

Levi acababa de despedir a un comercial por lo que a él le parecían motivos muy bien fundados. Pero su socio, que había contratado a esa persona, no estaba de acuerdo. Naturalmente, ambos creían tener la razón y que el otro estaba equivocado. El conflicto acabó desembocando en una pelea encarnizada sobre cuál de los dos era mejor líder. Los socios decidieron resolver la disputa de forma empírica:

ambos harían una evaluación de 360°, verían qué opinaban sus equipos y compararían los resultados. Cuando finalmente llegaron las respuestas, Levi estaba seguro de que le darían la razón.

Pero la verdad no fue tan bonita. En varios parámetros su equipo lo puntuó menos de lo que esperaba y, lo que es todavía peor, en todas aquellas cosas que él creía que le iba mejor, como la comunicación, fue donde su equipo lo valoró más deficientemente. Fue un momento decisivo para Levi. Advirtió que podía «seguir en sus trece y acabar siendo incluso más capullo o descubrir qué narices estaba haciendo mal». Decidió optar por la segunda solución y se embarcó en un proceso para comprender mejor su estilo de comunicación y sus comportamientos de liderazgo.

Aun así, tras leer muchos libros sobre comunicación y neurología, Levi acabó llegando a la conclusión, bien documentada, de que quizá *nunca* llegaría a ser una persona simpática, por mucho que se esforzara. Simplemente, él no era así. Seguramente crees que, llegados a este punto, voy a contarte cómo consiguió superar esta barrera, se puso a trabajar en su persona y acabó emergiendo convertido en un comunicador excelso. Pero no fue así. En vez de esto, Levi aceptó que la comunicación nunca sería su fuerte. Y no pasaba nada.

Pero ¿fue una decisión sabia? Tras conseguir toda esta información sobre sí mismo que tanto le había costado, ¿no debería haber trabajado más para conseguir convertirla en una acción? La verdad es esta: en el proceso de pasar del espejo al prisma, a veces descubrimos cosas difíciles de cambiar; defectos entremezclados en nuestra propia naturaleza y personalidad. **La mejor manera de gestionar nuestras debilidades no siempre será clara, pero el primer paso es admitirlas abiertamente ante nosotros mismos y después ante los demás.** A veces podemos hacer pequeños cambios que lleven a grandes mejoras. De vez en cuando podemos transformarnos de arriba abajo. Pero en algunas ocasiones la respuesta adecuada es, como dicen en Alcohólicos Anónimos, **aceptar las cosas que no podemos cambiar.** Y eso fue exactamente lo que hizo Levi.

Armado con este autodescubrimiento, decidió que había llegado la hora de sincerarse con sus empleados. Como todos le habían dado su opinión en la encuesta, sabía que estaban preguntándose cuál sería el resultado y, de todos modos, quería optar por ser abierto al respecto. Así que convocó una reunión de empresa que empezó dando las gracias a todo su equipo por sus valoraciones. Después les explicó que había llegado a la conclusión de que trabajar en sus habilidades sociales no produciría demasiados resultados.

—Es poco probable que les desee los buenos días —les explicó—. Y me olvidaré de que es su cumpleaños. Quizá alguien tenga un bebé y yo no me acordaré de felicitarle.

Una sensación de desánimo empezó a extenderse por la habitación. Sus empleados se preguntaban por qué les estaba contando eso su jefe y a dónde quería llegar.

Como si les estuviera leyendo la mente, Levi continuó.

—Pero les aseguro que *sí* que me importan. Muchísimo. Y quiero explicarles cómo se lo voy a demostrar. Se lo voy a demostrar dándoles un puesto de trabajo seguro. Se lo voy a demostrar asegurándome de que hay fondos para pagar su nómina. Se lo voy a demostrar asegurándome de que sienten que su trabajo es significativo. Estas cosas sí que se las puedo prometer.

Para la enorme sorpresa de Levi, el hecho de reconocer abiertamente estas nuevas verdades le ofreció recompensas que jamás habría podido imaginar. Ahora que su equipo sabía que *él mismo* era consciente de sus mayores debilidades, ya no lo veían como un niñato de veinticinco años que se lo tenía demasiado creído. Incluso a veces les hacían gracia las situaciones en las que su comportamiento no era el adecuado. Un día, poco después de abrir su corazón en la reunión, Levi estaba intentando sacar un tema de conversación con la jefa de Recursos Humanos y Finanzas. Quiso decirle algo amable y advirtió que llevaba una camisa con una flor en las mangas.

—Qué camisa más bonita —aventuró.

—Qué raro —replicó ella—, normalmente no elogias la ropa que llevo.

—Bueno, eso es porque nunca te pones nada bonito; normalmente solo llevas camisetas viejas, sin estampado.

Al momento ella rompió a reír a carcajadas.

Han pasado diez años desde la evaluación de 360° de Levi (y ya lleva cinco *start-ups* de éxito más a sus espaldas). Ha descubierto que admitir sus debilidades (y, a menudo, permitir que su equipo le tome el pelo amistosamente sobre ellas) le ha ayudado a alcanzar un nuevo nivel de éxito. Una muestra de ello es que su empresa de financiación y crédito empresarial actual, Nav, está creciendo y produciendo ganancias. Como testigo del liderazgo de Levi, su empresa puede presumir de cifras de retención jamás vistas en el mundo de la tecnología. Todo esto viene a decirnos que, **a la hora de enfrentarnos a una valoración sorprendente y crítica, aunque el cambio a menudo es una buena opción, no es la *única* opción**. A veces la autoconciencia es simplemente admitir estos fallos ante nosotros mismos y ante nuestros compañeros, empleados, amigos y familiares y explicarles de qué modo es posible que nos comportemos. Y, como se suele decir, si nos libramos de las cosas que no podemos cambiar, podemos dedicar esa energía a centrarnos en lo que sí podemos cambiar.

◆

Hasta ahora, en este capítulo hemos visto varios ejemplos de personas que han aprendido a tratar con *feedback* incómodo. Pero vale la pena mencionar que ir construyendo nuestra autoconciencia externa no siempre se trata de centrarnos en todas las cosas que no hacemos bien. También implica comprender mejor nuestros puntos fuertes, capacidades y aportaciones únicos, y aprovechar este conocimiento para tener un mayor éxito personal. En el proceso de aprender la verdad sobre cómo nos ven los demás, es tan probable que encontremos sorpresas agradables como desagradables.

Hace unos años tuve una experiencia que es un ejemplo perfecto de lo que pasa cuando recibimos una opinión sobre nosotros positiva y sorprendente. Conocí a Tom cuando yo estaba impartiendo un curso de estrategia a un grupo de dirigentes de una empresa. Tom era, como se definió él mismo, el «típico ingeniero»: el clásico introvertido a quien «no se encuentra demasiado bien con la gente». Tom me dijo que, aunque le encantaba su trabajo como ingeniero, empezaba a sentirse estancado y poco realizado en su puesto actual. Le pregunté qué haría si pudiera elegir cualquier trabajo del mundo. Se detuvo un momento a reflexionar y respondió que no lo sabía, pero que estaba seguro de que no quería otro ascenso.

—Es que no consigo que nadie me haga caso —explicó, sin demostrar emoción—. No tengo demasiada influencia.

Cuando le pregunté por qué, se limitó a encogerse de hombros y a decirme que a los ingenieros no se les da demasiado bien «la gente».

—¿Por qué no te observo esta semana y te digo si estoy de acuerdo o no? —me ofrecí.

Él aceptó y sellamos el pacto con un apretón de manos.

Durante nuestra última tarde juntos, la clase estaba empezando una elaborada actividad para fomentar el trabajo en equipo. Todos los participantes estaban reunidos en una enorme sala de un hotel, rodeados de mesas cargadas de materiales de construcción (tuberías de PVC, madera, martillos, escaleras...). Su tarea era construir un dispositivo que llevara una canica de un extremo de la habitación a otro. Pero las cosas ya habían empezado con mal pie. Como cada uno estaba acostumbrado a ser el más listo de la habitación, a estos líderes les estaba costando escuchar las ideas de los demás. Naturalmente, no estaban avanzando nada, y yo veía cómo se frustraban por momentos.

De repente oí que una voz fuerte y segura de sí misma interrumpió la cacofonía y, para mi absoluta sorpresa, descubrí que era la de Tom. Se había encaramado casi hasta arriba del todo de una de las escaleras, con una sonrisa de oreja a oreja pintada en la cara, claramente entusiasmado ante el problema de ingeniería que les había pedido que resolvieran. Pero, a partir de lo que me había dicho de sus capacidades sociales, me preparé para lo peor.

—Vale, escúchenme —empezó—. Muchos ya saben que yo soy ingeniero. No tengo todas las respuestas, pero sí que se me han ocurrido algunas ideas. Díganme qué les parece esto...

Y, sin más, el tono de la conversación cambió. Súbitamente, todo el mundo empezó a escuchar en vez de hablar. Colaboraban en vez de discutir. Estaban implicados en vez de ausentes. Y terminaron la tarea mucho más rápidamente de lo que yo me habría imaginado.

Me senté ahí mirando, absolutamente perpleja, mientras el resto de los componentes de su equipo, resplandecientes, lo felicitaban y chocaban los cinco con él. Después fui a toda prisa hacia él, lo agarré por los hombros y exclamé:

—¡Tom! Pero ¡¿no ves lo que acabas de hacer?! ¡Este es el ejemplo más potente que he visto en toda la semana de alguien influyente!

Todavía me quedé más estupefacta cuando vi que me miraba con cara de no entender nada, sin saber qué había hecho exactamente para ganarse un elogio tan efusivo.

Tom y yo pasamos el resto de la tarde hablando. Verlo pelearse con esta información nueva y positiva sobre él mismo fue un recordatorio importante: **el *feedback* sorprendente a menudo puede abrirnos los ojos a puntos fuertes que nunca hemos sabido que teníamos.** Y aunque toda esta nueva información al principio hizo que Tom se cuestionara por completo su autoimagen (al fin y al cabo, se había pasado toda su trayectoria profesional convencido de su incapacidad de influir sobre los demás), al mirar a través del prisma en vez de centrarse en su propio reflejo, ahora era capaz de ver una imagen más detallada y completa de sí mismo. Siempre había sido un líder nato; simplemente necesitaba un poco de ayuda para darse cuenta de lo que siempre había estado dentro de él. Tom empezó a ver no solo su carrera, sino su vida entera desde un punto de vista renovado.

—¿Sabes qué? Me parece que sí que voy a pedir ese ascenso —me dijo—. Creo que estará bien ese puesto.

Y eso hizo.

Aunque este punto fuerte de Tom resultó una sorpresa para él, a veces una perspectiva externa puede reafirmar una cualidad positiva que *esperamos* tener, lo que nos ayudará a tomar decisiones con más seguridad en nosotros mismos. Kelsey, un unicornio, estuvo trabajando ocho años como geólogo al principio de su carrera profesional. Pero con cada mes que pasaba sentía más ganas de dejar su empleo para dedicarse a la enseñanza. Al final, la necesidad se hizo tan imperiosa que no pudo resistirse más: dejó su puesto de trabajo y se presentó a un programa de máster en educación.

Cuando anunció esta decisión a sus amigos y familia, su reacción lo sorprendió y alegró enormemente. «¡Serás un maestro *buenísimo*!», le decían todos, pletóricos. «¡Tienes muchísima paciencia! Ojalá todos mis hijos tuvieran maestros como tú». Y por si fuera poco, cuando corrió la voz en su comunidad, vecinos a los que Kelsey no conocía demasiado parecían salir de la nada para venir a decirle lo buena que era su decisión. Incluso aunque jamás lo habían visto enseñar, parecía que su reputación lo precedía.

Al principio, cuando tomó esta decisión, Kelsey no estaba del todo seguro de que fuera la elección correcta; sospechaba que tenía lo que había que tener para ser un buen profesor, pero ¿cómo iba a saberlo a ciencia cierta? Los comentarios de sus vecinos y amigos le dieron el empujón de confianza que necesitaba. Y lo que es más: si los demás lo veían así, ahora él tenía la obligación de estar a la altura de sus expectativas. Volvamos a la actualidad: Kelsey es ahora un profesor de ciencias de secundaria que disfruta de su trabajo. Sus alumnos lo adoran y ha demostrado ser un maestro magnífico en el aula.

Al fin y al cabo, como Ben Franklin decía al principio de este capítulo, cuando «buscamos información y mejoras a partir del conocimiento de los demás», hay varios resultados posibles y distintas formas de actuar. Cuando descubrimos algo **crítico y sorprendente** sobre nosotros mismos, podemos trabajar para cambiar, como Steve; para reencuadrar el *feedback*, como Florence; o para aceptarlo y actuar abiertamente, como Levi. Cuando nos enteramos de algo ***crítico y que confirma nuestras sospechas***, es decir, algo que refuerza nuestras inseguridades o puntos débiles, podemos utilizar la autoafirmación para canalizar la información de forma productiva y trabajar para minimizar el impacto de ese defecto en nuestras carreras profesionales y vidas personales. Si recibimos un *feedback **positivo** y **sorprendente***, podremos reconocer y seguir invirtiendo en nuestros puntos fuertes recién descubiertos, como Tom. Y, finalmente, como pasó en el caso de Kelsey, las valoraciones ***positivas** y **que confirman lo que sospechábamos*** nos darán la confianza necesaria para seguir adelante en el camino que hemos elegido.

E independientemente de lo sorprendente, desagradable o satisfactoria que pueda resultarnos la opinión de los demás sobre nosotros, reflexionar sobre ello y reaccionar es infinitamente mejor que la alternativa. En palabras de la autora Marianne Williamson: «Hace falta valentía para soportar el dolor agudo del autodescubrimiento en vez de elegir el dolor apagado de la inconciencia que durará el resto de nuestras vidas». Las personas más realizadas, autoconscientes y de más éxito, sencillamente, no se conforman con este dolor apagado. Toman las riendas y buscan con valentía la verdad a su manera; la interpretan y, allí donde pueden mejorar, lo hacen, conscientes de que valdrá la pena a pesar de los ocasionales pinchazos agudos del autodescubrimiento.

Cuarta parte

◆

Más allá del

autodescubrimiento

a nivel personal

9

CÓMO LOS LÍDERES CREAN EQUIPOS Y ORGANIZACIONES AUTOCONSCIENTES

*La verdad es incontrovertible. Puede que la malicia
la ataque, puede que la ignorancia la ridiculice,
pero, en última instancia, ahí está.*
—WINSTON CHURCHILL

Cuando Mike entró por la puerta su jefe le sonrió con calidez. Mike no solo era un ingeniero aeronáutico brillante y capaz; era el primer empleado que tenía su jefe, de veinticinco años, y había conseguido ganarse su cariño rápidamente.

—¡Mike! —dijo—. Qué bien que estés aquí. Pasa, pasa. ¿Me has traído la última hoja de coordinación?

—Pues sí —repuso Mike, estampando la hoja sobre su escritorio con una fuerza sorprendente—. Pero antes de que sugieras cualquier otro cambio, solo he venido a decirte que dejo el trabajo.

El jefe de Mike se quedó boquiabierto. Se había esforzado muchísimo para inculcar su atención al detalle y su búsqueda de la excelencia al ingeniero, ansioso de aprender; no había escatimado nada para ayudarle a enfrentarse a cualquier desafío que presentara el trabajo.

—¿Que... qué? ¿Por qué quieres marcharte? —tartamudeó, su sonrisa transformada en una expresión aterrorizada.

—¡Porque me estás volviendo *loco*! —soltó Mike—. Esta es la catorceava vez que me haces revisar y cambiar el proyecto.

—Pero si yo solo quiero...

—Mira, llegados a este punto cualquier otro cambio será contraproducente —repuso el joven ingeniero—. Me parece que lo que será mejor para los dos es que yo siga por mi propio camino.

El jefe de Mike se quedó completamente descolocado. A duras penas podía hablar.

—No me gustaría tener que decirte adiós —suplicó—. ¿Hay algo que yo pueda hacer para que cambies de opinión?

Pero incluso antes de que su jefe pudiera terminar la pregunta, Mike gritó:

—¡No! ¡Tengo que alejarme de ti como sea!

El ingeniero se fue bruscamente. «Parece que mi carrera como directivo no empieza con buen pie», advirtió el jefe rechazado mientras miraba, impotente, por la ventana.

Pasaron unos cuantos días y el ahora exjefe de Mike le preguntó si este estaría dispuesto a contarle qué era lo que había salido mal. Y sí, Mike accedió a hacerlo: detallada y dolorosamente. Al parecer, el joven directivo había tenido un problema muy grave. Su meticulosidad iba más allá de ser demasiado controlador: parecía que su forma de hacer las cosas era la única posible. Había estado intentando enseñarle a Mike a pensar exactamente como él, trabajar exactamente como él y *ser* exactamente como él. Aunque Mike quería aprender de su encargado, para nada quería acabar convertido en él.

El jefe de Mike jamás olvidó ese *feedback*. Aunque fue doloroso oírlo, resultó ser un momento despertador que marcó el inicio de su increíble recorrido como directivo. Resulta que el jefe de Mike era el joven Alan Mulally, unicornio y futuro director ejecutivo que conseguiría salvar no solo una, sino dos de las empresas más icónicas de América: Boeing Commercial Airplanes y Ford Motor Company.

En 2012, en un discurso de graduación en su *alma mater*, la Universidad de Kansas, Mulally acuñó un término para esos momentos de autodescubrimiento inesperado que desafían lo que creemos sobre quiénes somos.

—Una gema —explicó— es un descubrimiento que nos permite reevaluar lo que estamos haciendo.

Y la gema que recibió de Mike ese día fue que no era correcto intentar crear empleados a su imagen y semejanza. Que, como directivo, su función no era controlar cada uno de sus movimientos, sino ayudarles a entender la situación en perspectiva, ofrecerles las herramientas adecuadas y permitirles equivocarse sin dejar de exigirles la responsabilidad correspondiente.

Agarrándome del brazo y sonriendo mientras me explicaba la historia, Mulally exclamó:

—¡Qué *suerte* tuve de que Mike me hiciera ser consciente de este comportamiento tan pronto en mi carrera como directivo! Imagínate que nadie me lo hubiera dicho en años o décadas. ¡Qué *regalo* me dio!

Hasta ahora nos hemos centrado en la autoconciencia a un nivel individual. En este capítulo exploraremos cómo son los equipos y organizaciones autoconscientes y qué puedes hacer tú como líder para conseguir que los tuyos también lo sean. Como descubrió Alan Mulally de joven, estos equipos empiezan por un líder autoconsciente que decide comprometerse a inyectar el autodescubrimiento en el mismísimo corazón del equipo y de la organización. De hecho, Mulally cree que su pasión por crear una autoconciencia colectiva ha sido uno de los factores clave en su inmenso éxito.

—Cada vez que descubres algo en ti, en tu equipo o en tu organización que no funciona, tendrás una gema en tu poder. Entonces tendrás algo que conoces, algo con lo que podrás trabajar. Realmente, no se me ocurre que pueda haber algo más emocionante. Pero si no sabes qué es lo que pasa... eso sí que da miedo.

Este capítulo te ayudará a descubrir este tipo de «gemas» en el equipo o la empresa que diriges. Y aunque nos centraremos en equipos en un entorno empresarial, es posible que puedas encontrar otras formas de aplicarlo fuera del lugar de trabajo: tu familia, tanto inmediata como lejana, grupos comunitarios o religiosos, proyectos escolares, asociaciones de padres y madres, el grupo de música que ensaya en tu garaje, equipos deportivos de aficionados, etc. (Y, por cierto, si no estás en un puesto de liderazgo formal o informal, en el próximo capítulo te mostraré cómo tratar con jefes y compañeros que no son conscientes de la realidad). Descubrirás que, independientemente del tipo de equipo que dirijas, ya sea con un subordinado directo o con mil, no podrás llegar a la autoconciencia levantándote una mañana y decidiendo que, a partir de ahora, todos van a ser brutalmente sinceros con los demás. De hecho, si no sientas las bases, puede que acabes con más problemas de los que tenías al principio. Pero aunque los equipos pocas veces empiezan siendo autoconscientes, con los ingredientes adecuados, muchos sí que podrán conseguir llegar a serlo y cosechar las cuantiosas recompensas que trae consigo este tipo de autodescubrimiento.

◆

Era una fría mañana de noviembre en Dearborn, Michigan. El ejecutivo Mark Fields se dirigía a la Sala Thunderbird en el onceavo piso de la sede mundial de Ford; según sus estimaciones, contaba con un 50 % de posibilidades de salir de la reunión sin su puesto como presidente de la región americana de la empresa.

Era el año 2006 y Ford estaba al borde de la bancarrota. Su modelo de negocio era insostenible, lastrado con unos plazos de producción disparados, niveles de calidad que caían en picado y costes de mano de obra astronómicos, a lo que además se sumaba la subida constante del precio del petróleo. Incapaz de competir tanto a nivel doméstico como internacional, la empresa había perdido la espectacular cifra de un 25 % de su cuota de mercado en los últimos quince años. Pero estos errores no podían achacarse de ningún modo a la falta de esfuerzo del director a cargo.

El presidente y director ejecutivo Bill Ford, de cuarenta y cuatro años, había tomado las riendas cuatro años antes para intentar salvar la empresa de su bisabuelo. Era un dirigente agudo, consciente de sí mismo y con una ética de trabajo y una humildad inusuales en alguien con una crianza tan privilegiada. Cuando asumió el puesto en 2001, había prometido que la empresa lograría siete mil millones en beneficios en cinco años. Pero aunque consiguió sacar a Ford brevemente de los números rojos ese mismo año, para 2006 la empresa estaba enfrentándose a su mayor pérdida anual en toda su historia: casi diecisiete mil millones. Tras cinco años de un esfuerzo hercúleo (durante los cuales no cobró nunca un salario), Ford finalmente se vio obligado a afrontar la realidad de que no podría salvar su querida empresa por sí solo.

La verdad era que los problemas de la empresa eran mucho más profundos de lo que parecía. No solo se trataba de un modelo de negocio incorrecto o de una incapacidad de luchar contra la competencia global en aumento; todo esto era problemático, desde luego, pero no eran más que síntomas de un mal mayor. Como describió el periodista Bryce Hoffman en su magnífico libro sobre el cambio radical de Ford, *American Icon* [El icono americano]:

> [Bill] Ford acabó encontrándose incapaz de superar una cultura arraigada y arribista que se resistía a cualquier cambio y que anteponía la progresión individual por encima del éxito de la empresa. En sus suntuosas oficinas, los ejecutivos planeaban formas de socavar los esfuerzos de los demás mientras que, en las fábricas, los jefes de los sindicatos defendían con uñas y dientes los abundantes beneficios de sus miembros y se mofaban de cualquier intento de mejorar la productividad.

La cultura de la empresa, en otras palabras, estaba completamente destrozada, y en julio de 2006, Bill Ford anunció a la junta que no se veía a la altura del desafío de arreglarla. «Esta empresa significa muchísimo para mí. Tengo muchos lazos que me atan a ella. Pero mi ego no es uno de estos lazos... Ayúdenme a encontrar una solución».[*] Aunque su sucesor tiene el mérito de haber encabezado uno de los giros radicales más espectaculares en la historia de los negocios, fue la autoconciencia determinada de Bill Ford lo que lo hizo posible.

Esa ayuda se presentó en la forma de Alan Mulally, el presidente y director ejecutivo de sesenta y un años de la división de aviones comerciales de Boeing, un vivaz pelirrojo de Kansas con una trayectoria de excelencia técnica, beneficios netos y, lo más importante, cambios de rumbo radicales. Tras treinta y siete años en Boeing, Mulally no solo había salvado a la empresa de la casi bancarrota tras los ataques del 11 de septiembre de 2001: también había dirigido el programa de diseño del modelo 777; un proyecto de cinco años y cinco mil millones de dólares que por sí solo catapultó a Boeing a la cabeza de sus competidores en los años siguientes.

Desde el momento en que llegó a la sede central de Ford el 5 de septiembre de 2006, quedó claro que Mulally era diametralmente distinto a sus predecesores. En un sector plagado de megalomanía, secretismo y manías persecutorias, él era abierto, accesible y completamente humilde. Comía en la cafetería de los empleados y saludaba a los desconocidos con un abrazo, un beso o una palmadita en la espalda. Pero cualquiera que hubiera confundido la simpatía de Mulally con la debilidad pronto salió de su error. Uno de sus amigos afirmó en una ocasión: «No confundas la sonrisa de Alan con una falta de determinación o de contacto con la realidad. Ese hombre tiene un temple de titanio».

Mulally era consciente de que el desafío básico para conseguir el cambio de Ford no sería mejorar los estándares de eficacia del combustible, simplificar la gama de productos o conseguir tener los costes bajo control (aunque, desde luego, iba a tener que encargarse

---

[*] Un miembro de la junta describió este breve pero conmovedor discurso como el más impactante que jamás había oído en una sala de juntas.

también de todas estas cosas). Más bien tendría que empezar por transformar la cultura hermética, plagada de secretos y reacia al cambio en una más abierta, colaborativa y transparente. En su primerísima conferencia como director ejecutivo, Mulally dejó claro que bajo su liderazgo imperaría la verdad. Cuando se le preguntó qué modelo de coche conducía, dejó a los reporteros boquiabiertos con su respuesta: «Un Lexus. Es el mejor coche del mundo». (Conviene decir que los ejecutivos de Ford tampoco conducían coches de la marca Ford y aparcaban disimuladamente sus Jaguars y Land Rovers en el garaje que había debajo de la sede. Simplemente se negaban a admitirlo ante la prensa).

Una cosa quedó clara desde el principio: si Mulally iba a transformar la cultura de su nueva empresa, tenía que empezar por el equipo ejecutivo. El primer cambio que introdujo fue una reunión semanal para repasar el estado de la empresa y que él denominó Revisión del proceso empresarial o BPR (por sus siglas en inglés). Como sustituta de todas las demás reuniones a nivel corporativo, inútiles e ineficaces, el propósito de la BPR era la concienciación: **asegurarse de que todo el mundo sabía cuál era el plan, cómo iba el plan y a qué desafíos se enfrentaba la empresa.**

La BPR se haría cada semana, el mismo día y a la misma hora: los jueves a las 7 de la mañana, e iba a ser obligatoria para todos los miembros del equipo ejecutivo. En ella repasarían 320 parámetros en distintas áreas, desde el lanzamiento de nuevos vehículos hasta el flujo de ingresos, pasando por la productividad. A cada parámetro se le iba a asignar un color: verde si todo iba según el plan, amarillo si se preveían posibles problemas y rojo si los problemas ya se habían materializado. Cada uno de los nueve ejecutivos de Mulally iba a tener diez minutos para ofrecer un informe resumido sobre «su progreso respectivo hacia la consecución de una Ford en desarrollo, rentable, viable y emocionante para el bien de todos los implicados». Mulally enfatizó que esta reunión iba a ser un espacio seguro donde nadie debía dudar en exponer problemas y donde decir la verdad no conllevaría ningún castigo. Les explicó que habría una curva de aprendizaje y que, por lo tanto, no pasaba nada si había algo que no supieran. «Volveremos a estar aquí la semana que viene... Y para entonces, *sé* que ya habrán averiguado lo que no sabían».

La primera BPR de Ford tuvo lugar el 28 de septiembre de 2006. El equipo de Mulally no tenía ni idea de qué esperar mientras entraban nerviosamente en la Sala Thunderbird, muchos con sus segundos al mando a la zaga y todos cargados con archivadores de anillas. Tomaron asiento en la enorme mesa de madera de la sala de conferencias y Mulally declaró que la sesión se daba por iniciada. En primer lugar, repitió su visión: «Personas que colaboran como una empresa global ágil para ser líderes en el sector de la automoción». Para llegar a conseguirla, les recordó que todos debían ser abiertos sobre lo que pasaba en su área de la empresa.

—Esta es la única forma que conozco de trabajar —afirmó—. Necesitamos que todo el mundo esté implicado. Necesitamos que todo el mundo sea consciente de lo que hacemos. Y todos cooperaremos para convertir el rojo en amarillo y, después, en verde.

Aunque las primeras BPR les llegaron a llevar hasta siete horas cada una, para octubre el equipo ya había conseguido adaptarse a ese ritmo. Aun así, por desgracia, el proceso todavía dejaba algo que desear. A pesar del hecho de que la empresa estaba en riesgo de extinción, *todas* las gráficas que presentaban *todos* los ejecutivos en *todas* las reuniones estaban en verde. Esto era, como bromea Bryce Hoffman, «un montón de... excrementos vacunos». Las cosas no estaban «en verde»; nada más lejos. Y Mulally lo sabía.

Una semana, tras otra presentación de un bosque de gráficas de un verdor envidiable, decidió que ya había tenido suficiente.

—Discúlpenme un momento —dijo, interrumpiendo la reunión—. Vamos a perder diecisiete mil millones de dólares este año y todas las gráficas están en verde. —Se detuvo un momento, pero nadie dijo nada—. ¿Creen que puede haber *algo* que no va bien? ¿Cualquier cosa, por pequeña que sea?

La sala de reuniones quedó sumida en un tenso y espeso silencio. Los directivos se rebulleron en sus sillas, se aclararon la garganta y clavaron la vista en sus zapatos de charol. Olían el peligro. Y sabían exactamente lo que le pasaría al primer descerebrado que se atreviera a mostrar una diapositiva en rojo: la foto familiar que tenían en su despacho pasaría rápidamente al fondo de una caja de cartón, junto con el resto de sus cosas, y estarían de patitas en la calle antes de la hora de comer. Todo este ejercicio era una trampa, seguro.

Mulally intentó apaciguar sus miedos.

—No podremos mejorar nada si todo es un secreto —afirmó—. La idea es que podamos hablar para explicar cuál es el estado de la cuestión y ayudarnos los unos a los otros.

Volvió a pasear la mirada alrededor de la habitación. Y aun así, los directivos volvieron a rebullirse en sus sillas, a aclararse la garganta y a clavar la vista en sus zapatos de charol. Los ejecutivos siempre se habían sentido en peligro a la hora de sacar los problemas a colación con el mando anterior; ¿por qué motivo iba a ser diferente este nuevo director ejecutivo y pez gordo?

Fueron pasando los días sin que nada cambiara. Diapositivas en verde, diapositivas en verde y más diapositivas en verde. La verdad, por supuesto, era mucho menos agradable. Tomemos por ejemplo lo que pasaba con el primer vehículo deportivo utilitario de la empresa, el Ford Edge, anunciado a bombo y platillo. La producción funcionaba a toda marcha y faltaban pocas semanas para su esperado lanzamiento cuando algunos mecánicos de la fábrica en Oakville, Ontario, descubrieron un problema con un mecanismo de la puerta trasera. Eso dejó a Mark Fields, el ejecutivo responsable del Edge, sin otra opción que detener la operación por completo.

Mientras diez mil solitarios Ford Edge languidecían en las líneas de producción paradas, Fields mismo también estaba al borde de una parada (cardíaca). Esta era la catástrofe que le iba a costar el puesto, se dijo. Al fin y al cabo, él había sido el encargado de la estrategia de cambio de rumbo de Ford antes de la llegada de Mulally y sospechaba que el nuevo director ejecutivo lo consideraba una amenaza para su puesto. Los rumores sobre su inminente despido llevaban corriendo por la empresa más tiempo del que quería admitir. Este problema con el Edge no podría haber llegado en peor momento. Pero pensó que podría hacerles un último favor a sus compañeros: demostrar que Mulally estaba marcándose un farol. «Alguien tiene que ponerle el cascabel al gato y ver si dice la verdad», se dijo. «Si acaban por despedirme, pues que sea con las botas puestas».

Armado con la audacia de un hombre que no tiene nada que perder, cuando Fields y su equipo se preparaban para la BPR del día siguiente, este decidió marcar en rojo el parámetro de lanzamiento del producto.

—¿Seguro que quieres hacer eso? —preguntó una persona del equipo ejecutivo de Fields.

—¿El lanzamiento va según lo planeado? —repuso Fields.

El ejecutivo negó con la cabeza.

—Pues entonces —le dijo Fields— lo vamos a marcar en rojo.

Todo el mundo lo miró con escepticismo, como deseándole suerte porque iba a necesitarla.

Así que cuando Fields entró en la BPR esa fría mañana de noviembre, realmente no tenía la menor idea de cómo iban a salir las cosas. Supuso que, en el mejor de los casos, iba a llevarse un rapapolvo de aúpa pero no iba a perder su puesto. En el peor de los casos, tras una bronca descomunal, le iban a enseñar dónde estaba la puerta de la calle. Jamás se le pasó por la cabeza que pudiera haber cualquier otro tipo de resultado.

La BPR de esa semana empezó como siempre. Sus compañeros presentaron sus diapositivas: como siempre, un verdadero bosque de un verde despampanante. Entonces le llegó el turno a Fields. En palabras de Mulally: «Y entonces apareció la diapositiva en rojo. ¡PAM! La sala se quedó sin aire».

Fields carraspeó.

—En el Edge —empezó— hemos tenido un problema con un mecanismo, así que hemos tenido que retrasar el lanzamiento.

La habitación se estremeció al unísono.

—No sabemos todavía cuál es la solución, pero estamos en ello.

Mulally recuerda que, en ese momento, todo el mundo se dijo: «Pues nada, hasta aquí ha llegado la cosa. En nada irrumpirán en la habitación dos hombretones para agarrar a Mark, lo sacarán a rastras y jamás lo volveremos a ver».

Y entonces, interrumpiendo el pesado silencio, se oyó un sonido inesperado: el entusiasmado aplauso de Alan Mulally.

—Mark, ¡esta visibilidad está genial! —dijo sonriendo, y se dirigió al resto del equipo—: ¿Qué podemos hacer nosotros para ayudar?

Al momento uno de sus ejecutivos sugirió una solución, que se puso en práctica de inmediato.

Después de todo esto, Mulally tenía la esperanza de que, finalmente, el equipo ejecutivo iba a tener su primera BPR productiva. Aun así, la semana siguiente, todas las diapositivas seguían en verde. Pero el equipo de Mulally vio algo con lo que quedaba todo dicho: cuando entraron en la Sala Thunderbird, Mark Fields estaba sentado justo al lado de un sonriente Mulally. No solo no lo habían despedido, sino que lo habían elogiado. Esta fue, claramente, la prueba definitiva que necesitaban esos ejecutivos cínicos y agobiados que evitaban cualquier tipo de enfrentamiento. Finalmente lo creyeron: las cosas habían cambiado *de verdad*. La semana siguiente las diapositivas de la BPR fueron un glorioso arcoíris de gemas rojas y amarillas.

Según Mulally, si tuviera que señalar un único momento de inflexión en el cambio radical de Ford, sería ese. Hasta entonces, los ejecutivos de Ford habían tenido miedo de señalar los problemas, de decirse la verdad unos a otros y de dar y recibir valoraciones sinceras. Esa misma mentalidad por la que no habían ni abierto la boca sobre las realidades de la empresa también los hacía quedarse callados y no decir nada sobre sus fallos individuales, disfunciones en sus equipos y desafíos culturales. Pero ahora, por primera vez, el equipo se enfrentaba a la realidad.

A partir de ese momento tenían vía libre hacia la autoconciencia en muchos niveles. Como individuos, comprendían qué se esperaba de ellos y se enfrentaban a las creencias y comportamientos que los limitaban; como equipo, conocían el ambiente de la empresa, el plan y el estado del plan. Pero esta información no estaba únicamente en conocimiento del equipo ejecutivo. Se esperaba que todos los trabajadores de la empresa supieran y conocieran las directrices, su papel en el plan y el estado de las cosas. Esta información también se transmitía a las partes implicadas externas a la organización: clientes, inversores, distribuidores, proveedores y el público general.

Los resultados hablan por sí mismos. Para 2009, en medio de la mayor crisis económica desde la Gran Depresión, Ford volvía a tener beneficios y fue la única de las «Tres grandes» empresas automovilísticas de América que no cobró ni un céntimo del rescate pagado con los impuestos de los ciudadanos. Para 2011, sus ganancias habían subido hasta llegar a superar los veinte mil millones de dólares. Fue el segundo año con más ganancias de toda su historia.

Si ser autoconscientes de una forma individual implica comprender quiénes somos y cómo nos ven los demás, un equipo autoconsciente se compromete con la misma comprensión a un nivel colectivo. De una forma más específica, hay cinco cosas que los equipos autoconscientes evalúan y abordan de forma regular; yo las he bautizado como las *cinco piedras angulares del autodescubrimiento colectivo*. En primer lugar, sus **objetivos**: ¿qué quieren conseguir? En segundo, su **progreso** hacia esos objetivos: ¿cómo les va? Terceramente, los **procesos** que siguen para conseguir sus objetivos: ¿de qué forma van a alcanzarlos? En cuarto lugar, las **suposiciones** que tienen sobre el negocio y su entorno: ¿son ciertas? Y, finalmente, sus **aportaciones individuales**: ¿qué impacto tiene cada miembro del equipo sobre el rendimiento general?

Como resultado del autodescubrimiento colectivo, los equipos autoconscientes son más eficientes, más eficaces y más innovadores, y pertenecer a uno de ellos resulta más satisfactorio. Por desgracia, como muchos pueden atestiguar y como muestran a menudo los estudios, pocos equipos son autoconscientes de un modo natural. Al fin y al cabo, suficientemente complicado es cultivar la autoconciencia en nosotros mismos sin el desafío añadido de las incómodas relaciones que tenemos con nuestros compañeros. Y aunque nuestro jefe, teóricamente, tiene que decirnos la verdad una vez al año en nuestra evaluación de rendimiento, nuestros compañeros no tienen la misma obligación. Aunque las personas que trabajan a nuestro lado cada día son a menudo las que poseen información más vital sobre nuestro desempeño, también son las que tienen más tendencia a no decir ni pío. Su ambigüedad constante no solo nos despoja de nuestra confianza en nosotros mismos y alimenta nuestra paranoia (recuerda que tus compañeros seguramente comparten lo que piensan sobre ti con todo el mundo excepto contigo), sino que puede resultar dañina (e incluso fatal) para el éxito colectivo del equipo.

Reconozco que puede ser complicado alcanzar las cinco piedras angulares del autodescubrimiento colectivo. El efecto MUM no solo hace que la gente sea reacia a compartir esa información, sino que a menudo los hace considerar el *feedback* individual como algo que «está bien tener» en vez de un ingrediente básico para el éxito. Y aunque los líderes deben tomarse en serio la reluctancia de su equipo a contar la verdad, tampoco deben dejar que esto los desanime. Con el enfoque adecuado y un compromiso continuado real, puedes fomentar una cultura que promueva la comunicación y el *feedback* en todos los niveles; una donde la sinceridad esté por encima de las jerarquías, donde incluso los soldados rasos se sientan cómodos poniendo los problemas sobre la mesa.

En concreto, estas son las **tres bases** que un líder debe tener para dirigir un equipo autoconsciente. En primer lugar, si el equipo no tiene un **líder que predica con el ejemplo**, el proceso se percibirá como algo hipócrita o incluso peligroso. En segundo lugar, si no hay una **libertad psicológica** para decir la verdad, la posibilidad de obtener un *feedback* sincero es casi inexistente. Pero incluso con todo esto, también es necesario que sea un **proceso continuado** (algo similar a las BPR de Mulally) para asegurarte de que el intercambio de *feedback* no sea una cosa puntual en vez de algo integrado en la cultura del equipo.

Pronto veremos cada una de estas bases más de cerca. Pero antes tengo que mencionar un punto importantísimo: si tu equipo no cuenta con una dirección clara y convincente, directamente ya te falta un motivo para conseguir hacerlo autoconsciente. Imagina que el equipo de Alan Mulally en Ford hubiera empezado las BPR sin una comprensión mutua y sólida del conjunto de objetivos que tenían. Como explica Mulally: «Si no tienes una visión, una estrategia inteligente y un plan detallado para llegar a tu objetivo, el proceso de la autoconciencia se queda en nada». En otras palabras, **si un equipo no sabe hacia dónde va, les faltará «el porqué» de la autoconciencia**; intentar conseguirla, por lo tanto, sería completamente fútil e innecesario.

Base número 1: Un líder que predica con el ejemplo

Cuando Doug Suttles puso el pie por primera vez en la plataforma petrolífera de más de cuatro mil quinientos metros cuadrados en medio del mar del Norte, supo al momento que este nuevo proyecto pondría a prueba tanto sus habilidades interpersonales como técnicas. Lo que no sabía era que estaba a punto de aprender una de las lecciones de liderazgo más importantes de su carrera. Suttles, ingeniero mecánico, acababa de ser nombrado máximo encargado de la instalación marítima de BP en la plataforma petrolífera Miller en el mar del Norte, justo al lado de la costa escocesa. Además del objetivo principal, que era que todo el mundo estuviera a salvo, Suttles había recibido la tarea de mejorar el rendimiento del funcionamiento de la plataforma. Y no solo era el único no británico de toda la plataforma, sino que, además, era una de las personas más jóvenes del lugar.

Esta situación única conllevó unos desafíos concretos para Suttles. Para empezar, iba a vivir con sus 196 compañeros de equipo en un espacio reducido y muchas millas mar adentro. Rápidamente descubrió que, en su puesto multifacético como jefe, capitán del barco y asesor, no solo tenía que guardar las apariencias durante su jornada laboral, sino que su equipo lo observaba prácticamente a todas horas. Incluso las decisiones más insignificantes podían decir mucho: a la hora de cenar, ¿se sentaría con los técnicos o con los encargados? ¿Iba a participar en el ritual semanal donde todos juntos miraban un concurso de televisión? ¿Cuánto los iba a ayudar a la hora de abordar los problemas interpersonales que un espacio tan reducido suele conllevar?

Aunque Suttles siempre había creído firmemente en la necesidad de cultivar la autoconciencia, esta experiencia en la plataforma le proporcionó un autodescubrimiento nuevo y vital. Estuviera o no viviendo hacinado en mitad del océano, al ser un líder, todas y cada una de sus decisiones lo convertían en un modelo que influiría profundamente en sus actitudes, comportamientos y efectividad general.

Muchos años después, esta lección ayudó a Suttles a gestionar una crisis absolutamente impredecible. El 20 de abril de 2010, la tripulación del Deepwater Horizon, una plataforma petrolífera situada en el golfo de México, justo en la costa de Luisiana, estaba preparándose para terminar la jornada. Algo antes, ese mismo día, oficiales y trabajadores de BP se habían reunido para celebrar siete años de funcionamiento sin una sola lesión. Alrededor de las 21:45, Andrea Fleytas, de veintitrés años, estaba controlando el sistema informático que mantiene la posición de la nave en el agua cuando sintió una súbita sacudida. Unos minutos más tarde, la tripulación oyó un fuerte silbido. Acto seguido sobrevino una enorme explosión que acabó por matar a once personas, dejó heridas a otras diecisiete y vertió aproximadamente el equivalente de 4,9 millones de barriles de crudo en el golfo de México.

Suttles era el jefe de operaciones de la división de producción y exploración de BP cuando lo llamaron para dirigir la respuesta de la empresa ante el mayor vertido de petróleo de la historia. En medio de esta emergencia sería muy fácil alimentar el pánico, buscar culpables o hablar sin meditar. (Muchos directivos de BP cayeron en estas trampas, como pasó remarcablemente en el caso del director ejecutivo Tony Hayward, quien se convirtió en noticia por cualificar el derrame de «relativamente minúsculo» y decirle a la prensa que «lo dejaran vivir tranquilo»). Pero al tener presente su tiempo en la petrolera del mar del Norte, Suttles se recordó a sí mismo que debía predicar con el ejemplo, independientemente de lo difíciles que pudieran ponerse las cosas.

El equipo de respuesta formado por empleados de BP, contratistas privados y funcionarios que organizó Suttles se enfrentó a una cacofonía de críticas, tanto legítimas como infundadas, por parte del gobierno, los medios de comunicación y el público general. Esto hizo que para él fuera incluso más importante asegurarse de que cada una de las cinco piedras angulares del autodescubrimiento colectivo estuviera presente: conocimiento y comunicación sobre los objetivos, progreso, procesos, suposiciones y aportaciones, empezando por él mismo. Suttles era lo suficientemente autoconsciente como para saber que, ante una situación tan compleja y con tantas emociones de por medio, se cometerían errores de forma inevitable. También era consciente de que tendría que resolverlos rápidamente. Para ello, el equipo debería mantener la cabeza fría y no tomarse las críticas personalmente; el único modo de que esto pasara era si Suttles estaba dispuesto a reconocer sus propios pasos en falso, ser un modelo de control de sus emociones y gestionar la crisis con calma.

Su equipo se enfrentó a todos los obstáculos imaginables hasta que el 15 de julio, finalmente, consiguieron frenar el vertido. Para el 19 de septiembre ya habían conseguido sellarlo por completo. La lección aquí es que, independientemente de los desafíos a los que se enfrenten, los equipos autoconscientes deben empezar por un **líder autoconsciente que predique con el ejemplo**. «Cuando estás en la cima es fácil aislarse», me explicó Suttles, «pero si tu equipo no está rindiendo como te gustaría, empieza por examinarte a ti mismo. Si echas la vista atrás y ves que no hay nadie, eso es *feedback*. Si miras hacia atrás y ves que hay personas que te siguen, eso probablemente es una buena señal».

O como me dijo Alan Mulally en una ocasión: «Lo lejos que puede llegar un equipo depende completamente del nivel de auto-conciencia del líder».

Así que, ¿cómo pueden convertirse los líderes en un ejemplo a seguir? Al nivel más básico, como en el caso de Doug Suttles y Alan Mulally, un líder debe comunicar sus principios y actuar de forma acorde. Los psicólogos a menudo se refieren a este conjunto de comportamientos como «liderazgo auténtico», y su valor empresarial es indudable. Por ejemplo, cuando la investigadora Joanne Lyubovnikova y sus compañeros hicieron una encuesta a equipos de distintos sectores en todo el Reino Unido y Grecia, descubrieron que aquellos dirigidos por líderes auténticos eran más autoconscientes y que, a su vez, eran más productivos que aquellos con líderes menos autoconscientes.

Estos efectos no solo están relegados al mundo de los negocios; también se extienden al ámbito familiar y personal. En un estudio, cuando las madres eran capaces de identificar y gestionar sus emociones, sus hijos eran más felices y autoconscientes hasta pasado un año entero. Al ver un modelo de autoconciencia a través de sus madres, los niños tenían más probabilidades de desarrollar en sí mismos esta valiosa habilidad.

Por otro lado, no hace falta tener un título en psicología para saber que los seres humanos cuentan con un magnífico detector de mentiras integrado. Cuando percibimos que nuestros líderes no son genuinos (ya sea que nos estén engañando intencionadamente o que tan solo se estén comportando de forma contradictoria a sus valores) lo vemos de lejos. Esto lleva a que los miembros del equipo eviten sacar a colación problemas por miedo a las represalias, como pasaba al principio con el equipo ejecutivo de Mulally, y la realidad acaba enterrada bajo un aluvión de excusas y acusaciones.

Aun así, cuando un líder se compromete a enfrentarse a sus fallos y a la vez se muestra dispuesto a mejorar, motiva a su equipo a hacer lo mismo. De hecho, esto es un muy buen ejemplo de la teoría de aprendizaje social del eminente psicólogo Albert Bandura, que sugiere que los seguidores tienden a imitar las actitudes y comportamientos de su líder. **Cuando un líder es auténtico, los miembros de su equipo descubren que reflexionar sinceramente** sobre las cinco piedras angulares del autodescubrimiento colectivo (y, para el caso, en los siete pilares a un nivel individual) **no solo está bien, sino que es algo que se *espera de ellos*.**

Así que, tanto si estás dirigiendo a cientos de empleados o a un puñado de niños, las acciones para ser un ejemplo de autoconciencia son las mismas. En primer lugar, debes apostarlo todo y comprometerte completamente con la autoconciencia de tu equipo, empezando por la tuya propia. Como explica Mulally: «Mi papel es asegurarme de que todo el mundo es consciente de la realidad. Tengo que *observar* constantemente: a los demás, a la empresa, a mí mismo». Es igualmente importante conocer y transmitir tu credo, es decir, los valores que definen las acciones que esperas de ti mismo y de tu equipo. En Ford, el credo de Mulally, que él denomina «Prácticas y principios para trabajar juntos»*, no solo ayudó a su equipo a conocerle mejor *a él*, sino que les dejó bien claro qué esperaba él *de ellos*. Y, finalmente, no es suficiente pedir la opinión del equipo y animarlos a hablar de los problemas; también hay que escuchar (y con atención) lo que ellos te digan. Cuando le pregunté a Doug Suttles, que ahora es el

---

* «Los comportamientos y cultura que se esperan de nosotros: las personas son lo primero. Todo el mundo está incluido. Una visión motivadora, una estrategia exhaustiva y una implantación incansable. Objetivos de rendimiento claros. Un solo plan. Hechos y datos. Todo el mundo conoce el plan, el estado del plan y las áreas a las que hay que prestar más atención. Propón un plan y ten una actitud positiva de "buscar el modo de conseguirlo". Respeta, escucha, ayuda y aprecia a los demás. Resiliencia emocional... Confía en el proceso. Pásatelo bien. Disfruta del recorrido y de los demás».

director ejecutivo de la empresa petrolífera Encana, cuál era el secreto de un equipo de éxito, respondió lo siguiente:

> Muchas personas usan la palabra «confianza»; a mí no me gusta mucho porque es demasiado emotiva para los ingenieros como nosotros y el significado es demasiado impreciso. Lo que realmente importa es: ¿creen en ti? ¿No solo en que llevarás el barco en la dirección correcta, sino también en que vas a escuchar lo que te digan? ¿Creen que quieres un entorno abierto y transparente donde se habla de los éxitos y los fracasos? Cuando el equipo se enfrenta a un desafío, ¿te dedicas a atormentarlos o les proporcionas respaldo y ayuda?

Recuerda que, como hemos ido viendo a lo largo de este libro, la mayoría de los líderes están librando una batalla muy dura en lo referente a su propia autoconciencia. Y dado que el *feedback* crítico rara vez fluye con libertad, los líderes que quieren cambiar a menudo tienen que tomar medidas bastante directas. Por desgracia, eso lleva a una especie de callejón sin salida: si, para empezar, los empleados se sienten reacios a ofrecer sus opiniones, ¿no se sentirán todavía más agobiados si se las pides a bocajarro? ¿Realmente pueden superar los líderes el efecto MUM y conseguir *feedback* sin filtros y sincero de aquellos a los que dirigen? Por suerte hay una forma; una solución a la que yo denomino **proceso de feedback del líder**.

Predicar con el ejemplo: El proceso de feedback del líder

Hace unos años vino a hablar conmigo Jamie, presidente de una empresa de gestión de propiedades y hostelería. Era el tercer presidente que tenía la empresa en sus más de cuarenta años de trayectoria; hacía un año que lo habían contratado para intentar romper la inercia que empezaba a amenazar la mismísima supervivencia de la organización. Su larga carrera le había proporcionado una amplia experiencia, pero esta era la primera vez que estaba en la cima.

Jamie se había marcado el atrevido objetivo de doblar el tamaño de la empresa en los siguientes cinco años y, para conseguirlo, iba a tener que transmitir el apremio a sus trabajadores e insistir en alcanzar la excelencia en cada área de la organización. Para que esto sucediera, sus ejecutivos debían sentirse cómodos a la hora de expresar sus problemas, enfrentarse a la dura realidad y mantener conversaciones difíciles con los demás sobre cada una de las cinco piedras angulares: sus objetivos, progreso, aportaciones individuales, etc.

Aparentemente, el equipo ejecutivo de Jamie contaba con todos los ingredientes necesarios. Estaban comprometidos con su visión. Estaban de acuerdo en cómo lo iban a conseguir. Se sentían cómodos, en general, a la hora de trabajar juntos. Pero desde que había llegado, Jamie había visto que el equipo mantenía una fachada y nunca tenía la sensación de estar oyendo toda la verdad. Cuando yo entrevisté a cada persona de su equipo, sus respuestas confirmaron estas sospechas. Todos creían que era la persona adecuada para el puesto, pero a muchos les costaba confiar en él y conectar con él.

Jamie y yo aceptamos que debíamos abordar estos problemas de frente (arrancar el esparadrapo del tirón, si me permites la comparación) y ofrecer un espacio donde pudieran hablar de forma confidencial y sincera. Decidimos reservar dos días para un retiro fuera de las oficinas que arrancaría con un ejercicio que ha acabado por convertirse en imprescindible en mi trabajo como consultora. Más adelante Jamie me confió que ese momento le proporcionó algunas de las valoraciones más útiles de toda su vida.

Este proceso se siguió por primera vez a principios de los 70 en General Electric y se ha descrito como «una reunión superintensiva para conocerse mejor [en la que] los miembros del equipo hacen observaciones y preguntas sinceras» sobre su líder. Aunque originalmente se desarrolló para ayudar a los directivos nuevos y a sus equipos a conocerse entre sí, este «ejercicio de asimilación del nuevo directivo» ha demostrado ser utilísimo independientemente de la antigüedad del dirigente; por eso yo he pasado a llamarlo *proceso de* **feedback** *del* *líder.* El proceso proporciona a los directivos un autodescubrimiento casi instantáneo sobre las percepciones y expectativas del equipo a la vez que mejora su liderazgo, comunicación y bienestar. Y lo que es más: sus equipos disfrutan de relaciones mejores y más cercanas, y se sienten más implicados en la misión.

Así que un sofocante día de verano, unos cuantos meses después de nuestro primer encuentro, Jamie, su equipo y yo nos reunimos en una sala de reuniones que por suerte contaba con aire acondicionado en un club de campo local.

—Muchas gracias a todos por tomarse el tiempo de venir aquí —empezó Jamie—. Tenemos un solo objetivo: convertirnos en un mejor equipo. Así que yo empezaré primero. En las siguientes tres horas tendrán la oportunidad de darme su opinión sobre mi primer año en el puesto. Las reglas básicas son sencillas. No hay temas tabú y todos tenemos que participar. ¿Estamos todos de acuerdo en esto? —Se detuvo, analizando las reacciones de los demás. Unos cuantos asintieron, vacilantes, pero había un sentimiento general de incomodidad palpable. Intentando tranquilizarles, prosiguió—: Para ayudarles a sentirse cómodos y ser completamente sinceros, yo saldré de la sala y dejaré a Tasha al frente del debate. Le he pedido que no me diga quién ha dicho qué bajo ninguna circunstancia. ¿Creen que podría funcionar?

Con sus temores apaciguados significativamente, la respuesta fue un coro de «síes» sorprendentemente entusiastas.

Después de echar (amablemente) a Jamie de la sala de conferencias, me puse en pie y señalé siete rotafolios que cubrían una larga pared. En la parte superior de cada hoja había una pregunta escrita en azul:

1. ¿Qué sabemos de Jamie?
2. ¿Qué queremos saber sobre Jamie?
3. ¿Qué debería saber Jamie sobre nosotros como equipo?
4. ¿Qué nos preocupa de Jamie?
5. ¿Qué expectativas tenemos de Jamie?

6. ¿Qué queremos que Jamie deje de hacer, empiece a hacer y siga haciendo?

7. ¿Qué valoraciones tenemos sobre nuestra visión, estrategia y plan?

—Esta parte del debate durará unos cuarenta y cinco minutos —expliqué—. Responderemos a cada pregunta por orden. Ustedes deberán darme tantas ideas como puedan; yo me encargaré de irlo apuntando.

Me puse ante el primer rotafolio y destapé un enorme rotulador negro.

—Vamos a empezar comentando qué sabemos de Jamie —indiqué.

Hubo tres respuestas instantáneas: «Sabemos que lleva trabajando en este sector veinticinco años», «Sabemos que tiene unas expectativas de locura», «¡Sabemos que debe de ser realmente valiente, porque está haciendo este ejercicio!».

Y, así de fácil, todo iba viento en popa. Los comentarios surgían con tanta libertad que tuve que empezar a escribir con la letra más pequeña para que cupieran todas esas respuestas en la hoja de papel gigante. Pasamos a la siguiente pregunta, a la tercera y así sucesivamente. Cuarenta y cinco minutos más tarde, los siete rotafolios estaban cubiertos con sus comentarios.

Le di al equipo permiso para un descanso de diez minutos y salí a buscar a Jamie. Mientras volvíamos a la habitación, le pregunté:

—¿Estás listo?

Sonrió con confianza.

—Más que nunca.

Pero cuando se acercó al muro de rotafolios, su sonrisa empezó a borrarse y se le abrieron los ojos como platos. Le di unos minutos para leer las respuestas de su equipo y le ayudé a aclarar el significado de unos cuantos comentarios. Antes de salir a buscar al resto del equipo, le recordé a Jamie lo importante que era conservar la calma y no ponerse a la defensiva en la siguiente parte del ejercicio.

Pronto todos volvimos a estar reunidos alrededor de la mesa de conferencias. Pero antes de lanzarnos de cabeza en el *feedback*, le pedí a Jamie que dedicara unos minutos a contarle a su equipo algo de su trasfondo: las cosas que más le gustaba hacer cuando era niño, cuántos hermanos y hermanas tenía, cuáles eran sus recuerdos más graciosos de su infancia y cuáles eran sus valores más importantes (he descubierto que, en el contexto adecuado, compartir esta información tiene un efecto inmediato en el nivel de confianza del equipo, incluso aunque hayan conocido a su dirigente durante varios años).

Después, Jamie respondió al *feedback* de cada pregunta, una por una. Para algunos comentarios, se limitó a aceptarlos («Sí, mis expectativas son una locura», «Me alegra que piensen que vamos en la dirección correcta aunque este primer año no haya sido fácil»). Hubo otros puntos que tuvo que comentar más en profundidad y, en algunos casos, tuvo que comprometerse por su parte a intentar adoptar un enfoque distinto. Por ejemplo, a muchas personas del equipo les frustraba que Jamie hablara directamente con sus empleados sin pasar por ellos. Explorar este tema ayudó a Jamie a entender que eso humillaba a los ejecutivos y resultaba confuso para sus empleados.

Durante el debate de noventa minutos (que Jamie empezó a denominar como «su exploración proctológica») su comprensión de cómo su equipo percibía su comportamiento aumentó de forma exponencial, igual que su entendimiento de lo que esperaban de él. Y cuando Jamie y yo nos sentamos a charlar más o menos un mes después, me dijo que se había quedado completamente anonadado ante las mejoras que había visto, tanto en su propia efectividad como en el funcionamiento general de su equipo. El retiro, me explicó, había acelerado su confianza. Ahora hablaban de una forma más abierta sobre problemas reales y sustanciales. Y aunque algunos habían recaído en alguna ocasión en sus viejas costumbres, todos estaban mucho más implicados y colaboradores que nunca. No fue coincidencia que, menos de un año después, los beneficios de la compañía hubieran aumentado en más de un 20 %.

Jamie y su equipo habían alcanzado un hito importante en su recorrido hacia la autoconciencia colectiva. Al demostrarles que estaba realmente abierto a escuchar la verdad sobre sí mismo, su equipo se sintió más seguro a la hora de contársela, incluso aunque no se les hubiera preguntado directamente. Pero para crear un equipo realmente autoconsciente, este es solo el primer paso. Incluso después de abrir estos canales de comunicación, los líderes también deben trabajar para asegurarse de que *sigan* abiertos, y no solo entre los empleados y el líder, sino también entre los miembros del equipo.

Base número 2: Un entorno seguro donde decir la verdad (y saber que eso es lo que se espera de ti)

En 1996, la estudiante de doctorado Amy Edmondson empezó lo que desde entonces se ha convertido en un estudio de referencia en la ciencia de la autoconciencia de equipo. Edmondson, ahora profesora en Harvard, quería comprender mejor la causa de los errores médicos en los equipos sanitarios de un equipo. Se trataba de un problema apremiante, dado que el paciente promedio de hospital se ve expuesto a entre 480 y 960 posibles errores que matan a cientos de personas y lesionan a un millón cada año solo en Estados Unidos.

Edmondson siguió a ocho equipos en dos hospitales universitarios a lo largo de seis meses. Al principio se quedó perpleja al descubrir que los equipos con un mejor rendimiento como unidad (calidad de los cuidados, colaboración, eficacia, liderazgo) indicaban tener *más* errores. Pero cuando investigó estos datos más a fondo descubrió el motivo de estos sorprendentes resultados.

Las unidades con un peor rendimiento no estaban cometiendo menos errores de medicación, sino que, sencillamente, no informaban de los que cometían. ¿Y cuál era el motivo? Estos enfermeros, simplemente, estaban aterrorizados ante la idea de revelar los errores que veían y le explicaron a Edmonson que las personas causantes «se enfrentaban a demandas judiciales» y «los superiores los cargaban con toda la culpa de los errores». (Cuando trabajé en un hospital, pude ver de primera mano las complicaciones que puede tener informar de un problema que influye negativamente en algún parámetro muy controlado). En comparación, en las unidades con el mejor rendimiento del estudio de Edmonson (es decir, las que contaban con más errores) los enfermeros se sentían cómodos para comentar abiertamente los errores. Esos equipos no tenían miedo de decirle a su encargado que algo había ido mal.

Edmondson acuñó el término *seguridad psicológica* para describir la creencia compartida de que puedes pedir ayuda, admitir tus errores y sacar a colación problemas sin consecuencias negativas. «El término», explica Edmondson, «no pretende sugerir una sensación despreocupada de permisividad ni una disposición inquebrantablemente positiva, sino una sensación de confianza en que el equipo no humillará, rechazará o castigará a alguien por decir lo que piensa». Aunque pueda parecer ilógico, su comentario sobre la «disposición inquebrantablemente positiva» es especialmente importante: en los equipos altamente cohesivos, sus miembros pueden tener *menos* tendencia a poner en entredicho a los demás, a menudo debido a un deseo mal aplicado de preservar la harmonía del equipo. Pero por muy «bien» que esto pueda hacernos sentir, es perjudicial para la autoconciencia del equipo y, por lo tanto, para su éxito.

El Departamento de Operaciones de Recursos Humanos de Google llegó a una conclusión similar tras un programa de investigación de cinco años para examinar qué hace falta para crear el equipo perfecto. En un principio, a pesar de que el equipo de psicólogos organizacionales, ingenieros, sociólogos y estadísticos consultaran miles de estudios sobre qué es lo que hace que un equipo tenga éxito, no consiguieron aislar ningún patrón específico. Así que intentaron seguir un enfoque distinto, estudiando cientos de equipos de Google en factores como personalidad, trasfondo y estilo de trabajo. Tampoco así encontraron respuestas. Parece que la composición del equipo, el «quién», era indiferente, ya fueran introvertidos o extrovertidos, expertos en la materia o polímatas, abejas reina u obreras, o cualquier combinación de los anteriores.

De forma interesante, el equipo de Google logró el primer avance importante solo cuando empezaron a examinar el «cómo», las reglas no escritas que gobernaban la forma de trabajar del equipo. Sus descubrimientos concordaban con lo que Edmondson había descubierto en su estudio de los hospitales hacía quince años: los equipos que se sentían psicológicamente seguros tenían mejores resultados que los que no.

Pero ¿qué relación tiene la seguridad psicológica con la autoconciencia de un equipo? Unos cuantos años después de su estudio con los equipos de los hospitales, Edmondson empezó otra investigación (esta vez con una empresa que fabricaba muebles de oficina) de forma exhaustiva, estudiando a más de cincuenta equipos mediante entrevistas, encuestas y observación directa (o sea, que se dedicó a ir siguiendo a la gente, tomando notas en su portapapeles: uno de mis pasatiempos favoritos). De nuevo, cuando los miembros del equipo se sentían psicológicamente seguros, estaban más cómodos señalando problemas, tenían más tendencia a enfrentarse a la realidad y era más probable que quisieran decir la verdad. También eran infinitamente más competentes. De hecho, el motivo exacto por el que los equipos que se sentían psicológicamente seguros rendían mejor era *específicamente debido a sus mayores niveles de autoconciencia*.

Vale la pena destacar que, en las empresas de un perfil alto, una cultura de seguridad psicológica no solo es buena para los ánimos y la productividad, sino también para la imagen pública de la empresa. Según Ed Catmull, como los ejecutivos de Pixar les dicen la verdad a sus empleados, estos aprecian de forma natural la importancia de la confidencialidad. Como resultado, Pixar nunca ha tenido *ni una sola* filtración a la prensa, ni siquiera durante el periodo de diligencia debida dramático en el que Disney pasó a ser propietaria de la empresa. Incluso cuando Catmull, John Lasseter y Steve Jobs anunciaron el acuerdo a los empleados, ni uno solo de estos habló con los reporteros atrincherados ante la sede de la empresa.

Vamos a ver un ejemplo de cómo los líderes pueden crear un entorno seguro donde los trabajadores puedan decirse la verdad unos a otros y conseguir que ese sea el comportamiento que se espera de ellos. El alba de un nuevo día se acercaba durante una semana especialmente estresante y Levi King (el emprendedor que conocimos en el último capítulo) estaba limpiando su bandeja de entrada de correo electrónico antes de intentar dormir algunas horas, inútilmente. El último correo electrónico que había enviado antes de dejar caer la cabeza sobre el cojín era una bronca exasperada a su socio de negocios sobre un problema que le había estado molestando en su empresa, Nav. Pero en el mismo momento en el que lo envió, supo que había cometido un error. El tono era innecesariamente irrespetuoso, rozando incluso la hostilidad. Levi sabía que había metido la pata hasta el fondo cuando su socio, que normalmente respondía a la velocidad del rayo, tardó veinticuatro horas enteras antes de contestarle. La respuesta fue comedida pero directa, señalando las palabras incendiarias de Levi y preguntándole educadamente si realmente se sentía así.

Lo primero que hizo Levi la mañana siguiente fue ir a buscar a su socio.

—Lo *siento muchísimo* —le dijo—. No sé en qué estaría pensando. Era tarde. Estaba cansado. Me porté como un estúpido.

Por suerte, su socio aceptó la disculpa, pero en vez de felicitarse a sí mismo y pasar a otra cosa, Levi fue lo suficientemente autoconsciente como para ver la oportunidad que le brindaba esta pifia por su parte. Durante la siguiente reunión mensual de la empresa, Levi conectó su ordenador al proyector de la sala de conferencias y mostró su ofensivo correo electrónico. Observó cómo los ojos de sus empleados se abrían cada vez más, incrédulos, a medida que iban leyendo el mensaje.

—¿Alguien de aquí puede sentir orgullo de esto? —preguntó Levi. Todos negaron con la cabeza—. Muy bien, pues. Vamos a hablar de qué hice mal aquí.

Entonces todos empezaron a diseccionar con sinceridad el mensaje para deconstruir exactamente por qué el correo había sido desagradable y consensuar qué podría haber hecho de otra forma Levi. Y aunque la conversación fue, desde luego, incómoda, decidió llevarla a cabo debido a la oportunidad de aprendizaje que suponía para su equipo.

No debería ser ninguna sorpresa que el primer paso que deben dar los líderes que buscan cultivar la seguridad psicológica es centrarse en lograr que haya confianza entre los miembros de su equipo. Pero aunque es importante, **la confianza por sí sola no es suficiente para la seguridad psicológica.** Más que limitarse a creer que el resto de los compañeros del equipo actúan con la mejor de las intenciones hacia los demás, los equipos con seguridad psicológica van un paso más allá para mostrarse respeto, sensibilidad y empatía entre sí. Y para ello, tienen que verse unos a otros como seres humanos reales, con debilidades y defectos. De hecho, el programa de investigación de Google descubrió que el factor individual más potente para la seguridad psicológica era la *vulnerabilidad*, la disposición a admitir abiertamente nuestros errores. Y esto tiene que empezar desde arriba. «Muchos líderes», explica Levi King, «afirman que en su equipo todos pueden mostrarse vulnerables con seguridad, pero ellos mismos no están dispuestos a hacerlo. No puedes limitarte a hablar de esto de forma figurada. Tienes que demostrar que, en tu empresa, no pasa nada por cometer errores, porque se perdonan unos a otros y asumen que nadie va con mala intención».

Desde luego, como afirma la autora y profesora de investigación Brené Brown en su libro *El poder de ser vulnerable*, mostrarnos vulnerables puede darnos miedo e incluso parecernos un error, especialmente en el caso de personas en posiciones de poder. En una ocasión trabajé con un ejecutivo de éxito que al principio de su trayectoria profesional consideraba la vulnerabilidad como una debilidad. «Pensaba que, con siquiera insinuar que había cometido un error, mi equipo perdería el respeto que me tenían», afirmó. Pero con el paso del tiempo acabó advirtiendo que la verdad era, de hecho, todo lo contrario. En palabras de Doug Suttles: «He aprendido, con los años, que ser un poco vulnerable te hace ganarte el respeto de los demás, especialmente si estás dispuesto a reconocer tu debilidad. Se van pensando: "¡Vaya! Algún día yo también voy a meter la pata. Pero quizá no pasa nada y quizá es una buena idea hablar abiertamente del error"».

Además de predicar con el ejemplo mostrándose vulnerables, los líderes pueden promover la seguridad psicológica en sus equipos si consiguen que todos colaboren para *crear normas claras*. Hace años me pidieron ayuda con el proceso de planificación estratégica de un equipo de liderazgo que supervisaba los servicios a niños y mujeres en un hospital con muy buena reputación. A Tracee, la recién ascendida directora, junto con sus cuatro encargados de enfermeros, se les había encomendado la tarea de mantener al equipo en cabeza de la competencia. Como las instalaciones eran famosas por ser el «hospital de bebés» de la ciudad, muchas personas, incluidas innumerables famosas, venían de todo el país para dar a luz allí. Pero durante los últimos años la competencia local había empezado a hacerse más dura y ofrecían servicios innovadores, como habitaciones de lujo, chefs personales e instalaciones novísimas. El equipo de Tracee tenía que estar a la altura, no solo asegurando una atención médica compasiva y de primera categoría, sino ofreciendo el tipo de servicio espectacular que puede hallarse en un hotel de cinco estrellas.

Mientras que algunos encargados podrían haberse limitado a invertir más y más dinero en el problema (por ejemplo, mejorando las instalaciones o intentando superar a la competencia en comodidades), Tracee y su equipo llevaron las cosas un paso más allá. Al comprender la relación directa entre su disposición a decirse la verdad unos a otros y lograr sus exigentes objetivos, decidieron centrarse en convertir su departamento en un lugar más seguro y comprensivo para los enfermeros y técnicos que trabajaban en él.

Así que incluso antes de lanzarnos a planificar la estrategia de negocio, nuestro primer paso fue tener una conversación sincera sobre cómo funcionaba el equipo de Tracee (es decir, la piedra angular de los procesos). Reconocieron que, aunque todos trabajaban bien en equipo, había a veces una tensión subyacente que nadie parecía estar dispuesto a admitir. Por ese motivo les sugerí que creáramos un conjunto de normas para el equipo.

—El objetivo —les expliqué— es que todos acuerden unas normas de comportamiento como equipo. ¿Qué comportamientos les ayudarán con su estrategia? ¿Qué tipo de entorno quieren crear? ¿Qué necesitan para hacer que este equipo sea un entorno seguro y de apoyo?

Para definir estos comportamientos, aplicamos el modelo Start / Stop / Continue que hemos visto en el capítulo 7 (y, aunque no me parece que este modelo sea especialmente efectivo a nivel individual, puede proporcionar a los equipos un marco de referencia común para hablar de qué funciona y qué no).

La lista final de normas del equipo de Tracee quedó más o menos así:

- Nada de chismes: comuniquémonos de forma abierta, sincera y segura.
- Hablarlo siempre con la persona: tengamos siempre las conversaciones difíciles con los demás con la intención de ayudar.
- Los negocios son los negocios: tras una conversación difícil, debemos seguir llevándonos bien.
- Presuponer lo mejor: respaldémonos siempre entre nosotros ante los médicos, pacientes y el resto del personal.
- Practicar el perdón: somos humanos. Cometemos errores. Abordémoslos y sigamos adelante.

Para asegurarse de que sus normas fueran un documento vivo y activo en vez de algo que se guardaba en un cajón y se olvidaba, empapelaron las oficinas y las órdenes del día con la lista para que fuera lo primero que tuvieran presente. Cuando los miembros del equipo dirigente demostraban estos principios, se felicitaban entre sí; cuando no lo hacían, se amonestaban unos a otros. Finalmente, estas personas llevaron estas normas a sus propios equipos, lo que a su vez acabó por hacer que todo el departamento se sometiera a ellas. La mejora en el rendimiento fue innegable: la implicación de los empleados pasó de un 71 % a un 86 % en menos de un año; se situaron entre los diez mejores hospitales de los 163 nacionales e incluso consiguieron aumentar su línea de servicios en un mercado cada vez más reducido. Como descubrieron Tracee y su equipo, el tiempo y energía que invirtieron en crear unas cuantas normas sencillas para respaldar la seguridad psicológica en su equipo directivo acabó resultando en unos beneficios extraordinarios.

Base número 3: Un proceso y compromiso continuados para seguir siendo autoconsciente

Examiné con interés la oficina en la que acababa de entrar, desordenada, colorida y bañada por los rayos del sol vespertino que se filtraban por la ventana. A mi derecha había un largo y pulcro escritorio con un enorme monitor Apple como pieza central. A mi izquierda, un muro de estanterías repletas de figuritas de acción, fotos familiares, premios y otras fruslerías, incluyendo el molde de una mano que se ha hecho famoso a nivel mundial en la comunidad de la animación por ordenador. Pocos minutos antes había entrado en el campus de casi noventa mil metros cuadrados en Emeryville, California, había cruzado una larga y sombría pasarela y había entrado en el patio interior del edificio Steve Jobs. Flanqueando la recepción había, a un lado, dos figuras a tamaño real de los personajes de *Monstruos, S.A.*, Sulley y Mike, y en el otro, una escultura gigante de Woody y Buzz de *Toy Story*. En la pared de detrás había un lienzo enorme de la princesa escocesa Mérida, de *Indomable*, cabalgando a través del bosque en su elegante montura.

Era una tarde de jueves en la sede de Pixar y yo estaba sentada en la oficina de su genial presidente, Ed Catmull. Como a muchas otras personas, me había encantado su libro de 2014 *Creatividad, S.A.* Pero siendo como soy una investigadora de la autoconciencia, había detectado en mi lectura varios elementos que me picaron tanto la curiosidad que, simple y llanamente, tuve que hablar con él. Entre otras cosas, quise saber más sobre el ya famoso «día de las notas» de Pixar, del que Catmull hablaba en el último capítulo de su libro.

Por allá en 2013, a pesar de haber logrado una serie de éxitos de taquilla que batieron récords, Pixar estaba experimentando una frustrante sensación de inercia. Además de un aumento repentino en los costes de producción, Catmull y su equipo habían detectado una tendencia sutil pero preocupante, especialmente para Catmull, uno de cuyos dogmas principales es «dirigir siendo autoconsciente». En los últimos años, a medida que Pixar crecía, la cultura empresarial también iba cambiando. En vez de mantener la «comunicación sin trabas» que tanto éxito les había traído, los empleados parecían autocensurarse cada vez más. Catmull quería saber por qué la gente parecía vacilar tanto a la hora de decir la verdad y, lo que es igual de importante, qué podía hacer al respecto.

Estaba claro que promover el hecho de dar y recibir *feedback* no era suficiente: necesitaban un proceso exclusivo para conseguir generarlo. Así que el 11 de marzo, Pixar cerró sus puertas para tener un «día de sinceridad» al que bautizaron como el «día de las notas». En las semanas anteriores al día de las notas, los ejecutivos de Pixar plantearon una pregunta a sus empleados: «Estamos en 2017. Ya hemos terminado las dos películas de este año, muy por debajo del presupuesto. ¿Qué innovaciones han hecho que estas producciones lleguen a sus objetivos de presupuesto? ¿Cuáles son algunas de las cosas específicas que hemos hecho de otro modo?». Recibieron más de cuatro mil respuestas sobre más de mil temas distintos, desde reducir la cantidad de tiempo necesario para hacer cada película hasta conseguir un mejor lugar de trabajo, pasando por reducir la discriminación de género implícita en las películas.

Los ejecutivos seleccionaron un poco más de un centenar de esos temas para que los empleados los abordaran en 171 sesiones distintas repartidas en los tres edificios del campus. Los empleados decidieron a qué sesiones iban a asistir, todas impartidas por un instructor interno con formación específica. Cada sesión se cerraba con una serie de «formularios de cierre»: rojos para propuestas específicas, azules para lluvias de ideas y amarillos para prácticas recomendadas, además de asignar «promotores de las ideas» que se encargarían de llevar adelante las sugerencias que surgieran de las conversaciones.

El cofundador de Pixar y productor ejecutivo en jefe John Lasseter empezó el día recordando a todo el mundo el papel primordial que tenía la sinceridad en el éxito de la empresa. Remarcó lo difícil que era dar y recibir valoraciones difíciles, pero imploró a todo el mundo que hicieran todo lo posible para ser sinceros igualmente.

—Les va a parecer que esto se dirige personalmente a ustedes... —explicó—, pero sean valientes y, por el bien de Pixar, digan lo que piensan y no dejen de ser sinceros.

En los meses siguientes al día de las notas, Catmull recibió muchos correos electrónicos de sus empleados donde aplaudían tanto el concepto como la ejecución. El experimento pareció causar el efecto, como describe Catmull, de «deshacer el atasco que no dejaba pasar la sinceridad» y «crear un entorno más seguro donde la gente pudiera decir lo que pensaba». También sirvió como recordatorio a toda la empresa de que «la colaboración, determinación y sinceridad nunca dejarán de levantarnos».

Pero ahora que habían pasado varios años, yo quería conocer el veredicto final. ¿El ejercicio había sido un éxito puntual o realmente había tenido un impacto continuado en su cultura? ¿Los líderes seguían escuchando la verdad de sus empleados? ¿Los empleados realmente se sentían más cómodos dando y recibiendo *feedback* sincero?

Estas preguntas me rondaban por la cabeza cuando, como si me hubiera leído el pensamiento, Catmull entró por la puerta. Con una camisa abotonada negra de manga corta y tejanos (y, claro está, con un Apple Watch), se acercó renqueando a la silla que había delante de mí. Señalando la escayola que le envolvía el pie derecho, bromeó diciendo que se había emborrachado en un bar de moteros y le había pegado una patada giratoria a alguien. Solté una risita, consciente de que probablemente no se había hecho daño así.

A medida que nuestra conversación avanzaba, me quedé asombrada ante la profundidad de pensamiento de Catmull. Hablaba con concentración, académicamente, evitando las explicaciones simplistas o fáciles en cada frase, especialmente cuando le pregunté qué había pasado después del día de las notas. Se retrepó en su silla y se ajustó bien las gafas. Sonreí, esperando que me entretuviera con historias de cómo el día de las notas había solucionado todas las reservas de los empleados y ahora todo el mundo decía la verdad sobre todas las cosas.

Pero Catmull optó por un camino algo distinto.

—Fue, desde luego, un ejercicio muy útil —afirmó—. Pero se nos pasaron por alto algunas cosas importantes.

Me explicó que, algunos meses después del día de las notas, hubo un «problema muy, muy grave» con una de sus películas. Tanto los canales formales como los medios informales de dar *feedback* a los líderes habían fallado, hasta el punto de que la película estuvo en peligro de no llegar a ver la luz.

Catmull se detuvo mientras yo sumaba dos y dos.

—¿Así que estos problemas ya existían antes del día de las notas? —inquirí, frunciendo el ceño. Catmull asintió—. ¿Y todo el mundo era consciente de ello? —Volvió a asentir. Yo estaba estupefacta—. ¿Y nadie dijo nada sobre esos problemas *en el día de ser sinceros?*

Catmull asintió por tercera vez, con una expresión como si dijera «¡Bingo!».

—Nos dimos cuenta de que teníamos un problema más grave que debíamos solucionar —prosiguió él—. El día de las notas surgió a partir de un proceso que funcionaba muy bien y que habíamos desarrollado en Braintrust, un grupo de nuestros directores y mejores guionistas. Ese grupo había tenido muy buenos resultados a la hora de hacer que sus reuniones fueran un espacio seguro para los comentarios y las críticas. Lo que habíamos intentado era llevar ese tipo de seguridad a la empresa entera.

Aun así, me explicó, había dos problemas. El primero era que no todos los encargados tenían las capacidades necesarias para pedir *feedback* de forma continuada.

—La gente actúa a partir de lo que ve y observa —explicó—, no de lo que nosotros decimos.

Independientemente de cuánto aseguraran a toda la empresa que podían compartir sus críticas con tranquilidad, si un equipo no se sentía seguro, seguiría vigilando lo que decía y lo que no.

El segundo problema, como lo describió Catmull, fue que las notas eran críticas bienintencionadas, pero no eran soluciones.

—Las soluciones —dijo— requieren muchísimo esfuerzo, tanto para entenderlas como para saber aplicarlas.

Al final del día de las notas tenían miles de «notas», pero todavía tenían que ordenar y filtrar la información, buscar tendencias y patrones y, *entonces*, desarrollar soluciones.

Pero la mayor sorpresa del proceso fue que hubo algunos problemas de envergadura que no se mencionaron en absoluto. Catmull está convencido de que nadie los señaló porque todo el mundo asumió que ya lo haría otra persona. Y como los dirigentes no eran conscientes de estos problemas, no habían creado una oportunidad adecuada para abordarlos.

—Es difícil crear un entorno seguro para un problema que ni siquiera sabíamos que existía —apuntó Catmull.

En otras palabras, no tenían la información necesaria para poner en tela de juicio sus presuposiciones sobre cómo iba la empresa (es decir, que las suposiciones son una de las cinco piedras angulares más complicadas).

Claramente, si los ejecutivos de Pixar querían abrir todavía más las compuertas del *feedback*, sería necesario tener un proceso continuado, aunque haría falta hacer algunos ajustes para cosechar recompensas reales. Dos empleados, uno técnico y otro artístico, propusieron un sistema: si alguien no se sentía cómodo hablando con su encargado sobre algo que no marchaba bien, podían abordar a un **pirata compañero** para pedirle ayuda. Catmull me explicó que, en la época de los piratas de verdad, la tripulación elegía a uno de los suyos para llevar los problemas y quejas al capitán, con el acuerdo de que nadie podría asesinarlo por lo que dijera.

Pixar puso en marcha los piratas compañeros como un sistema informal de revelar los tipos de problemas que todavía seguían sin mencionarse. Pero, ocho meses después, seguían sin obtener información valiosa. En este punto fue donde Jim Morris (gerente general de Pixar por aquel entonces y hoy en día presidente de la compañía) sugirió que cada pirata compañero eligiera a entre cuatro y seis compañeros de sus departamentos para que comunicaran directamente el *feedback* a Catmull y Morris. Cada departamento reunió a un grupo diverso, donde los integrantes se sentían a gusto unos con otros y, por lo tanto, seguramente también se sentirían cómodos con Catmull y Morris.

Este sistema sí que funcionó. Los piratas compañeros se tomaron sus presentaciones muy en serio y emergieron muchos problemas que no se habían mencionado en el día de las notas.

—Ahora ya teníamos un mecanismo para encontrar información y patrones más profundos, tanto de forma global como en cada departamento —me dijo Catmull, radiante—. Habíamos encontrado un filón de oro.

La información que recopilaron a partir de estos procesos llevó a muchos cambios significativos en la organización, cuyos frutos están cosechando ahora.

Pero Catmull señaló rápidamente que el proceso tampoco era la panacea. Algunos problemas se han podido solucionar fácilmente, otros implicaron mucho trabajo y hay unos cuantos con los que todavía se están peleando.

—Sería un error muy grave, tanto para la empresa como para el resto del mundo, creer que ya sabemos todo sobre esto.

Aun así, el valor de los piratas compañeros radica en el hecho de que revelaron algunos problemas sistémicos que estaban obstaculizando una sinceridad continuada. Y al abordar los motivos subyacentes de por qué los empleados no decían la verdad, pudieron ayudar a sus encargados, ya de por sí inteligentes y capaces, a crear una cultura empresarial donde estos obstáculos desaparecieran.

El enfoque de Pixar es solo un ejemplo de cómo los líderes pueden integrar en la empresa un proceso continuado e inculcar así una cultura de autoconocimiento. Vamos a ver otro caso un pelín más extremo. En 1975, el graduado de Harvard de veintiséis años Ray Dalio fundó Bridgewater Associates en su apartamento de Nueva York. La empresa acabaría convirtiéndose en el mayor fondo de alto riesgo del mundo. Dalio achaca su éxito a los principios de «verdad radical» y «transparencia radical».*

En Bridgewater se anima a los empleados a señalar los comportamientos improductivos, y criticar a otros a sus espaldas es una ofensa que puede llevar al despido. Todas las conversaciones, excepto si son personales o están protegidas por los derechos de autor, se graban y están disponibles para cualquier persona de la empresa. Bridgewater incluso ha invertido en tecnología que respalde el flujo ininterrumpido del *feedback*. Los empleados disponen de iPad de la empresa en los que pueden anotar públicamente problemas y errores en un «registro de problemas». Cada persona, incluido Dalio, tiene una «tarjeta digital de béisbol» donde puntúan a los demás en

---

* Dalio plasmó su credo en un documento de 123 páginas que contenían sus 201 principios vitales y de dirección más importantes. El tomo es de lectura obligada para los recién contratados y a menudo Dalio lo usa como base para ponerles deberes cada noche a sus empleados.

comportamientos como creatividad o fiabilidad en una escala del 1 al 10, y cada tarjeta muestra de forma pública a toda la empresa cuál es la media de cada empleado. A través de otra app, los empleados se conceden «puntos» unos a otros: los «puntos buenos» se reciben como recompensa por comportamientos que respaldan al equipo, y los «puntos malos» ayudan a los empleados a entender cómo pueden estar incidiendo de forma negativa en los demás. Bob Prince, codirector ejecutivo de inversiones, observa lo siguiente sobre estos procesos: «Lo que intentamos hacer aquí es buscar la verdad, cueste lo que cueste».

Pero ¿cuánto cuesta? ¿Son las prácticas extremas de Bridgewater algo que las demás empresas deberían imitar? Sus resultados financieros son realmente espectaculares: han obtenido más dinero para sus inversores que cualquier otro fondo de alto riesgo de la historia. Además, muchos de sus empleados dicen que les gusta tanto trabajar para Bridgewater que no pueden imaginarse en ningún otro sitio. Pero otros conocedores de la empresa creen que esta no tiene éxito gracias a su «empecinamiento en la crítica constante» sino a pesar de ella. Un antiguo empleado afirmó lo siguiente: «Lo que hay en Bridgewater son personas practicando psicología barata. Tienes a un montón de chavales de veintitrés y veinticuatro años sueltos que van por ahí diagnosticando problemas que yo no confiaría ni a un doctorado en psicología». Es quizá por este motivo que un sorprendente 30 % de los recién contratados acaban abandonando la empresa, ya sea voluntariamente o no, a los dos años de entrar.

Así que, ¿qué es Dalio en realidad? ¿Un visionario brillante o un autócrata orwelliano? Depende de a quién se lo preguntes. Aunque de ningún modo estoy en desacuerdo con su inquebrantable compromiso con la sinceridad, mi punto de vista es que los métodos de Bridgewater pueden resultar innecesariamente costosos y que la mayoría de los equipos puede conseguir un entorno rico en *feedback* sin necesidad de llegar a medidas tan drásticas. Vamos a ver una forma de conseguirlo: el **desafío de la veracidad**, un proceso que he ido perfeccionando con los años para conseguir inculcar una autoconciencia continuada en los equipos.[*]

El compromiso con la autoconciencia constante en un equipo llevado a la práctica: El desafío de la veracidad

—¿Que vamos... que vamos a hacer *qué*? —preguntó, indignado, un vicepresidente.

—Con todo el respeto, no veo por qué motivo puede ser esto necesario —apuntó otro—. Los negocios van viento en popa. Nuestro crecimiento anual está superando todas las proyecciones.

—Estoy de acuerdo —concedió Sarah, vicepresidenta de Finanzas—. Todos respetamos tu trabajo, Tasha, créeme. La sesión de esta mañana ha sido magnífica. Pero tienes que entender que ya somos el equipo con más autoconciencia que conozco. Como empresa, vamos en una dirección clara. John es un presidente magnífico y está haciendo un trabajo buenísimo predicando con el ejemplo. Todo el mundo sabe que podemos decir lo que pensamos sin que haya represalias. Te lo digo sinceramente. Nos caemos bien. Confiamos los unos en los otros. Quedamos fuera del trabajo para estar juntos. Así que, gracias, Tasha, pero no me parece nada necesario pasarnos tres horas intercambiando *feedback*.

En todos los años que llevo trabajando como psicóloga organizacional nunca me he encontrado con una oposición tan brillante y bien informada. Estos ejecutivos no solo sabían exactamente qué decir, sino que tenían razón en (casi) todo. Trabajaban en una empresa de éxito que ya tenía bien asentadas la mayoría de las bases de la autoconciencia. Pero, quizá de forma irónica, su éxito había creado un nuevo problema. Cuando las cosas van bien, hay una mayor tendencia a ignorar la realidad de posibles problemas, suprimir

---

[*] La semilla de este proceso surgió del excelente libro *Las cinco disfunciones de un equipo* de Patrick Lencioni, que yo considero de lectura obligada para todos los encargados y aspirantes a serlo.

conversaciones difíciles y soportar comportamientos negativos. En los últimos meses, John había detectado un auge en las disputas territoriales: sus equipos se habían apoltronado en sus respectivos departamentos y al parecer solo asomaban la cabeza para pelearse por problemas interdepartamentales sin importancia e incluso, en ocasiones, le pedían a John que hiciera de árbitro.

—¡Están tirándose de los pelos como si fueran niños pequeños! —se quejó John.

—He visto esto muchas veces —le dije—. A los vicepresidentes de ventas y de mercadeo les es más fácil enzarzarse en una guerra de presupuestos que ponerse a hablar de los problemas más profundos y sutiles que se interponen en su capacidad para colaborar y trabajar juntos.

Así que teníamos que averiguar cuáles eran estos problemas.

Volvamos al retiro y a la negativa bienintencionada del equipo.

—Vale —le dije a Sarah—, sí, entiendo lo que quieres decir, desde luego. —Inspiré profundamente, a sabiendas de que lo que dijera en ese momento iba a determinar si el resto de la tarde iría sobre ruedas o sería un desastre—. Déjenme hacerles una pregunta. ¿Cuántos de ustedes están nerviosos?

Todos alzaron las manos rápidamente.

—El nerviosismo es comprensible y totalmente normal —dije—. Pero el nivel de miedo que percibo en esta habitación me sugiere que hay algo que sigue impidiéndoles ser completamente abiertos los unos con los otros. Quizá algunos de ustedes tengan miedo de crear problemas cuando todo va tan bien. Quizá algunos prefieran evitar los conflictos o se limiten a no decir nada porque nadie más lo hace. Y yo me pregunto, ¿podría ser que aquí faltase la base final? ¿Tienen ustedes el compromiso real y constante de ser un equipo autoconsciente? —Antes de que nadie tuviera la oportunidad de responder, proseguí—: No creo que fuera justo que les dijera que esto será algo fácil, pero hay dos cosas que puedo prometerles. En primer lugar, que este proceso funciona. En segundo lugar, que esta será una de las conversaciones más importantes que van a tener jamás.

Nueve pares de ojos abiertos como platos me devolvieron la mirada.

Ya les había hecho mi promesa. Ahora lo único que tenía que hacer era cumplirla.

A mi favor tenía el hecho de que ya habíamos empezado con muy buen pie. Era la tarde del retiro de un día que John y yo habíamos diseñado para ver cómo funcionaba la organización y sentar las bases de un intercambio de *feedback* abierto de forma continuada. Habíamos dedicado la mañana a comprobar rápidamente su dirección estratégica, a crear normas de equipo y, lo que es más importante, a participar en un proceso de *feedback* del líder para John. El ejercicio había ido muy bien, ya que John descubrió algunos puntos fuertes y débiles que desconocía hasta el momento. Como acabábamos de ver, el ejemplo de John a la hora de recibir *feedback* era un requisito previo importante para que su equipo se sintiera cómodo dando y recibiendo *feedback* unos a otros, que era exactamente lo que estábamos a punto de hacer durante las tres horas siguientes.

El desafío de la veracidad se hace a lo largo de un periodo de meses o años, pero lo más remarcable es que empieza con un ***intercambio de feedback en equipo***, donde cada miembro del equipo tiene la oportunidad de valorar los puntos fuertes y débiles de sus compañeros y qué pueden hacer para contribuir todavía más al éxito del equipo entero. Y por si esto no fuera ya intimidante de por sí, cada persona da ese *feedback* delante del equipo entero. Para dirigir este ejercicio, los dirigentes pueden pedir ayuda a un facilitador externo (en este caso, John me eligió a mí) con experiencia en dinámicas de grupo, como un profesional de recursos humanos o un psicólogo organizacional. Otra alternativa es designar a alguna persona del equipo para dirigir el proceso. Además del requisito básico de que esta persona sea de confianza y domine las interacciones sociales, no puede ser ni la persona más sénior ni la incorporación más reciente. (Como norma general, cuanto más grande sea el grupo, más útil es contar con un facilitador experimentado; con grupos de más de cinco o seis personas, esto es importantísimo para asegurar que el proceso sea eficiente y efectivo).

El equipo de John ya estaba sobre aviso de que se acercaba un intercambio de *feedback* en equipo. Tres semanas atrás les había pedido que empezaran a pensar en las aportaciones de cada uno de sus compañeros: qué hacían que fuera de ayuda para el equipo, qué sería mejor que hicieran de otro modo y qué necesitaban personalmente para que cada uno tuviera éxito. Ahora había llegado el momento de decir lo que pensaban. Me levanté y fui hasta un rotafolio donde había dibujado un esquema del proceso de la siguiente forma:

Proceso (20 minutos por persona)
- Preparar el *feedback*
- Responder a la pregunta 1 del *feedback* (30 segundos por pregunta)
- Responder a las preguntas 2 y 3 del *feedback* (30 segundos por pregunta)
- Preguntas de aclaración

A continuación expliqué cómo iba a ser el proceso: cada persona iba a darle *feedback* a cada compañero de la mesa respondiendo a tres preguntas, y todo el mundo iba a tener la oportunidad de pedir una aclaración sobre el *feedback* que habían recibido al final de su turno. Los nueve participantes iban a ser asignados aleatoriamente en tres grupos distintos y el ejercicio se iba a hacer en rondas separadas por pausas breves. Al final tendríamos un tiempo para procesar la información y hacer un resumen.

Tras confirmar con los ejecutivos del primer grupo que se sentían cómodos siendo los primeros, pasé a la siguiente página del rotafolio, donde había escrito las tres preguntas que iban a responder sobre sus compañeros.

1. ¿Qué comportamiento de esta persona aporta más al éxito de la empresa?
2. Si esta persona pudiera cambiar un comportamiento para tener más éxito, ¿cuál sería?
3. ¿Qué comportamiento necesito que muestre esta persona para ayudarme a tener más éxito?

—Muy bien —dije—. Ha llegado el momento. Tienen unos minutos para preparar su *feedback* para el primer grupo. Aun así, recuerden que el propósito de esto no es decirles a sus compañeros todo lo que piensan sobre ellos; necesitamos una sola opinión para cada pregunta en una respuesta de treinta segundos o menos.

Enfaticé que el *feedback* tenía que centrarse en comportamientos más que en generalidades.

—Cuando hablo de *feedback* sobre comportamientos, lo que quiero decir es que debe estar centrado en ejemplos específicos de **qué ha dicho alguien, cómo lo ha dicho o qué ha hecho**; eviten generalidades o interpretaciones —expliqué—. Por ejemplo, decirle a alguien que está siendo agresivo no es hablar de un comportamiento, sino que es una interpretación de su comportamiento. Pero, por otro lado, si dijera: «En la última reunión de equipo me interrumpiste en tres ocasiones y levantaste la voz cada vez», aquí sí que estaríamos hablando de un comportamiento. Centrarnos en lo que hace alguien en vez de en nuestra interpretación o juicio no solo nos ayuda a entender mejor el *feedback*, sino que nos ayuda a recibirlo de forma abierta y no defensiva.

Justo cuando ya creía que empezaban a aceptar la idea, Sarah volvió a alzar de nuevo la mano con el entusiasmo de una estudiante de sobresalientes.

—Entiendo lo que quieres decir —empezó—, pero me parece que esto es pasarse un poco. ¿Hay algún motivo por el que tengamos que darnos *feedback* verbalmente? ¿No podemos limitarnos a escribirlo de forma anónima?

Sus compañeros empezaron a asentir con la cabeza y a secundarla con «ajás».

—Bueno, Sarah, te voy a dar tres motivos por los que siempre es mejor dar el *feedback* de forma verbal —repuse—. En primer lugar, la profundidad y el nivel de detalle de una conversación no son comparables a las del *feedback* por escrito. En segundo lugar, aunque cueste de creer, el *feedback* anónimo suele resultar más doloroso. Cuando no se sabe quién ha hecho cada comentario, no vamos con tanto cuidado con nuestra forma de decir las cosas. Y en tercer lugar, dar nuestra opinión en voz alta nos da la oportunidad de practicar este hábito en un entorno seguro y controlado, con lo que será más probable que sigas haciendo esto en el futuro.

Tras percibir que seguían igual de inquietos ante la perspectiva, les di el siguiente conjunto de normas básicas para asegurar que todo el mundo fuera sincero y respetuoso y se mostrara abierto a lo largo del proceso.

Normas básicas para recibir *feedback*:*
1. No contraataques ni te pongas a la defensiva: ten curiosidad y recuerda que la percepción es la realidad.
2. Toma notas y solo haz preguntas para aclarar lo que ha dicho el otro.
3. Ten la mente abierta y asume que los demás hablan con la mejor de las intenciones.
4. Dales las gracias a tus compañeros. ¡Dar *feedback* no es fácil!

Normas básicas para dar *feedback*:
1. Evita las generalizaciones («tú siempre» o «tú nunca»).
2. Céntrate en el comportamiento más que en la persona.

---

* Si tu equipo no conoce todavía el modelo de las 3R para recibir *feedback* del capítulo 8, te recomiendo encarecidamente que hagas un breve repaso del proceso al presentar las normas básicas.

3. No interpretes el comportamiento de los demás; limítate a señalar el comportamiento en sí.

4. Da ejemplos.

Después de esto, tocaba ponerse manos a la obra. Les di unos cuantos minutos a todos para que prepararan sus respuestas para el grupo 1: el primero iba a ser un ejecutivo llamado Doug. Fuimos recorriendo la mesa por orden y cada persona respondió primero a la pregunta 1 y, después, a la 2 y a la 3.* Doug, sabiamente, tomó notas para apuntar todas las valoraciones y, cuando terminó la ronda, todos se quedaron mirándolo, expectantes. Doug sonrió, les dio las gracias y les hizo unas cuantas preguntas de aclaración. Como parecía que había conseguido sobrevivir a la experiencia de una pieza, todo el mundo pareció relajarse un poco. El equipo empezaba a tomarle el ritmo al proceso. Pasamos al resto del grupo 1 y, después de una breve pausa, seguimos con los grupos 2 y 3.

Cuando terminamos, todos empezaron a aplaudir con fuerza, espontáneamente, agotados después del logro que acababan de conseguir. El equipo había seguido las normas básicas a la perfección y, al menos a mi parecer, habían sacado a la luz algunos asuntos increíblemente relevantes. Y, lo que era igual de importante, se notaba que cada uno había podido escuchar y absorber las valoraciones de los demás sin ponerse a la defensiva, negarlo o dejarse llevar por la histeria. ¿Que si hubo alguna que otra lágrima? Desde luego; suele pasar. Aun así,

---

* A menudo me preguntan por qué sugiero esta estructura (es decir, primero todos responden a la pregunta 1 y después todos responden a las preguntas 2 y 3) en vez de pedirle a cada persona que responda de golpe a todas las respuestas. En primer lugar, escuchar a cada persona responder a la misma pregunta de seguido en vez de oír respuestas a varias preguntas a la vez es mejor para detectar patrones. En segundo lugar, creo que las ganas de dar todas las respuestas de golpe a menudo vienen de un deseo incorrecto de «suavizar» el *feedback* negativo («Si primero le digo a Doug lo que me gusta de él, me será más fácil decirle lo que no me gusta»), pero de este modo no se crea una cultura de sinceridad a largo plazo. Los equipos autoconscientes aprietan los dientes, siguen las normas y dicen lo que tengan que decir, ¡sin rodeos!

resulta interesante que, después de años usando este ejercicio, he visto tantas lágrimas durante el *feedback* positivo como durante el negativo.

Nuestras tres horas casi ya se habían acabado, así que les propuse un desafío.

—Para terminar este ejercicio vamos a hacer una ronda de toda la mesa. Quiero que cada persona adquiera un compromiso a partir del *feedback* que acaban de escuchar.

—Yo voy a hacer de abogado del diablo y hablaré en nombre de los clientes más a menudo —respondió un ejecutivo.

—Yo voy a dedicar más tiempo a hablar con cada uno en vez de arremeter con todo sin conocer la opinión de los demás —dijo otro.

—Creo que yo tendría que dejar de insistir en lo que sale mal y centrarme más en buscar una solución —aventuró el tercero.

Había sido una tarde larga. Lo único que quedaba por hacer era acordar el plan para que el proceso siguiera en marcha: lo que yo denomino **conversaciones de responsabilidad**. El equipo decidió volver a reunirse una vez al mes y dedicar unos treinta minutos a un debate: cada persona explicaría qué estaba haciendo para cumplir con el compromiso que había adquirido. Después iban a pedirle al resto del equipo su opinión, apoyo o cualquier otra cosa que pudiera ayudarles a seguir por el camino hacia la mejora. Pero el equipo advirtió, inteligentemente, que las conversaciones de responsabilidad no eran una excusa para quedarse de brazos cruzados respecto al *feedback* durante días o semanas. Así que también acordaron ir señalando, al momento, cada comportamiento que o bien respaldara o bien contradijera el compromiso de cada persona.

Antes de despedirme de John y de su equipo, les recordé algo esencial.

—Ahora que esta cultura del *feedback* ha empezado a calar en ustedes, intenten resistir la tentación de pensar que ya han hecho todo lo que tenían que hacer. No han terminado. De hecho, esto solo es el principio. Para estar pendientes de la verdad, necesitan un compromiso continuado.

Por este motivo recomiendo que, como mínimo, todos los equipos tengan un intercambio de *feedback* en equipo al menos una vez al año; al fin y al cabo, siempre hay nuevos comportamientos, nuevos desafíos y nuevos compañeros, y hacer que el *feedback* fluya constantemente es esencial para abordar los nuevos problemas a medida que aparecen.

Con esto, el equipo de John salió en fila, agotados, emocionados y, sí, profundamente aliviados. Pero ¿cumplí con mi promesa de conducirlos a una de las conversaciones más importantes que habían tenido jamás? Pude averiguarlo unos meses más adelante. El intercambio de *feedback* en equipo fue todo un éxito y el progreso que consiguieron después fue igualmente merecido e igualmente extraordinario. Como cualquier equipo formado por meros mortales, hubo alguna que otra recaída en los comportamientos anteriores, pero la diferencia era que ahora eran lo suficientemente valientes y estaban lo suficientemente comprometidos como para señalárselo entre sí. Cuando le pregunté a John cuál era el efecto neto del ejercicio, repuso:

—Como equipo, conseguimos hacer más en la misma cantidad de tiempo. Estamos sacando a la luz algunos problemas empresariales esenciales y arreglándolos antes de que se nos vayan de las manos. Y lo que más me fascina es que los bandos casi se han evaporado: estamos trabajando juntos, como un único equipo.

Aunque el desafío de la veracidad está diseñado principalmente para el entorno laboral, todos los equipos pueden usarlo para cultivar y mantener una cultura de autoconciencia; ya sean ejecutivos en una empresa, familias que intentan llevarse bien o grupos de voluntarios que quieren cambiar el mundo. (Si quieres llevar a cabo este proceso en tu propio equipo, puedes descargar un cuaderno de ejercicios que te ayudarán en www.insight-book.com). De hecho, independientemente de cuáles sean los objetivos, el compromiso con el proceso de llegar a ser autoconsciente y seguir siéndolo puede ser la diferencia entre el fracaso y el éxito espectacular y estimulante. La buena noticia es que la sinceridad crea un círculo virtuoso: cuanto más honrados sean entre ustedes, más fácil les será seguir siendo honestos en el futuro. Está claro que hace falta valentía y esfuerzo para llegar a este punto, pero los resultados valen muchísimo la pena. Tu grupo disfrutará de relaciones más profundas, fomentará la colaboración real y progresará drásticamente hacia el objetivo de su misión.

DE UN EQUIPO AUTOCONSCIENTE A UNA ORGANIZACIÓN AUTOCONSCIENTE

En 1888, en una visita a su madre en la casa donde pasó su infancia, el joven George Eastman, de treinta y cuatro años, estaba dándole vueltas a un conjunto de anagramas, intentando pensar en un buen nombre para su nueva empresa. Quería algo corto, único y fácil de pronunciar. A Eastman le encantaba la palabra que acabó por inventar; le gustaba en especial la primera letra, una «K», que para él transmitía «fuerza y agudeza».

Más tarde alquiló la tercera planta de un edificio en el número 343 de State Street en su ciudad natal, Rochester, en el estado de Nueva York. Había nacido un icono americano. El modelo empresarial de Eastman empezó a ser rentable casi de inmediato, en parte porque sus cámaras relativamente baratas implicaban que los clientes tuvieran que comprar repetidas veces artículos con un alto margen de beneficios, como películas de fotografía, productos químicos y papel. Durante casi un siglo Kodak prosperó y llegó a engullir un 90 % del sector. Para finales de los 70 fabricaban un 85 % de las cámaras vendidas en Estados Unidos. Y la marca no solo era rentable, sino que también parecía capturar la esencia del sueño americano. Por poner solo dos ejemplos, Neil Armstrong llevó un rollo de película Ektachrome a la Luna y Paul Simon rindió tributo a Kodachrome, la película de 35 mm de la empresa, en una canción del mismo nombre.

Pero la incapacidad de Kodak para captar la realidad cambiante de sus consumidores (en concreto, el nacimiento de la fotografía digital y la subsecuente muerte de las películas fotográficas) acabó siendo lo que la llevó al fracaso. En 1975, cuando el ingeniero eléctrico de Kodak Steven Sasson montó un prototipo de la primera cámara digital, la junta directiva decidió ignorar la idea porque creían que el producto podría dañar su negocio. En un ejemplo de manual de autoengaño, Sasson describió la reacción de los directivos como si le hubieran dicho algo así como: «Qué bonito es esto que nos traes... ¡pero no se lo enseñes a nadie más!».

A finales de los 70, como describen Paul Carroll y Chunka Mui en su libro *Billion Dollar Lessons* [Lecciones de un millón de dólares], los problemas de Kodak pronto empezaron a amontonarse en forma de una presión en aumento por parte de sus colaboradores (desde distribuidores de material fotográfico hasta vendedores de película fotográfica) para evaluar la viabilidad de las películas tradicionales a largo plazo. Su informe anual de 1981 concluyó que su modelo empresarial actual solo seguiría siendo competitivo hasta 1990 (y no porque los clientes prefirieran tener sus fotos en papel, sino porque las cámaras digitales y las impresoras fotográficas eran carísimas en un principio). Pero, en vez de usar los resultados como un grito de guerra para reinventar su negocio y decirles la verdad a todas las partes implicadas en el negocio, los ejecutivos de Kodak decidieron enterrar todavía más la cabeza en la arena. Y aunque habían tenido alguna que otra incursión de poca importancia en el espacio digital, su ritmo pausado implicó que otros competidores, que respondieron antes a esta nueva realidad, acabaran por adelantarlos más rápidamente. El golpe de gracia llegó en enero de 2012, cuando la empresa decidió declararse en bancarrota y acogerse al capítulo 11 de la Ley de Quiebras de Estados Unidos.

Esto es un ejemplo escalofriante de lo que pasa cuando una empresa carece de autoconciencia a nivel organizativo. Si la autoconciencia en un equipo implica enfrentarse a la realidad promoviendo la sinceridad entre sus integrantes, la ***autoconciencia organizacional*** implica enfrentarse a las realidades del mercado **buscando *feedback* activamente de todas las partes implicadas en el negocio** (empleados, sindicatos, clientes, accionistas, proveedores, comunidades, legisladores) y **mantenerlos informados constantemente** sobre cómo se adapta la empresa para suplir sus necesidades cambiantes. Alan Mulally denomina a esto «conocimiento para todo el mundo», donde todos los implicados conocen el objetivo, el estado de las cosas y el plan a seguir, y tienen voz y voto para decidir los pasos necesarios para conseguir lo que se proponen. A medida que las redes sociales y la tecnología crean nuevos canales de comunicación y la demanda de transparencia en las empresas aumenta, la importancia de la autoconciencia organizacional no dejará de crecer.

Pero esta práctica es completamente opuesta al modo en que funcionan la mayoría de las empresas. De forma paradójica, como hemos visto en el caso de Kodak, lo que pasa a veces **no es que las empresas no tengan la información, sino que no pueden o no quieren aceptarla**. En especial, las empresas no autoconscientes no son capaces de hacerse la pregunta (bastante escandalosa) que a mi compañero Chuck Blakeman le gusta hacerles a sus clientes: «¿Qué está *pretendiendo* no saber?». Para decirlo de un modo sencillo, las empresas incapaces de apreciar la realidad de sus mercados promueven un engaño colectivo que casi siempre será lo que acabe por destruirlas. Aunque hay varios motivos por los que se da este tipo de autoengaño, a menudo se debe a lo que Chuck denomina el «síndrome del informe trimestral»: priorizar los resultados inmediatos en vez del éxito a largo plazo.

Aun así, el autoengaño organizacional no está confinado únicamente a decidir ignorar las realidades externas, sino que pasa lo mismo con las verdades internas. Cuando Alan Mulally llegó a Ford por primera vez, tenía la sensación de que día tras días se topaba en los periódicos con alguna historia horrible sobre su nueva empresa (contratiempos técnicos, problemas de fabricación, denuncias por acoso) filtrada por fuentes internas. Puede que los anteriores dirigentes hubieran reaccionado intentando encontrar al soplón y cantándole las cuarenta. Pero, para Mulally, esto fue una oportunidad de averiguar por qué los empleados decidían airear los trapos sucios de la empresa.

Así que decidió llamar al reportero Bryce Hoffman.

—Bryce, quiero hablar con usted sobre todos estos artículos que escribe en...

Hoffman lo interrumpió.

—Señor Mulally, todo lo que digo es cierto.

—Sé que es cierto —replicó Mulally—. No lo llamo por eso. Lo que quiero saber es cómo consigue usted historias tan precisas y detalladas.

—Bueno... es bastante sencillo —explicó Hoffman—. Cada día entro en mi oficina y escucho los mensajes que tengo en el contestador. Muchos empleados hasta dejan su nombre y número de teléfono por si quiero alguna aclaración.

Mulally se quedó atónito.

—Pero, Bryce, ¿por qué hacen eso?

—Señor Mulally, estos trabajadores aman a su empresa con pasión —le explicó Hoffman—. Y están asustadísimos porque nadie les dice qué está pasando. Los problemas que están filtrando son tan graves que, como ningún miembro del equipo directivo habla de ellos, creen que llamarme es la forma más segura de que salgan a la luz.

Mulally no lo podía creer. Se había quedado de piedra. Ahora no tenía otra opción que esforzarse todavía más para asegurar que todos los implicados en Ford lo supieran todo: lo bueno, lo malo y lo peor. Se dedicó a responder personalmente a cada correo electrónico de sus empleados que recibía. Se paseaba por las salas y las fábricas y hablaba *de verdad* con la gente. Enviaba a menudo las novedades más recientes a toda la empresa. Mulally y su equipo ejecutivo también empezaron a invitar a gente a sus BPR (a ingenieros, analistas, técnicos...) y a pedir su *feedback* sobre las reuniones.

Pero esto no fue lo único que hizo. En una maniobra a gran escala para asegurar que todos los empleados comprendieran el camino que emprendía la empresa (es decir, para «que todos fueran conscientes de la realidad»), Mulally y su equipo trabajaron con el jefe de Recursos Humanos de Ford para diseñar una pequeña tarjeta azul que dieron a todos los empleados de la empresa. En la parte delantera había escrita la visión de la empresa bajo los encabezados de «Un equipo», «Un plan» y «Un objetivo». En la parte trasera estaban los comportamientos que esperaban ayudarlos a conseguir todo esto. Podría haberse considerado como una simple fachada o un numerito superficial de RR. HH. para ganarse artificialmente la lealtad de los empleados, pero para Mulally esto no eran solo palabras en una tarjeta laminada: era un lema a partir del que quería vivir. Como explica Hoffman en *American Icon*: «Ahí estaba todo: todo lo que quería que los empleados de Ford supieran y comprendieran». A medida que las repartía, Mulally iba soltando un chiste que tenía mucho de cierto: «Tómate dos de estas y llámame mañana por la mañana. Ya verás que te curará eso que tanto te duele».

Algunos meses después de que Mulally le preguntara a Bryce Hoffman sobre las historias que se habían filtrado en su periódico, el *Detroit News*, estas acabaron desapareciendo. Mulally volvió a llamar a Hoffman.

—Bryce, ya no he visto más artículos desagradables sobre Ford en su periódico.

—Lo sé —repuso este—. Eso es porque ya nadie me deja mensajes en el contestador.

—¿Y por qué cree que pasa eso?

—Bueno, a mí me parece bastante evidente —replicó Hoffman—. Escucha a sus empleados. Los incluye. Saben qué pasa. Ya no les hace falta llamarme más.

Al abrir los canales de comunicación, Ford consiguió transformar desde la raíz su relación con los empleados. Para cuando Mulally se retiró en 2014, la motivación estaba más alta que nunca, en un 87 % (en comparación, el nivel medio de implicación en los Estados Unidos ese año era de un 31,5 %). Por suerte, su sucesor se había comprometido a preservar esta cultura de autoconciencia en todos los niveles; una cultura donde los líderes predicaban con el ejemplo, donde todo el mundo podía decir la verdad con seguridad y donde había un proceso continuado y riguroso para respaldar el fluir constante de *feedback* en toda la organización. Pero, un momento, ¿quién era este sucesor de Alan Mulally? Lo has adivinado. Nada más y nada menos que Mark Fields.

10

SOBREVIVIR Y PROSPERAR EN UN MUNDO ENGAÑADO

*Alguien me dijo que tenía que tocar con los pies en el
suelo. ¡Casi me caigo de mi unicornio!*
—SOMEECARDS.COM

Un renacuajo está nadando en un estanque. De repente ve que aparece a su lado una rana en el agua.

—¿Y tú de dónde has salido? —le pregunta el renacuajo.

—De un lugar seco —replica la rana.

—¿Y qué es eso de «seco»? —inquiere el renacuajo.

—Es cuando no hay agua —responde la rana.

—¿Y qué es «agua»?

La rana se queda boquiabierta. Señala con énfasis la abundante sustancia que rodea al renacuajo.

—¿El agua? Quieres decir que... ¿acaso no la ves?

—No.

—Pero ¿cómo puede ser que no la veas? *¡Estás completamente rodeado de ella!*

Esta pequeña alegoría ilustra a la perfección cómo se puede sentir uno ante una persona que no tiene nada de autoconciencia. Ya sea un cónyuge que no capta el ambiente en una situación social, una jefa que parece completamente incapaz de ver su comportamiento a través de los ojos de sus empleados o un amigo que no ve lo mucho que lo está destrozando su trabajo, la experiencia puede resultar casi enloquecedora. «¿Cómo puede ser que esta persona inteligente y razonable en todas las demás cosas», nos preguntamos, «esté completamente ciega al "agua" en la que está nadando? ¿Cómo es posible que no perciba quién es, cómo se comporta y el efecto que tiene en los que la rodean?».

Tras entrevistar a miles de personas, he llegado a la conclusión obvia, pero aun así con base empírica, de que no hay que buscar demasiado antes de toparnos con una persona que se autoengaña. De hecho, solo dos de nuestros unicornios afirmaron *no* conocer a alguien así. (De forma cómica, uno decidió que, ya que no conocía a nadie así, la explicación más probable era que *él* era la persona autoengañada. Pareció quedarse bastante aliviado cuando le aseguramos que ese no era el caso). Por supuesto, no todas las personas autoengañadas son iguales; en algunas ocasiones son inocuas o interesantes de ver, como una persona ajena a todo que se sienta a nuestro lado en el tren o un personaje de un *reality*. En otras ocasiones, acaban por robarnos toda la energía y ponen a prueba nuestra paciencia, como un cuñado increíblementeególatra o un jefe o un compañero incapaces de ver la realidad. Y, en otros casos, cuando son personas tan cercanas a nosotros como nuestra pareja, un progenitor o un hijo, pueden ser una fuente inacabable de estrés y tristeza.

En el lugar de trabajo, las personas así no solo son irritantes y frustrantes, sino que realmente pueden dificultar significativamente nuestro rendimiento. Resulta espeluznante saber que estar en un equipo con solo una de estas personas reduce a la mitad las posibilidades de éxito del equipo; los jefes autoengañados tienen un efecto negativo en el bienestar, rendimiento y satisfacción con el trabajo de sus empleados. Cuando los reporteros del *Washingtonian* preguntaron a trece mil quinientos empleados del área de Washington D. C. sobre cómo era el peor jefe que habían tenido, oyeron historias alucinantes de comportamientos terribles. Por poner algunos ejemplos, un encargado hacía que los empleados que dijeran algo «especialmente estúpido» se quedaran un rato de pie en su silla. Otro iba sumando el tiempo que sus empleados pasaban en el excusado y les restaba las horas correspondientes de sus vacaciones. Pero quizá el ejemplo más increíble fue el de un empleado que quiso pedirse el día libre para asistir al funeral de su padre. ¿Cuál fue la respuesta de su jefe? «Eres necesario aquí. ¿Crees que para tu padre va a suponer alguna diferencia?».

Ahora bien, podría ser fácil pensar simplemente que estos tres jefes (y otros parecidos) son malas personas, sin más. Capullos malvados. Incluso sociópatas. Aunque muchas de estas cosas puedan ser verdad o no, la mayoría de las personas que están en la poco envidiable situación de trabajar para ellos pocas veces se paran a pensar en el papel que la autoconciencia (o su ausencia) tiene en esta ecuación. Al fin y al cabo, la mayoría de las personas, incluso los jefes horribles, no se levantan por la mañana y dicen: «¡Hoy voy a humillar y amargar a todas las personas con las que hablaré!». En vez de ello, simplemente puede que sean completamente incapaces de percibir su comportamiento y su efecto. Pero esto nos pone a nosotros en una situación difícil. Tras averiguar la verdad, es muy posible que estas personas se queden horrorizadas e incluso quieran hacer algo para cambiar. Pero ¿es realmente nuestra responsabilidad suministrarles terapia de choque para que pasen a ser conscientes de la realidad? Y lo que es más básico, ¿es siquiera posible?

La verdad es que enfrentarnos a una persona autoengañada es, cuanto menos, arriesgado y, en el peor de los casos, puede llegar a ser un desastre. Recordemos que casi todo el mundo cree estar por encima de la media y ser moralmente envidiable y supremamente autoconsciente: los más engañados pueden ser los *menos* receptivos a oír que la realidad es todo lo contrario. Al fin y al cabo, como hemos visto en capítulos anteriores, cuando escuchamos un *feedback* que sugiere que no somos quienes creemos ser, como lo describe el renombrado psicólogo William Swann, no solo nos sentimos incompetentes, sino que «sufrimos de una grave confusión y anarquía psicológica que sucede cuando reconocemos que nuestra misma existencia se ve amenazada». Contundente, ¿verdad?

Ya hemos escuchado las historias de muchas personas ordinarias que han mejorado drásticamente su propia autoconciencia, así que por lo menos debe de ser posible ayudar a las personas autoengañadas a ser más autoconscientes. Pero no todo el mundo querrá cambiar. (Ya conoces el dicho: no hay peor ciego...). Dada esta realidad, ¿cuál *es* la mejor forma de tratar con personas autoengañadas? ¿Intentar comprenderlas y quizá ayudarlas a cambiar? ¿O debemos limitarnos a minimizar los daños colaterales que su inconciencia tiene en nuestro éxito y felicidad? En este capítulo abordaré estas preguntas con el objetivo de ofrecer unas cuantas estrategias prácticas para abordar a tres tipos concretos de personas incapaces de ver la realidad con las que puede que te tropieces (*Causa perdida*, *Lo sé y no me importa* y *Necesito un empujoncito*) y cómo evitar que te roben todo tu entusiasmo, energía y felicidad.

ACEPTAR LO QUE NO PODEMOS CAMBIAR Y CAMBIAR LO QUE PODEMOS (O CÓMO SOLUCIONAR UN PROBLEMA COMO MARÍA)

Robert era feliz en su nuevo puesto como encargado de desarrollo en una pequeña empresa de seguridad informática. Le apasionaba su trabajo, tenía un jefe estupendo y le encantaban sus compañeros, en los que confiaba de verdad. De hecho, a Robert le gustaba todo de su trabajo, con una gigantesca excepción. Esa excepción se llamaba María.

María, como la mayoría de las personas no autoconscientes, parecía vivir en su propia realidad paralela. Como encargada desde hacía tiempo del centro de soporte de la empresa, se aferraba con tozudez a la idea errónea de que sus compañeros compartían todas y cada una de sus opiniones, y los degradaba cuando se atrevían a mostrarse en desacuerdo. Controlaba a su equipo a través de la intimidación y el *bullying*, con lo que los ánimos estaban por los suelos y nadie tenía la menor motivación para esforzarse lo más mínimo en ayudar a los clientes. Además, María no dejaba pasar ninguna oportunidad de recordarles a sus compañeros la cantidad de formación académica y años de experiencia con los que contaba.

Incluso el supervisor de María, que rehuía los enfrentamientos, parecía tenerle miedo. Tras un intento sincero pero ineficaz de confrontar el comportamiento de su empleada hacía algunos años, había acabado por desentenderse y permitirle dar rienda suelta a sus peores cualidades. No es demasiado sorprendente que el comportamiento de María fuera una fuente constante de tensión y conflictos en la oficina, y si acaso tenía algún tipo de conciencia de cómo estaba afectando a las personas de su alrededor, no lo dejaba entrever ni por asomo.

A medida que pasaban los días y los meses, Robert sentía que el impacto de María en el equipo crecía como un tumor. Sus compañeros tenían miedo de mostrarse en desacuerdo con ella, no fuera a ser que les arrancara la cabeza. Se sentían frustrados de que su jefe no hiciera nada para pedirle cuentas por su mal comportamiento. Con el paso del tiempo, Robert empezó a notar que cada mañana tenía menos ganas de ir a trabajar.

Entonces, un buen día, sus oraciones se vieron respondidas en forma de un anuncio de su director de Recursos Humanos. Cada persona del equipo directivo de la empresa (al cual pertenecían él y María) iba a recibir valoraciones anónimas por escrito de sus compañeros. «¡Esta es nuestra ocasión de poner las cartas sobre la mesa!», se dijo Robert.

A la hora de ponerse a escribir la valoración, Robert decidió que no tenía nada que perder siendo brutalmente sincero sobre los comportamientos concretos de María que estaban a punto de volverles locos a todos. «María se toma su papel muy en serio y trabaja tanto como se espera de ella», escribió, «pero no se da cuenta de que su tono duro, su supervisión extrema del personal y sus constantes referencias a sus logros académicos y experiencia crean un ambiente tóxico que está haciéndole mucho daño a la moral y el rendimiento del equipo». Cuando Robert terminó de apuntar su *feedback* se sintió extrañamente optimista. «Realmente no es una mala persona», se dijo a sí mismo, «lo que probablemente pasa es que no tiene ni idea de lo dañino que es su comportamiento para nuestro equipo».

El director de Recursos Humanos recopiló y recogió el *feedback* de todo el mundo. Unos cuantos días después, los ocho miembros del equipo directivo (Robert, María y sus compañeros) se reunieron en una sala de conferencias para hablar de qué había aprendido cada persona del proceso. Robert se sentía nervioso pero esperanzado; finalmente había llegado el día en que le iban a poner el cascabel al gato.

La mañana pasó con una lentitud glacial. Por algún motivo, María había pedido ser la última en comentar las valoraciones y todo el equipo estaba aguantando la respiración, nerviosos por lo que iba a pasar. Cuando finalmente le llegó el turno a María, la atmósfera de la sala era asfixiante.

—Me he sentido muy, muy sorprendida ante el modo en que me ven todos —empezó—. Leer sus valoraciones no ha sido una experiencia agradable. —Pareció molesta por un instante. El equipo entero estaba sentado al borde de sus sillas. ¿Iba a ser ese el momento en que percibiría lo equivocado que había sido su comportamiento? ¿Finalmente iba a deshacerse el maleficio de María?— Pero, sinceramente, no me he visto reflejada en ninguno de estos comentarios.

Aunque a todos se les cayó el alma a los pies, la habitación quedó sumida en el más absoluto silencio. Nadie sabía cómo reaccionar ante el nivel de autoengaño al que claramente se aferraba todavía María. Robert carraspeó y preguntó, vacilante:

—María, ¿qué es lo que te ha dicho el equipo?

—Una cosa sí que está clara. No me han dicho nada que realmente tenga que cambiar —repuso ella con una voz desprovista de emoción.

—¿Por qué crees que es así? —sondeó Robert, intentando conservar la calma.

—Bueno, hubo alguien que me dijo que me lo tengo muy creído, que no paro de hablar de mis títulos académicos y de mi experiencia. Está claro que esta persona, simplemente, me tiene envidia.

—¿Se te ocurre algún otro motivo por el que alguien pueda haberte dicho esto? —preguntó con cuidado.

—¿Y qué otro motivo podría haber? —Robert vio que esa era su oportunidad y abrió la boca para decir algo. Pero antes de que pudiera articular una sola palabra, María prosiguió—: Es que *no hay* ningún otro motivo.

Robert le devolvió la mirada a María, parpadeando con sorpresa. En un milisegundo, valoró los pros y los contras de sincerarse y admitir que él era quien había escrito ese comentario, señalando cualquiera de los innumerables ejemplos de comportamientos en los que se basaba. A pesar de su optimismo inicial, Robert advirtió repentinamente que, si lo hacía, no podía salir nada bueno de la situación.

Por desgracia, tenía razón. Ya ha pasado un año entero desde que hicieron ese ejercicio en el equipo directivo y han cambiado muchas cosas en el trabajo; muchísimas, excepto María. Mientras que todos y cada uno de los miembros del equipo han hecho un esfuerzo coordinado para responder al *feedback* que recibieron, María ha seguido mostrándose voluntariamente ignorante; no solo ha pasado por alto todos los comentarios de sus compañeros, sino que no para de recordarles lo equivocados que estaban.

María representa la primera de las tres categorías de personas autoengañadas: la **Causa perdida**. Las Causas perdidas se aferran a su engaño con un celo inamovible, engreído e indignado. Como no son capaces de plantearse ninguna otra opinión que no sea la suya (o no quieren hacerlo), cualquier persona que intente poner bajo los focos alguna de sus características menos deseables va a acabar recibiendo un tortazo para que apague las susodichas luces. Ya se consideran casi perfectos, así que pocas veces (si es que acaso lo hacen) se plantearán la noción de que quizá haya algo en lo que puedan mejorar. Y aunque de vez en cuando puede que consigas que escuchen el *feedback* si apelas a sus intereses («Estos comportamientos están dañando tu reputación»), no suele servir de nada contradecir la visión que tienen de sí mismos.

Si descubres que alguien en tu vida es una Causa perdida, es fácil sentirse completamente desanimado. La buena noticia es que, aunque no puedas imponerle el autodescubrimiento a una Causa perdida, eso no significa que no puedas actuar para minimizar su impacto sobre tu éxito y tu felicidad. De hecho, podemos aprender muchas cosas sobre el modo en que Robert aprendió a convivir en paz con María, trabajando para gestionar sus propias reacciones y comprender mejor su impacto sobre él y el resto del equipo.

En cuanto Robert advirtió que María no tenía ningunas ganas de mejorar su conocimiento de sí misma, se propuso adoptar una mentalidad de **tener compasión sin juzgar**. En vez de sentirse molesto cada vez que los defectos de María lo irritaban, advirtió que simplemente se encontraban en distintos recorridos. Si volvemos a la metáfora de la «carrera de caballos de la autoconciencia» del capítulo 2, Robert estaba ganando velocidad mientras que María estaba en el último puesto. Pero, al advertir esto, Robert fue capaz de verla como alguien que lo estaba pasando mal en vez de como una megalómana malvada. En realidad, fue liberador advertir que él no tenía que solucionar el problema de autoconciencia de María: la única responsable era ella.

Robert no es el único que adopta este enfoque; tras preguntarles a los unicornios cómo tratan a las Causas perdidas en sus vidas, solo la mitad de ellos mencionaron una intervención directa, pero casi todos siguieron estrategias para controlar sus propias reacciones. En su magnífico libro *Estúpidos no, gracias*, Bob Sutton, profesor de Stanford, comparte una ilustrativa metáfora para gestionar nuestras reacciones ante las Causas perdidas. (Y, además, también para los Lo sé y no me importa, sobre los que hablaré en un minuto.) Imagina que estás haciendo *rafting*. Tu barca está flotando por un tranquilo y pintoresco río cuando de repente ves que se acerca un tramo de aguas bravas. Intentas avanzar por los rápidos con los remos pero acabas cayendo de cabeza en las enfurecidas corrientes.

La mayoría de las personas en esta situación intentan luchar para escapar de ella: mueven brazos y piernas frenéticamente para volver a la barca, intentan nadar hacia la costa o se aferran inútilmente a las resbaladizas rocas. Pero en realidad es más probable que estas estrategias acaben por matarnos en vez de salvarnos; cuanto menos luchemos contra la corriente, antes nos encontraremos en aguas más tranquilas. A Robert le gustó esta metáfora; le recordó que, en realidad, tenía más control sobre la situación de lo que parecía. Por ejemplo, si María le decía algo de forma hostil, en vez de enfrentarse a ella o intentar hacerle ver lo incorrecto que era hablarle de tan mala forma, Robert se limitaba a imaginar que *flotaba con los pies por delante* y escapaba de las aguas turbulentas lo más rápido posible.

Cuando tratemos con alguien tan autoengañado como María, es fácil limitarnos a considerarle, simple y llanamente, como una mala persona. Pero ¿y si intentamos enumerar algunas de sus características positivas? Esto es un ejemplo de otra herramienta, basada en la herramienta de atención plena de *reencuadrar* o ver nuestro problema desde una perspectiva distinta. Cuando María trajo a su hija de trece años al trabajo, Robert quedó sinceramente sorprendido por el modo en que su madre la trataba: con un cariño increíble, una lealtad inquebrantable y mostrándose claramente orgullosa de ella. Para no perder el control de sus emociones al trabajar con María, Robert guardó esa imagen en su mente y se forzaba a tenerla presente cuando su compañera no se comportaba demasiado bien con él.

Otra técnica que también puede aplicarse ante las Causas perdidas es una que Robert aprendió en primaria. Cuando iba a quinto, el matón de la clase la tomó con él y Robert acababa volviendo cada día a casa llorando, con miedo al abuso del día siguiente. Esto se alargó durante semanas hasta que su madre le dijo algo que nunca olvidaría.

—Cariño, este niño es un abusón. Es malo, es cruel y sé cuánto daño te está haciendo. Pero ¿alguna vez te has preguntado *qué puede enseñarte esta persona*?

Al principio, el pequeño Robert pensó que su madre estaba un poco loca (¿se podía saber qué cosa iba a poder aprender él de ese monstruo malvado?), pero pronto advirtió que quizá se había precipitado en su conclusión. Tal vez aquella experiencia era una oportunidad para aprender algo sobre sí mismo. «Quizá», pensó, «lo que me está enseñando es que tendría que esforzarme más en plantar cara y defenderme». Y eso fue exactamente lo que hizo.

Robert recordó esta lección unos cuantos meses después de su enfrentamiento fallido con María. Desde aquel día en la sala de conferencias, su compañera estaba descargando una cantidad de ira excesiva sobre él. Y una tarde, después de un día particularmente infernal, acabó decidiendo que ya había tenido suficiente. Iba a dejar su puesto. Pero mientras empezaba a escribir su carta de renuncia, recordó las palabras de su madre. María, advirtió, no era más que otra abusona. Así que Robert se hizo la pregunta que su madre le había propuesto tantos años atrás. ¿Tenía ante sí una oportunidad de aprender algunas lecciones sobre cómo tratar con personas difíciles y, por lo tanto, mejorar como persona?

Cuando decidió poner a prueba esta nueva forma de ver las cosas, empezó a ver los resultados casi de inmediato. Robert empezó a ver las cosas no como una maratón en la que se dejaba el alma cada día, sino como un desafío interesante y útil. Aunque no tenía ni idea, María estaba ayudando a Robert a aumentar su autoconciencia y a convertir los limones del autoengaño en limonada.

Las Causas perdidas no son el único tipo de personas engañadas que hay por ahí. Ahora pasaremos a una nueva variedad de personas que, como verás, pueden parecer idénticas a las Causas perdidas pero que, en realidad, sufren un problema muy, muy diferente.

CUANDO CONOCERSE UN POCO A UNO MISMO NO ES SUFICIENTE

En una ocasión me contrataron en una fábrica para asesorar a Jerry, un vicepresidente que iba a pasar a adoptar el puesto de director ejecutivo. Desde el primer momento quedé impresionada con la inteligencia, instinto y conocimiento de sí mismo de Jerry. Todas estas características no podrían haber sido más distintas a las de su jefe, Daniel, cuyo terrible comportamiento alcanzaba dimensiones épicas. Las «técnicas» de liderazgo del entonces director ejecutivo incluían gritar a sus subordinados directos cuando lo contrariaban, humillarles ante sus compañeros y conseguir que el profesional más tranquilo perdiera los estribos. No resulta sorprendente que el departamento de Jerry fuera el que perdiera más empleados y en el que los ánimos estaban más bajos.

Naturalmente, yo tenía muchísimas preguntas sobre este misterioso Daniel. ¿Tenía la menor idea de lo poco efectivo que era su enfoque? ¿Había habido alguna ocasión en la que alguien reuniera el valor suficiente como para enfrentarse a él? Y, si era así, ¿había *intentado* siquiera cambiar su comportamiento en algún punto? Pronto iba a descubrir la respuesta, completamente inesperada para mí.

Después de que Jerry marcara sus propios objetivos para nuestro proceso de asesoramiento, ambos decidimos sentarnos con Daniel para asegurarnos de que podíamos contar con él. Jerry y yo nos marcamos un plan para la conversación mientras esperábamos en la cavernosa sala de espera fuera de la oficina de su jefe. Cuando nos hicieron pasar adentro, tendí mi mano para presentarme a Daniel. Ahora, para darte algo de contexto, a menudo se me ha acusado de tener un apretón de manos inusualmente firme (por ejemplo, cuando conocí a mi consejero de posgrado, su primera palabra al conocerme fue literalmente «¡AY!»). Pero al saludar a Daniel, su apretón fue tan agresivo que tuve la sensación de que quería dejarme tendida en el suelo. Ahí tuve mi primera pista sobre lo que estaba pasando.

Por suerte, Jerry tenía un don para tratar con Daniel que bordeaba lo mágico, así que la reunión empezó con muy buen pie. El primer objetivo de Jerry fue delegar de forma más eficaz para poder centrarse más en los aspectos más estratégicos de su puesto. Daniel estuvo completamente de acuerdo. Pero no pasó lo mismo con el segundo objetivo de Jerry, que era intentar motivar más a sus empleados.

Antes de que Jerry pudiera terminar de explicar su plan para conseguirlo, Daniel levantó la mano como si dijera «Deja de hablar ahora mismo». Jerry le hizo caso.

—Jerry, esto es perder el tiempo.

—¿Y eso por qué, Daniel? —preguntó este con calma, como si ya hubiera imaginado que su predecible jefe le haría esa pregunta.

—Porque da igual si tus empleados están «motivados». La mejor herramienta de liderazgo que he encontrado jamás es el miedo. Si te tienen miedo, harán su trabajo. Así de fácil.

Casi me caigo de la silla de la sorpresa. A lo largo de los años he oído a ejecutivos decir un montón de cosas ridículas, pero nunca había conocido a alguien que admitiera abiertamente una estrategia de intimidación. Y Daniel no solo *admitía* usar esta estrategia, sino que *presumía* de ello. Fue en ese momento en el que caí en la cuenta de que, a diferencia de tantos jefes autoengañados que he encontrado en mi trabajo como asesora, Daniel sabía exactamente cómo se estaba comportando. Y no le importaba en lo más mínimo. Aunque muchas de sus acciones parecían indicar que se trataba de una Causa perdida, su problema era completamente distinto. Daniel era un caso de manual del segundo tipo de persona autoengañada, a las que yo llamo **Lo sé y no me importa**.

Mientras que el problema principal de una Causa perdida es una falta de autoconocimiento y de motivación para lograrlo, los Lo sé y no me importa saben perfectamente qué están haciendo (y el impacto negativo que tienen sobre los demás) *pero siguen actuando igual de todos modos*. ¿Y por qué? Porque creen de verdad que su comportamiento contraproducente (y que a menudo roza el abuso) los ayudará a conseguir lo que quieren. Y ahí está el engaño. Según el punto de vista de Daniel, aterrorizar a los demás lo ayudaría a hacer mejor su trabajo (idea del todo errónea).

Yo tengo un tío que hace poco que se ha jubilado después de una larga carrera como cirujano. Durante su tiempo como residente, uno de los médicos era un ávido corredor de maratones. Suponía un marcado contraste con los residentes, que rara vez abandonaban el hospital y ya ni hablar de encontrar tiempo para hacer ejercicio. Cada mañana empezaban las rondas por el quinto piso. Pero en vez de reunirse con los residentes ahí, ese médico los obligaba a reunirse en la primera planta y subir a paso ligero las escaleras hasta el quinto piso. Un día, mi tío, sin aliento, le preguntó si sabía lo duro que era para todo el mundo subir todas esas escaleras.

—Pues claro que lo sé —repuso el médico—. Lo hago para que nadie me haga preguntas después.

Sin más. Era consciente de la situación y, desde luego, no le importaba nada.

Pero como los comportamientos de los Lo sé y no me importa pueden parecerse tanto a los de las Causas perdidas, ¿cómo puedes detectar la diferencia? A veces descubrimos la respuesta solo después de un enfrentamiento directo, como en el caso de Robert con María o de mi tío con el médico. En otros casos, podemos fijarnos en otras pistas. Las Causas perdidas muestran algunas discrepancias entre lo que dicen de sí mismos y cómo se comportan. ¿Te acuerdas de Steve, el ejecutivo de la empresa de construcción del capítulo 3? Cuando lo conocí, se explayó poéticamente sobre lo buen líder que era y lo mucho que lo respetaban sus empleados, ambas afirmaciones en contradicción directa con sus acciones. Los Lo sé y no me importa, por otro lado, muestran un patrón diferente. Es posible que reconozcan su comportamiento pero que le quiten importancia o lo justifiquen (por ejemplo, diciendo cosas como «Sí, ya sé que le he gritado, pero es que se lo merecía» o «Pues claro que soy avasallador con los clientes, es la única forma de cerrar la venta»). Como Daniel, puede incluso que lleguen a presumir de sus desagradables características.

Otra forma de diferenciar a una Causa perdida de un Lo sé y no me importa es fijarnos en sus capacidades para adoptar otras perspectivas. Las Causas perdidas tienden a creer que su forma de pensar es la única correcta, como en el caso de María, quien asumía que todo el mundo creía lo mismo que ella y que perdía los papeles cuando no era así. Los Lo sé y no me importa, por otro lado, demuestran que entienden su comportamiento desde la perspectiva de otras personas (como el médico que demostró saber lo difícil que era subir esos cinco pisos), pero también expresan la creencia de que ese comportamiento resulta productivo. Y por ese motivo, a menudo no vale la pena dedicar energía a intentar cambiarlos.

Cuando anteriormente hemos hablado del culto al yo hemos visto que los narcisistas (que se caracterizan por niveles desmesurados de admiración por sí mismos) son un tipo de personas especialmente autoengañadas. Pero aunque la falta de autodescubrimiento ha sido tradicionalmente una piedra angular del narcisismo, investigaciones recientes han indicado que poseen algo denominado *pseudoautodescubrimiento*. Por ejemplo, y de forma bastante sorprendente, una de las mejores formas de identificar a un narcisista es simplemente preguntarle si lo es; a menudo replicarán afirmativamente. ¿Por qué motivo están tan dispuestos a admitir rasgos tóxicos, como la egolatría, el egoísmo y la vanidad? De la misma forma que Daniel, son conscientes de poseer estas características pero *no ven qué tienen de malo*. De hecho, ¡tienden a verlas como algo positivo! Como observa el psicólogo social Brad Bushman, los narcisistas «creen que son superiores a los demás y no les supone ningún problema decirlo de forma pública».

También hay pruebas de que los narcisistas son al menos ligeramente conscientes de la (generalmente inevitable) erosión de sus relaciones personales, pero no parecen ser capaces de ver su papel en todo ello. En vez de esto, echan la culpa a los demás y se aferran a su consideración excesivamente positiva sobre sí mismos. Una forma bastante sorprendente en que hacen esto es llegar a la conclusión de que los demás, simplemente, son demasiado cortos como para poder apreciar su brillantez. Y aunque los líderes narcisistas consideran contar con capacidades de liderazgo extraordinarias, son los que reciben una peor puntuación en eficacia por parte de sus equipos. Para decirlo de otro modo, las únicas personas a las que impresionan son ellos mismos.

Aunque las dos técnicas mencionadas anteriormente (flotar con los pies por delante y preguntarte «¿Qué me puede enseñar esta persona?») también funcionan con los Lo sé y no me importa, hay otra técnica que va especialmente bien al tratar con ellos. La primera vez que probé con las *risas enlatadas* fue cuando tuve la mala suerte de trabajar para un jefe Lo sé y no me importa hace muchos años. Tras una serie de humillaciones, incluyendo una bronca descomunal por un error relativamente pequeño delante de todo el equipo directivo, yo estaba al borde de mi paciencia. Llegué a la conclusión de que tenía dos opciones: podía dejar mi puesto o podía encontrar una forma mejor de tratar con mi jefe. Como me encantaban todos los demás aspectos de mi trabajo, intenté probar la segunda opción. Un día, después de un encontronazo especialmente desagradable con el susodicho jefe, me vino a la mente mi programa favorito de televisión cuando era pequeña, *La chica de la tele*.

El jefe de Mary, la protagonista de la serie, era un hombre arisco llamado Lou Grant, interpretado por el incomparable Ed Asner. En sus días buenos, Lou Grant era gruñón y temperamental; en sus días malos, era desagradable y directamente abusivo. Pero como sus comentarios intolerables a menudo venían acompañados de risas enlatadas, para el espectador sus palabras parecían cómicas y sorprendentemente entrañables. Decidí que la siguiente vez que mi jefe me dijera algo tan cruel que me dieran ganas de llorar, me iba a imaginar que después de su comentario se oían risas enlatadas. No sería verdad si dijera que esto transformó por completo mi experiencia de trabajar para él, pero esta herramienta sí que la hizo mucho más llevadera (y, en algún momento, desternillante).

Estas historias son la prueba de que, cuando nos encontremos con personas engañadas que se niegan a cambiar, **al gestionar nuestras propias reacciones, a menudo tenemos más control del que creemos**. Pero, por desgracia, no siempre basta con cambiar nuestra mentalidad. Hay ocasiones en las que tenemos que reafirmarnos de forma asertiva y marcar límites, y habrá momentos en los que, si todo lo demás falla, la única herramienta que tendremos a nuestra disposición será retirarnos de la ecuación.

Tengo un amigo que, además de ser un *coach* de éxito, también es un escritor bastante prolífico. Hace algunos años, a Scott lo contrató un conocido emprendedor (llamémosle Joe) para realizar algo de investigación inicial para un libro que quería escribir. En su primera reunión, Scott quedó asombrado por lo sensato y cercano que parecía ser Joe para ser un multimillonario. A los segundos de conocerse, Joe rodeó a Scott en un abrazo enorme y, a lo largo de su conversación, parecía cautivado por todo lo que le decía mi amigo. «¡Será una experiencia genial!», pensó Scott, animado.

El contrato que redactó Scott era sencillo e inequívoco (o, al menos, eso pensaba él). Iba a entrevistar en persona a diez directores ejecutivos que compartían la filosofía de liderazgo de Joe, escribiría un informe para cada uno y lo enviaría, junto con sus gastos de desplazamiento, para que Joe le pagara por esa parte del trabajo. El día antes de reunirse con el primer director ejecutivo, que iba a ser en Nueva York, Jenna, la asistente de Scott, había concertado una última llamada para repasar las preguntas de la entrevista. Jenna marcó el número para asegurarse de que todo fuera bien y después dejó a Joe y Scott para que prosiguieran con su conversación.

A medida que se acercaban al final de la llamada, Joe le preguntó:

—¿Tienes claros los temas que necesito que comentes mañana?

—Sí, lo llevo bien —repuso Scott—. Si se te ocurre cualquier otra cosa mientras estoy en el avión, solo tienes que pasársela a Jenna. Ella se asegurará de hacérmelo saber en el momento en que aterrice.

—Perfecto —dijo Joe—. Parece una chica muy eficiente.

—Ah, sí, Jenna es buenísima —replicó, entusiasmado, Scott—. Es mi mano derecha. Hemos creado la empresa juntos. No sé qué haría sin ella.

Al principio, Scott no le dio más importancia a esta parte de la conversación. Pero entonces, unos minutos después de colgar, volvió a sonarle el teléfono. Era Jenna.

—¿Va todo bien?

—Sí, genial —repuso ella—. Pero no adivinarás nunca quién me acaba de llamar. ¡Joe!

—¿Ha habido algún problema?

—Bueno, no sé exactamente cómo decírtelo, pero... me ha ofrecido que trabaje para él.

Scott se quedó boquiabierto.

—¿Que... qué?

—Se ha ofrecido a doblarme el salario. ¡Y ni siquiera me ha preguntado *cuánto cobro ahora*!

—Estás de broma, ¿no? —contestó Scott, embargado de repente por la ira y el pánico.

—Le he dicho que no, claro —añadió Jenna rápidamente—. Pero he pensado que tenías que saberlo.

Esa noche, a Scott le costó conciliar el sueño. ¿Cómo podía hacerle eso Joe pocos minutos después que le dijera lo importante que era Jenna para su negocio? Era consciente de que Jenna estaba contenta con su trabajo y que tenía una buena remuneración; había tenido suerte de que su asistente fuera lo suficientemente leal como para decirle que no a Joe. Pero el incidente lo dejó sintiéndose menospreciado y traicionado. Decidió enfrentarse a Joe la mañana siguiente y **dejarle claro lo que necesitaba**.

—Joe, quería hablar contigo sobre lo que pasó ayer después de hablar tú y yo.

Hubo una larga pausa mientras Scott esperaba a que Joe advirtiera que lo habían pillado y decidiera disculparse por un comportamiento tan claramente poco profesional.

—Jenna me dijo que intentaste contratarla y dejarme sin asistente.

—Ya —suspiró Joe—. Y me dijo que no al momento. Pero vaya, no te preocupes, no pasa nada. Si te soy sincero, la mayoría de las personas en su posición darían lo que fuera para trabajar para mí. En realidad, el hecho de que me dijera que no me hace pensar que no sabe tomar buenas decisiones. No me ha supuesto una molestia.

Scott no podía creer lo que oía. Casi parecía que Joe pensaba que lo había llamado para pedirle disculpas *a él*. El multimillonario, claramente, no tenía ni idea del impacto que habían tenido sus acciones (no solo en su relación con Scott, sino posiblemente en el éxito del proyecto para el que lo había contratado).

—Oye, mira, Joe, ¿puedo pedirte un favor? —preguntó Scott—. ¿Puedes abstenerte de contratar a mis empleados?

Hubo una larga pausa. Al parecer, Joe quería pensárselo bien. Pero, finalmente, accedió.

Aunque Scott quedó comprensiblemente descolocado por todo ese encuentro, tenía la esperanza de que no fuera más que un pequeño contratiempo. Se dedicó a trabajar con ahínco en el informe de su primera entrevista y, unas semanas después, envió las quince páginas a Joe junto con los recibos de sus gastos de viaje, tal y como habían acordado. Más tarde, ese mismo día, Scott recibió una llamada.

—Hombre, hola, Scotty —lo saludó Joe—. He recibido tu informe. Mira, tengo que decirte que no me apetece que este tío ni su empresa aparezcan en ningún lado de mi libro. ¿Todo eso que decía sobre el *feedback* de sus empleados? No es más que un montón de chorradas de esos chalados de Texas.

Por supuesto, a Scott le cayó mal oír que sus tres semanas de trabajo no habían servido para nada. Pero su decepción no fue nada en comparación con la furia que iba a embargarle en breve.

—Por supuesto, te reembolsaré los gastos de viaje —prosiguió Joe—. No tienes que preocuparte por eso. Solo tienes que enviar los recibos a mi oficina.

Scott sintió cómo su corazón dejaba de latir.

—Bueno... ¿y mis honorarios? —quiso saber—. Te envío mi factura junto con los recibos, ¿no?

—Scotty, no —replicó Joe, repentinamente impaciente—. Te lo acabo de decir. No me sirve de nada este informe. No voy a pagar por esta mierda.

Intentando a duras penas conservar la calma, Scott decidió que no le quedaba otra opción que dejar claras sus necesidades de forma asertiva.

—Joe, esto que me dices no es nada razonable. Diste tu aprobación para el entrevistado y las preguntas que iba a hacerle. El informe es exactamente lo que me pediste. Me tienes que pagar.

Tras una larga discusión (y la repetida insistencia de Scott en que Joe cumpliera con su trato), el irascible emprendedor acabó por aceptar pagarle. Pero Scott seguía bastante trastornado (comprensiblemente). Por supuesto, en ese punto se planteó muy en serio aceptar el dinero y salir corriendo de esa situación. Pero como creía en el proyecto (y la paga era más que buena), decidió intentar una última cosa antes de lanzar la toalla. Esta vez iba a marcar unas directrices más claras para la relación con Joe. Lo que necesitaban era tener *límites bien definidos* en los que ambos pudieran estar de acuerdo.

Scott añadió unas cuatro páginas de cláusulas específicas al contrato donde describía en detalle los requisitos exactos del trabajo que iba a hacer y, por si acaso, los gastos de viaje exactos que Joe iba a reembolsarle. Tras unos cuantos tira y afloja, consiguió que Joe estampara su firma y Scott pasó a preparar su segunda entrevista. Ahora, incluso con alguien tan narcisista y alejado de la realidad como Joe, no iba a haber ninguna duda de cómo iban las cosas. Al menos, eso era lo que pensaba Scott.

Por desgracia, el comportamiento de Joe prosiguió. En un momento, y en oposición directa a su contrato, llegó a negarse a pagar los gastos de Scott porque había hecho un trayecto corto en taxi en vez de ir en metro. Hasta ese punto, Scott había hecho todo lo posible por conservar su relación con Joe, quien era incapaz de ser consciente de la realidad. Había dejado claro lo que necesitaba con asertividad y había disipado cualquier duda sobre cuáles eran sus límites. Había intentado controlar sus propias reacciones. Pero su preocupación no dejaba de crecer. «¿Hasta dónde va a llegar esto?», se preguntó Scott. Decidió agarrar el teléfono y llamar a unos cuantos conocidos en común para sonsacarles más información.

Las palabras más inquietantes vinieron de Candace, una de las ejecutivas de Joe que más tiempo llevaba con él. En los últimos dos años, a Candace le habían diagnosticado una enfermedad autoinmune grave y, a pesar de conocer el diagnóstico y sus implicaciones, Joe había seguido haciéndola acudir a su oficina en cualquier momento, ya fuera en plena noche o en fin de semana.

—Me está matando —dijo Candace medio en broma— y no tiene ni la menor idea.

Después de colgar el teléfono tras su llamada con Candace, Scott finalmente decidió que ya había tenido suficiente. Había llegado el momento de *marcharse*. Este comportamiento cruel e insensible era una prueba clara de que Joe, simplemente, no iba a cambiar jamás, y el dinero que Scott estaba sacrificando no era nada comparado con la salud mental que iba a recuperar. Y por si estabas dudando de la decisión de Scott, puede que este sea un buen momento para que sepas de qué iba el libro que Joe estaba escribiendo. Era un libro sobre (¡redoble de tambores!) *inteligencia emocional*. Más engañado no se puede estar, ¿no?

Está claro que no todo el mundo que trata con una persona así puede permitirse el lujo de marcharse. Pero como descubrió Scott, cuando alguien está tan sumido en el engaño como Joe, los problemas que crea en nuestra vida no desaparecen por arte de magia. En muchos casos, con el tiempo, van a más. Cuando ya hemos agotado todas las demás opciones (cambiar nuestra mentalidad, dejar claro qué necesitamos y reforzar nuestros límites) pero nada cambia, tenemos que enfrentarnos a la situación con una sinceridad resuelta sobre cómo son estas personas y la posibilidad real de que jamás lleguen a cambiar. A veces, tras sopesar estos factores, puede que decidamos que, sea cual sea el sacrificio (dejar un trabajo que nos encanta, cortar lazos con un familiar o amigo incapaz de ver cómo te está afectando, o rechazar un contrato muy lucrativo), nuestra mejor opción es levantarnos, sacudirnos el polvo y seguir adelante.

AYUDA A LOS DEMÁS A ENTENDER POR QUÉ LES HACEN LUCES

Por suerte, no todo el mundo es imposible. De hecho, el tercer tipo de persona autoengañada, la **Necesito un empujoncito**, es alguien en cuyo comportamiento podemos influir, al menos hasta cierto punto. Lo que diferencia a los Necesito un empujoncito de sus homólogos más difíciles es que *quieren* mejorar pero, simplemente, no saben qué hacer para cambiar su forma de actuar. Y a diferencia de las Causas perdidas y los Lo sé y no me importa, suelen estar sorprendentemente abiertos a recibir esta información (eso sí, si se la ofreces correctamente).

El día en que cumplí los dieciséis años pasé con alegría el rito de iniciación de recibir mi carné de conducir. Con ganas de ejercer mi recién obtenida libertad, le supliqué a mi madre que me dejara ir y volver al instituto en coche el día siguiente. De forma comprensible, mi madre no estaba muy convencida, ya que yo tenía un ensayo teatral que terminaría tarde y poca experiencia conduciendo de noche. Pero finalmente acabó por ceder. Aquella noche me metí en el coche, encendí los faros y me dirigí a casa. Eufórica por estar tras el volante, tenía la sensación de que todo iba fenomenal. Entonces me di cuenta de que casi cada coche con el que me cruzaba me hacía luces. «¿Por qué me está haciendo eso todo el mundo?», me pregunté.

Pronto lo descubrí. Tan pronto como llegué a mi casa, mi madre salió escopeteada del garaje haciéndome gestos frenéticamente para que quitara las largas.

—Cariño, ¡has dejado ciego a medio barrio!

De repente todo cobró sentido. Sin que yo lo supiera, había deslumbrado con las largas a los conductores de Denver durante varios kilómetros; lo que es más, todos habían intentado decírmelo. Y yo había sido completamente incapaz, literalmente, de interpretar las señales. Esta es una buena metáfora de cómo es la vida para las personas que no tienen autoconciencia. Aunque no pueden entender lo que quieren decir las luces, los demás normalmente sí que lo comprenden. Y si están abiertas a la idea, podemos ayudar a estas personas a ver las cosas a través de nuestros ojos.

Llámame optimista, pero creo que, en la mayoría de los casos, **las personas poco conscientes de la realidad solo Necesitan un empujoncito, hasta cierto punto**. Muchas veces, en vez de ser una señal de una desconexión profunda de la realidad, su inconciencia es el resultado de causas menos generalizadas y, en ocasiones, circunstanciales. Por ejemplo, los estudios han demostrado una correlación positiva entre el estrés y la incapacidad para ser conscientes de lo que nos rodea: cuanto más estresados estemos, menos realistas seremos sobre nuestras capacidades, características y comportamientos. Intuitivamente, sabemos que esto tiene sentido. ¿Alguna vez te has fijado en que la gente suele estar más engañada sobre su forma de comportarse en momentos de estrés? La falta de autoconciencia no es siempre una condena en firme del potencial de alguien para desarrollar el autodescubrimiento; quizá lo que les hace falta es que alguien les dé un empujoncito.

Mi amiga Lisa llevaba casi una década como directiva de una ONG. Hacía pocos meses que tenían a un nuevo colaborador, al que llamaremos Phil, que vivía en una realidad completamente paralela. En nada, Phil había conseguido irritar a todo el mundo presumiendo sin parar de sus éxitos en el sector privado; al parecer era absolutamente incapaz de percibir cómo alienaba a todo el mundo. Las cosas siguieron así hasta que advirtió que los demás miembros de la junta le hacían el vacío. Tras intentar unirse a unos cuantos comités, había empezado a ver que lo excluían.

Una tarde, tras una reunión de la junta, Phil se acercó a Lisa con una expresión frustrada pintada en la cara. Le preguntó si, como la persona de más antigüedad en la junta, podía darle algún consejo. Le explicó su frustración y le preguntó si acaso estaba haciendo algo que causara este problema. Como suele pasar con los Necesito un empujoncito, Phil sabía que *algo* no iba bien, pero no acababa de saber interpretar las señales. Lisa le recomendó que prestara más atención a su forma de hablar: quizá, le sugirió con suavidad, podía dejar de contarle a todo el mundo todo lo que había hecho y dedicarse a hacer preguntas para intentar conocer mejor a los demás. Phil se quedó completamente sorprendido, intentando procesar la información. Después, le anunció que iba a cambiar su forma de actuar a partir de ese mismo momento. Aunque le llevó un poco más de lo que le habría gustado, Phil consiguió finalmente ganarse a sus compañeros y estos acabaron por invitarlo a unirse a más de un comité.

En el caso de Phil, Lisa tuvo la oportunidad perfecta de darle su opinión sobre su comportamiento. Aun así, por desgracia, no todas las personas sin autoconciencia son suficientemente espabiladas como para buscar *feedback*. Al fin y al cabo, **el círculo vicioso de la autoconciencia es que las personas que más la necesitan suelen ser las menos conscientes de que la necesitan.** Así que, ¿alguna vez es buena idea enfrentarse más directamente a una persona sin autoconciencia? Y, en caso de que sea así, ¿cómo podemos protegernos ante los riesgos inevitables? ¿Cómo podemos ofrecerle estas importantes revelaciones sin que mate al mensajero (es decir, tú)? Como pronto veremos en la siguiente historia, cuando conocemos a algún Necesito un empujoncito, si lo tratamos con un poquito de compasión y lo abordamos con una buena preparación, podemos llegar muy lejos.

◆

Era la semana antes de Navidad en un hotel de montaña de película. Sophia y Emma, que eran mejores amigas desde la guardería, lo estaban pasando en grande en Vermont, cortesía del generoso y próspero padre de Emma. Las había invitado a siete días de lecciones privadas de moto de nieve, lujosas salidas de compras y cenas caras. Pero sentada en la suntuosa *suite* compartida, mientras el sol dorado de diciembre entraba por las ventanas, Emma parecía repentinamente ansiosa.

—¿Qué te pasa? —preguntó Sophia, sentada en el borde de la cama con una taza de café recién hecho.

Emma estaba mirando por la puerta abierta.

—¿Está mi padre por aquí? —susurró.

—Quién, ¿Frank? —repuso Sophia—. Se ha ido al gimnasio a buscar a tu madre. ¿Por qué?

—Bueno, es por la lección de esquí que ha reservado para mañana —dijo Emma, frotándose el dorso del cuello—. Me parece que no me apetece ir.

—¿De verdad?

—Sí, en serio —respondió, con los ojos de par en par—. ¿A quién puede apetecerle ponerse unas tablas de madera resbalosas en los pies y tirarse montaña abajo a toda velocidad... y encima, voluntariamente? Me apetece seguir viva para estas Navidades.

—¡Pues no vayas! —repuso Sophia, riendo—. Puedes volver a ir al *spa*. No veo el problema.

—El problema es mi padre. Me va a echar la bronca, seguro.

Sophia (quien resulta ser un unicornio de la autoconciencia) se esforzó en asegurarle a su amiga que le estaba dando demasiadas vueltas. Al fin y al cabo, hacía años que Sophia conocía al padre de Emma. Frank era un hombre extraordinario. Había conseguido superar una niñez difícil y se pagó la universidad y la carrera de medicina para acabar convirtiéndose en un cirujano de fama mundial. Sophia sabía que Frank imponía respeto físicamente, con sus dos metros de altura, su amplia espalda y una barba digna de Hemingway, pero también sabía que era extremadamente amable. Desde hacía mucho tiempo, Frank estaba ayudando a Sophia a cumplir su sueño de llegar a ser doctora y se había convertido en su mentor; concertaba entrevistas para ella con sus compañeros de trabajo, la llevaba a comer para hablar de sus planes e incluso le echó una mano con sus solicitudes para la facultad de medicina a principios del pasado otoño.

Por supuesto, Sophia también llevaba años oyendo hablar a Emma de la «otra cara» de Frank cuando esta se quejaba a menudo de lo dominante, controlador y cruel que podía llegar a ser. Por ejemplo, a Emma no le había ido demasiado bien en la universidad y en un momento determinado anunció a sus padres que iba a tomarse un año sabático para «reorganizarse». Al parecer, Frank se lanzó a su yugular, quejándose de la enorme cantidad de dinero que se había dejado en su educación y lo increíblemente desagradecida que era. Esto, está claro, fue un golpe devastador para Emma. Más de una vez se había quejado a su amiga de que su padre «blandía su riqueza y éxito como un arma».

—Ya sé que cuando estabas creciendo tú y tu padre se pelearon más de una vez —dijo Sophia—. Pero no creo que le apetezca fastidiar la Navidad montando un escándalo por algo tan estúpido como una lección de esquí.

—Pues quizá no —replicó Emma, algo vacilante al principio—. Sí, quizá tengas razón.

Al cabo de unos momentos, Frank volvió.

—Va, venga —articuló silenciosamente Sophia, empujándola suavemente hacia la sala.

—¿Papá? —dijo Emma, apoyándose en el marco de la puerta—. ¿Te importaría mucho si mañana no fuera a esquiar con ustedes? ¿Pasaría algo?

Mientras se dirigía al guardarropa para colgar el abrigo de su mujer, la expresión de Frank casi ni se inmutó.

—Claro, como veas —dijo, sin inflexión, encogiéndose ligeramente de hombros.

Agradablemente sorprendida por la reacción no explosiva de su padre, Emma dio el asunto por cerrado.

La mañana siguiente, cuando todos estaban volviendo a la *suite* tras el desayuno, Frank se encontró a una compañera de trabajo en el recibidor del hotel. Se pusieron a hablar amigablemente mientras otros huéspedes se paseaban por el lugar enfundados en sus jerséis, con el chisporroteo de la chimenea de fondo.

Pero cuando la mujer le preguntó a Frank qué planes tenía para el día, su afabilidad se disipó al momento.

—Bueno, nosotros *tres* —empezó, apuntando enfáticamente a la madre de Emma, Sophia y a sí mismo— vamos a hacer una lección privada de esquí. Pero alguien —mientras decía esto señaló a su hija y puso dramáticamente los ojos en blanco— tiene demasiado *miedo* como para ir a esquiar y ha decidido cancelar nuestros planes a última hora. Ah, y ya es demasiado tarde como para que me reembolsen el dinero. ¿Te puedes creer lo desagradecida que puede llegar a ser?

Frank había dicho todo eso casi gritando, con un volumen que retumbó por el recibidor con tanta fuerza que casi parecía que saliera por los altavoces de la habitación.

Se hizo un largo e incómodo silencio. De repente, Emma, intentando contener las lágrimas, se marchó a toda prisa sin decir ni una palabra. Frank la siguió con la mirada, con una expresión de confusión sincera. Se giró hacia Sophia y se quedó mirándola, como si preguntara: «¿Ha sido por algo que he dicho?». Estaba claro que no tenía ni idea de cómo sus palabras brutales habían causado estragos en su sensible hija.

Durante el resto del día y ya bien entrada la noche, Sophia no podía dejar de pensar en lo que acababa de presenciar. Y cuanto más sopesaba el comportamiento de Frank, más airada se sentía por la situación. Sabía que tenía, básicamente, dos opciones: enfrentarse a Frank o callarse dolorosamente y ver cómo se repetía ese comportamiento. Sophia se sentía impulsada a hablar con él, pero no sabía si serviría de algo. Y estaba segura de que, fuera como fuera, iba a meterse de lleno en la línea de fuego de su intolerable temperamento.

Para intentar decidir qué hacer, Sophia se preguntó varias cosas, comenzando por: «**¿Las ventajas de tener esta conversación superan los posibles riesgos?**». Sophia empezó una lista de las ventajas: la primera y de más peso era que Emma era importante para ella. Si hubiera algo en sus manos que pudiera hacer para minimizar el daño que Frank pudiera causarle en el futuro, lo haría sin pensarlo dos veces. A Sophia también le preocupaba Frank; era consciente de que, si ese comportamiento continuaba, podía terminar por poner fin a su relación con su hija.

Se imaginó cuál sería la peor posibilidad si la conversación con Frank se torcía. La cosa más dolorosa que podía pasar era que Frank nunca más volviera a dirigirle la palabra, pero aunque esto era una posibilidad, tenía la corazonada de que la situación más realista era que le gritara y estuviera enfurruñado durante el resto de las vacaciones. Así que, ante esas dos opciones (un Frank mejor o unas vacaciones peores), Sophia estaba más que dispuesta a arriesgar lo último en pro de lo primero.

Pero incluso tras decidir que las ventajas superaban los costes, seguía habiendo otra cosa por considerar. Se preguntó a sí misma: «**¿Es Frank consciente de que hay un problema?**». Sophia creía (y los estudios lo confirman) que si alguien no siente dolor ni frustración, quizá no tenga suficiente motivación como para cambiar. En el caso de Frank, él claramente sabía que algo no iba bien (su expresión incómoda cuando Emma salió corriendo del recibidor fue prueba más que suficiente), pero simplemente no era consciente de que *él* era el motivo.

Otra pregunta relacionada con esta era: «**¿Este comportamiento va en contra de sus intereses?**». Cuando alguien actúa de una forma contradictoria con sus valores y prioridades, señalar esa discrepancia puede llevar a motivarle, aunque quizá le resulte chocante. Las investigaciones han demostrado que los seres humanos tienen el deseo de ser congruentes (es decir, que quieren que sus comportamientos y creencias concuerden) y que, cuando no es así, sufren de una sensación incómoda de disonancia cognitiva. En el caso de Frank, Sophia sabía que le importaba muchísimo ser un buen padre para Emma. Incluso recordaba que, en una conversación reciente, Frank le había mencionado que el motivo por el que había trabajado tantísimo era para poder ofrecerle a Emma una infancia mejor de la que él había tenido. Sophia supuso que señalar que este comportamiento iba en contra de este objetivo podría llevar a Frank a tener un momento despertador.

La respuesta a la última pregunta que se hizo Sophia, «**¿Va a escucharme esta persona?**», no era tan fácil. La diferencia de poder, como la que había entre ella y Frank, hace que las conversaciones como esta sean muy difíciles. (¿Recuerdas lo difícil que es decirle la verdad a alguien en una situación de poder?). Y, efectivamente, el hecho de que una estudiante de veintiún años preparándose para entrar en la facultad de medicina tuviera que decirle a un cirujano de éxito de cincuenta y dos años cómo comportarse podría parecer bastante estúpido. Pero Sophia pensó que la confianza que tenían entre sí podría ayudar a inclinar un poco la balanza en su favor. Frank la respetaba, confiaba en sus motivos y reconocía lo buena amiga que era de Emma; a menudo comentaba que era la amiga más madura y responsable de su hija. Y lo que es más, se recordó a sí misma que era un hombre abierto al *feedback* —aunque hubiera sido de naturaleza muy distinta— al venirle a la mente una ocasión en la que, bromeando, ella le había corregido un error gramatical. Pareció irritado durante un segundo y después sonrió, diciéndole que creía que era la única persona a la que dejaría corregirle algo así.

Tras ponderar cuidadosamente cada aspecto del problema, Sophia decidió que iba a hablar con Frank. Sabía instintivamente que, cuanto más esperara, más posibilidades habría de que él restara importancia al incidente o incluso de que lo olvidara, así que decidió pasar a la acción al día siguiente. Por suerte, la oportunidad se presentó de inmediato: tanto Sophia como Frank eran madrugadores y, durante los primeros días de vacaciones, habían creado una rutina de tomarse juntos un café. A la mañana siguiente, Sophia lo invitaría a desayunar.

Más tarde, esa noche, mientras Sophia daba vueltas en la cama y miraba el techo sin poder dormir, decidió canalizar sus nervios en preparar la conversación y tener un plan de emergencia. Cuando finalmente llegó la mañana siguiente, se dirigió hacia la pequeña cocina de la *suite* para encontrarse cara a cara con Frank.

—Frank, me muero de hambre —dijo, tan despreocupadamente como pudo—. ¿Quieres que vayamos al restaurante a desayunar?

—¡Claro! —respondió él, y ambos se dirigieron abajo.

La camarera los acompañó por el restaurante casi vació y les señaló una mesa al fondo. Tras pedir el desayuno, ambos se rieron incómodos sobre la inquietante cantidad de cabezas de animales disecadas que había en la pared y después hablaron de los planes de Sophia para sus clases de medicina del año siguiente.

—Frank —empezó ella—, no puedo dejar de darte las gracias por todo lo que has hecho para ayudarme a llegar hasta aquí. Creo que nunca te he dicho lo increíblemente agradecida que estoy por tus consejos. Eres un doctor increíble, pero eres incluso mejor como amigo.

Sophia podía ver cómo Frank se hinchaba de orgullo casi literalmente. Pero no estaba haciéndole la pelota. Su gratitud no solo era real, sino que sabía que expresarla tendría otra ventaja. Sophia acababa de aprender sobre la autoafirmación en su curso de psicología social y pensó que afirmar las cualidades positivas de Frank como doctor y amigo lo prepararían para oír hablar sobre sus características paternas menos óptimas. (Por cierto: Sophia tenía razón. La afirmación cuenta con ventajas similares cuando, en vez de usarla nosotros mismos, la dirigimos a otros).

Sonriendo, Frank replicó:

—Vaya, Sophia, gracias. ¡Sentirse valorado es muy agradable! Y no me pasa demasiado —dijo, guiñándole un ojo en una referencia no demasiado sutil al episodio del día anterior.

Sophia no pensaba que la oportunidad se presentaría tan fácilmente, pero decidió aprovecharla.

—¿Qué quieres decir? —preguntó inocentemente.

—Pues que estoy hasta las narices de Emma. O sea, lo siento, ya sé que es tu amiga y que no debería estar diciéndote esto. Pero ¿puedes creer lo desagradecida que fue ayer?

Sophia repasó mentalmente el plan que había trazado la noche anterior. Decidió empezar haciendo preguntas para ver si Frank podía llegar a comprender la situación por sí solo en vez de tener que llevarlo por la fuerza a la conclusión adecuada.

—¿Tú que qué crees que pasó ayer? —inquirió ella.

—Bueno, es triste decirlo, pero mi hija puede ser bastante desagradecida. —Levantó un cruasán de la cesta que había en el centro de la mesa—. Llevo toda la vida gastándome dinero en ella, o sea, por Dios, me he dejado cientos de miles de dólares intentando hacerla feliz. Y siempre, siempre, rechaza lo que le ofrezco sin ningún miramiento. ¿Eso

de no querer hacer la clase de esquí? Tendría que habérmelo esperado.
—Partió el cruasán en dos y lo estudió con un cierto asco—. No sé, esperaba que estuviera empezando a actuar como una persona mayor.

—Ya veo —repuso Sophia—, pero ¿cómo crees que fueron las cosas desde el punto de vista de Emma?

—¡Es que se portó como una niña pequeña!

Sophia volvió a intentarlo.

—Frank, entiendo perfectamente lo enfadado que estás por la situación. Pero, si intentas imaginarte lo que le pareció a Emma, ¿por qué crees que se sintió tan herida?

—Pues no tengo la menor idea.

Sophia se quedó callada. Esperaba que a Frank se le encendiera la bombilla de golpe, pero lo único que veía ante ella era un hombre mayor masticando, enfadado, una pasta.

—O sea, que estaban los dos muy, muy enfadados, ¿verdad?

Frank asintió, callado.

—Y no te gustaría que esa situación volviera a darse otra vez, ¿no?

Frank volvió a asentir.

—Entonces, ¿no te parece que es importante saber por qué Emma reaccionó de ese modo?

Frank inclinó la cabeza a un lado, con expresión de curiosidad. Entonces, como si le hubiera leído la mente, le devolvió la pregunta a Sophia.

—¿Qué crees *tú* que le pasaba a Emma?

Aunque esto era un indicio de que Frank estaba abierto a una versión alternativa de la situación, a Sophia le preocupaba que si empezaba directamente a decirle las cosas desde el punto de vista de Emma, él podría llegar a pensar que estaba tomando partido por ella o que su hija la había mandado a ella para hacer el trabajo sucio. Sophia empezó con cautela.

—Frank, yo todavía no he hablado con Emma de esto, así que solo puedo hacer conjeturas, pero párate a pensar un momento. Está claro que le daba mucho miedo ir a esquiar.

Frank puso los ojos en blanco. Sophia prosiguió.

—Y entonces, tú la atacaste verbalmente y, además, en público.

—¿Qué quieres decir? Solo estaba teniendo una conversación agradable con una compañera.

—Bueno, sí, fue una conversación —concedió—. Pero no tuvo nada de agradable.

A Frank lo pilló desprevenido la sinceridad de Sophia. Se hizo un silencio tenso. Pero después, la expresión de sorpresa de Frank acabó transformándose en una ligera sonrisa. Sophia siguió adelante.

—¿Te diste cuenta del momento exacto en el que Emma se molestó?

—¿Fue en el momento en el que yo me puse a explicar que no quería venir con nosotros a la clase de esquí? —Sophia asintió—. Pero sigo sin entender por qué.

Envalentonada, Sophia aventuró:

—Creo que Emma se sintió humillada. Ya se sentía suficientemente avergonzada de tener tanto miedo como para que lo dijeras así, delante de todo el mundo. Y lo de salir corriendo creo que fue por no pelearse contigo delante de una desconocida.

Finalmente, en la cara de Frank hubo un destello de comprensión.

—Entonces, cuando dije eso, ¿Emma sintió que la estaba castigando por no querer ir a esquiar?

—Es posible, sí. Y, Frank, si me permites el atrevimiento, creo que había otra cosa que hizo que Emma reaccionara así. Pero antes, déjame hacerte una pregunta. Para ti, ¿qué importancia tenía el factor dinero en la situación?

Alargando la mano para sacar otro cruasán de la cesta, Frank respondió mirándola con sospecha:

—Ya te lo he dicho. Estaba muy enfadado porque Emma estaba malgastando mi dinero.

—Sí, lo entiendo. Pero ¿cómo crees que percibió Emma tu mención del dinero en la conversación? ¿Crees que es posible que se sintiera como que no parabas de recordarle el dinero que habías gastado en la lección de esquí?

La mano de Frank se quedó suspendida en el aire. El cruasán volvió a caer en la cesta.

—Guau —respondió, recostándose en la silla y soltando aire—. Nunca me lo había planteado así. ¿Lo hago mucho?

De repente se abrieron las compuertas del autodescubrimiento y Frank empezó a sumar dos y dos. Comenzó a relacionar su comportamiento con las experiencias de su niñez: los problemas económicos de su familia, cómo esto era una fuente constante de conflicto y lo inútil y frustrado que lo había hecho sentir esto.

—No quiero repetir ese patrón. No tenía ni idea de que estuviera haciendo eso —alegó—. Para mí no hay nada más importante que ser un buen padre. Pero si no era consciente de estar actuando de esa forma, ¿cómo lo voy a detectar cuando vuelva a hacerlo?

Sophia se detuvo un momento a pensar.

—Frank, ¿por qué no le pides a Emma que te ayude?

Y eso fue exactamente lo que hizo. Frank tardó algunas semanas en reunir la valentía para sentarse a hablar con su hija. Pero cuando finalmente lo hizo, se quedó sorprendido de lo bien que se sintió tras poner las cartas sobre la mesa. Aunque la relación de Frank y Emma no se arregló de la noche a la mañana, Sophia notó una diferencia palpable en el modo en que ambos interactuaban a las pocas semanas. A Frank le daba mucho gusto escuchar lo que decía su hija sin perder la calma, y Emma le dijo que su padre prácticamente no había vuelto a mencionar el dinero. Con el paso del tiempo, Frank recayó en sus antiguas costumbres quizá más de lo que habría sido ideal (al fin y al cabo, tenía que deshacerse de décadas de hábitos arraigados), pero la diferencia ahora era que era más consciente cuando esto pasaba. Como resultado, fue capaz de centrarse y mejorar un poquito cada día, lo que fue haciendo que su relación con su hija fuera cada vez más fuerte.

Como demuestra la historia de Sophia, a menudo *es* posible ayudar a otros a mejorar su conciencia sobre sí mismos; nunca es demasiado tarde para empezar. Por este motivo, cuando tratemos con alguien incapaz de percibir la realidad, no es mala idea ser optimista y asumir que esta persona es una Necesito un empujoncito hasta que se demuestre lo contrario. Pero, a la vez, tenemos que actuar de forma práctica: evaluemos con sinceridad lo abiertos que están y examinemos si las ventajas de la conversación superan los costes. Decidamos con cuidado el momento y la forma en que lo decimos y, por encima de todo, tengamos unas expectativas razonables. A veces, una sola conversación puede desencadenar un cambio radical, como le pasó a Sophia con Frank. En otros casos, puede que la persona necesite algunos empujoncitos más. (Los estudios demuestran que, de media, cuanto más inconsciente sea alguien, más posible es que le haga falta ver pruebas varias veces a lo largo del tiempo, a veces de distintas fuentes).

Pero, a menudo, si mantenemos un tono positivo y constructivo durante la conversación y mostramos que ofrecemos ayuda con sinceridad, sí que *podemos* hacer que estas personas se vean a sí mismas con más claridad. Cuando nos ***enfrentamos a alguien con compasión***, a menudo podemos darle ese empujoncito que necesita para hacer cambios importantes que no solo mejorarán su vida y felicidad, sino también las nuestras.

LA BÚSQUEDA DE TODA UNA VIDA Y EL HACHA CON MANCHAS

Había una vez un hombre que compró un hacha forjada por un herrero. Sujeta en la parte superior del robusto mango, como relata esta historia centenaria, estaba la cabeza de hierro recubierta por completo de carbón gris opaco. Toda, menos el filo, que el herrero había afilado hasta dejar al descubierto una lisa superficie plateada. Al hombre le gustó tanto el aspecto del filo que le pidió al herrero que lijara por completo la cabeza para que fuera toda igual. El herrero asintió, con la condición de que el hombre se encargara de hacer girar la amoladora. Mientras el herrero presionaba con fuerza la cabeza del hacha contra la piedra, el hombre empezó a hacer girar la rueda. La tarea era mucho más ardua de lo que se había imaginado y, al cabo de unos pocos minutos, el hombre se detuvo. Cuando preguntó si habían avanzado mucho, no vio la superficie plateada, brillante y perfectamente lisa que esperaba ver; el carbón solo había desaparecido de algunos trozos y el hacha era un desastre de manchurrones de hollín.

El hombre anunció que se iba a llevar el hacha tal cual estaba.

—¡No! Venga, ¡vuelva a poner en marcha la rueda! —le dijo el herrero—. Al final quedará reluciente; ahora solo la hemos pulido en algunos trozos.

—Sí —replicó el hombre—, pero creo que me gusta más así.

Esta historia, escrita por el primer unicornio de Estados Unidos, Ben Franklin, ilustra a la perfección lo inesperadamente difícil que es lograr alcanzar realmente los dos objetivos de autoconciencia y mejora de uno mismo. Puede que queramos tener un hacha reluciente, lisa y sin una sola mancha pero que nos amedrente el esfuerzo y compromiso necesarios para conseguirla. En vez de seguir limándola, nos parece más fácil convencernos a nosotros mismos de que lo que siempre hemos querido es un hacha imperfecta.

Aunque tener un hacha perfecta (es decir, un autodescubrimiento total y la verdad absoluta) no es un objetivo realista y ni siquiera productivo, eso no implica que tengamos que tirar la toalla cuando las cosas se ponen difíciles. Sin duda alguna, perseguir la autoconciencia durante toda nuestra vida puede ser una tarea ardua, complicada y larga. Nos toparemos con obstáculos o contratiempos y nos intimidará la cantidad de esfuerzo que implica. Y justo cuando pensemos que finalmente hemos limado el proverbial hollín por completo, puede que descubramos que todavía nos queda mucho trabajo por hacer.

Pero el hecho de que realmente nunca «terminemos» de ser autoconscientes es lo que hace que sea un recorrido tan emocionante. Da igual la cantidad de autoconciencia que hayamos conseguido; *siempre* podremos obtener más. Pocas personas entienden esto mejor que nuestros unicornios, quienes ven la autoconciencia como un estado al que dan prioridad constantemente. Para el resto de nosotros, independientemente de nuestro punto de partida, siempre podremos esforzarnos por ampliar y profundizar nuestro autodescubrimiento durante el curso de nuestras vidas.

A medida que vayamos avanzando en este proceso descubriremos cosas que nos sorprenderán, satisfarán y desafiarán. Y con cada nuevo descubrimiento sobre nosotros mismos vendrá la inevitable pregunta: «Y ahora, ¿qué?». Al principio de este libro he descrito la autoconciencia como la metahabilidad del siglo veintiuno; es decir, una condición necesaria pero no suficiente para una buena vida. Otra forma de decir esto es que el **autodescubrimiento no tiene ningún sentido si no lo llevamos a la práctica.** ¿Cómo serían las cosas si George Washington no hubiera templado su orgullo, controlado sus fieras emociones y aprendido a pensar antes de actuar? ¿Si Florence Ozor no hubiera hecho caso a lo que le pedía el corazón y no se hubiera unido al movimiento #BringBackOurGirls? ¿Si el joven Alan Mulally no hubiera reinventado su estrategia de liderazgo después de que su primer empleado le diera un toque de atención muy necesario? Como acabamos de ver en este y otros ejemplos, las personas de más éxito no solo se esfuerzan en ganar autoconciencia, sino que la aplican y recogen las recompensas.

Es innegable que puede ser más fácil decir esto que hacerlo. Por ejemplo, la mayoría de los líderes que conozco que han hecho el Proceso de *feedback* del líder salen con una larguísima y abrumadora lista de puntos fuertes por perfeccionar y debilidades por abordar. Cuanto más larga es la lista, más intimida y paraliza. Pero este no tiene por qué ser el caso. Hay solo una cosa que diferencia a las personas que actúan correctamente a partir del autodescubrimiento de las que no: la capacidad de hacer las cosas paso a paso. Cuando Ben Franklin, por ejemplo, se propuso practicar sus trece virtudes, al principio intentó dominarlas todas a la vez. No resulta sorprendente que su plan no saliera demasiado bien; romper con los malos hábitos y crear otros mejores requería más energía de la que había imaginado. Así que decidió cambiar de estrategia para centrarse en una virtud a la vez.

En una de mis películas favoritas, *¿Qué pasa con Bob?*, el personaje principal, Bob, interpretado por Bill Murray, tiene una relación codependiente con su terapeuta, Leo Marvin, interpretado por Richard Dreyfuss. Durante una de sus sesiones, Leo le dice a Bob que se va a ir un mes de vacaciones. Cuando Bob empieza a dejarse llevar por el pánico, Leo le da un libro que ha escrito él llamado *Pasos de bebé* para que lo lea mientras él está fuera. Leo le explica que el título del libro significa marcarse objetivos pequeños y razonables para cada día. En un claro ejemplo de la genialidad cómica de Murray, su personaje sigue el consejo de forma literal, dando miles de pasitos para salir de la oficina y entrar al ascensor. «¡Funciona! Lo único que tengo que hacer es dar un pasito cada vez y podré hacerlo todo», exclama. Está claro que esto es un ejemplo muy tonto, pero los estudios demuestran que tanto Benjamin Franklin como Leo Marvin estaban en lo cierto.

Franklin comparó este enfoque con arrancar las malas hierbas de un jardín descuidado: si empezáramos de golpe a arrancar las hierbas sin ton ni son, no tendríamos la sensación estar avanzando demasiado. Pero si, en vez de ello, nos centramos en un parterre cada vez, nos quedaríamos sorprendidos de lo rápidamente que acabaremos teniendo un jardín mucho más bonito. Y aunque el propio Franklin admite que nunca llegó a alcanzar la perfección moral que se había propuesto conseguir (un comentario típico de un unicornio), se había convertido en «un hombre mejor y más feliz de lo que sería si no lo hubiera intentado».

Pasa lo mismo con el resto de la gente. La verdad es que podrías pasarte la vida entera aplicando y perfeccionando los conceptos de este libro. Pero como sabe instintivamente la mayoría de las personas también necesitamos victorias rápidas para ayudarnos a ganar velocidad y mantenerla. Para ayudarte a hacer esto, he creado un ejercicio sencillo para catalizar tu recorrido hacia la autoconciencia, estés en el punto que estés. Durante cada día del **desafío de siete días del autodescubrimiento**, te centrarás en uno de los elementos de la autoconciencia. Y como la idea aquí es ofrecerte victorias rápidas de autodescubrimiento, he diseñado el desafío de cada día para que tardes entre quince y treinta minutos en completarlo. Para ayudarte a registrar y procesar lo que has aprendido durante el desafío, puedes descargar un libro de ejercicios en www.Insight-Book.com. Y si te gustaría partir de una referencia básica más científica de tu nivel actual de autoconciencia antes de empezar, puedes encontrar una evaluación de 360° gratis en www.Insight-Quiz.com.

Día 1: Elige tus propias áreas de autoconciencia

En un papel, apunta las áreas más importantes de tu vida: trabajo, formación, crianza de tus hijos, matrimonio, amigos, comunidad, fe, filantropía...

1. Escribe, para cada área, unas cuantas frases sobre cómo sería tener éxito con la pregunta del milagro: si te levantaras mañana y todas las cosas en esta área de la vida fueran casi perfectas, ¿cómo sería la situación?
2. Después, a partir de esta definición del éxito, evalúa lo satisfecho que estás ahora en una escala del 1 (*completamente insatisfecho*) al 10 (*completamente satisfecho*).

Tus mayores oportunidades para la autoconciencia son aquellas áreas donde no estás tan satisfecho como te gustaría. Rodea con un círculo una o dos de las áreas que más te gustaría mejorar (esas son las esferas de la autoconciencia en las que te centrarás). Piensa en lo que te impide alcanzar tu propia definición del éxito y qué cambios podrías hacer para conseguirlo.

Día 2: *Estudia los siete pilares*

Busca a alguien de confianza: un amigo, un familiar o un compañero

de trabajo. Repasa con esta persona los siete pilares del autodescubrimiento (capítulo 2, página 29 a la 31). Para cada pilar, describe cómo
te ves a ti mismo (por ejemplo, cuáles son tus valores) y después
pídele a la otra persona que te diga cómo te ve a ti (es decir, cuáles
cree que son tus valores). (Y, por favor, ¡sé un buen amigo y ayuda
a tu compañero a evaluar sus propios pilares!). Tras comentar todo
esto, reflexiona sobre las similitudes y diferencias entre tus respuestas
sobre ti mismo y las que ha dado tu compañero sobre ti. ¿Qué has
aprendido de este ejercicio y cómo vas a aprovechar tus descubrimientos para avanzar?

1. *Valores*: Los principios que guían el modo en que
   gobernamos nuestras vidas.
2. *Pasiones*: Qué nos encanta hacer.
3. *Aspiraciones*: Qué queremos experimentar y lograr.
4. *Entorno*: El ambiente que nos hace falta para sentirnos
   contentos y motivados.
5. *Patrones*: Nuestro modo constante de pensar, sentirnos y
   comportarnos en distintas situaciones.
6. *Reacciones*: Los pensamientos, sentimientos y
   comportamientos que revelan nuestros puntos fuertes y
   débiles.
7. *Impacto*: Cómo perciben de forma general nuestras acciones
   los demás.

Día 3: *Explora tus barreras*

Recuerda los capítulos 3 y 4 y elige una o dos barreras de la autoconciencia que sospechas que pueda haber en tu vida (es decir, la
ceguera por conocimiento, la ceguera por emoción, la ceguera por
comportamiento, el culto al yo, el efecto «siéntete bien», el síndrome
del *selfie*). Durante las siguientes veinticuatro horas, intenta detectar
estas barreras en el mismo momento en que se producen, ya sea al

analizar tu propio comportamiento o suposiciones, o al verlas en los demás. Al final del día, piensa en lo que has aprendido y cómo puedes aplicar las estrategias que has leído para ayudarte a cambiar tu forma de pensar y actuar.

Puntos extra: durante las siguientes veinticuatro horas, presta atención a lo mucho que te centras en ti en comparación con cuánto te interesas por otras personas, tanto en Internet como en la vida real. Cuando te sientas tentado a publicar las últimas fotos de tus vacaciones o te dediques a agasajar a tus invitados con una historia sobre tu último logro profesional, pregúntate: «¿Qué quiero ganar con esto?».

Día 4: *Potencia tu autoconciencia interna*

Elige una de las herramientas de la autoconciencia siguientes para ponerla en práctica hoy. Al final del día, dedica unos momentos a reflexionar sobre cómo ha ido, qué has descubierto sobre ti mismo y cómo puedes aprovecharlo a partir de ahora.

1. Qué, no por qué (página 134)
2. Comparar y contrastar (página 173)
3. Reencuadrar (página 170)
4. Darle al botón de pausa (página 152)
5. Detener los pensamientos (página 153)
6. Dosis de realidad (página 154)
7. Explotación de ideas (página 183)

Día 5: *Potencia tu autoconciencia externa*

Identifica a un crítico amante para cada una de las áreas de autoconciencia que te has propuesto mejorar (capítulo 7, página 221). Pídeles que te digan una cosa que valoran o aprecian de ti y una cosa que crean que te está lastrando. Mientras escuchas su *feedback*, pon en práctica el modelo 3R (capítulo 8, página 238).

Día 6: *Sobrevive a los autoengañados*

Piensa en la persona más autoengañada que conozcas (y, si puede ser, a la que vayas a ver hoy). ¿En qué categoría del capítulo 10 (Causa perdida, Lo sé y no me importa, Necesito un empujoncito) crees que encaja esta persona? ¿Por qué has llegado a esta conclusión? Practica el uso de una de las siguientes herramientas para gestionar mejor tu relación con esta persona la próxima vez que la veas.

1. Tener compasión sin juzgar (página 320)
2. Flotar con los pies por delante (página 321)
3. Reencuadrar (página 321)
4. ¿Qué me puede enseñar esta persona? (página 321)
5. Risas enlatadas (página 327)
6. Dejar claras tus necesidades (página 329)
7. Aclarar tus límites (página 331)
8. Marcharte (página 332)
9. Enfrentarse a esa persona con compasión (página 345)

DÍA 7: *Estudia la situación*

Repasa las notas que has ido tomando estos días del desafío y plantéate lo siguiente:

1. ¿Qué sabes ahora sobre ti mismo (y sobre la autoconciencia en general) que no supieras hace una semana?
2. ¿Qué objetivo puedes marcarte para el siguiente mes para ayudarte a conservar este impulso que acabas de tomar?
3. Cuando hayas terminado el desafío, ¿por qué no te unes al grupo de Facebook del desafío del autodescubrimiento? Solo tienes que ir a www.Insight-Challenge.com y desde allí se te redirigirá automáticamente a un grupo exclusivo donde podrás compartir tus éxitos y aconsejar a otros.

◆

Si este libro te ha podido convencer de alguna cosa, espero que sea de que la autoconciencia no es solo para unicornios. La verdad es que todos somos capaces de lograr autodescubrimiento y cosechar los resultados después; de reconocer nuestros comportamientos limitantes y tomar mejores decisiones; de saber qué es lo más importante para nosotros y actuar en consecuencia; y de entender cuál es nuestro efecto sobre los demás para que podamos mejorar nuestras relaciones más importantes. El recorrido de toda la vida para lograr comprender quiénes somos y cómo nos perciben los demás puede ser accidentado, lleno de obstáculos e impedimentos. Puede ser complicado, doloroso y lento. Puede que nos haga sentir imperfectos, débiles y vulnerables. Pero esta carretera también está pavimentada con la mejor de las oportunidades. La autora C. JoyBell C. lo expresó mucho mejor de lo que yo jamás seré capaz cuando escribió:

> Creo que somos como las estrellas. A veces pasa algo que nos hace abrirnos de golpe; pero cuando eso pasa y pensamos que estamos muriéndonos, en realidad nos estamos convirtiendo en una supernova. Y cuando volvemos a mirarnos, vemos que de repente somos más bellos de lo que jamás habíamos sido.

La autoconciencia nos transforma en supernovas: más bellos, mejores y más brillantes de lo que hemos sido jamás.

¿Cuáles son tus valores?

Comprender cuáles son tus valores (los principios que nos guían para vivir nuestras vidas como queremos) es el primer pilar de la autoconciencia. Los valores nos ayudan a definir la persona que queremos ser, además de preparar el terreno para los seis pilares restantes. Aquí tienes unas cuantas preguntas para ayudarte a conocer mejor cuáles son tus valores:

1. ¿Con qué valores te criaron tus padres? ¿Tu sistema de creencias refleja esos valores o ves el mundo de una forma distinta a la que te transmitieron al criarte?
2. ¿Cuáles son los eventos o experiencias más importantes de tu niñez y juventud? ¿Cómo conformaron tu idea del mundo?
3. En tu vida personal y laboral, ¿a quién respetas más y qué es lo que más respetas de ellos?
4. ¿A quién respetas menos y por qué te sientes así respecto a esas personas?
5. ¿Quién es el mejor (y el peor) jefe que has tenido? ¿Por qué?
6. A la hora de criar a tus hijos o de hacer de mentor para otros, ¿qué comportamientos querrías y no querrías transmitir?

Para ayudarte a identificar y concretar todavía más cuáles son tus valores más importantes, aquí tienes una lista bastante completa:

Aceptación	Autoaceptación	Autonomía
Amistad	Autocontrol	Autoridad
Atención plena	Autocono-	Aventura
Atractivo	cimiento	Belleza
Autenticidad	Autoestima	Cambio

Comodidad	Familia	Popularidad
Compasión	Fidelidad	Precisión
Compromiso	Flexibilidad	Propósito
Confiabilidad	Forma física	Racionalidad
Conocimiento	Franqueza	Realismo
Contribución	Generosidad	Responsabilidad
Cooperación	Humildad	Riesgo
Cortesía	Humor	Riqueza
Creatividad	Inconformismo	Romance
Crecimiento	Independencia	Salud
Crianza	Intimidad	Seguridad
Cuidar a los	Justicia	Ser amado
demás	Logros	Ser cariñoso
Deber	Maestría	Servicio
Desafíos	Moderación	Sexualidad
Diligencia	Monogamia	Simplicidad
Disposición	Ocio	Sinceridad
Diversión	Orden	Soledad
Ecología	Pasión	Tolerancia
Emoción	Paz interior	Tradición
Esperanza	Paz mundial	Virtud
Espiritualidad	Perdón	Voluntad de
Estabilidad	Placer	Dios
Fama	Poder	

---

* W. R. Miller *et ál.* «Personal values card sort». Albuquerque: La Universidad de Nuevo México, 2001.

¿Cuáles son tus pasiones?

Comprender cuáles son tus pasiones (es decir, el segundo pilar del autodescubrimiento) es clave a la hora de elegir y decidir cosas que vayan en la misma línea de lo que nos gusta hacer, tanto en nuestras carreras como en nuestras vidas personales. Aquí tienes unas cuantas preguntas para ayudarte a empezar a explorar tus pasiones:

1. ¿Qué tipo de día te haría levantarte de un brinco de la cama?
2. ¿De qué tipos de proyectos o actividades no te cansarías jamás?
3. ¿Qué tipos de proyectos o actividades no te resultan nada placenteros?
4. Si te jubilaras mañana mismo, ¿qué es lo que echarías más en falta de tu trabajo?
5. ¿Qué aficiones tienes y por qué te gustan?

Si necesitas más orientación para saber cuáles son tus pasiones, hay evaluaciones de sobras del tipo «De qué color es tu paracaídas», así que te animo a probarlas. Pero no todas estas evaluaciones son iguales, así que asegúrate de que estén bien fundadas. Estas son dos de las mejores:

1. El Modelo RIASEC de Holland (puedes encontrar una versión gratis en: http://personality-testing.info/tests/RIASEC/ o http://www.truity.com/test/holland-code-career-test) (en inglés).
2. El Inventario de intereses de Strong (puedes comprar la prueba en http://www.discoveryourpersonality.com/strong-interest-inventory-career-test.html o http://careerassessmentsite.com/tests/strong-tests/about-the-strong-interest-inventory/) (en inglés).

¿Cuáles son tus aspiraciones?

En una ocasión Steve Jobs dijo: «Quiero dejar mi marca en el universo». Esta es la esencia del tercer pilar del autodescubrimiento: nuestras aspiraciones, lo que queremos experimentar y lograr. Aquí tienes unas cuantas preguntas para ayudarte a conocer mejor cuál sería *tu* marca:

1. Cuando eras más joven, ¿qué querías ser cuando crecieras y qué te atraía de esa profesión?
2. ¿Te resulta significativo y satisfactorio el modo en que estás empleando tu tiempo? ¿Tienes la sensación de que te falta algo?
3. Imagina que eres otra persona, imparcial, que está leyendo tu misma lista de valores y pasiones. ¿Qué crees que querría hacer y experimentar una persona así con su vida?
4. ¿Cuál es el legado que quieres dejar?
5. Imagina que solo te quedara un año de vida. ¿Cómo emplearías ese tiempo?

¿Cuál es tu entorno ideal?

Comprender dónde encajamos mejor (es decir, cuál es el tipo de ambiente que nos hace falta para sentirnos contentos y motivados) es el cuarto pilar del autodescubrimiento. Saberlo nos puede ayudar a tomar decisiones importantes: en qué ciudad queremos vivir, qué tipo de pareja nos va a satisfacer más, qué trayectoria profesional o empresa nos ayudaría a prosperar... Aquí tienes unas cuantas preguntas para ayudarte a conocer mejor cuál sería tu entorno ideal:

1. En el pasado, ¿cuándo has tenido el mejor rendimiento en el trabajo y qué características tenía ese entorno?
2. En el colegio, ¿qué forma de aprender o tipo de aula te ayuda o te ha ayudado a aprender más? ¿Y menos?
3. ¿Alguna vez has dejado un trabajo porque el entorno no era bueno para ti? Si es así, ¿qué es lo que no te iba bien?
4. Si tuvieras que describir tu entorno de trabajo ideal, ¿cuál sería?
5. ¿Qué tipos de situaciones sociales y relaciones te suelen hacer sentir más feliz?

¿Cuáles son tus puntos fuertes y débiles?

El sexto pilar del autodescubrimiento son nuestras reacciones: nuestros pensamientos, sentimientos y comportamientos en cada momento. Estas reacciones, en esencia, suelen ser un reflejo de nuestros puntos fuertes y debilidades. Aquí tienes unas cuantas preguntas para ayudarte a conocer mejor cuáles son los tuyos:

Tus puntos fuertes

1. En el pasado, ¿qué te ha sido fácil hacer bien sin necesitar demasiada formación?
2. ¿Qué pareces ser capaz de hacer mejor o más rápido que los demás?
3. ¿Qué tipo de trabajo te hace sentir que eres más productivo?
4. ¿De qué tipo de trabajo te sientes más orgulloso?
5. ¿Qué cosas has conseguido que realmente te han sorprendido?

Tus puntos débiles

1. ¿Cuáles son tus mayores fallos y qué cosas tienen en común?
2. ¿Cuándo te ha decepcionado más tu rendimiento?
3. ¿Qué tipo de valoración constructiva te han dado los demás más a menudo?
4. ¿Qué tareas y actividades temes más?
5. ¿De qué cualidades tuyas se burlan cariñosamente tus personas queridas?

Recuerda que, a la hora de descubrir cosas sobre ti a partir de cómo reaccionas ante lo que te rodea, el truco es *reflejar* menos y *percibir* más, así que en vez de plantearte estas cosas, puede que te interese repasar la herramienta de atención plena del capítulo 6, que podría decirse que es el enfoque más efectivo para obtener un auto-descubrimiento real de tus reacciones.

¿Qué impacto tienes sobre los demás?

Como hemos ido viendo a lo largo de este libro, es fácil perder de vista los efectos que nuestro comportamiento tiene sobre los demás: el séptimo pilar. Aun así, examinar las reacciones y respuestas que provocamos es esencial para llegar a ser más autoconscientes. Aquí tienes algunas preguntas iniciales para ayudarte a empezar a reflexionar sobre el efecto que puede que tengas sobre los demás:

1. En tu vida y tu trabajo, ¿en qué personas tienes un interés especial (empleados, cónyuge, hijos, clientes...)?

2. Para cada uno de estos individuos o grupos, ¿qué impresión te *gustaría* crear?

3. Piensa en tu comportamiento esta última semana con cada uno de estos grupos o personas. ¿Crees que una persona imparcial que te observara interactuando con ellos pensaría que tus comportamientos tienen el efecto que buscas?

4. En la última semana, ¿qué reacciones has observado en cada persona y grupo? Intenta recordar tus interacciones con ellos; no solo cómo respondieron verbalmente, sino sus expresiones faciales, lenguaje corporal y tono. ¿Coincidió su reacción con tus intenciones? Si no es así, ¿qué cambios harías?

5. Si tuvieras la oportunidad de cambiar tu manera de actuar de modo que te ayudara a conseguir el impacto que buscas, ¿qué cosas probarías a partir de mañana y cómo evaluarías el efecto que tienes sobre los demás?

¿Tienes cosas desconocidas que desconoces?

El antiguo secretario de defensa de Estados Unidos, Donald Rumsfeld, es famoso por su frase sobre las «cosas conocidas que sabemos», «cosas desconocidas que sabemos» y «cosas desconocidas que desconocemos». En el área de la autoconciencia, las «cosas desconocidas que desconocemos» son las que más daño nos pueden hacer. Plantearse la posibilidad de que no nos conozcamos a nosotros mismos tan bien como creemos es incómodo pero absolutamente esencial.

Lee las siguientes frases y rodea con un círculo las que creas que te describen. Cuantas más frases marques, más deberías replantearte tus creencias sobre ti mismo y pensar en pedir *feedback* para recalibrar estas creencias.

1. ¿Tu trabajo o trayectoria profesional te han hecho sentir infeliz o insatisfecho durante un largo periodo de tiempo?
2. ¿Alguna vez te has sorprendido por no conseguir un ascenso o un puesto de trabajo?
3. ¿Alguna vez has fallado en una tarea o proyecto que estabas seguro de que iba a salir bien?
4. ¿Alguna vez te han sorprendido los resultados de una evaluación de rendimiento de 360°?
5. ¿Alguna vez te ha sorprendido una valoración negativa de un jefe, un compañero de trabajo, un empleado o un ser querido?
6. ¿Alguna vez se ha enfadado contigo un ser querido o un compañero de trabajo sin que supieras por qué?

7. ¿Alguna de tus relaciones románticas o platónicas ha ido a peor repentinamente por motivos que no acabas de entender del todo?

8. ¿Alguna vez tus relaciones platónicas o románticas han acabado inesperadamente?

¿Cuáles son tus presuposiciones?

Una forma de evitar los tres puntos ciegos es identificar cuáles son tus presuposiciones antes de tomar decisiones importantes. Aquí tienes algunas preguntas que te ayudarán a sacar a la luz tus presuposiciones en un contexto laboral:

1. ¿Cómo influirá esta decisión en los distintos grupos implicados, tanto dentro como fuera de tu empresa? ¿Hay alguna parte implicada que no hayas tenido en cuenta?

2. ¿Qué es lo mejor y lo peor que puede pasar si pones esta decisión en práctica?

3. ¿Qué consecuencias para esta decisión no te has parado a pensar?

4. ¿Cómo vería esta decisión un competidor inteligente y entendido? ¿Cómo podría reaccionar?

5. ¿Qué cosas podrían gustarle y no gustarle de esta decisión a alguien que no tuviera ninguna relación con el asunto?

6. ¿Qué acontecimientos podrían cambiar el razonamiento que has seguido para llegar a esta conclusión?

7. ¿Qué fuentes de información o de datos puede que hayas pasado por alto para llegar a esta decisión?

¿Eres un miembro del culto al yo?

Indica la opción (izquierda o derecha) que mejor te describe en cada uno de los puntos siguientes.

1	Creo que soy una persona especial.	Creo que no soy ni mejor ni peor que la mayoría de la gente.
2	Me gusta ser el centro de atención.	Prefiero ser uno más entre la gente.
3	Me gusta tener autoridad.	No me importa seguir órdenes.
4	Siempre sé lo que hago.	Hay veces en las que no estoy seguro de lo que hago.
5	Tengo expectativas muy altas de los demás.	Me gusta hacer cosas para los demás.
6	Soy una persona extraordinaria.	Soy como el resto de la gente.
7	Soy más capaz que otras personas.	Puedo aprender muchas cosas de los demás.

Esta evaluación es solo una muestra de elementos del Inventario de personalidad narcisista.[*] Cuantas más frases hayas marcado a la izquierda, más probable es que poseas cualidades narcisistas. No te preocupes; tener algunas tendencias narcisistas no quiere decir necesariamente que *seas* un narcisista. Pero lo que sí que puede implicar es que tengas que esforzarte más en resistir el culto al yo.

---

[*] Daniel R. Ames, Paul Rose y Cameron P. Anderson. «The NPI-16 as a short measure of narcissism», *Journal of Research in Personality* 40.4 (2006): pp. 440-450.

¿Cuán humilde eres?

Aunque cada vez es más escasa en nuestro mundo del culto al yo, la humildad es un ingrediente necesario de la autoconciencia. Ser humilde implica valorar nuestras debilidades, poner nuestros éxitos en perspectiva y reconocer las aportaciones de los demás.

Para cada uno de los elementos siguientes, elige el número que describe mejor tu forma de comportarte en general. Intenta fijarte en cómo te comportas realmente, no en el comportamiento que te gustaría tener. Como los demás a menudo pueden ver lo que nosotros no podemos, tal vez te sea útil que alguien de confianza te dé su opinión. Cuando termines, haz una media de tus respuestas y compárala con la guía de la página siguiente.

1	2	3	4	5
Casi nunca	Pocas veces	A veces	A menudo	Muy a menudo

_____ 1. Pido *feedback*, especialmente *feedback* crítico.

_____ 2. Cuando no sé cómo hacer algo, lo admito.

_____ 3. Cuando los demás saben más que yo, lo reconozco.

_____ 4. Detecto los puntos fuertes de los demás.

_____ 5. Elogio los puntos fuertes de los demás.

_____ 6. Muestro mi aprecio por las aportaciones de los demás.

_____ 7. Estoy dispuesto a aprender de los demás.

_____ 8. Estoy abierto a las ideas de los demás.

_____ 9. Estoy abierto a los consejos de los demás.

Media	Qué significa
Entre 1 y 2	Tu nivel de humildad actual es bajo y puede que los demás te perciban como una persona arrogante o egocéntrica, lo que puede dañar tus relaciones con ellos y evitar que consigas sacar lo mejor de tu equipo. La buena noticia es que si dedicas tiempo y energía a centrarte en tus puntos débiles y admitirlos, y a reconocer los puntos fuertes de los demás, cosecharás muchísimos beneficios.
Entre 3 y 4	Tienes un nivel de humildad moderado. Aunque puede que los demás no te vean como una persona completamente arrogante o egocéntrica, es posible que puedas mejorar tu relación con ellos y tu efectividad si te dedicas a pulir tu humildad. Te podría interesar empezar a centrarte en los comportamientos donde has sacado menos puntos. Y, en la misma línea, plantéate centrarte incluso más a menudo en los elementos con una puntuación más alta.
5	Tienes un alto nivel de humildad. Como los demás te consideran una persona sensata y con la que es fácil trabajar, estos comportamientos te proporcionan una ventaja significativa. Pero como bien sabrás, ¡no eres perfecto! Échale un vistazo a los elementos anteriores y pregúntate si puedes hacerlo incluso mejor en cualquiera de esos comportamientos. Quizá también puedes planearte cómo crear un ambiente a tu alrededor que motive a los demás a ser humildes, ya sea en casa, en el trabajo o en tu comunidad.

¿Qué necesidad tienes de una verdad absoluta?

Como ya has leído en el capítulo 5, la necesidad de una verdad absoluta es un enemigo del autodescubrimiento porque nos cierra los ojos a muchas complejidades, contradicciones y matices. Para descubrir si tu necesidad de una verdad absoluta te está impidiendo llegar a un conocimiento multifacético de ti mismo, elige el número que describe mejor tu forma de comportarte en general para cada uno de los elementos siguientes. Intenta fijarte en cómo te comportas realmente, no en el comportamiento que te gustaría tener. Cuando termines, haz una media de tus respuestas y compárala con la guía de la página siguiente.[*]

1	2	3	4	5
Casi nunca	Pocas veces	A veces	A menudo	Muy a menudo

_____ 1. Siempre intento averiguar «los hechos» sobre mí mismo.

_____ 2. Pienso que el «yo» existente y el «yo» real son distintos.

_____ 3. Algún día espero poder encontrarme a mí mismo, tal y como soy en realidad.

_____ 4. Siempre intento pensar en «los hechos» sobre mí mismo.

_____ 5. Intento entender lo que mis experiencias quieren decir realmente.

---

[*] Omer Faruk Simsek. «Self-absorption paradox is not a paradox: Illuminating the dark side of self-reflection», *International Journal of Psychology* 48.6 (2013): pp. 1109-1121.

Media	Qué significa
Entre 1 y 2	Tienes poca necesidad de una verdad absoluta. En vez de analizar demasiado tus experiencias y características, reconoces su complejidad inherente. Aunque estás comprometido en la búsqueda de la autoconciencia, reconoces que puede que nunca acabes de comprenderte del todo a ti mismo. Y aunque pueda parecer contradictorio, el hecho de liberarte de esta presión hace que tengas más posibilidades de conseguir averiguar verdades importantes sobre quién eres y cómo te perciben los demás.
Entre 3 y 4	Tienes una necesidad moderada de una verdad absoluta. Aunque no siempre le das demasiadas vueltas a tus experiencias y características, a menudo intentas identificar sus causas y significado. Pero es probable que esto te lleve antes a la ansiedad que al autodescubrimiento. Para gestionar mejor tu mentalidad, intenta fijarte en qué momentos intentas buscar una verdad absoluta y, cuando lo hagas, recuérdate que este camino en realidad no te llevará a conocerte mejor. En vez de ello, ¡céntrate en las herramientas de los capítulos 5 y 6!
5	Tu necesidad de una verdad absoluta es muy alta. Disfrutas con la autorreflexión y a menudo analizas las causas y significado de tu comportamiento. Aun así, estas verdades absolutas no solo son difíciles de averiguar, sino que buscarlas puede llevarte a sentirte más ansioso, deprimido y a tener menos éxito, por no mencionar que serás menos autoconsciente. Date un respiro y recuerda que no necesitas descifrar completamente quién eres para conocerte a ti mismo. Puede que también te sea útil practicar la atención plena, es decir, limitarte a ser consciente de lo que pasa en ese momento en vez de intentar encontrar el significado profundo que pueda haber detrás.

¿Con qué frecuencia rumias?

Como ya has leído en el capítulo 5, todos tenemos un Rumiante escondido en nuestro interior, un personaje perverso que anda al acecho para intentar sabotear nuestros intentos de llegar al auto-descubrimiento haciéndonos dudar de nuestras decisiones, recor-dándonos nuestros fallos y lanzándonos a una espiral de autocrítica y dudas sobre nosotros mismos. Para saber cuánto poder ejerce sobre ti el Rumiante, para cada uno de los elementos siguientes elige el número que describe mejor tu forma de comportarte en general. Intenta fijarte en cómo te comportas realmente, no en el compor-tamiento que te gustaría tener. Cuando termines, haz una media de tus respuestas y compárala con la guía de la página siguiente.[*]

1	2	3	4	5
Casi nunca	Pocas veces	A veces	A menudo	Muy a menudo

_____ 1. Mi atención a menudo se centra en aspectos de mí mismo en los que me gustaría dejar de pensar.

_____ 2. Tengo la sensación de que constantemente recreo mentalmente cosas que he dicho o hecho.

_____ 3. A veces me cuesta deshacerme de mis pensamientos negativos sobre mí mismo.

_____ 4. A menudo reevalúo las cosas que he hecho.

---

[*] Paul D. Trapnell y Jennifer D. Campbell. «Private self-consciousness and the five-factor model of personality: Distinguishing rumination from reflection», *Journal of Personality and Social Psychology* 76.2 (1999): p. 284.

_____ 5. Mucho después de una discusión o desacuerdo con alguien, sigo dándole vueltas a lo que ha pasado.

_____ 6. A menudo recreo mentalmente mi comportamiento en una situación pasada.

_____ 7. Me paso mucho tiempo recordando momentos humillantes o decepcionantes que he experimentado.

Media	Qué significa
Entre 1 y 2	Pocas veces rumias. Aunque quizá no te has librado por completo de la rumiación, sí que puedes pararle los pies, lo que te ayuda a mejorar tu autoconciencia y tu bienestar. Como no tienes tanto trabajo por delante en el área de la rumiación, puede que quieras dedicar esta energía a mejorar otros aspectos de tu autoconciencia interna (y externa).
Entre 3 y 4	Eres un rumiante moderado. A veces eres capaz de detectarlo y detenerlo. En otros casos el Rumiante toma el timón, con lo que nubla tu comprensión de ti mismo y te hace daño. Para rumiar menos, empieza buscando patrones: ¿hay personas o situaciones concretas que te llevan a rumiar más? ¿Hay algunas técnicas que te son más útiles que otras a la hora de detener tu rumiación? Empieza aplicando lo que te da resultados en más situaciones y prueba con las herramientas del capítulo 5.
5	Rumias con frecuencia. Aunque puede que seas capaz de percibir que has caído en el abismo de la rumiación, te es difícil dejar de rumiar, lo que causa serios daños en tu bienestar y conocimiento de ti mismo. Puede que un primer paso útil sea conocer mejor qué es lo que provoca esta reacción: ¿hay personas o situaciones que te hagan rumiar más que otras? En cuanto hayas identificado estas situaciones, puedes empezar a aplicar las herramientas para deshacerte de la rumiación que hay en el capítulo 5.

¿Eres de «hacerlo bien» o de «aprenderlo bien»?

Como has leído en el capítulo 5, cuando te enfrentas a una tarea complicada, percibirla como una oportunidad de aprender (con una mentalidad de «aprenderlo bien») en vez de una oportunidad de presumir de tu rendimiento (una mentalidad de «hacerlo bien») puede ayudarte a no rumiar al enfrentarte a tus fallos y, a la vez, a mejorar tu rendimiento. Para saber a qué mentalidad tiendes, lee las siguientes frases y rodea con un círculo las que creas que te describen. Al elegir una frase u otra, intenta fijarte en cómo te comportas realmente, no en el comportamiento que te gustaría tener.

1. Me gusta que mis compañeros sepan lo bien que me está yendo en un proyecto.
2. Estoy dispuesto a elegir tareas difíciles que me ayudarán a mejorar mis habilidades.
3. Es más probable que decida trabajar en un proyecto donde sé que puedo hacerlo bien que probar con un proyecto nuevo.
4. A menudo busco formas de mejorar mi conocimiento.
5. Tiendo a evitar situaciones donde puede que las cosas no me salgan bien.
6. Prefiero marcarme objetivos difíciles que puede que no alcance más que objetivos fáciles que sé que puedo superar.
7. Me gusta ver a otros intentando solucionar un problema del que yo ya sé la respuesta.
8. Prefiero trabajar en entornos laborales con expectativas extremadamente altas.

Si has visto que has marcado más preguntas impares, tienes más tendencia a tener una mentalidad de «hacerlo bien»; si has marcado más preguntas pares, seguramente tendrás una mentalidad de «aprenderlo bien».

¿Cuánto *feedback* recibes?

Como ya has ido viendo a lo largo del libro, recibir un *feedback* sincero y objetivo de los demás es la mejor herramienta que tienes para tener más autoconciencia interna. Para ver si estás aprovechando al máximo esta herramienta tan útil, elige el número que describe mejor tu forma de comportarte en general para cada uno de los elementos siguientes. Intenta fijarte en cómo te comportas realmente, no en el comportamiento que te gustaría tener. Cuando termines, haz una media de tus respuestas y compárala con la guía que hay a continuación.

1	2	3	4	5
Casi nunca	Pocas veces	A veces	A menudo	Muy a menudo

_____1. He pedido *feedback* sobre mi rendimiento o comportamiento esta última semana.

_____2. Cuando termino un proyecto o tarea importantes, hago una evaluación personal final para ver qué podré hacer mejor en un futuro.

_____3. Cuando me reúno con mi jefe, a menudo le pido *feedback* sobre cómo lo estoy haciendo.

_____4. He pedido *feedback* a mis subordinados directos o a mi equipo en el último mes.

_____5. Les doy las gracias a mis subordinados directos o a mi equipo por decirme la verdad, por muy dura que resulte.

_____6. Cuando pido *feedback*, dejo muy claro qué comportamientos quiero que se evalúen.

_____7. Me siento cómodo preguntando a mis compañeros cuál es su perspectiva sobre mí o cómo me ven.

_____8. Cuando alguien se ofrece a darme *feedback*, me siento curioso y animado.

_____9. Cuando escucho el *feedback*, no justifico mi comportamiento, interrumpo ni echo las culpas a otra persona.

_____10. Cuando escucho el *feedback*, pido ideas sobre cómo mejorar en el futuro.

Media	Qué significa
1-2	Ya sea por miedo, exceso de confianza en ti mismo o la creencia de que eres perfecto tal y como eres, te estás perdiendo una oportunidad enorme de armarte con la verdad de cómo te perciben los demás. Para empezar, intenta pedir *feedback* a una o dos personas de confianza y pon en práctica las herramientas de los capítulos 7 y 8.
3-4	Pides *feedback* con cierta regularidad pero, si lo hicieras más a menudo, entenderías incluso mejor cómo te perciben los demás. Compara las herramientas de los capítulos 7 y 8 con tu enfoque actual y plantéate un paso concreto para poner en práctica algo nuevo.
5	Estás buscando *feedback* constante de muchas personas y a menudo eres capaz de escuchar lo que te dicen con una mentalidad curiosa y abierta. Para seguir desarrollándote, puede que quieras plantearte cómo continuar practicando este hábito (o, incluso, reforzarlo) probando las herramientas de los capítulos 7 y 8 que quizá no hayas puesto todavía en práctica.

Evaluaciones de 360° gratuitas

Si tu empresa no cuenta ya con evaluaciones de 360° eso no quiere decir que tú no puedas someterte a una. Aunque algunas pueden llegar a costar hasta quinientos dólares, aquí tienes algunas opciones «gratuitas para siempre» (en inglés):

1. PersonalityPad.org ha sido desarrollada por Eric Papas y su equipo de investigación en la Universidad de Virginia. Su noble objetivo es hacer que el *feedback* de múltiples fuentes esté disponible para todo el mundo. Su evaluación de diez preguntas es fácil de completar, con unos resultados generales pero muy reveladores.
2. SelfStir.com es una evaluación más exhaustiva: es más larga, incluye respuestas abiertas e incluso genera un informe detallado.
3. BankableLeadership.com es el recurso que creé para el lanzamiento de mi primer libro, *Bankable Leadership* [Liderazgo rentable]. Esta encuesta de doce elementos te ayudará a descubrir cómo te ves a ti mismo y cómo te ven los demás en relación con tus comportamientos sociales y de rendimiento.

Si decides usar una o más de estas herramientas, te sugiero que contactes por avanzado con las personas que quieras que te evalúen. Explícales que estás haciendo una evaluación de 360°, que te encantaría que participaran anónimamente y que recibirán un correo electrónico con un enlace a la encuesta para que puedan darte sus observaciones sobre tu comportamiento. Con esto no solo te asegurarás de que el correo no se pierda en su carpeta de correo basura, sino que pedírselo de forma personal les ayudará a comprender el contexto y lo importante que es para ti su participación en tu crecimiento y desarrollo continuados.

AGRADECIMIENTOS

Antes que nada, gracias a los unicornios de la autoconciencia de todo el mundo que han participado en nuestro estudio. Cada uno de ustedes es la prueba de que ser más autoconsciente no solo es posible, sino que el tiempo y energía invertidos para conseguirlo valen su peso en oro. Todos somos una obra en proceso y resulta muy alentador saber que ustedes están ahí, convirtiéndose en personas mejores y haciendo del mundo un lugar mejor.

A los investigadores colaboradores en mi estudio, Apryl Broderson, Haley Woznyj y Eric Heggestad, y a mis asistentes de investigación Uma Kedharnath, Sean Thomas, Julie Anne Applegate, Lacy Christ, Mike Jacobson y Lauren Tronick (unicornio y entrevistadora sin rival). Cuando nuestro equipo se planteó la adorablemente inocente idea de «No puede ser demasiado difícil definir y medir la autoconciencia, ¿no?», no teníamos ni idea de dónde nos estábamos metiendo. Tres años más tarde ya sabemos la respuesta, y esto ha sido posible gracias a su dedicación, sabiduría y espíritu optimista. También quiero mostrar mi gratitud a los amigos, familiares y clientes que han abierto sus redes de contactos para ayudarnos a reclutar a participantes para nuestro estudio.

Muchas gracias a todos los increíbles compañeros que han hecho posible mi carrera como oradora, escritora y consultora. Al equipo de Fletcher & Company: Grainne Fox, Veronica Goldstein, Melissa Chinchill, Erin McFadden, Sarah Fuentes y especialmente a mi superlativa agente literaria Christy Fletcher: muchas gracias por concederme una oportunidad, por la tranquilidad que transmiten y por su incomparable apoyo. A Michelle Longmire, mi cómplice en The Eurich Group: cada vez que creo que he conseguido entender lo increíble que eres, haces algo incluso más increíble. Es todo un privilegio poder trabajar contigo cada día. A mi magnífico equipo gestor de SpeakersOffice: Holli Catchpole, Michele Walace, Cassie Glasgow y Kim Stark: ha sido un viaje movidito, señoritas, y estoy ansiosa por ver qué nos depara el futuro.

Tengo una enorme deuda de gratitud con los espectaculares profesionales que han acompañado este libro en cada etapa del proceso. Lari Bishop, me ayudaste a convertir unas simples reflexiones en una idea con todas las de la ley. Michael Palgon, creíste en este libro mucho antes de que yo misma creyera en él y estoy eternamente agradecida por tu colaboración y amistad.

Will Storr, muchas gracias por ayudarme a contar mis historias, por tu sentido del humor y por convencerme para rechazar al payaso atracador de bancos. Muchas gracias a mis revisores por sus valiosísimos comentarios sobre el manuscrito: Chuck Blakeman, Alan Mulally, Michele Walace, Michael Palgon, Chip Heath y Lynda Spillane.

Al excepcional equipo de Crown: Talia Krohn, Tina Constable, Campbell Wharton, Ayelet Gruenspecht, Megan Schuman, Julia Elliott, Tal Goretsky y Roger Scholl. Trabajar con ustedes en este libro ha sido un sueño hecho realidad. Su profesionalidad, dedicación y amabilidad son insuperables. A Talia Krohn, extraordinaria editora, alma gemela, compatriota de TOC y amiga de verdad: muchas gracias por tus habilidades de solución de problemas y capacidades sin paragón, por responder alegremente a mis incesantes correos electrónicos a horas intempestivas, por ser mi cómplice en la broma del príncipe rana de 2016 y, lo más importante, por ser la mejor compañera que podría imaginar.

A mis amigos, compañeros y mentores, por su sabiduría y ayuda a lo largo del proceso: Alan Mulally, Marshall Goldsmith, Adam Grant, Ed Catmull, Tommy Spaulding, Lynda Spillane (¡te quiero, chica!), Michelle Gielan, Constantine Sedikides, Herb Blumberg, Ari Hagler, Cindy Hammel, Dana Sednek, Sarah Daly, Elisa Speranza, Florence Ozor, Eleanor Allen, Robin Kane, Roger Burleigh, Stephen Ladek, Mike Herron, Dana Graber Ladek, Linda Henman, Robin Kane, Mike Walker, Teresa Gray, Barry Nelson, Bill Whalen, Doug Griffes, Ted McMurdo, Scott Page y, muy especialmente, Chip Heath (sin el cual literalmente nada de esto habría sido posible).

Y por último, pero no por ello menos importante, quiero agradecer a las maravillosas almas que me ayudan a tener los pies en el suelo y a ser autoconsciente, y que me quieren a pesar de mis muchos defectos. A Gibson, Coles, Allie, Abs, Marita, Rogey, Dana, Ray, Jason, Ang, Kristin, Apryl, Marc, G$, Mike, Sue, Rob, Teresa, Kristen y Lynda, por ser mis críticos amantes más queridos y valiosos. A mis amigos en Orange Theory Fitness, por ofrecerme un refugio durante mis frecuentes ataques de bloqueo de escritor (Kaitlyn, Lindsay, Daniel, Eric, Jason, Jose y Mia). A mis compañeros de escritura, Fred and Willow. A MamaRichie (y a toda mi familia), por su amor y apoyo sin fin. Y, especialmente, gracias a Dave (alias HB) por diagnosticar y soportar mi DBA (Desorden bipolar de autor), por obligarme a ser autoconsciente (lo quiera yo o no) y por tu amor, ánimo, optimismo, ayuda, humor y generosidad sin límites. TQMM.

Capítulo 1: La metahabilidad del siglo veintiuno

2 **«he oído el silbido de las balas»:** George Washington, *Carta a John A. Washington* (31 mayo 1754). Manuscrito, lugar de escritura desconocido.

2 **«no temeré ante el ataque»:** George Washington, *Carta a Robert Dinwiddie* (3 junio 1754). Manuscrito, lugar de escritura desconocido.

3 **«haber avanzado cuando debería haber retrocedido»:** Ron Chernow, *Washington: A Life* (Penguin, 2010), p. 49.

4 **«Cualquier mono puede alargar el brazo»:** Vilayanur S. Ramachandran, *Lo que el cerebro nos dice: Los misterios de la mente humana al descubierto* (Barcelona: Espasa Libros, 2012).

4 **Hay quien llega a decir que:** Mark R. Leary y Nicole R. Buttermore, «The evolution of the human self: Tracing the natural history of self-awareness», *Journal for the Theory of Social Behaviour* 33.4 (2003): pp. 365-404.

5 **supuso una ventaja para la supervivencia:** Donna Hart y Robert W. Sussman, *Man the Hunted: Primates, Predators, and Human Evolution* (Basic Books, 2005), pp. 159-164.

5 **las personas que se conocen a sí mismas:** Este descubrimiento proviene de nuestro programa de investigación sobre la autoconciencia.

5 **Toman decisiones más inteligentes:** D. Scott Ridley *et ál.*, «Self-regulated learning: The interactive influence of metacognitive awareness and goal-setting», *Journal of Experimental Education* 60.4 (1992): pp. 293-306; Saundra H. Glover *et ál.*, «Re-examining the influence of individual values on ethical decision making», *From the Universities to the Marketplace: The Business Ethics Journey* (Springer Netherlands, 1997), pp. 109-119.

5 **Sus relaciones personales:** Stephen L. Franzoi, Mark H. Davis y Richard D. Young, «The effects of private self-consciousness and perspective taking on satisfaction in close relationships», *Journal of Personality and Social Psychology* 48.6 (1985): pp. 1584-1594.

5 **y profesionales son mejores:** Clive Fletcher y Caroline Bailey, «Assessing self-awareness: Some issues and methods», *Journal of Managerial Psychology* 18.5 (2003): pp. 395-404; John J. Sosik y Lara E. Megerian, «Understanding leader emotional intelligence and performance: The role of self-other agreement on transformational leadership perceptions», *Group & Organization Management* 24.3 (1999): pp. 367-390.

5 **Sus hijos son más maduros:** Heather K. Warren y Cynthia A. Stifter. «Maternal emotion-related socialization and preschoolers' developing emotion self-awareness», *Social Development* 17.2 (2008): pp. 239-258.

5 **y más inteligentes:** Vladimir D. Shadrikov, «The role of reflection and reflexivity in the development of students' abilities», *Psychology in Russia: State of the Art* 6.2 (2013).

5 **eligen mejores carreras:** Chris Brown, Roberta George-Curran y Marian L. Smith, «The role of emotional intelligence in the career commitment and decision-making process», *Journal of Career Assessment* 11.4 (2003): pp. 379-392; Romila Singh y Jeffrey H. Greenhaus, «The relation between career decision-making strategies and person-job fit: A study of job changers», *Journal of Vocational Behavior* 64.1 (2004): pp. 198-221.

5 **Son más creativas:** Ver Paul J. Silvia y Maureen E. O'Brien, «Self-awareness and constructive functioning: Revisiting "the human dilemma"», *Journal of Social and Clinical Psychology* 23.4 (2004): p. 475, pp. 480-481.

5 **se comunican mejor:** Anna Sutton, Helen M. Williams y Christopher W. Allinson, «A longitudinal, mixed method evaluation of self-awareness training in the workplace», *European Journal of Training and Development* 39.7 (2015): pp. 610-627.

5 **se sienten más seguras de sí mismas:** Ibíd.

5 **Son menos agresivas:** Peter Fischer, Tobias Greitemeyer y Dieter Frey. «Unemployment and aggression: The moderating role of self-awareness on the effect of unemployment on aggression», *Aggressive Behavior* 34.1 (2008): pp. 34-45.

5 **tienen menos tendencia a mentir:** Ver Paul J. Silvia y Maureen E. O'Brien, «Self-awareness and constructive functioning: Revisiting "the human dilemma"», *Journal of Social and Clinical Psychology* 23.4 (2004): p. 475, pp. 479-480.

5 **Son trabajadores que rinden más:** Allan H. Church, «Managerial self-awareness in high-performing individuals in organizations», *Journal of Applied Psychology* 82.2 (1997): pp. 281-292.

5 **y reciben más ascensos:** Bernard M. Bass y Francis J. Yammarino, «Congruence of self and others' leadership ratings of naval officers for understanding successful performance», *Applied Psychology* 40.4 (1991): pp. 437-454.

5 **Son dirigentes más eficaces:** Bass and Yammarino, «Congruence of self and others' leadership ratings»; Malcolm Higgs y Deborah Rowland, «Emperors with clothes on: The role of self-awareness in developing effective change leadership», *Journal of Change Management* 10.4 (2010): pp. 369-385.

5 **y que consiguen entusiasmar más a sus empleados:** Kenneth N. Wexley *et ál.*, «Attitudinal congruence and similarity as related to interpersonal evaluations in manager-subordinate dyads», *Academy of Management Journal* 23.2 (1980): pp. 320-330.

5 **Sus empresas son más rentables:** Atuma Okpara *et ál.*, «Self awareness and organizational performance in the Nigerian banking sector», *European Journal of Research and Reflection in Management Sciences* 3.1 (2015); Harry Schrage, «The R&D entrepreneur: Profile of success», *Harvard Business Review* (noviembre–diciembre 1965): pp. 56-69; Korn Ferry Institute, «Korn Ferry Institute study shows link between self-awareness and company financial performance», kornferry.com (15 junio 2015), http://www.kornferry.com/press/korn-ferry-institute-study-shows-link-between-self-awareness-and-company-financial-performance/.

6 **tienen un 600 % más de posibilidades:** PDI Ninth House, «Accurate self-insight decreases derailment risk», *Leadership Research Bulletin* (24 enero 2013), http://www.kornferry.com/institute/565-accurate-self-insight-decreases-derailment-risk.

6 **la espectacular cantidad de cincuenta millones de dólares:** J. Evelyn Orr, Victoria V. Swisher, King Y. Tang y Kenneth De Meuse, «Illuminating blind

spots and hidden strengths», kornferry.com (septiembre 2010), http://www.
kornferry.com/media/lominger_pdf/Insights_Illuminating_Blind_Spots_
and_Hidden_Strengths.pdf.

6 **les suele costar más pensar en cuál:** Escuela de negocios de la Universidad
de Phoenix, «Nearly three-fourths of US workers in their 30s want a career
change», comunicado de prensa, *University of Phoenix News* (29 julio 2015),
http://www.phoenix.edu/news/releases/2015/07/uopx-survey-reveals-three-
fourths-us-workers-in-their-thirties-want-career-change.html; http://www.
bls.gov/news.release/pdf/nlsoy.pdf.

8 **«a menudo son erróneas»:** David Dunning, Chip Heath y Jerry M. Suls,
«Flawed self-assessment implications for health, education, and the
workplace», *Psychological Science in the Public Interest* 5.3 (2004): pp. 69-106.

12 **«Más que otra cosa, la biografía de Washington»:** W. W. Abbot, «An
Uncommon Awareness of Self», prólogo, *Quarterly Journal of the National
Archives and Records Administration* 29 (1989): pp. 7-19; repr. en *George
Washington Reconsidered*, ed. Don Higginbotham (University Press of Vir-
ginia: 2001).

12 **Washington 2.0 disfrutaba buscándolas:** Chernow, p. 603.

12 **«Puedo soportar que me hablen de mis»:** Ibíd., p. 603.

13 **«estudiaba cada aspecto»:** Ibíd., p. 521.

13 **«comprobar las cosas con nuestros medios reales»:** Ibíd., p. 378.

13 **«Aunque soy consciente de la ardua naturaleza»:** Ibíd., p. 560.

14 **Tras entrevistar a miles de personas:** Si te preguntas si una muestra de cincuenta personas es suficiente como para extraer conclusiones significativas sobre
la autoconciencia, es importante señalar aquí la diferencia entre una investigación cuantitativa y cualitativa. Aunque gran parte de nuestra investigación
fue cuantitativa (es decir, dándoles a los sujetos encuestas numéricas), nuestra
evaluación de los unicornios de la autoconciencia fue de naturaleza cualitativa.
La investigación cualitativa examina en profundidad a cada participante (en
nuestro caso, mediante entrevistas exhaustivas) para poder encontrar tendencias y patrones. Y, para un estudio cualitativo, cincuenta sujetos es un número
bastante elevado, ¡especialmente si tenemos en cuenta lo difícil que es encontrar
a los unicornios!

18 **casi treinta millones de nigerianos:** «INEC Officially Announces Buhari
as Winner of Presidential Race», pulse.ng (1 abril 2015), http://pulse.ng/
politics/nigeria-elections-2015-inec-officially-announces-buhari-as-win-
ner-of-presidential-race-id3619743.html.

Capítulo 2: La anatomía de la autoconciencia

25 **Construyeron enormes palacios:** Personal de History.com, «Mayan scien-
tific achievements», History.com (2010), http://www.history.com/topics/ma-
yan-scientific-achievements.

26 **llegaron a un punto álgido en el:** Michon Scott, «Mayan mysteries», earth-
observatory.nasa.gov (24 agosto 2004), https://earthobservatory.nasa.gov/
Features/Maya.

26 **pero para el 950 D.C., un 95 %:** Ibíd.

26 **una combinación de una deforestación brutal:** Billie L. Turner y Jeremy
A. Sabloff, «Classic Period collapse of the Central Maya Lowlands: Insights

about human-environment relationships for sustainability», *Proceedings of the National Academy of Sciences* 109.35 (2012): pp. 13908-13914.

26 **los supervivientes se marchaban a otros lugares:** Joseph Stromberg, «Why did the Mayan civilization collapse? A new study points to deforestation and climate change», smithsonianmag.com (23 agosto 2012), http://www.smithsonianmag.com/science-nature/why-did-the-mayan-civilization-collapse-a-new-study-points-to-deforestation-and-climate-change-30863026/?no-ist.

26 **Diamond finalmente logró resolver:** Brian Wu, «Blue hole of Belize may explain what happened to the Mayans», sciencetimes.com (30 diciembre 2014), http://www.sciencetimes.com/articles/2257/20141230/blue-hole-of-belize-may-explain-what-happened-to-the-mayans.htm.

26 **el tema de la autoconciencia:** Greg C. Ashley y Roni Reiter-Palmon, «Self-awareness and the evolution of leaders: The need for a better measure of self-awareness», *Journal of Behavioral and Applied Management* 14.1 (2012): pp. 2–17.

26 **la felicidad podía alcanzarse:** D. Brett King, William Douglas Woody y Wayne Viney, *History of Psychology: Ideas and Context* (Routledge, 2015).

27 **«indagar en la verdad»:** Manfred F. R. Kets de Vries, *Telling Fairy Tales in the Boardroom: How to Make Sure Your Organization Lives Happily Ever After* (Palgrave Macmillan, 2015), p. 28.

27 **«el requisito previo para cualquier»:** Rabino Shlomo Wolbe, *Alei Shur, Volume 1* (Bais Hamussar, 1968), p. 141.

27 **«la conciencia de uno mismo es esencial»:** Deborah L. Black, «Avicenna on self-awareness and knowing that one knows» en S. Rahman *et ál.* (editores), *The Unity of Science in the Arabic Tradition* (Springer, 2008), pp. 63-87, http://individual.utoronto.ca/dlblack/articles/blackselfknrev.pdf.

27 **«todo el mundo me está mirando»:** Paul J. Silvia y T. Shelley Duval, «Objective self-awareness theory: Recent progress and enduring problems», *Personality and Social Psychology Review* 5.3 (2001): pp. 230-241.

28 **la autoconciencia tenía más que ver con:** Allan Fenigstein, Michael F. Scheier y Arnold H. Buss, «Public and private self-consciousness: Assessment and theory», *Journal of Consulting and Clinical Psychology* 43.4 (1975): pp. 522-527.

28 **comparándola a la introspección:** Paul D. Trapnell y Jennifer D. Campbell, «Private self-consciousness and the five-factor model of personality: Distinguishing rumination from reflection», *Journal of Personality and Social Psychology* 76.2 (1999): pp. 284-304.

28 **al modo en que los demás nos perciben:** Arthur I. Wohlers y Manuel London, «Ratings of managerial characteristics: evaluation difficulty, co-worker agreement, and self-awareness», *Personnel Psychology* 42.2 (1989): pp. 235–261.

28 **la diferencia entre cómo:** John T. Kulas y Lisa M. Finkelstein, «Content and reliability of discrepancy-defined self-awareness in multisource feedback», *Organizational Research Methods* 10.3 (2007): pp. 502-522.

30 **«ni un solo principio moral»:** Benjamin Franklin, *Autobiografía - Benjamin Franklin* (Cátedra, 2012).

32 **además de inventar:** The Independent Hall Association, «The electric Benjamin Franklin», ushistory.org, http://www.ushistory.org/franklin/info/inventions.htm.

34 «**brotes perennes**»: Ben Huh, «I cheated on my life goals and life actually got better», medium.com (27 agosto 2015), https://medium.com/@benhuh/i-cheated-on-my-life-goals-and-life-actually-got-better-78121bdf1790#.al1gu1kan.

39 **dos mil quinientas evaluaciones de personalidad:** Lucy Ash, «Personality tests: Can they identify the real you?», *BBC News Magazine* (6 julio 2012), http://www.bbc.com/news/magazine-18723950.

49 **nuestro efecto es la *perspectiva*:** Jeffrey A. Joireman, Les Parrott III y Joy Hammersla, «Empathy and the self-absorption paradox: Support for the distinction between self-rumination and self-reflection», *Self and Identity* 1.1 (2002): pp. 53-65.

49 «**una persona externa y neutral**»: ¡Quiero darle las gracias a Chip Heath por informarme de este estudio! Eli J. Finkel *et ál.*, «A brief intervention to promote conflict reappraisal preserves marital quality over time», *Psychological Science* (2013): pp. 1595-1601.

50 «**Haz zoom y aléjate**»: Richard Weissbourd, «The children we mean to raise», huffingtonpost.com (16 julio 2014), http://www.huffingtonpost.com/richard-weissbourd/the-children-we-mean-to-raise_b_5589259.html.

51 «**[Mi amigo] me explicó amablemente**»: Benjamin Franklin, *Autobiografía - Benjamin Franklin* (Cátedra, 2012).

54 **estas experiencias formativas tempranas:** Charles Margerison y A. Kakabadse, *How American chief executives succeed* (Nueva York: American Management Association, 1984).

55 «**desafía los valores o las normas que**»: Seana Moran, «Purpose: Giftedness in intrapersonal intelligence», *High Ability Studies* 20.2 (2009): pp. 143-159.

55 **Las situaciones terremoto son tan devastadoras:** Morgan W. McCall, Jr., Michael M. Lombardo y Ann M. Morrison, *Lessons of Experience: How Successful Executives Develop on the Job* (Simon and Schuster, 1988), p. 96.

56 «**absorber el sufrimiento**»: Ibíd., p. 91.

Capítulo 3: Puntos ciegos

63 «**capacidad casi completamente ilimitada**»: Daniel Kahneman, *Pensar rápido, pensar despacio* (Penguin Random House Grupo Editorial España, 2012).

63 **somos más listos:** Linda A. Schoo *et ál.*, «Insight in cognition: Self-awareness of performance across cognitive domains», *Applied Neuropsychology: Adult* 20.2 (2013): pp. 95-102.

63 **divertidos:** Justin Kruger y David Dunning, «Unskilled and unaware of it: How difficulties in recognizing one's own incompetence lead to inflated self-assessments», *Journal of Personality and Social Psychology* 77.6 (1999): pp. 1121-1134.

63 **delgados:** Pew Research Center, «Americans see weight problems everywhere but in the mirror», pewsocialtrends.org (11 abril 2006), http://www.pewsocialtrends.org/2006/04/11/americans-see-weight-problems-everywhere-but-in-the-mirror/.

63 **guapos:** Nicholas Epley y Erin Whitchurch, «Mirror, mirror on the wall: Enhancement in self-recognition», *Personality and Social Psychology Bulletin* 34.9 (2008): pp. 1159-1170.

63 **sociales:** Paul A. Mabe y Stephen G. West, «Validity of self-evaluation of ability: A review and meta-analysis», *Journal of Applied Psychology* 67.3 (1982): pp. 180-196.

63 **deportivamente capaces:** Richard B. Felson, «Self-and reflected appraisal among football players: A test of the Meadian hypothesis», *Social Psychology Quarterly* (1981): pp. 116-126.

63 **mejores estudiantes:** Paul A. Mabe y Stephen G. West, «Validity of self-evaluation of ability: A review and meta-analysis», *Journal of Applied Psychology* 67.3 (1982): pp. 180-196.

63 **y buenos conductores:** La mitad de los conductores cree encontrarse entre el 20 % de conductores con mayor capacidad de conducción, ¡y un 92 % cree conducir de forma más segura que el conductor medio! Ola Svenson, «Are we all less risky and more skillful than our fellow drivers?», *Acta Psychologica* 47.2 (1981): pp. 143-148.

63 **no encontraron casi ningún tipo de relación:** Paul A. Mabe y Stephen G. West, «Validity of self-evaluation of ability: A review and meta-analysis», *Journal of Applied Psychology* 67.3 (1982): pp. 180-196.

63 **casi más de mil ingenieros:** Todd R. Zenger, «Why do employers only reward extreme performance? Examining the relationships among performance, pay, and turnover», *Administrative Science Quarterly* (1992): pp. 198-219.

63 **94 % de profesores universitarios:** K. Patricia Cross, «Not can but *will* college teaching be improved?», *New Directions for Higher Education* 17 (1977): pp. 1-15.

63 **que afirmaron tener los estudiantes de cirugía:** D. A. Risucci, A. J. Tortolani y R. J. Ward, «Ratings of surgical residents by self, supervisors and peers», *Surgery, Gynecology & Obstetrics* 169.6 (1989): pp. 519-526.

64 **los empleados que carecen de autoconciencia:** Erich C. Dierdorff y Robert S. Rubin, «Research: We're not very self-aware, especially at work», *Harvard Business Review* (12 marzo 2015), https://hbr.org/2015/03/research-were-not-very-self-aware-especially-at-work.

64 **las que obtenían rendimientos económicos bajos:** «Study shows link between self-awareness and company financial performance», Korn Ferry Institute (15 junio 2015), http://www.kornferry.com/press/korn-ferry-institute-study-shows-link-between-self-awareness-and-company-financial-performance/.

64 **es seis veces más probable:** PDI Ninth House, «You're not all that: Self-promoters six times more likely to derail», prnewswire.com (17 abril 2012), http://www.prnewswire.com/news-releases/youre-not-all-that-self-promoters-six-times-more-likely-to-derail-according-to-pdi-ninth-house-and-university-of-minnesota-study-147742375.html.

64 **subestimar las aportaciones de los trabajadores:** David Dunning, «On identifying human capital: Flawed knowledge leads to faulty judgments of expertise by individuals and groups», *Advances in Group Processes* (Emerald Group Publishing Limited, 2015), pp. 149-176.

64 **Los éxitos tempranos pueden:** Ulrike Malmendier y Geoffrey Tate, «CEO overconfidence and corporate investment», *Journal of Finance* 60.6 (2005): pp. 2661-2700.

64 **los ejecutivos sobreestiman mucho más:** Fabio Sala, «Executive blind spots: Discrepancies between self-and other-ratings», *Consulting Psychology Journal: Practice and Research* 55.4 (2003): pp. 222-229.

64 **los dirigentes más expertos:** Cheri Ostroff, Leanne E. Atwater y Barbara J. Feinberg, «Understanding self-other agreement: A look at rater and ratee characteristics, context, and outcomes», *Personnel Psychology* 57.2 (2004): pp. 333-375.

65 **de los jefes con más antigüedad:** John W. Fleenor *et ál.*, «Self-other rating agreement in leadership: A review», *The Leadership Quarterly* 21.6 (2010): pp. 1005-1034.

65 **los estudiantes de negocios, comparados con:** Phillip L. Ackerman, Margaret E. Beier y Kristy R. Bowen, «What we really know about our abilities and our knowledge», *Personality and Individual Differences* 33 (2002): pp. 587-605.

65 **no hay mecanismos fiables:** Margaret Diddams y Glenna C. Chang, «Only human: Exploring the nature of weakness in authentic leadership», *The Leadership Quarterly* 23.3 (2012): pp. 593-603.

65 **«muros, espejos y mentirosos»:** Alison Boulton, «Power corrupts but it also plays with your mind: Lloyd George, Chamberlain, and Thatcher all suffered from "hubris syndrome"», independent.co.uk (21 septiembre 2013), http://www.independent.co.uk/life-style/health-and-families/health-news/power-corrupts-but-it-also-plays-with-your-mind-lloyd-george-chamberlain-and-thatcher-all-suffered-8831839.html.

65 **que sus bonificaciones queden por detrás:** Rachel M. Hayes y Scott Schacfer, «CEO pay and the Lake Wobegon effect», *Journal of Financial Economics* 94.2 (2009): pp. 280-290.

66 **relaciones personales emocionalmente distantes:** Per F. Gjerde, Miyoko Onishi y Kevin S. Carlson, «Personality characteristics associated with romantic attachment: A comparison of interview and self-report methodologies», *Personality and Social Psychology Bulletin* 30.11 (2004): pp. 1402-1415.

66 **sobreestima enormemente el número de palabras:** Gary Wolf, «The data-driven life», The New York Times Magazine (28 abril 2010), http://www.nytimes.com/2010/05/02/magazine/02self-measurement-t.html?_r=0.

66 **maestros de la gestión económica:** Greenwald & Associates, Inc., *Parents, youth, and money: Executive summary* (2001), https://www.ebri.org/surveys/pym-es.pdf.

66 **Un 2 %:** College Board, *Student descriptive questionnaire* (Princeton, NJ: Educational Testing Service), pp. 1976-1977.

66 **en 38 de los 40 rasgos:** Mark D. Alicke *et ál.*, «Personal contact, individuation, and the better-than-average effect», *Journal of Personality and Social Psychology* 68.5 (1995): pp. 804-825.

67 **las personas *menos* competentes:** Justin Kruger y David Dunning, «Unskilled and unaware of it: How difficulties in recognizing one's own incompetence lead to inflated self-assessments», *Journal of Personality and Social Psychology* 77.6 (1999): pp. 1121-1134.

67 **habilidades, como la conducción:** E. Kunkel, «On the relationship between estimate of ability and driver qualification», *Psychologie und Praxis* (1971).

67 **y el rendimiento académico:** Beth A. Lindsey y Megan L. Nagel, «Do students know what they know? Exploring the accuracy of students' self-assessments», *Physical Review Special Topics—Physics Education Research* 11.2 (2015): 020103; Douglas J. Hacker *et ál.*, «Test prediction and performance in a classroom context», *Journal of Educational Psychology* 92.1 (2000): pp. 160-170.

67 **o laboral:** Daniel E. Haun *et ál.*, «Assessing the competence of specimen-processing personnel», *Laboratory Medicine* 31.11 (2000): pp. 633-637.

67 **se incentiva a las personas para que sean precisas:** Joyce Ehrlinger *et ál.*, «Why the unskilled are unaware: Further explorations of (absent) self-insight among the incompetent», *Organizational Behavior and Human Decision Processes* 105.1 (2008): pp. 98-121.

67 **«bendecidos con una confianza fuera de lugar»:** David Dunning, «We are all confident idiots», psmag.com (27 octubre 2014), http://www.psmag.com/health-and-behavior/confident-idiots-92793.

67 **diseñaron una serie de ingeniosos estudios:** Oliver J. Sheldon, David Dunning y Daniel R. Ames, «Emotionally unskilled, unaware, and uninterested in learning more: Reactions to feedback about deficits in emotional intelligence», *Journal of Applied Psychology* 99.1 (2014): pp. 125-137.

69 **Nuestro primer hito en este aspecto es:** Michael Lewis *et ál.*, «Self development and self-conscious emotions», *Child Development* (1989): pp. 146-156.

69 **a pesar de que repetidas veces se nos demuestre:** Susan Harter, *The Construction of the Self: A Developmental Perspective* (Guilford Press, 1999), p. 318.

71 **«¿Cómo soy yo»:** Ibíd.

71 **una progresión predecible:** Este descubrimiento proviene de nuestro programa de investigación sobre la autoconciencia. Ver también Andreas Demetriou y Karin Bakracevic, «Reasoning and self-awareness from adolescence to middle age: Organization and development as a function of education», *Learning and Individual Differences* 19.2 (2009): pp. 181-194.

73 **«se puntuaron a sí mismos»:** Constantine Sedikides *et ál.*, «Behind bars but above the bar: Prisoners consider themselves more prosocial than non-prisoners», *British Journal of Social Psychology* 53.2 (2014): pp. 396-403, p. 400.

73 **«pensamiento descendiente»:** David Dunning *et ál.*, «Why people fail to recognize their own incompetence», *Current Directions in Psychological Science* 12.3 (2003): pp. 83-87.

73 **ESPN publicó las predicciones:** Ira Stoll, «How the experts struck out on World Series baseball», nysun.com (28 octubre 2013), http://www.nysun.com/national/how-the-experts-struck-out-on-world-series/88471/.

74 **suelen equivocarse más:** S. Atir, E. Rosenzweig y D. Dunning, «When knowledge knows no bounds: self-perceived expertise predicts claims of impossible knowledge», *Psychological Science* 26.8 (2015): pp. 1295-1303.

74 **el importante papel que juega:** Berndt Brehmer, «In one word: Not from experience», *Acta Psychologica* 45.1 (1980): pp. 223-241.

75 **nuestras mentes acaban transformando secretamente:** Daniel Kahneman, *Pensar rápido, pensar despacio* (Penguin Random House Grupo Editorial España, 2012).

75 **Para ilustrar la ceguera por emoción:** Norbert Schwarz, «Stimmung als Information: Untersuchungen zum Einflufs von Stimmungen auf die Bewertung des eigenen Lebens», *Psychologische Rundschau* 39 (1987): pp. 148-159.

75 **se les hizo dos preguntas:** Fritz Strack, Leonard L. Martin y Norbert Schwarz, «Priming and communication: Social determinants of information use in judgments of life satisfaction», *European Journal of Social Psychology* 18.5 (1988): pp. 429-442.

78 **se les dio a los participantes una serie de:** Wilhelm Hofmann, Tobias Gschwendner y Manfred Schmitt, «The road to the unconscious self not taken:

Discrepancies between self- and observer-inferences about implicit disposi-
tions from nonverbal behavioural cues», *European Journal of Personality* 23.4
(2009): pp. 343-366.

83 **normalmente asumimos que la causa:** Chris Argyris, *Teaching Smart People
How to Learn* (Harvard Business Review Press, 2008).

83 **proceso práctico y sencillo:** Peter F. Drucker, *Gestionarse a sí mismo* (Harvard Business Review Press, 2005).

84 **con exceso de confianza y bajo rendimiento:** Justin Kruger y David Dunning, «Unskilled and unaware of it: How difficulties in recognizing one's
own incompetence lead to inflated self-assessments», *Journal of Personality
and Social Psychology* 77.6 (1999): p. 1121. Ver también D. Ryvkin, M. Kraj
y A. Ortmann, «Are the unskilled doomed to remain unaware?», *Journal of
Economic Psychology* 33.5 (2012): pp. 1012-1031.

84 **«sorprendentes pero precisas»:** Bob Sutton, «Great Piece on Narcissistic
CEOs in *The New York Times*», blog *Work Matters* (7 marzo 2012), http://
bobsutton.typepad.com/my_weblog/2012/03/great-piece-on-narcissistic-
ceos-in-the-new-york-times.html.

85 **Los grandes líderes tienen:** Gracias a mis amigos Mike Herron y Chuck
Blakeman por este punto.

Capítulo 4: El culto al yo

88 **analizaron los nombres:** Jean M. Twenge, Emodish M. Abebe y W. Keith
Campbell, «Fitting in or standing out: Trends in American parents' choices
for children's names, 1880-2007», *Social Psychological and Personality Science*
1.1 (2010): pp. 19-25.

89 **«Los padres solían ponerles»:** Gina Jacobs, «Unique baby names not just a
celebrity fad», newscenter.sdsu.edu (20 mayo 2009), http://newscenter.sdsu.
edu/sdsu_newscenter/news_story.aspx?sid=71319.

90 **el culto al yo es un fenómeno:** Roy F. Baumeister *et ál.*, «Does high self-esteem
cause better performance, interpersonal success, happiness, or healthier lifestyles?», *Psychological Science in the Public Interest* 4.1 (2003): pp. 1-44.

90 **Las semillas empezaron a plantarse:** Stanley Coopersmith, *The Antecedents of Self-Esteem* (Consulting Psychologists Press, 1967).

90 **no hacía falta convertirnos en:** Jean M. Twenge y W. Keith Campbell, *La
epidemia del narcisismo: Vivir en la era de la pretensión* (Cristiandad, 2018).

90 **«profundas consecuencias para cada»:** Nathaniel Branden, *Los seis pilares
de la autoestima* (Ediciones Paidós Ibérica, S.A., 2001), citado en Roy F. Baumeister, Laura Smart y Joseph M. Boden, «Relation of threatened egotism
to violence and aggression: The dark side of high self-esteem», *Psychological
Review* 103.1 (1996): p. 5.

90 **«no podía pensar en un solo problema psicológico»:** Nathaniel Branden,
«In defense of self», *Association for Humanistic Psychology* (1984): pp. 12-13,
p. 12, citado en Roy F. Baumeister, Laura Smart y Joseph M. Boden, «Relation
of threatened egotism to violence and aggression: The dark side of high self-
esteem», *Psychological Review* 103.1 (1996): pp. 5–33.

91 **«entre la autoestima y el embarazo adolescente»:** Andrew M. Mecca, Neil
J. Smelser y John Vasconcellos, *The Social Importance of Self-Esteem* (University of California Press, 1989), p. 105.

91 «en realidad todos sabemos, instintivamente»: Ibíd.

92 «el hombre que destruyó el ego»: Will Storr, «The man who destroyed America's ego», medium.com (25 febrero 2014), https://medium.com/matter/the-man-who-destroyed-americas-ego-94d214257b5#.dasai1u4q.

92 la autoestima de los cadetes militares: Martin M. Chemers, Carl B. Watson y Stephen T. May, «Dispositional affect and leadership effectiveness: A comparison of self-esteem, optimism, and efficacy», *Personality and Social Psychology Bulletin* 26.3 (2000): pp. 267-277.

92 La autoestima de los estudiantes universitarios: Duane Buhrmester *et ál.*, «Five domains of interpersonal competence in peer relationships», *Journal of Personality and Social Psychology* 55.6 (1988): pp. 991-1008.

92 Los profesionales con una alta autoestima: Julia A. Bishop y Heidi M. Inderbitzen, «Peer acceptance and friendship: An investigation of their relation to self-esteem», *Journal of Early Adolescence* 15.4 (1995): pp. 476-489.

92 darle un empujón a la autoestima de las personas: D. R. Forsyth y N. A. Kerr, «Are adaptive illusions adaptive». Póster presentado en la reunión anual de la American Psychological Association, Boston, MA (1999), citado en Baumeister *et ál.*, 1996.

92 «ni un indicador ni una causa importante»: Roy F. Baumeister *et ál.*, «Does high self-esteem cause better performance, interpersonal success, happiness, or healthier lifestyles?», *Psychological Science in the Public Interest* 4.1 (2003): pp. 1-44.

92 «lamentando la falta de»: Ibíd.

93 era más violenta y agresiva: Baumeister *et ál.*, «Relation of threatened egotism to violence and aggression: The dark side of high self-esteem», *Psychological Review* 103.1 (1996): pp. 5-33.

93 Cuando sus relaciones románticas: Caryl E. Rusbult, Gregory D. Morrow y Dennis J. Johnson, «Self-esteem and problem-solving behaviour in close relationships», *British Journal of Social Psychology* 26.4 (1987): pp. 293-303.

93 tendencia a ser infieles: Thalma E. Lobel y Ilana Levanon, «Self-esteem, need for approval, and cheating behavior in children», *Journal of Educational Psychology* 80.1 (1988): pp. 122-123.

93 beber y drogarse: Meg Gerrard *et ál.*, «Self-esteem, self-serving cognitions, and health risk behavior», *Journal of Personality* 68.6 (2000): pp. 1177-1201.

94 «especial y único»: Richard Adams, «Headteacher whose praise for pupils went viral falls foul of Ofsted», theguardian.com (24 septiembre 2015), http://www.theguardian.com/education/2015/sep/24/headteacher-whose-praise-for-pupils-went-viral-falls-foul-of-ofsted.

94 «solo les arrebata a la víctima»: Zole O'Brien, «Children are never naughty, says head», express.co.uk (28 junio 2015), http://www.express.co.uk/news/uk/587459/Children-teachers-bad-behaviour.

94 «Ya sabes que pienso que eres una persona maravillosa»: Allison Pearson, «Sparing the rod has spoilt these teachers», telegraph.co.uk (30 junio 2015), http://www.telegraph.co.uk/education/primaryeducation/11707847/Allison-Pearson-Sparing-the-rod-has-spoilt-these-teachers.html.

94 «Has agotado mis reservas»: Ibíd.

95 «hubieran dado lo mejor de sí»: «Barrowford school's KS2 "proud" letter to pupils goes viral», bbc.com (16 julio 2014), http://www.bbc.com/news/uk-england-lancashire-28319907.

95 **de «fantasía»:** Jaya Narain, «Inspectors slam primary school where there's no such thing as a naughty child and teachers are banned from raising their voices—and give it Ofsted's lowest possible rating», dailymail.co.uk (25 septiembre 2015), http://www.dailymail.co.uk/news/article-3249078/Inspectors-slam-primary-school-s-no-thing-naughty-child-teachers-banned-raising-voices-Ofsted-s-lowest-possible-rating.html.

95 **«muy emocionada y positiva»:** Ibíd.

95 **otorga unos tres mil quinientos premios:** Ashley Merryman, «Losing is good for you», nytimes.com (24 septiembre 2013), http://www.nytimes.com/2013/09/25/opinion/losing-is-good-for-you.html?_r=0.

95 **han prohibido todos los deportes de competición:** Dilvin Yasa, «Has the self-esteem movement failed our kids», childmags.com.au (24 septiembre 2014), http://www.childmags.com.au/family/relationships/6766-has-the-self-esteem-movement-failed-our-kids.

95 **son «muy negativos»:** William Turvill, «School bans red ink—and tells teachers to mark in green instead (and get pupils to respond in purple)», dailymail.co.uk (19 marzo 2014), http://www.dailymail.co.uk/news/article-2584672/School-bans-red-ink-tells-teachers-mark-green-inst.

95 **lecciones diarias de «Me quiero a mí mismo»:** Richard Lee Colvin, «Losing faith in self-esteem movement», latimes.com (25 enero 1999), http://articles.latimes.com/1999/jan/25/news/mn-1505.

95 **como «mejor alumno»:** Frank Bruni, «Common core battles the cult of self-esteem», dallasnews.com (1 diciembre 2013), http://www.dallasnews.com/opinion/latest-columns/20131201-common-core-battles-the-cult-of-self-esteem.ece.

95 **inflación de las notas:** Valerie Strauss, «Why grade inflation (even at Harvard) is a big problem», washingtonpost.com (20 diciembre 2013), https://www.washingtonpost.com/news/answer-sheet/wp/2013/12/20/why-grade-inflation-even-at-harvard-is-a-big-problem/?utm_term=.6b4ef3d0ee6d.

95 **las notas concedidas fueron notables altos:** Matthew Q. Clarida y Nicholas P. Fandos, «Substantiating fears of grade inflation, dean says median grade at Harvard College is A-, most common grade is A», thecrimson.com (4 diciembre 2013), http://www.thecrimson.com/article/2013/12/3/grade-inflation-mode-a/.

96 **un 72 % de los estudiantes entrevistados:** Kristin Touissant, «Harvard class with A- average not worried about grade inflation», boston.com (27 mayo 2015), http://www.boston.com/news/local-news/2015/05/27/harvard-class-with-a-average-not-worried-about-grade-inflation.

96 **«con una excelencia mucho más generalizada»:** Robert McGuire, «Grade expectations», yalealumnimagazine.com (septiembre-octubre 2013), https://yalealumnimagazine.com/articles/3735.

96 **los estudiantes de primer año de la universidad confiaban demasiado:** Richard W. Robins y Jennifer S. Beer, «Positive illusions about the self: Short-term benefits and long-term costs», *Journal of Personality and Social Psychology* 80.2 (2001): pp. 340-352.

97 **«astutos y falsos»:** C. Randall Colvin, Jack Block y David C. Funder, «Overly positive self-evaluations and personality: negative implications for mental health», *Journal of Personality and Social Psychology* 68.6 (1995): pp. 1152, 1156.

97 «personas complejas, interesantes e inteligentes»: C. Randall Colvin, Jack Block y David C. Funder, «Overly positive self-evaluations and personality: negative implications for mental health», *Journal of Personality and Social Psychology* 68.6 (1995): pp. 1152-1162.

98 emprendedores y fundadores tiendan a: Keith M. Hmieleski y Robert A. Baron, «Entrepreneurs' optimism and new venture performance: A social cognitive perspective», *Academy of Management Journal* 52.3 (2009): pp. 473-488.

98 «un éxito asegurado»: Arnold C. Cooper, Carolyn Y. Woo y William C. Dunkelberg, «Entrepreneurs' perceived chances for success», *Journal of Business Venturing* 3.2 (1988): pp. 97-108.

98 Canadian Innovation Centre: Thomas Åstebro y Samir Elhedhli, «The effectiveness of simple decision heuristics: Forecasting commercial success for early-stage ventures», *Management Science* 52.3 (2006): pp. 395-409.

99 «creo que las personas que carecen»: Daniel Kahneman, *Pensar rápido, pensar despacio* (Penguin Random House Grupo Editorial España, 2012).

103 las personas que publican más *selfies* en Facebook: Laura E. Buffardi y W. Keith Campbell, «Narcissism and social networking web sites», *Personality and Social Psychology Bulletin* 34.10 (2008): pp. 1303-1314.

103 «hipótesis de superficialidad moral»: Paul Trapnell y Lisa Sinclair, «Texting frequency and the moral shallowing hypothesis». Póster presentado en la reunión anual de la Society for Personality and Social Psychology en San Diego, CA (2012).

103 cualquier persona que se eche *selfies*: Jesse Fox y Margaret C. Rooney, «The Dark Triad and trait self-objectification as predictors of men's use and self-presentation behaviors on social networking sites», *Personality and Individual Differences* 76 (2015): pp. 161-165.

104 el narcisismo había aumentado en un 30 %: Jean M. Twenge *et ál.*, «Egos inflating over time: A cross-temporal meta-analysis of the Narcissistic Personality Inventory», *Journal of Personality* 76.4 (2008): pp. 875-902.

104 a ser casi del 80 %: Cassandra Rutledge Newsom *et ál.*, «Changes in adolescent response patterns on the MMPI/MMPI-A across four decades», *Journal of Personality Assessment* 81.1 (2003): pp. 74-84.

104 un aumento de las palabras centradas en uno mismo: William J. Chopik, Deepti H. Joshi y Sara H. Konrath, «Historical changes in American self-interest: State of the Union addresses 1790 to 2012», *Personality and Individual Differences* 66 (2014): pp. 128-133.

105 mantener una relación con los demás: Sonja Utz, «The function of self-disclosure on social network sites: Not only intimate, but also positive and entertaining self-disclosures increase the feeling of connection», *Computers in Human Behavior* 45 (2015): pp. 1-10.

105 un 11 % menos proclives a estar de acuerdo: Sara H. Konrath, Edward H. O'Brien y Courtney Hsing, «Changes in dispositional empathy in American college students over time: A meta-analysis», *Personality and Social Psychology Review* 15.2 (2010): pp. 180-198.

106 narcisistas sí que usan las redes sociales como válvula de escape: Eric B. Weiser, «# Me: Narcissism and its facets as predictors of selfie-posting frequency», *Personality and Individual Differences* 86 (2015): pp. 477-481; Soraya Mehdizadeh, «Self-presentation 2.0: Narcissism and self-esteem on

Facebook», *Cyberpsychology, Behavior, and Social Networking* 13.4 (2010): pp. 357-364.

106 **pasó treinta y cinco minutos en Internet:** E. Freeman y J. Twenge, «Using MySpace increases the endorsement of narcissistic personality traits», *Society for Personality and Social Psychology* (2010).

106 **un desorden de la personalidad caracterizado:** American Psychiatric Association, *Manual diagnóstico y estadístico de los trastornos mentales (DSM-V®)* (Panamericana, 2014).

107 **sobreestimar su rendimiento:** John W. Fleenor *et ál.*, «Self–other rating agreement in leadership: A review», *The Leadership Quarterly* 21.6 (2010): pp. 1005-1034.

107 **dominar en los procesos de toma de decisiones:** Robert Hogan, Robert Raskin y Dan Fazzini, «The dark side of charisma», *Measures of Leadership* (1990).

107 **buscar en exceso el reconocimiento de los demás:** Carolyn C. Morf y Frederick Rhodewalt, «Unraveling the paradoxes of narcissism: A dynamic self-regulatory processing model», *Psychological Inquiry* 12.4 (2001): pp. 177-196.

107 **mostrar menos empatía:** Seth A. Rosenthal y Todd L. Pittinsky, «Narcissistic leadership», *The Leadership Quarterly* 17.6 (2006): pp. 617-633.

107 **y comportarse de forma poco ética:** Michael Maccoby, *El líder narcisista* (Aguilar, 2004).

107 **peor puntuación en eficacia:** Timothy A. Judge, Jeffery A. LePine y Bruce L. Rich, «Loving yourself abundantly: Relationship of the narcissistic personality to self- and other perceptions of workplace deviance, leadership, and task and contextual performance», *Journal of Applied Psychology* 91.4 (2006): pp. 762-776.

107 **responden peor a las valoraciones de rendimiento objetivas:** Arijit Chatterjee y Donald C. Hambrick, «Executive personality, capability cues, and risk taking: How narcissistic CEOs react to their successes and stumbles», *Administrative Science Quarterly* 56.2 (2011): pp. 202-237.

107 **midieron el tamaño de la firma de los directores ejecutivos:** Charles Ham *et ál.*, «Narcissism is a bad sign: CEO signature size, investment, and performance», *UNC Kenan-Flagler Research Paper* 2013–1 (2014).

107 **una impresión excesivamente favorable de tu vida:** Shanyang Zhao, Sherri Grasmuck y Jason Martin, «Identity construction on Facebook: Digital empowerment in anchored relationships», *Computers in Human Behavior* 24.5 (2008): pp. 1816-1836.

107 **actualizaciones de estado de Facebook:** Trudy Hui Chua y Leanne Chang, «Follow me and like my beautiful selfies: Singapore teenage girls' engagement in self-presentation and peer comparison on social media», *Computers in Human Behavior* 55 (2016): pp. 190–197.

107 **perfiles de sitios de citas:** Nicole Ellison, Rebecca Heino y Jennifer Gibbs, «Managing impressions online: Self-presentation processes in the online dating environment», *Journal of Computer-Mediated Communication* 11.2 (2006): pp. 415-441.

107 **publicaciones en Twitter de los congresistas:** David S. Lassen y Benjamin J. Toff, «Elite ideology across media: Constructing a measure of Congressional

candidates' ideological self-presentation on social media». Manuscrito sin publicar (2015).

107 **menos palabras negativas:** Natalya N. Bazarova *et ál.*, «Managing impressions and relationships on Facebook: Self-presentational and relational concerns revealed through the analysis of language style», *Journal of Language and Social Psychology* 32.2 (2012): pp. 121-141.

107 **objetivo de crear una impresión más favorable:** L. Bareket-Bojmel, S. Moran y G. Shahar G, «Strategic self-presentation on Facebook: Personal motives and audience response to online behavior», *Computers in Human Behavior* 55 (2016): pp. 788-795.

108 **cerrar todos sus perfiles en las redes sociales:** Megan McCluskey, «Teen Instagram Star Speaks Out About the Ugly Truth Behind Social Media Fame», Time.com (2 noviembre 2015), http://time.com/4096988/teen-instagram-star-essena-oneill-quitting-social-media/.

108 **Let's Be Game Changers:** «Essena O'Neill invites us to "Let's Be Game Changers," as she exposes the "fakeness" of social media», mybodymyimage.com (3 noviembre 2015), http://www.mybodymyimage.com/essena-oneill-invites-us-to-lets-be-game-changers-as-she-exposes-the-fakeness-of-social-media.

109 **60 % del tiempo en una conversación:** Robin I. M. Dunbar, Anna Marriott y Neil D. C. Duncan, «Human conversational behavior», *Human Nature* 8.3 (1997): pp. 231-246.

109 **desproporcionado 80 %:** Mor Naaman, Jeffrey Boase y Chih-Hui Lai, «Is it really about me?: message content in social awareness streams», *Proceedings of the 2010 ACM Conference on Computer Supported Cooperative Work* (ACM, 2010).

109 **en dos categorías:** Ibíd.

111 **«vendedoras de ropa»:** Andrew Anthony, «Angela Ahrendts: the woman aiming to make Apple a luxury brand», theguardian.com (9 enero 2016), https://www.theguardian.com/technology/2016/jan/10/profile-angela-ahrendts-apple-executive-luxury-brand.

112 **cambio radical espectacular:** Jennifer Reingold, «What the heck is Angela Ahrendts doing at Apple?», fortune.com (10 septiembre 2015), http://fortune.com/2015/09/10/angela-ahrendts-apple/.

113 **«ejecutivos... que llegan a»:** Tim Hardwick, «Angela Ahrendts says she views Apple Store staff as "executives"» macrumors.com (28 enero 2016), http://www.macrumors.com/2016/01/28/angela-ahrendts-apple-store-staff-executives/.

113 **«Qué narices hace Angela»:** Jennifer Reingold, «What the heck is Angela Ahrendts doing at Apple?», fortune.com (10 septiembre 2015), http://fortune.com/2015/09/10/angela-ahrendts-apple/.

113 **2015 fue el mejor año en toda:** «Apple informa de resultados récord en el cuarto trimestre de su año fiscal», apple.com (27 octubre 2015), https://www.apple.com/es/newsroom/2015/10/27Apple-Reports-Record-Fourth-Quarter-Results/.

113 **se disparó hasta el 81 %:** Personal de AppleInsider, «Angela Ahrendts treats Apple Store employees like execs, retained 81 % of workforce in 2015», appleinsider.com (28 enero 2016), http://appleinsider.com/articles/16/01/28/angela-ahrendts-treats-apple-store-employees-like-execs-retained-81-of-workforce-in-2015.

113   **equipos con dirigentes humildes:** Bradley P. Owens, Michael D. Johnson y
      Terence R. Mitchell, «Expressed humility in organizations: Implications for
      performance, teams, and leadership», *Organization Science* 24.5 (2013): pp.
      1517-1538.

113   **como la humildad implica apreciar:** R. A. Emmons, *The Psychology of
      Ultimate Concerns: Motivation and Spirituality in Personality* (Guilford
      Press, 1999), p. 33, citado en June Price Tangney, «Humility: Theoretical
      perspectives, empirical findings and directions for future research», *Jour-
      nal of Social and Clinical Psychology* 19.1 (2000): pp. 70-82.

114   **que no depende de una validación externa:** Kristin D. Neff y Roos Vonk,
      «Self-compassion versus global self-esteem: Two different ways of relating to
      oneself», *Journal of Personality* 77.1 (2009): pp. 23-50.

114   **«que qui[si]eran tener con todas sus fuerzas»:** Kristin D. Neff, Kristin L.
      Kirkpatrick y Stephanie S. Rude, «Self-compassion and adaptive psycholo-
      gical functioning», *Journal of Research in Personality* 41.1 (2007): pp. 139-154.

115   **ser menos creativos:** Steven G. Rogelberg *et ál.*, «The executive mind:
      leader self-talk, effectiveness and strain», *Journal of Managerial Psychology*
      28.2 (2013): pp. 183-201.

116   **«no tengo constancia de haber»:** George Washington, Discurso de despe-
      dida de George Washington [1796], https://es.wikisource.org/wiki/Discurso_
      de_George_Washington_(1812).

Capítulo 5: Pensar no es saber

120   **disfrutan de relaciones más fuertes:** Rick Harrington y Donald A. Lo-
      ffredo, «Insight, rumination, and self-reflection as predictors of well-being»,
      Journal of Psychology 145.1 (2010): pp. 39-57.

120   **se sienten más tranquilas y satisfechas:** Anthony M. Grant, John Franklin
      y Peter Langford, «The self-reflection and insight scale: A new measure of
      private self-consciousness», *Social Behavior and Personality: An International
      Journal* 30.8 (2002): pp. 821-835.

120   *pensar* **sobre nosotros mismos:** Paul J. Silvia y Ann G. Phillips, «Evaluating
      self-reflection and insight as self-conscious traits», *Personality and Individual
      Differences* 50.2 (2011): pp. 234-237.

120   *menos* **conocimiento sobre sí mismos:** Anthony M. Grant, John Franklin
      y Peter Langford, «The self-reflection and insight scale: A new measure of
      private self-consciousness», *Social Behavior and Personality: An International
      Journal* 30.8 (2002): pp. 821-835, p. 824.

120   **acabar con el mismo conocimiento:** J. Gregory Hixon y William B. Swann,
      «When does introspection bear fruit? Self-reflection, self-insight, and interper-
      sonal choices», *Journal of Personality and Social Psychology* 64.1 (1993): pp. 35-43.

120   **Aunque los chimpancés:** David Premack y Guy Woodruff, «Does the chim-
      panzee have a theory of mind?», *Behavioral and Brain Sciences* 1.04 (1978):
      pp. 515-526.

120   **delfines:** Heidi E. Harley, «Consciousness in dolphins? A review of recent
      evidence», *Journal of Comparative Physiology* A 199.6 (2013): pp. 565-582.

120   **elefantes:** Joshua M. Plotnik, Frans B. M. De Waal y Diana Reiss, «Self-re-
      cognition in an Asian elephant», *Proceedings of the National Academy of
      Sciences* 103.45 (2006): pp. 17053-17057.

120 **e incluso las palomas:** Robert Epstein, Robert P. Lanza y Burrhus Frederic Skinner, «Self-awareness in the pigeon», *Science* 212.4495 (1981): pp. 695-696.

121 **que se sumergían en la introspección:** Susan Nolen-Hoeksema, Angela McBride y Judith Larson, «Rumination and psychological distress among bereaved partners», *Journal of Personality and Social Psychology* 72.4 (1997): pp. 855-862.

122 **asociada con un menor bienestar:** Julie J. Park y Melissa L. Millora, «The relevance of reflection: An empirical examination of the role of reflection in ethic of caring, leadership, and psychological well-being», *Journal of College Student Development* 53.2 (2012): pp. 221-242.

122 **más ansiedad:** Anthony M. Grant, John Franklin y Peter Langford, «The self-reflection and insight scale: A new measure of private self-consciousness», *Social Behavior and Personality: An International Journal* 30.8 (2002): pp. 821-835.

122 **menos experiencias sociales positivas:** John B. Nezlek, «Day-to-day relationships between self-awareness, daily events, and anxiety», *Journal of Personality* 70.2 (2002): pp. 249-276.

122 **y actitudes más negativas:** Daniel Stein y Anthony M. Grant, «Disentangling the relationships among self-reflection, insight, and subjective well-being: The role of dysfunctional attitudes and core self-evaluations», *Journal of Psychology* 148.5 (2014): pp. 505-522.

122 **vamos a conocer a Karen:** Me gustaría darle las gracias al psicólogo clínico que me comentó este ejemplo, cuyo nombre no puedo mencionar para salvaguardar la confidencialidad de su paciente.

123 **como lo define Timothy Wilson, otro investigador de la autoconciencia, «contraproducente»:** Timothy. D. Wilson, *Strangers to Ourselves* (Harvard University Press, 2004).

123 **«creencia en esta imagen»:** Tarthang Tulku, *Skillful Means* (Dharma Publishing, 1978), pp. 102-103.

124 **reprime astutamente información importante:** Sigmund Freud, *Esquema del psicoanálisis* (CreateSpace Independent Publishing Platform, 2016).

124 **era explorar esa parte, a veces:** Timothy D. Wilson y Elizabeth W. Dunn, «Self-knowledge: Its limits, value, and potential for improvement», *Psychology* 55 (2004): pp. 493-518.

125 **«no ha habido otra figura histórica»:** Todd Dufresne, «Psychoanalysis is dead... so how does that make you feel?», latimes.com (18 febrero 2004), http://articles.latimes.com/2004/feb/18/opinion/oe-dufresne18.

125 **falsificar los historiales de pacientes:** Adopf Grünbaum, «Précis of the foundations of psychoanalysis: A philosophical critique», *Behavioral and Brain Sciences* 9 (1986): pp. 217-284.

125 **de algunos de sus pacientes empeorara:** Daniel Goleman, «As a therapist, Freud fell short, scholars find», nytimes.com (6 marzo 1990), http://www.nytimes.com/1990/03/06/science/as-a-therapist-freud-fell-short-scholars-find.html?pagewanted=all.

125 **«catastrófico» el impacto del psicoanalista:** Todd Dufresne, «Psychoanalysis is dead... so how does that make you feel?», latimes.com (18 febrero 2004), http://articles.latimes.com/2004/feb/18/opinion/oe-dufresne18.

126 **no podemos descubrirlos:** Timothy D. Wilson, *Strangers to Ourselves* (Harvard University Press, 2004).

126 **el efecto placebo podría suponer:** Bruce E. Wampold *et ál.*, «A meta-analysis of outcome studies comparing bona fide psychotherapies: Empirically, all must have prizes», *Psychological Bulletin* 122.3 (1997): pp. 203-215.

126 **la relación que establezca con el cliente:** Jennifer A. Lyke, «Insight, but not self-reflection, is related to subjective well-being», *Personality and Individual Differences* 46.1 (2009): pp. 66-70.

128 **«puede obstaculizar la búsqueda»:** Omer Faruk Simsek, «Self-absorption paradox is not a paradox: illuminating the dark side of self-reflection», *International Journal of Psychology* 48.6 (2013): pp. 1109-1121.

129 **estudiantes universitarios masculinos:** Zoë Chance y Michael I. Norton, «I read *Playboy* for the articles», *The Interplay of Truth and Deception: New Agendas in Theory and Research* 136 (2009).

130 **contratar preferentemente a hombres en vez de mujeres:** Michael I. Norton, Joseph A. Vandello y John M. Darley, «Casuistry and social category bias», *Journal of Personality and Social Psychology* 87.6 (2004): pp. 817-831.

130 **un ingenioso estudio:** Donald G. Dutton y Arthur P. Aron, «Some evidence for heightened sexual attraction under conditions of high anxiety», *Journal of Personality and Social Psychology* 30.4 (1974): pp. 510-517.

131 **«Qué cómodo es ser»:** Para ver otro ejemplo excelente de este fenómeno, puedes consultar este reciente y fascinante estudio: Mitesh Kataria y Tobias Regner, «Honestly, why are you donating money to charity? An experimental study about self-awareness in status-seeking behavior», *Theory and Decision* 79.3 (2015): pp. 493-515.

131 **la respuesta más fácil y plausible:** Timothy D. Wilson *et ál.*, «Introspection, attitude change, and attitude-behavior consistency: The disruptive effects of explaining why we feel the way we do», *Advances in Experimental Social Psychology* 22 (1989): pp. 287-343.

132 **una lista de las razones por las que:** Timothy D. Wilson *et ál.*, «Effects of analyzing reasons on attitude-behavior consistency», *Journal of Personality and Social Psychology* 47.1 (1984): pp. 1-5.

132 **que se autodenominaban expertas en baloncesto:** Jamin Brett Halberstadt y Gary M. Levine, «Effects of reasons analysis on the accuracy of predicting basketball games», *Journal of Applied Social Psychology* 29.3 (1999): pp. 517-530.

133 **reduce nuestra satisfacción:** Timothy Wilson *et ál.*, «Introspecting about reasons can reduce post-choice satisfaction», *Personality and Social Psychology Bulletin* 19.3 (1993): pp. 331-39.

133 **impacto negativo que tiene:** Ethan Kross, Ozlem Ayduk y Walter Mischel, «When asking "why" does not hurt distinguishing rumination from reflective processing of negative emotions», *Psychological Science* 16.9 (2005): pp. 709-715.

133 **escribieran *por qué* creían:** E. D. Watkins, «Adaptive and maladaptive ruminative self-focus during emotional processing», *Behaviour Research and Therapy* 42.9 (2004): pp. 1037-1052.

133 **«sociabilidad, simpatía e interés suscitado»:** J. Gregory Hixon y William B. Swann, «When does introspection bear fruit? Self-reflection, self-insight,

and interpersonal choices», *Journal of Personality and Social Psychology* 64.1 (1993): pp. 35-43.

134 **«racionalizarla, justificarla y explicar»:** Ibíd.

135 **cinco minutos de preguntas con «qué»:** Timothy D. Wilson *et ál.*, «Introspection, attitude change, and attitude-behavior consistency: The disruptive effects of explaining why we feel the way we do», *Advances in Experimental Social Psychology* 22 (1989): pp. 287-343.

137 **«una emoción, que es una pasión»:** R. H. M. Elwes, *The Chief Works of Benedict de Spinoza* (1887), p. 248.

137 **acto de traducir nuestras emociones:** Matthew D. Lieberman *et ál.*, «Putting feelings into words affect labeling disrupts amygdala activity in response to affective stimuli», *Psychological Science* 18.5 (2007): pp. 421-428.

138 **no entienden «por qué»:** James C. Collins, *Empresas que caen: Y por qué otras sobreviven* (Deusto, 2011).

138 **Charley Kempthorne lleva más de:** Clare Ansberry, «The power of daily writing in a journal», wsj.com (26 enero 2016), http://www.wsj.com/articles/the-power-of-daily-writing-in-a-journal-1453837329.

139 **mostraron *más* autorreflexión pero *menos* autodescubrimiento:** Anthony M. Grant, John Franklin y Peter Langford, «The self-reflection and insight scale: A new measure of private self-consciousness», *Social Behavior and Personality: An International Journal* 30.8 (2002): pp. 821-835.

139 **«nuestros pensamientos y sentimientos»:** James W. Pennebaker, «Writing about emotional experiences as a therapeutic process», *Psychological Science* 8.3 (1997): pp. 162-166.

140 **doloroso a corto plazo:** Brian A. Esterling *et ál.*, «Empirical foundations for writing in prevention and psychotherapy: Mental and physical health outcomes», *Clinical Psychology Review* 19.1 (1999): pp. 79-96.

140 **ven mejoras a largo plazo:** James W. Pennebaker, Janice K. Kiecolt-Glaser y Ronald Glaser, «Disclosure of traumas and immune function: health implications for psychotherapy», *Journal of Consulting and Clinical Psychology* 56.2 (1988): pp. 239-245.

140 **y bienestar:** Crystal L. Park y Carol Joyce Blumberg, «Disclosing trauma through writing: Testing the meaning-making hypothesis», *Cognitive Therapy and Research* 26.5 (2002): pp. 597-616.

140 **mejor memoria:** Kitty Klein y Adriel Boals, «Expressive writing can increase working memory capacity», *Journal of Experimental Psychology: General* 130.3 (2001): pp. 520-533.

140 **notas medias más altas:** James W. Pennebaker y Martha E. Francis, «Cognitive, emotional, and language processes in disclosure», *Cognition & Emotion* 10.6 (1996): pp. 601-626.

140 **menos absentismo laboral:** Martha E. Francis y James W. Pennebaker, «Putting stress into words: The impact of writing on physiological, absentee, and self-reported emotional well-being measures», *American Journal of Health Promotion* 6.4 (1992): pp. 280-287.

140 **y encuentran empleo más rápidamente:** Stefanie P. Spera, Eric D. Buhrfeind y James W. Pennebaker, «Expressive writing and coping with job loss», *Academy of Management Journal* 37.3 (1994): pp. 72-733.

140 **mejorado el rendimiento deportivo de jugadores:** V. B. Scott *et ál.*, «Emotive writing moderates the relationship between mood awareness and

athletic performance in collegiate tennis players», *North American Journal of Psychology* 5.2 (2003): pp. 311-324.

140 **sistema inmunológico más resistente:** James W. Pennebaker, Janice K. Kiecolt-Glaser y Ronald Glaser, «Disclosure of traumas and immune function: health implications for psychotherapy», *Journal of Consulting and Clinical Psychology* 56.2 (1988): pp. 239-245.

140 **menos crecimiento personal:** Sonja Lyubomirsky, Lorie Sousa y Rene Dickerhoof, «The costs and benefits of writing, talking, and thinking about life's triumphs and defeats», *Journal of Personality and Social Psychology* 90.4 (2006): pp. 692-708.

140 **«La felicidad es un misterio»:** G. K. Chesterton, *Herejes* (Acantilado, 2007).

141 **«les dan vueltas»:** Bridget Murray, «Writing to heal», apa.org (junio 2002), http://www.apa.org/monitor/jun02/writing.aspx.

141 **escribe «escenas narrativas cortas»:** Clare Ansberry, «The power of daily writing in a journal», wsj.com (26 enero 2016), http://www.wsj.com/articles/the-power-of-daily-writing-in-a-journal-1453837329.

141 **ninguna de las dos cosas, independientemente:** James W. Pennebaker y Sandra K. Beall, «Confronting a traumatic event: Toward an understanding of inhibition and disease», *Journal of Abnormal Psychology* 95.3 (1986): pp. 274-281.

142 **El autodescubrimiento real solo sucede cuando:** Christopher D. B. Burt, «An analysis of a self-initiated coping behavior: Diary-keeping», *Child Study Journal* 24.3 (1994): pp. 171-189.

142 **cuando el escritor usa palabras más causales:** James W. Pennebaker, «Writing about emotional experiences as a therapeutic process», *Psychological Science* 8.3 (1997): pp. 162-66; James W. Pennebaker, Tracy J. Mayne y Martha E. Francis, «Linguistic predictors of adaptive bereavement», *Journal of Personality and Social Psychology* 72.4 (1997): pp. 863-871.

142 **escribir de vez en cuando:** James W. Pennebaker, «Writing about emotional experiences as a therapeutic process», *Psychological Science* 8.3 (1997): pp. 162-166.

142 **«de que sea buena idea escribir sobre una»:** Dr. Jordan Gaines Lewis, «Turning Trauma into Story: The Benefits of Journaling», psychologytoday.com (17 agosto 2012), https://www.psychologytoday.com/blog/brain-babble/201208/turning-trauma-story-the-benefits-journaling.

146 **rumiación a menudo puede disfrazarse de:** J. Paul Hamilton *et ál.*, «Depressive rumination, the default-mode network, and the dark matter of clinical neuroscience», *Biological Psychiatry* 78.4 (2015): pp. 224-230.

147 **no estamos a la altura:** T. Pyszczynski y J. Greenberg, «Self-regulatory perseveration and the depressive self-focusing style: A self-awareness theory of reactive depression», *Psychological Bulletin* 102.1 (1987): pp. 122-138. Ver también Paul J. Silvia y Ann G. Phillips, «Self-awareness and the emotional consequences of self-discrepancies», *Personality and Social Psychology Bulletin* 31.5 (2005): pp. 703-713.

147 **provoca incapacidad para solucionar problemas:** Sonja Lyubomirsky *et ál.*, «Why ruminators are poor problem solvers: clues from the phenomenology of dysphoric rumination», *Journal of Personality and Social Psychology* 77.5 (1999): pp. 1041-1060.

147 **malas notas:** V. B. Scott y William D. McIntosh, «The development of a trait measure of ruminative thought», *Personality and Individual Differences* 26.6 (1999): pp. 1045-1056.

147 **peores estados de ánimo:** Nilly Mor y Jennifer Winquist, «Self-focused attention and negative affect: a meta-analysis», *Psychological Bulletin* 128.4 (2002): pp. 638-662.

147 **y una calidad del sueño inferior:** Jacob A. Nota y Meredith E. Coles, «Duration and timing of sleep are associated with repetitive negative thinking», *Cognitive Therapy and Research* 39 (2015): pp. 253-261.

147 **encallarse en patrones de pensamiento de rumiación:** T. Pyszczynski y J. Greenberg, «Self-regulatory perseveration and the depressive self-focusing style: A self-awareness theory of reactive depression», *Psychological Bulletin* 102.1 (1987): pp. 122–138.

147 **encuesta de más de treinta y dos mil personas:** Peter Kinderman *et ál.*, «Psychological processes mediate the impact of familial risk, social circumstances and life events on mental health», *PLOS One* 8.10 (2013): e76564.

148 **los rumiantes son *menos* precisos:** Joseph Ciarrochi y Greg Scott, «The link between emotional competence and well-being: A longitudinal study», *British Journal of Guidance & Counselling* 34.2 (2006): pp. 231-243.

148 **no ser capaces de ver las cosas en conjunto:** Rick Harrington y Donald A. Loffredo, «Insight, rumination, and self-reflection as predictors of well-being», *Journal of Psychology* 145.1 (2010): pp. 39-57.

148 **una estrategia de evitación:** Steven C. Hayes *et ál.*, «Experiential avoidance and behavioral disorders: A functional dimensional approach to diagnosis and treatment», *Journal of Consulting and Clinical Psychology* 64.6 (1996): p. 1152.

148 **correlación entre la rumiación:** Rick E. Ingram, «Self-focused attention in clinical disorders: Review and a conceptual model», *Psychological Bulletin* 107.2 (1990): pp. 156-176.

148 **los rumiantes tenían un 70 %:** Jay G. Hull, «A self-awareness model of the causes and effects of alcohol consumption», *Journal of Abnormal Psychology* 90.6 (1981): pp. 586-600.

148 **evitan a esas personas y situaciones:** S. Rachman, J. Grüter-Andrew y R. Shafran, «Post-event processing in social anxiety», *Behaviour Research and Therapy* 38.6 (2000): pp. 611-617.

149 **no solo tienden a tener una perspectiva muy pobre:** Jeffrey A. Joireman, Les Parrott III y Joy Hammersla, «Empathy and the self-absorption paradox: Support for the distinction between self-rumination and self-reflection», *Self and Identity* 1.1 (2002): pp. 53-65.

150 **ayudarnos a combatir la rumiación:** Carol I. Diener y Carol S. Dweck, «An analysis of learned helplessness: Continuous changes in performance, strategy, and achievement cognitions following failure», *Journal of Personality and Social Psychology* 36 (1978): pp. 451-462; Carol I. Diener y Carol S. Dweck, «An analysis of learned helplessness: II. The processing of success», *Journal of Personality and Social Psychology* 39.5 (1980): pp. 940-952.

151 **los que contaban con una mentalidad de «aprenderlo bien»:** Don VandeWalle *et ál.*, «The influence of goal orientation and self-regulation tactics on sales performance: A longitudinal field test», *Journal of Applied Psychology* 84.2 (1999): pp. 249-259.

152 **yo llamo _darle al botón de pausa_:** Allison Abbe, Chris Tkach y Sonja Lyubomirsky, «The art of living by dispositionally happy people», _Journal of Happiness Studies_ 4.4 (2003): pp. 385-404.

153 **vagar sus mentes alrededor de cualquier pensamiento:** R. S. Stern, M. S. Lipsedge y I. M. Marks, «Obsessive ruminations: A controlled trial of thought-stopping technique», _Behaviour Research and Therapy_ 11.4 (1973): pp. 659-662.

Capítulo 6: Herramientas para la autoconciencia interna que funcionan de verdad

160 **la psicóloga de Harvard Ellen Langer:** Cara Feinberg, «The mindfulness chronicles», harvardmagazine.com (septiembre-octubre 2010), http://harvardmagazine.com/2010/09/the-mindfulness-chronicles.

160 **«de las cuevas de meditación zen»:** Ibíd.

160 **«el proceso de advertir de forma activa»:** Ibíd.

160 **«Las personas a las que yo conozco no pueden estarse quietas»:** Ibíd.

161 **«la gente prefiere hacer algo»:** Timothy D. Wilson _et ál._, «Just think: The challenges of the disengaged mind», _Science_ 345.6192 (2014): p. 75.

161 **famosos como como Angelina Jolie:** Alexia Bure, «Surprising celebrities who meditate», wellandgood.com (26 diciembre 2012), http://www.wellandgood.com/good-advice/surprising-celebs-who-meditate/slide/9/.

161 **Anderson Cooper:** «The newly mindful Anderson Cooper», cbsnews.com (6 septiembre 2015), http://www.cbsnews.com/news/the-newly-mindful-anderson-cooper/.

161 **Ellen DeGeneres:** «What Gisele Bundchen, Ellen DeGeneres & other celebrities say about meditation», choosemuse.com, http://www.choosemuse.com/blog/9-top-celebrity-meditation-quotes/.

161 **empresas como Google:** David Hochman, «Mindfulness: Getting its share of attention», nytimes.com (3 noviembre 2013), http://www.nytimes.com/2013/11/03/fashion/mindfulness-and-meditation-are-capturing-attention.html.

161 **McKinsey:** David Gelles, «The hidden price of Mindfulness Inc.», nytimes.com (19 marzo 2016), http://www.nytimes.com/2016/03/20/opinion/sunday/the-hidden-price-of-mindfulness-inc.html?_r=2.

161 **Nike, General Mills, Target y Aetna:** David Hochman, «Mindfulness: Getting its share of attention», nytimes.com (3 noviembre 2013), http://www.nytimes.com/2013/11/03/fashion/mindfulness-and-meditation-are-capturing-attention.html?_r=0.

161 **llegan a más de trescientos mil estudiantes:** Lauren Cassani Davis, «When mindfulness meets the classroom», theatlantic.com (31 agosto 2015), http://www.theatlantic.com/education/archive/2015/08/mindfulness-education-schools-meditation/402469/.

161 **los marines y equipos deportivos profesionales:** Associated Press, «U.S. Marine Corps members learn mindfulness meditation and yoga in pilot program to help reduce stress» (23 enero 2013), http://www.nydailynews.com/life-style/health/u-s-marines-learn-meditate-stress-reduction-program-article-1.1245698.

161 **industria dispersa de casi mil millones de dólares:** David Gelles, «The hidden price of Mindfulness Inc.», nytimes.com (19 marzo 2016), http://www.nytimes.com/2016/03/20/opinion/sunday/the-hidden-price-of-mindfulness-inc.html?_r=2.

162 **38 millones de estadounidenses admitieron:** CashStar, Inc., «More than 38 million* online Americans shopped while on the toilet», prnewswire.com (9 noviembre 2012), http://www.prnewswire.com/news-releases/more-than-38-million-online-americans-shopped-while-on-the-toilet-179955401.html.

162 **casi la mitad afirmaron estar distraídos:** Matthew A. Killingsworth y Daniel T. Gilbert, «A wandering mind is an unhappy mind», *Science* 330.6006 (2010): p. 932.

163 **pidieron a personas que estaban a dieta:** Todd F. Heatherton *et ál.*, «Self-Awareness, Task Failure, and Disinhibition: How Attentional Focus Affects Eating», *Journal of Personality* 61.1 (1993): pp. 49-61.

164 **la practican son más felices:** Kirk Warren Brown y Richard M. Ryan, «The benefits of being present: mindfulness and its role in psychological well-being», *Journal of Personality and Social Psychology* 84.4 (2003): pp. 822-848.

164 **saludables:** Paul Grossman *et ál.*, «Mindfulness-based stress reduction and health benefits: A meta-analysis», *Journal of Psychosomatic Research* 57.1 (2004): pp. 35-43.

164 **creativas:** E. J. Langer, D. Heffernan y M. Kiester, «Reducing burnout in an institutional setting: An experimental investigation». Manuscrito sin publicar (Harvard University, 1988).

164 **productivas:** Kwang-Ryang Park, «An experimental study of theory-based team building intervention: A case of Korean work groups». Manuscrito sin publicar (Harvard University, 1990).

164 **y auténticas:** Michael H. Kernis y Brian M. Goldman, «A multicomponent conceptualization of authenticity: Theory and research», *Advances in Experimental Social Psychology* 38 (2006): pp. 283-357.

164 **controlan mejor su comportamiento:** Kirk Warren Brown y Richard M. Ryan, «The benefits of being present: mindfulness and its role in psychological well-being», *Journal of Personality and Social Psychology* 84.4 (2003): pp. 822-848.

164 **están más relajadas:** Ellen J. Langer, Irving L. Janis y John A. Wolfer, «Reduction of psychological stress in surgical patients», *Journal of Experimental Social Psychology* 11.2 (1975): pp. 155-165.

164 **más satisfechas con sus matrimonios:** Leslie C. Burpee y Ellen J. Langer, «Mindfulness and marital satisfaction», *Journal of Adult Development* 12.1 (2005): pp. 43-51.

164 **son menos agresivas:** Whitney L. Heppner *et ál.*, «Mindfulness as a means of reducing aggressive behavior: Dispositional and situational evidence», *Aggressive Behavior* 34.5 (2008): pp. 486-496.

164 **sufren menos desgaste:** E. J. Langer, D. Heffernan y M. Kiester, «Reducing burnout in an institutional setting: An experimental investigation». Manuscrito sin publicar (Harvard University, 1988).

164 **¡Incluso están más delgadas!:** Eric B. Loucks *et ál.*, «Associations of dispositional mindfulness with obesity and central adiposity: The New England Family Study», *International Journal of Behavioral Medicine* 23.2 (2016): pp. 224-233.

164 **la meditación de atención plena puede salvarnos:** Chen Hemo y Lilac Lev-Ari, «Focus on your breathing: Does meditation help lower rumination and depressive symptoms?», *International Journal of Psychology and Psychological Therapy* 15.3 (2015): pp. 349-359.

164 **retiro intensivo de diez días de** *mindfulness***:** Richard Chambers, Barbara Chuen Yee Lo y Nicholas B. Allen, «The impact of intensive mindfulness training on attentional control, cognitive style, and affect», *Cognitive Therapy and Research* 32.3 (2008): pp. 303-322.

165 **de un mayor descubrimiento de sí mismos:** Kelly C. Richards, C. Estelle Campenni y Janet L. Muse-Burke, «Self-care and well-being in mental health professionals: The mediating effects of self-awareness and mindfulness», *Journal of Mental Health Counseling* 32.3 (2010): pp. 247-264.

165 **es** *porque* **aumenta el autodescubrimiento:** Yadollah Ghasemipour, Julie Ann Robinson y Nima Ghorbani, «Mindfulness and integrative self-knowledge: Relationships with health-related variables», *International Journal of Psychology* 48.6 (2013): pp. 1030-1037.

165 **«la atención plena nos ofrece una estrategia»:** Comunicación personal.

167 **controlar mejor nuestro comportamiento:** Shannon M. Erisman y Lizabeth Roemer, «A preliminary investigation of the effects of experimentally induced mindfulness on emotional responding to film clips», *Emotion* 10.1 (2010): pp. 72-82.

167 **tomar decisiones más sabias al momento:** Whitney L. Heppner *et ál.*, «Mindfulness as a means of reducing aggressive behavior: Dispositional and situational evidence», *Aggressive Behavior* 34.5 (2008): pp. 486-496.

169 **solo el grupo que había practicado la atención plena:** J. David Creswell *et ál.*, «Alterations in Resting-State Functional Connectivity Link Mindfulness Meditation with Reduced Interleukin-6: A Randomized Controlled Trial», *Biological Psychiatry* (2016).

170 **«la esencia de la atención plena»:** Ellen Langer, «The third metric for success», ellenlanger.com (2009), http://www.ellenlanger.com/blog/171/the-third-metric-for-success.

172 **reencuadrando nuestras experiencias:** Me gustaría darle las gracias a mi asistente de investigación superestrella Lauren Tronick por detectar esta interesante tendencia en los datos.

173 **«marcharse al balcón»:** William Ury, *Supere el no: Cómo negociar con personas que adoptan posiciones inflexibles* (Gestión 2000, 2012).

176 **«¿cómo explicar un vago malestar»:** Gustave Flaubert, *Madame Bovary* (NoBooks Editorial, 2011).

177 **pocas veces nos tomamos un momento para reflexionar:** Giada Di Stefano *et ál.*, «Learning by thinking: Overcoming the bias for action through reflection», *Harvard Business School NOM Unit Working Paper* 14-093 (2015): pp. 14-093.

178 **los trabajadores en formación de un centro de llamadas:** Ibíd.

179 **«biógrafos de nuestras vidas»:** Timothy D. Wilson, *Strangers to Ourselves* (Harvard University Press, 2004), p. 16.

179 **«Piensa en tu vida como si fuera un libro»:** Nota: He hecho una ligera adaptación para que se aplique a la autoconciencia. Dan P. McAdams *et ál.*, «Continuity and change in the life story: A longitudinal study of

autobiographical memories in emerging adulthood», *Journal of Personality* 74.5 (2006): pp. 1371-1400.

181 **las historias de vida complejas están asociadas:** Ibíd.

181 **Chase con su tendencia de querer:** Jennifer L. Pals, «Authoring a second chance in life: Emotion and transformational processing within narrative identity», *Research in Human Development* 3.2–3 (2006): pp. 101-120.

181 **éxito... relaciones:** McAdams y sus colegas a esto lo denominan «agencia» y «comunión» respectivamente.

182 **que estaban teniendo dificultades con las notas:** Timothy D. Wilson y Patricia W. Linville, «Improving the academic performance of college freshmen: Attribution therapy revisited», *Journal of Personality and Social Psychology* 42.2 (1982): pp. 367-376.

182 **«Estuve muerto, pero los médicos»:** Dan P. McAdams, «The redemptive self: Generativity and the stories Americans live by», *Research in Human Development* 3.2-3 (2006): pp. 81-100, p. 90.

182 **incluso las experiencias más horribles:** Dan P. McAdams *et ál.*, «When bad things turn good and good things turn bad: Sequences of redemption and contamination in life narrative and their relation to psychosocial adaptation in midlife adults and in students», *Personality and Social Psychology Bulletin* 27.4 (2001): pp. 474-485.

185 **sino que mostraron menos introspección y más autoconciencia:** Anthony M. Grant, «The impact of life coaching on goal attainment, metacognition and mental health», *Social Behavior and Personality: An International Journal* 31.3 (2003): pp. 253-263.

185 **este progreso se mantenía durante:** L. S. Green, L. G. Oades y A. M. Grant, «Cognitive-behavioral, solution-focused life coaching: Enhancing goal striving, well-being, and hope», *Journal of Positive Psychology* 1.3 (2006): pp. 142-149.

185 **la explotación de soluciones es un potente:** Edward R. Watkins, Celine B. Baeyens y Rebecca Read, «Concreteness training reduces dysphoria: proof-of-principle for repeated cognitive bias modification in depression», *Journal of Abnormal Psychology* 118.1 (2009): pp. 55-64.

185 **«terapia breve centrada en soluciones»:** Steve De Shazer, *Clues: Investigating Solutions in Brief Therapy* (W. W. Norton & Co, 1988). Nota: He adaptado ligeramente esta cuestión para abreviarla.

185 **ha producido mejoras espectaculares:** Jacqueline Corcoran y Vijayan Pillai, «A review of the research on solution-focused therapy», *British Journal of Social Work* 39.2 (2009): pp. 234-242.

185 **grupos de población como padres, prisioneros:** Wallace J. Gingerich y Sheri Eisengart, «Solution-focused brief therapy: A review of the outcome research», *Family Process* 39.4 (2000): pp. 477-498.

185 **adolescentes... problemas matrimoniales:** Jacqueline Corcoran y Vijayan Pillai, «A review of the research on solution-focused therapy», *British Journal of Social Work* 39.2 (2009): pp. 234-242.

185 **un mayor crecimiento psicológico y autodescubrimiento:** Wei Zhang *et ál.*, «Brief report: Effects of solution-focused brief therapy group-work on promoting post-traumatic growth of mothers who have a child with ASD», *Journal of Autism and Developmental Disorders* 44.8 (2014): pp. 2052-2056.

185 **golfistas a reducir los «yips»:** Robert J. Bell, Christopher H. Skinner y Leslee A. Fisher, «Decreasing putting yips in accomplished golfers via

solution-focused guided imagery: A single-subject research design», *Journal of Applied Sport Psychology* 21.1 (2009): pp. 1-14.

187 **se pidió a estudiantes universitarios que escribieran:** Jack J. Bauer y Dan P. McAdams, «Eudaimonic growth: Narrative growth goals predict increases in ego development and subjective well-being 3 years later», *Developmental Psychology* 46.4 (2010): pp. 761-772.

Capítulo 7: La verdad que pocas veces oímos

193 **«Si borracho lo dijiste»:** Bruce D. Bartholow *et ál.*, «Alcohol effects on performance monitoring and adjustment: affect modulation and impairment of evaluative cognitive control», *Journal of Abnormal Psychology* 121.1 (2012): pp. 173-186.

198 **infinitamente menos precisas que las de sus cónyuges:** Timothy W. Smith *et ál.*, «Hostile personality traits and coronary artery calcification in middle-aged and older married couples: Different effects for self-reports versus spouse ratings», *Psychosomatic Medicine* 69.5 (2007): pp. 441-448.

198 **solo los subordinados podían:** Bernard M. Bass y Francis J. Yammarino, «Congruence of self and others' leadership ratings of naval officers for understanding successful performance», *Applied Psychology* 40.4 (1991): pp. 437-454.

198 **predecir mejor cómo nos vamos a comportar:** Tara K. MacDonald y Michael Ross, «Assessing the accuracy of predictions about dating relationships: How and why do lovers' predictions differ from those made by observers?», *Personality and Social Psychology Bulletin* 25.11 (1999): pp. 1417-1429.

199 **¡todas coincidieron excepto en tres rasgos!:** David C. Funder, David C. Kolar y Melinda C. Blackman, «Agreement among judges of personality: Interpersonal relations, similarity, and acquaintanceship», *Journal of Personality and Social Psychology* 69.4 (1995): pp. 656-672.

201 **distintos aspectos de quiénes somos:** Simine Vazire y Erika N. Carlson, «Others sometimes know us better than we know ourselves», *Current Directions in Psychological Science* 20.2 (2011): pp. 104-108; Simine Vazire y Matthias R. Mehl, «Knowing me, knowing you: The accuracy and unique predictive validity of self-ratings and other-ratings of daily behavior», *Journal of Personality and Social Psychology* 95.5 (2008): pp. 1202-1216.

202 **Este inteligente experimento:** Sidney Rosen y Abraham Tesser, «On reluctance to communicate undesirable information: The MUM effect», *Sociometry* (1970): pp. 253-263.

204 **«diseñado para que nadie pueda»:** Herbert H. Blumberg, «Communication of interpersonal evaluations», *Journal of Personality and Social Psychology* 23.2 (1972): pp. 157-162.

205 **poner en peligro nuestro estatus social:** Charles F. Bond y Evan L. Anderson, «The reluctance to transmit bad news: Private discomfort or public display?», *Journal of Experimental Social Psychology* 23.2 (1987): pp. 176-187.

205 **el rechazo social activa:** Kipling D. Williams, Christopher K. T. Cheung y Wilma Choi, «Cyberostracism: Effects of being ignored over the Internet», *Journal of Personality and Social Psychology* 79.5 (2000): pp. 748-762.

207 **les pidieron que evaluaran:** Bella M. DePaulo y Kathy L. Bell, «Truth and investment: Lies are told to those who care», *Journal of Personality and Social Psychology* 71.4 (1996): pp. 703-716.

208 **más éxito y más posibilidades de ascender:** Bernard M. Bass y Francis J. Yammarino, «Congruence of self and others' leadership ratings of naval officers for understanding successful performance», *Applied Psychology* 40.4 (1991): pp. 437-454; Mike Young y Victor Dulewicz, «Relationships between emotional and congruent self-awareness and performance in the British Royal Navy», *Journal of Managerial Psychology* 22.5 (2007): pp. 465-478.

208 **la autoconciencia es el mejor predictor del éxito en el liderazgo:** J. P. Flaum, «When it comes to business leadership, nice guys finish first», greenpeakpartners.com, http://greenpeakpartners.com/uploads/Green-Peak_Cornell-University-Study_What-predicts-success.pdf.

208 **menos probable es que seas autoconsciente:** Fabio Sala, «Executive Blind Spots: Discrepancies Between Self-and Other-Ratings», *Consulting Psychology Journal: Practice and Research* 55.4 (2003): pp. 222-229.

208 **denominado como *la enfermedad del director ejecutivo*:** John A. Byrne, William C. Symonds y Julia Flynn Silver, «CEO disease», *The Training and Development Sourcebook* 263 (1994).

170 **el futuro del fabricante de vehículos:** Richard Whittington, *¿Qué es la estrategia? ¿Realmente importa?* (Cengage Learning Latin America, 2002).

170 **reemplazar a su suegro:** William Engdahl, «Who is Pehr Gyllenhammar, and what are the Aspen-Skandia networks?», larouchepub.com (31 agosto 1982), http://www.larouchepub.com/eiw/public/1982/eirv09n33-19820831/eirv09n33-19820831_043-who_is_pehr_gyllenhammar_and_wha.pdf.

211 **«atrevidos», «provocativos»:** «Volvo cars and Volvo museum exhibited Pehr G. Gyllenhammar's cars», volvo.cars.com (15 abril 2014), https://www.volvocars.com/intl/about/our-company/heritage/heritage-news/2014/volvo-cars-and-volvo-museum-exhibited-pehr-g-gyllenhammars-cars.

211 **el apodo de «el Emperador»:** Robert F. Bruner, «An analysis of value destruction and recovery in the alliance and proposed merger of Volvo and Renault», *Journal of Financial Economics* 51.1 (1999): pp. 125-166.

212 **«un desastre imposible de descifrar»:** Paula Dwyer, «Why Volvo kissed Renault goodbye», *Business Week* (19 diciembre 1993), http://www.bloomberg.com/news/articles/1993-12-19/why-volvo-kissed-renault-goodbye.

212 **aumentó la previsión de ahorro:** Ibíd.

212 **«No éramos conscientes de que el señor Gyllenhammar»:** Ibíd.

213 **«*vendetta* personal» en su contra:** Robert F. Bruner, «An analysis of value destruction and recovery in the alliance and proposed merger of Volvo and Renault», *Journal of Financial Economics* 51.1 (1999): pp. 125-166.

213 **piden *feedback* con regularidad:** Los líderes con mejor rendimiento eran los situados entre el 10 % superior y los de peor rendimiento estaban en el 10 % inferior. Joseph Folkman, «Top ranked leaders know this secret: ask for feedback», forbes.com (8 enero 2015), http://www.forbes.com/sites/joefolkman/2015/01/08/top-ranked-leaders-know-this-secret-ask-for-feedback/#b-958b9e608fe.

213 **conlleva recompensas sociales y profesionales:** Susan J. Ashford y Anne S. Tsui, «Self-regulation for managerial effectiveness: The role of active feedback seeking», *Academy of Management Journal* 34.2 (1991): pp. 251-280.

215 **Con una dilatada historia:** David W. Bracken *et ál.*, *Should 360-Degree Feedback Be Used Only for Developmental Purposes?* (Center for Creative Leadership, 1997).

215 **desde un 30 % hasta un:** David W. Bracken, Carol W. Timmreck y Allan H. Church (editores), *The Handbook of Multisource Feedback* (John Wiley & Sons, 2001).

215 **hasta un 90 %:** Mark Robert Edwards y Ann J. Ewen, *360 - Feedback: The Powerful New Model for Employee Assessment & Performance Improvement* (AMACOM, 1996).

215 **entregaron deberes mucho mejor hechos:** Jesse Pappas y J. Madison, «Multisource feedback for STEM students improves academic performance», *Annual Conference Proceedings of American Society of Engineering Education* (2013).

215 **cuyos subordinados temen las repercusiones:** Arthur Morgan, Kath Cannan y Joanne Cullinane, «360 feedback. a critical enquiry», *Personnel Review* 34.6 (2005): pp. 663-680.

216 **«[Si la evaluación de 360°] resulta crítica»:** Ibíd.

Capítulo 8: Recibir *feedback,* reflexionar sobre él y reaccionar cuando resulta difícil o sorprendente

244 **influía en el rendimiento de las jugadoras de ajedrez:** Hank Rothgerber y Katie Wolsiefer, «A naturalistic study of stereotype threat in young female chess players», *Group Processes & Intergroup Relations* 17.1 (2014): pp. 79-90.

245 **bautizado como *amenaza del estereotipo*:** Claude M. Steele y Joshua Aronson, «Stereotype threat and the intellectual test performance of African Americans», *Journal of Personality and Social Psychology* 69.5 (1995): pp. 797-811.

245 **tuvieron una puntuación un 12 % inferior:** Thomas S. Dee, «Stereotype threat and the student-athlete», *Economic Inquiry* 52.1 (2014): pp. 173-182.

245 **las mujeres solo ocupan un 22 %:** National Science Report (2000), citado en Joyce Ehrlinger y David Dunning, «How chronic self-views influence (and potentially mislead) estimates of performance», *Journal of Personality and Social Psychology* 84.1 (2003): p. 5.

245 **su capacidad de razonar sobre la ciencia:** Joyce Ehrlinger y David Dunning, «How chronic self-views influence (and potentially mislead) estimates of performance», *Journal of Personality and Social Psychology* 84.1 (2003): pp. 5-17.

246 **«sistema inmunitario psicológico»:** Daniel T. Gilbert *et ál.*, «Immune neglect: A source of durability bias in affective forecasting», *Journal of Personality and Social Psychology* 75.3 (1998): pp. 617-638.

246 **una reducción del 40 %:** Geoffrey L. Cohen *et ál.*, «Reducing the racial achievement gap: A social-psychological intervention», *Science* 313.5791 (2006): pp. 1307-1310.

246 **hace que nuestros niveles de cortisol:** J. David Creswell *et ál.*, «Does self-affirmation, cognitive processing, or discovery of meaning explain cancer-related health benefits of expressive writing?», *Personality and Social Psychology Bulletin* 33.2 (2007): pp. 238-250, p. 242.

247 **nos ayuda a estar más abiertos al *feedback* difícil:** Clayton R. Critcher y David Dunning, «Self-affirmations provide a broader perspective on self-threat», *Personality and Social Psychology Bulletin* 41.1 (2015): pp. 3-18.

247 **ayudarnos a poder escuchar las verdades duras:** Brandon J. Schmeichel y Andy Martens, «Self-affirmation and mortality salience: Affirming values reduces worldview defense and death-thought accessibility», *Personality and Social Psychology Bulletin* 31.5 (2005): pp. 658-667.

247 **«más abiertos a ideas»:** David K. Sherman y Geoffrey L. Cohen, «The psychology of self-defense: Self-affirmation theory», *Advances in Experimental Social Psychology* 38 (2006): pp. 183-242.

249 **menos tendencia a tener creencias fantasiosas:** Matthew Vess *et ál.*, «Nostalgia as a resource for the self», *Self and Identity* 11.3 (2012): pp. 273-284.

249 **traer recuerdos a la mente reduce la rumiación:** Sander L. Koole *et ál.*, «The cessation of rumination through self-affirmation», *Journal of Personality and Social Psychology* 77.1 (1999): pp. 111-125.

249 **y aumenta el bienestar:** Fred B. Bryant, Colette M. Smart y Scott P. King, «Using the past to enhance the present: Boosting happiness through positive reminiscence», *Journal of Happiness Studies* 6.3 (2005): pp. 227-260.

250 *antes* **de recibir una valoración dura sobre ti mismo:** Clayton R. Critcher, David Dunning y David A. Armor, «When self-affirmations reduce defensiveness: Timing is key», *Personality and Social Psychology Bulletin* 36.7 (2010): pp. 947-959.

Capítulo 9: Cómo los líderes crean equipos y organizaciones autoconscientes

264 **la espectacular cifra de un 25 %:** Sarah Miller Caldicott, «Why Ford's Alan Mulally is an innovation CEO for the record books», forbes.com (25 junio 2014), http://www.forbes.com/sites/sarahcaldicott/2014/06/25/why-fords-alan-mulally-is-an-innovation-ceo-for-the-record-books/#c35aeec779bb.

265 **«[Bill] Ford acabó encontrándose»:** B. G. Hoffman, *American Icon: Alan Mulally and the Fight to Save Ford Motor Company* (Crown, 2012), p. 3.

266 **«Esta empresa significa muchísimo para mí»:** Ibíd., p. 56.

268 **«Volveremos a estar aquí»:** Ibíd., p. 106.

268 **«un montón de... excrementos vacunos»:** Ibíd.

270 **«Alguien tiene que ponerle el cascabel al gato»:** Ibíd., p. 124.

273 **los equipos autoconscientes son más:** Susan M. Carter y Michael A. West, «Reflexivity, effectiveness, and mental health in BBC-TV production teams», *Small Group Research* 29.5 (1998): pp. 583-601; Michaéla C. Schippers, Deanne N. Den Hartog y Paul L. Koopman, «Reflexivity in teams: A measure and correlates», *Applied Psychology* 56.2 (2007): pp. 189-211.

273 **más tendencia a no decir ni pío:** Susan J. Ashford y Anne S. Tsui, «Self-regulation for managerial effectiveness: The role of active feedback seeking», *Academy of Management Journal* 34.2 (1991): pp. 251-280.

277 **conjunto de comportamientos como «liderazgo auténtico»:** Remus Ilies, Frederick P. Morgeson y Jennifer D. Nahrgang, «Authentic leadership and eudaemonic well-being: Understanding leader-follower outcomes», *The Leadership Quarterly* 16.3 (2005): pp. 373-394; Fred O. Walumbwa *et ál.*, «Authentic leadership: Development and validation of a theory-based measure», *Journal of Management* 34.1 (2008): pp. 89-126.

277 **eran más productivos que aquellos:** Joanne Lyubovnikova *et ál.*, «How authentic leadership influences team performance: The mediating role of team reflexivity», *Journal of Business Ethics* (2015): pp. 1-12.

277 **sus hijos eran más felices:** Heather K. Warren y Cynthia A. Stifter, «Maternal emotion-related socialization and preschoolers' developing emotion self-awareness», *Social Development* 17.2 (2008): pp. 239-258.

278 **los seguidores tienden a imitar:** Albert Bandura y Richard H. Walters, «Social learning theory» (General Learning Press, 1997).

280 **«una reunión superintensiva para conocerse mejor»:** Cathy Olofson, «GE brings good managers to life», fastcompany.com (30 septiembre 1998), http://www.fastcompany.com/35516/ge-brings-good-managers-life.

281 **relaciones mejores y más cercanas:** Steven V. Manderscheid y Alexandre Ardichvili, «New leader assimilation: Process and outcomes», *Leadership & Organization Development Journal* 29.8 (2008): pp. 661-677.

284 **en la ciencia de la autoconciencia de equipo:** Amy C. Edmondson, «Learning from mistakes is easier said than done: Group and organizational influences on the detection and correction of human error», *Journal of Applied Behavioral Science* 32.1 (1996): pp. 5-28.

284 **entre 480 y 960 posibles errores:** Los pacientes de hospital recibían entre diez y veinte dosis de medicación al día y, de media, estaban ingresados 4,8 días. Amy C. Edmondson, «Learning from mistakes is easier said than done: Group and organizational influences on the detection and correction of human error», *Journal of Applied Behavioral Science* 32.1 (1996): pp. 5-28.

284 **matan a cientos de personas y lesionan a miles:** «Medication error reports», fda.gov (20 octubre 2016), http://www.fda.gov/Drugs/DrugSafety/MedicationErrors/ucm080629.htm.

285 **«El término», explica Edmondson:** Amy Edmondson, «Psychological safety and learning behavior in work teams», *Administrative Science Quarterly* 44.2 (1999): pp. 350-383.

285 **llegó a una conclusión similar:** Charles Duhigg, «What Google learned from its quest to build the perfect team», nytimes.com (28 febrero 2016), http://www.nytimes.com/2016/02/28/magazine/what-google-learned-from-its-quest-to-build-the-perfect-team.html?_r=0.

289 **crear normas claras:** Vanessa Urch Druskat y D. Christopher Kayes, «The antecedents of team competence: Toward a fine-grained model of self-managing team effectiveness», *Research on Managing Groups and Teams* 2.2 (1999): pp. 201-231.

292 **«dirigir siendo autoconsciente»:** Edwin E. Catmull y Amy Wallace, *Creatividad, S.A.: Cómo llevar la inspiración hasta el infinito y más allá* (Conecta, 2014), p. xvi (del libro en inglés).

292 **«comunicación sin trabas»:** Ibíd., p. 4 (del libro en inglés).

292 **«Estamos en 2017»:** Ibíd., p. 283 (del libro en inglés).

293 **«deshacer el atasco»:** Ibíd., p. 292 (del libro en inglés).

293 **«crear un entorno más seguro donde»:** Ibíd., p. 293 (del libro en inglés).

293 **«la colaboración, determinación»:** Ibíd., p. 277 (del libro en inglés).

297 **«verdad radical» y «transparencia radical»:** James Freeman, «The soul of a hedge fund "machine"», wsj.com (6 junio 2014), http://www.wsj.com/articles/james-freeman-the-soul-of-a-hedge-fund-machine-1402094722.

297 **ofensa que puede llevar al despido:** Richard Feloni, «Ray Dalio explains why 25 % of Bridgewater employees don't last more than 18 months at the hedge fund giant», businessinsider.com (23 marzo 2016), http://www.businessinsider.com/biggest-challenges-new-bridgewater-employees-face-2016-3.

297 **«tarjeta digital de béisbol»:** Eliza Gray, «Questions to answer in the age of optimized hiring», time.com (11 junio 2015), http://time.com/3917703/questions-to-answer-in-the-age-of-optimized-hiring/.

298 **los empleados se conceden «puntos» unos a otros:** Ibíd.

298 **«Lo que intentamos hacer aquí es»:** Bess Levin, "Bridgwater associates truth probings are about to get turbo-charged", dealbreaker.com (18 julio 2011), http://dealbreaker.com/2011/07/bridgwater-associates-truth-probings-are-about-to-get-turbo-charged/.

298 **han obtenido más dinero para sus inversores que cualquier otro:** Nishant Kumar, «Bridgewater's Dalio trumps Soros as most profitable hedge fund», bloomberg.com (26 enero 2016), http://www.bloomberg.com/news/articles/2016-01-26/bridgewater-s-dalio-trumps-soros-as-most-profitable-hedge-fund.

298 **Además, muchos de sus empleados:** James Freeman, «The soul of a hedge fund "machine"», wsj.com (6 junio 2014), http://www.wsj.com/articles/james-freeman-the-soul-of-a-hedge-fund-machine-1402094722.

298 **«empecinamiento en la crítica constante»:** Michelle Celarier y Lawrence Delevingne, «Ray Dalio's radical truth» (2 marzo 2011), http://www.institutionalinvestor.com/Article.aspx?ArticleID=2775995&p=3.

298 **«Lo que hay en Bridgewater»:** Ibíd. 242 **30 % de los recién contratados:** Ibíd. 249 **intentando pensar en un buen nombre:** Elizabeth Brayer, *George Eastman: A Biography* (University of Rochester Press, 2006).

308 **transmitía «fuerza y agudeza»:** Kiplinger Washington Editors, Inc., «The story behind Kodak Trademark», *Kiplinger's Personal Finance* (abril 1962), p. 40.

308 **85 % de las cámaras:** Henry C. Lucas, *The Search for Survival: Lessons from Disruptive Technologies* (Praeger, 2012), p. 16.

309 **podría dañar su negocio:** Ernest Scheyder y Liana B. Baker, «As Kodak struggles, Eastman Chemical thrives», reuters.com (24 diciembre 2011), http://www.reuters.com/article/us-eastman-kodak-idUSTRE7BN06B20111224.

309 **«Qué bonito es esto que nos traes...»:** Paul B. Carroll y Chunka Mui, *Billion Dollar Lessons: What You Can Learn from the Most Inexcusable Business Failures of the Last Twenty-five Years* (Portfolio, 2008), p. 93.

309 **acogerse al capítulo 11:** Reuters, «Kodak files for bankruptcy, plans biz overhaul», business-standard.com (19 enero 2012), http://www.business-standard.com/article/international/kodak-files-for-bankruptcy-plans-biz-overhaul-112011900119_1.html.

312 **«Tómate dos de estas»:** B. G. Hoffman, *American Icon: Alan Mulally and the Fight to Save Ford Motor Company* (Crown, 2012), p. 248.

Capítulo 10: Sobrevivir y prosperar en un mundo engañado

314 **con solo una de estas personas:** Erich C. Dierdorff y Robert S. Rubin, «Research: We're not very self-aware, especially at work», *Harvard Business Review* (12 marzo 2015), https://hbr.org/2015/03/research-were-not-very-self-aware-especially-at-work.

314 **los jefes autoengañados tienen un efecto negativo:** Dan F. Moshavi, William Brown y Nancy G. Dodd, «Leader self-awareness and its relationship

to subordinate attitudes and performance», *Leadership & Organization Development Journal* 24.7 (2003): pp. 407-418.

314 **preguntaron a trece mil quinientos empleados:** Sherri Dalphonse, «Washington's real-life horrible bosses», washingtonian.com (4 diciembre 2013), https://www.washingtonian.com/2013/12/04/real-life-horrible-bosses/.

315 **«sufrimos de una grave confusión»:** William B. Swann Jr., Peter J. Rentfrow y Jennifer S. Guinn, «Self-verification: The search for coherence», en M. R. Leary y J. J. P. Tangney (editores), *Handbook of Self and Identity* (Guilford Press, 2003), p. 376.

319 **el *feedback* si apelas a sus intereses:** Erika N. Carlson, Simine Vazire y Thomas F. Oltmanns, «You probably think this paper's about you: Narcissists' perceptions of their personality and reputation», *Journal of Personality and Social Psychology* 101.1 (2011): pp. 185-201.

326 **piedra angular del narcisismo:** John F. Rauthmann, «The Dark Triad and interpersonal perception: Similarities and differences in the social consequences of narcissism, Machiavellianism, and psychopathy», *Social Psychological and Personality Science* 3.4 (2012): pp. 487-496.

326 **una de las mejores formas de identificar:** Sander van der Linden y Seth A. Rosenthal, «Measuring narcissism with a single question? A replication and extension of the Single-Item Narcissism Scale (SINS)», *Personality and Individual Differences* 90 (2016): pp. 238-241.

326 **verlas como algo positivo!:** Sara Konrath, Brian P. Meier y Brad J. Bushman, «Development and validation of the single item narcissism scale (SINS)», *PLOS One* 9.8 (2014): e103469.

326 **«creen que son superiores»:** Mary Elizabeth Dallas, «Need to spot a narcissist? Just ask them», healthday.com (5 agosto 2014), http://consumer.healthday.com/mental-health-information-25/psychology-and-mental-health-news-566/need-to-spot-a-narcissist-just-ask-them-690338.html.

326 **los demás, simplemente, son demasiado cortos:** Erika N. Carlson, Simine Vazire y Thomas F. Oltmanns, «You probably think this paper's about you: Narcissists' perceptions of their personality and reputation», *Journal of Personality and Social Psychology* 101.1 (2011): pp. 185-201.

326 **reciben una peor puntuación en eficacia:** Timothy A. Judge, Jeffery A. LePine y Bruce L. Rich, «Loving yourself abundantly: Relationship of the narcissistic personality to self—and other perceptions of workplace deviance, leadership, and task and contextual performance», *Journal of Applied Psychology* 91.4 (2006): pp. 762-776.

334 **una correlación positiva entre el estrés:** Delroy L. Paulhus, Peter Graf y Mark Van Selst, «Attentional load increases the positivity of self-presentation», *Social Cognition* 7.4 (1989): pp. 389-400.

341 **lo prepararían para oír hablar sobre:** Geoffrey L. Cohen, Joshua Aronson y Claude M. Steele, «When beliefs yield to evidence: Reducing biased evaluation by affirming the self», *Personality and Social Psychology Bulletin* 26.9 (2000): pp. 1151-1164.

345 **a menudo *es* posible:** Leanne Atwater, Paul Roush y Allison Fischthal, «The influence of upward feedback on self-and follower ratings of leadership», *Personnel Psychology* 48.1 (1995): pp. 35-59.

345 **le haga falta ver pruebas varias veces:** Zoe Chance *et ál.*, «The slow decay and quick revival of self-deception», *Frontiers in Psychology* 6 (2015).

348 **«un hombre mejor y más feliz»:** Benjamin Franklin, *Autobiografía - Benjamin Franklin* (Cátedra, 2012).

353 **La autoconciencia nos transforma en supernovas:** Si estás leyendo esta nota final, quizá eres una persona interesada en la ciencia. Sí, lo sé: las supernovas, técnicamente, son estrellas moribundas, pero ¡mejor quédate con el espíritu de la frase!

INDICE TEMÁTICO